Amores escondidos

Coordenadora editorial: Tânia Lins
Coordenador de comunicação: Marcio Lipari
Capa e projeto gráfico: Jaqueline Kir
Diagramação: Rafael Rojas
Preparação: Janaina Calaça
Revisão: Equipe Vida & Consciência

1ª edição — 2ª impressão
1.000 exemplares — maio 2022
Tiragem total: 6.000 exemplares

CIP-BRASIL — CATALOGAÇÃO NA PUBLICAÇÃO
(SINDICATO NACIONAL DOS EDITORES DE LIVROS, RJ)

R367a

Ribeiro, Amadeu
Amores escondidos / Amadeu Ribeiro. - 1. ed. - São Paulo : Vida & Consciência, 2017.
416 p. ; 23 cm (Amores escondidos ; 3)

ISBN 978-85-7722-491-3

1. Ficção policial brasileira I. Título. II. Série.

16-33060 CDD: 869.3
CDU: 821.134.3(81)-3

Este livro adota as regras do novo acordo ortográfico (2009).

Vida & Consciência Editora e Distribuidora Ltda.
Rua das Oiticicas, 75 – Parque Jabaquara – São Paulo – SP – Brasil
CEP 04346-090
editora@vidaeconsciencia.com.br
www.vidaeconsciencia.com.br

Amores escondidos

AMADEU RIBEIRO

VOLUME 3

Este livro é dedicado aos amigos e leitores que descobriram ou ainda descobrirão seus amores escondidos.

Prólogo

No silêncio de seus aposentos, alguém pensava: "Se pararmos para observar a vida humana, chegaremos à conclusão de que ela é bastante curiosa. Desde o momento do nascimento até o último suspiro, vivemos diferentes situações, conhecemos pessoas, tomamos decisões contrárias, mas, no fundo, todos nós somos parecidos. É como se tivéssemos que chegar a um determinado local, caminhando devagar ou mais depressa por estradas diversas, observando paisagens desiguais e conhecendo locais exuberantes. Ao final, o nosso ponto de chegada é o mesmo: a morte.

Um homem nasce, cresce, tem uma família e amigos. Mais tarde, apaixona-se, casa-se e tem sua própria família. O tempo continua passando, seus filhos lhe dão netos e estes, bisnetos. A velhice surge, e a vida desse homem vai se esgotando.

É verdade que nem todas as pessoas seguem esse mesmo modelo de vida, já que algumas morrem ainda jovens. Contudo, o único objetivo da vida é morrer. A felicidade, em minha opinião, é algo passageiro, assim como o amor. Quando a morte chega, tudo isso acaba num passe de mágica, porque vivemos de ilusão.

Eu conheci o amor, experimentei o ódio e cheguei à conclusão de que ambos os sentimentos são corrosivos. Um nos deixa sensíveis, o outro, endurecidos. Amar ou odiar em excesso não faz bem ao ser humano. Aliás, não vale a pena quando, a cada segundo, caminhamos ao encontro de nossa morte.

Decidi apressar a morte de uma pessoa. Ela não merece caminhar na estrada pela qual todos os outros seguem. Ela não tem o direito de experimentar o amor e a felicidade que deve estar sentindo hoje. Sei qual é a importância desse casamento em sua vida e também sei qual será o sabor de sua morte.

Seu futuro marido se chama Nicolas Bartole. Até onde eu pude pesquisar, ele é um investigador de polícia, que se mudou do Rio de Janeiro para uma cidade do interior do estado de São Paulo. Não me parece um homem mau e imagino que ele desconheça o passado daquela com quem vai subir ao altar hoje.

Um dia, ele vai me agradecer pelo favor que vou prestar-lhe. Um dia, o mundo inteiro vai me agradecer por eu ter reencontrado aquela mulher. Ela fugiu, mas agora não pode mais escapar de mim, pois tem algumas contas a acertar comigo.

Eu sei o segredo de Miah Fiorentino. E é em nome desse segredo e do que ela fez antes de chegar onde está que sua permanência no planeta será encurtada. Ela não sabe o que a está aguardando. Ela não faz a menor ideia de que está desfrutando de seus últimos momentos de vida, assim como seu noivo não sabe que ficará viúvo muito antes do que jamais pôde imaginar".

Capítulo 1

Os sinos repicaram alegremente nas torres da igreja, avisando que um homem e uma mulher iriam se casar em alguns instantes. O interior da igreja estava apinhado de gente, e os bancos não foram suficientes para acomodar todos os convidados sentados. Por essa razão, havia uma grande quantidade de pessoas em pé, aguardando o início da cerimônia.

Do lado de fora, o sol brilhava com força naquela majestosa tarde do segundo sábado de dezembro, como se quisesse presentear os noivos com toda a sua claridade. O céu estava limpo e sem nuvens, predizendo que o restante do dia poderia ser comemorado sem preocupações com alterações no tempo.

Parado no altar e olhando na direção da porta de entrada com mal disfarçado nervosismo estava Nicolas. Ele usava um terno preto com uma flor branca presa à lapela de seu paletó por sugestão de seu amigo florista. O nó da gravata estava lhe apertando o pescoço, mas haviam lhe dito que era assim mesmo. Como ele detestava usar terno e gravata, sentia como se estivesse vestindo uma fantasia e não via a hora de poder livrar-se daqueles trajes.

Ao longo de toda a sua vida, Nicolas jamais havia imaginado que estar em uma igreja para participar de seu próprio casamento fosse algo capaz de lhe deixar quase apavorado. Ver todas aquelas pessoas olhando fixamente para ele, esperando pela chegada da noiva, deixava-o constrangido e envergonhado. Ele sentia as palmas das mãos frias e suadas, cruzava e descruzava os braços a cada dois segundos, pois não conseguia encontrar uma posição confortável, e pensava que deveria ter assistido a vídeos de casamentos, para ver como os noivos se comportavam diante do altar enquanto a noiva não aparecia.

Nicolas esfregou uma mão na outra e exibiu um sorriso nervoso para um grupo de amigos de sua família, que estava sentado na primeira fileira de bancos. Eles tinham vindo do Rio de Janeiro exclusivamente para o casamento, assim como muitos outros convidados da parte de Nicolas. E, se fossem analisar mais detalhadamente, quase todos os convidados presentes eram da parte do noivo. Miah convidara apenas seus colegas de trabalho da emissora de televisão na qual era jornalista.

Os batimentos cardíacos de Nicolas acompanhavam o badalar dos sinos, enquanto ele refletia que o casamento era uma tortura para os noivos. Além de ficarem encerrados dentro de uma roupa quente e sufocante, ainda tinham de fazer caras e bocas para as pessoas que lhes acenavam ou que os cumprimentavam à distância. Ele gostaria de poder aguardar Miah sentado em vez de ficar de pé no altar, expondo-se na frente de todos.

Com seus olhos azuis escuros, Nicolas esquadrinhou a igreja. Estava tão enfeitada com flores que o cheiro predominante era adocicado. Ariadne, sua irmã caçula, e Thierry, o dono da floricultura que havia contratado, foram os responsáveis pela decoração do local. Nicolas soube que eles haviam discutido com o padre, mas que acabaram vencendo e enfeitando toda a igreja com as flores, exatamente como tinham planejado.

Nicolas agradeceu em pensamento, quando Marian se desprendeu do braço de Enzo, seu namorado, e caminhou devagar até ele. Sua outra irmã estava tão linda como uma rainha. Marian usava um vestido longo na cor salmão e enfeites prateados prendiam seus cabelos castanhos em um penteado alto.

— Como está controlando a emoção? — ela murmurou, sorrindo.

— Quem lhe disse que eu estou conseguindo controlar alguma coisa? — Nicolas devolveu o sorriso como forma de acalmar a ansiedade. — Deveriam ter me dito o quanto isso é incômodo.

— O que é incômodo? Casar-se? — perguntou Marian.

— Ficar em pé aqui na frente dos outros, todo empertigado como um soldadinho. Só falta me mandarem bater continência.

Marian sorriu novamente e, ao olhar para o outro lado do altar, viu quando Lourdes Bartole se aproximou com agilidade. Ela estava usava um vestido verde e brilhante e gastara horas no salão de cabeleireiros para cuidar dos cabelos e fazer a maquiagem. O resultado fora satisfatório, pois ela ficara bonita e vistosa. Tentando falar o mais baixo possível, ela sussurrou:

— Nicolas, meu pequeno cristal, você ainda está em tempo de desistir. Você não é obrigado a se casar com aquela repórter magricela e abusada. Escute sua mãe! Você não será feliz ao lado de uma mulher tão malcriada.

— Mãe, que coisa! — repreendeu Marian. — Não é hora de fazer esse tipo de comentário! Estamos em uma igreja! Respeite o ambiente, as pessoas e seu filho, por favor.

— Viu como ela fala comigo? — Lourdes apontou um dedo acusador para Marian. — Vou me calar! Mas, se qualquer coisa der errado, a culpa será da sua irmã! As mães servem para aconselhar! As irmãs só dão palpites errados.

— Eu vou me casar com Miah porque a amo, mãe. E você já está cansada de ouvir a mesma coisa — Nicolas tornou a olhar para a porta. — Por que todas as noivas têm essa mania de se atrasar? É só para aumentar o sofrimento do cidadão aqui na frente?

— Ela deve estar chegando montada no lombo de uma mula! — resmungou Lourdes, afastando-se rapidamente.

Marian apertou a mão do irmão, como se tentasse lhe transmitir carinho e confiança. Em seguida, ela voltou para perto de Enzo, que fez um gesto com o polegar para Nicolas, dizendo que tudo ficaria bem.

Nicolas passou a mão pela cabeça quase raspada e sorriu ao ver que seu colega e amigo Mike estava cutucando Ariadne, indicando alguma coisa na direção de Nicolas. Os dois haviam assumido um namoro estranho e tumultuado, e a relação ganhara força depois que a moça saíra do Rio de Janeiro para passar uma temporada na cidade, junto com Lourdes e Willian, o outro irmão de Nicolas. A matriarca justificara a sua vinda dizendo que gostaria de acompanhar de perto o relacionamento de Nicolas e Miah, para que pudesse intervir sempre que achasse necessário. Os três estavam hospedados no apartamento de Thierry.

Na mesma fileira de bancos em que eles estavam sentados, Nicolas avistou Willian. O rapaz também usava um terno e deveria estar experimentando a mesma sensação incômoda que Nicolas, já que era um surfista nato e passava longe daquele tipo de vestimenta. Moira, a mulher sentada ao seu lado, olhava em volta com a expressão de alguém que está entrando ou saindo de uma briga, porém, essa expressão sisuda e amarga da policial já não causava estranhamento em Nicolas.

Mais atrás estava o major Baltasar Lucena, que se tornara um grande amigo de Nicolas. Ele levara sua esposa, Aracy, e Nelly, sua filha caçula à cerimônia. A menina era linda e ouvia atentamente o pai, que lhe fornecia detalhes de como estava a igreja naquele momento. Por ser deficiente visual, Nelly gostava de ouvir os relatos de seu pai sobre as belezas que seus olhos não enxergavam. Nicolas sabia que a família do amigo estaria completa, se não fosse a ausência do filho mais velho do major, que fora sequestrado ainda criança e do qual jamais tiveram notícias. Ele sabia que nada deixaria Lucena mais realizado do que reencontrar seu filho Apolo.

Nicolas sentiu-se orgulhoso com a presença do comandante Alain Freitas na cerimônia, pois ele era um homem muito ocupado e que nunca tinha tempo para nada. Alain, no entanto, conseguira criar uma brecha em sua agenda para participar do casamento do melhor investigador em serviço sob seu comando. Ele estava acompanhado de sua esposa, que ainda não fora apresentada a Nicolas.

O coral contratado começou a tocar os primeiros acordes. Nicolas fixou o olhar na porta, sentindo a adrenalina tomar conta de si. As pessoas se levantaram e voltaram-se para trás, esperando a entrada de Miah Fiorentino. O padre se ajeitou no altar e deslizou suavemente as mãos pela bíblia. A marcha nupcial ecoou em toda a paróquia.

Duas meninas usando vestidos longos entraram carregando pequenas cestinhas de vime. Elas seguiam juntas como duas bonequinhas e estavam sorridentes. Miah surgiu no momento seguinte e parecia estar envolta por uma luminosidade resplandecente, que, aliada ao branco de seu vestido, fazia o brilho refulgir. O véu lhe ocultava parcialmente o rosto redondo e levemente maquiado, e seus cabelos escuros estavam presos atrás da cabeça, o que a deixava linda como uma deusa.

Com suas luvas de seda branca, Miah segurava o colorido e decorado buquê de flores, que caíam para os lados, formando um semiarco trabalhado. Com um sorriso de felicidade no rosto, ela colocou o primeiro pé no interior da igreja, e seus olhos, de um lindo dourado, passearam rapidamente pelos rostos dos presentes, para fixarem-se, por fim, no homem que a aguardava mais à frente.

Miah prendeu a mão no braço do homem que a conduziria até Nicolas. Na ausência de um pai ou de um irmão, a repórter caminhava apoiada em Elias. O delegado exibia um sorriso orgulhoso pelo privilégio de conduzir pela nave da igreja a futura mulher de Nicolas.

Ao contrário de Nicolas, Miah estava tranquila e serena e sorria para as pessoas, que lhe acenavam em volta. Seu coração cantava de felicidade. Faltava muito pouco para ela se tornar a esposa do homem que amava. Eles haviam trilhado caminhos tortuosos nos últimos meses, porém, o amor que os unia era mais forte e vencera todas as dificuldades. Agora, nada mais poderia impedi-los de construir uma vida juntos. A partir daquele dia, que Miah jamais esqueceria, eles dariam o primeiro passo para a formação de algo que ela jamais tivera: uma família. E a repórter estava disposta a dar o máximo de si para retribuir a Nicolas a mesma alegria que ele lhe estava concedendo naquele momento.

Nicolas, por sua vez, simplesmente não conseguia tirar os olhos da noiva. Miah estava tão linda que prendia o olhar dele ao seu rosto. O vestido da repórter tinha a cauda curta e pequenas pedras de brilhantes cintilavam em seu peito. Sobre o véu também havia pequenas pedras semelhantes a estrelinhas miúdas.

Elias entregou Miah para Nicolas, que o cumprimentou com um caloroso abraço. Em seguida, ele tomou a moça pela mão, enquanto uma sensação agradável percorria todo o seu corpo. Juntos, eles, então, se ajoelharam diante do altar, logo após Nicolas erguer o véu de sua noiva e contemplar, embevecido, toda a beleza de Miah.

O casal fez os juramentos e as promessas, obedecendo ao que o padre lhes disse. Eles trocaram as alianças entregues pelas duas daminhas de honra e, por fim, foi decretado que, aos olhos de Deus, eles haviam se tornado marido e mulher.

— Pode beijar sua esposa — autorizou o padre.

Ouviu-se uma estrondosa salva de palmas quando Nicolas e Miah se levantaram, se fitaram por alguns instantes e selaram o primeiro beijo como marido e mulher. E as alianças recém-colocadas em seus dedos pareciam lhes dar energias para enfrentar a nova etapa que teria início a partir daquele momento.

Nicolas e Miah se voltaram para a multidão que lotava a igreja e ergueram as mãos, sendo aplaudidos com ainda mais vigor. Algumas pessoas se levantaram de seus lugares e foram até o altar para parabenizar os noivos pelo casamento.

— Que horas nós iremos para a festa? — Mike perguntou, elevando o tom de voz para se fazer ouvir. — Os comes e bebes já nos aguardam, certo?

— Nós estamos indo para lá agora — respondeu Miah, recebendo um beijo dele. — E você vai poder comer o quanto quiser.

— Arre égua! As pessoas deveriam se casar mais vezes! — ele olhou para Ariadne. — E me convidar sempre que possível.

— Foi lindo demais! — Thierry chegou aos pulinhos e abriu os braços. Sua roupa amarela tinha tanto tecido quanto o vestido de Miah, e ele rodopiou várias vezes, como se estivesse fazendo uma dança cigana. — Chorei até meus olhinhos arderem.

— Foi magnífico! — Marian beijou Nicolas e Miah. — Fiquei tão emocionada. Acho que nem é necessário repetir o quanto eu prezo a felicidade de vocês.

— Você vai ter que repetir isso muitas vezes para que Miah e eu nunca nos esqueçamos disso — brincou Nicolas. — E agora, minha gente? Vamos para a festa? Nosso *show* ainda não acabou!

Capítulo 2

O salão de festas que Nicolas e Miah haviam alugado ficava a apenas dois quarteirões da igreja, e quase todos os convidados fizeram o trajeto até lá a pé. A tarde morria devagar, e a noite se aproximava timidamente, exalando seus encantos.

Mike fez todos rirem, quando deu um grito ao deparar-se com o imenso bolo branco de três andares, cujo topo era ocupado por dois bonequinhos que representavam os noivos. Havia tantos doces e salgados e tantas guloseimas e bebidas que todo aquele banquete seria capaz de saciar o apetite de uma considerável multidão.

— É muito engraçado me locomover com esta roupa — Miah baixou o olhar para si mesma. — Sinto-me tão pesada e gigante como se estivesse grávida.

— Acho que em breve você vai conhecer as sensações que uma gestante experimenta — brincou Ariadne, abraçando a cunhada. — Você e meu irmão arrasaram lá na frente! Vocês são o casal do ano! Só acho que faltaram alguns enfeites natalinos para completar a decoração, já que estamos em dezembro. Pena que Thierry não deixou.

— Era um casamento e não um presépio, sua anta! — trazendo Moira pela mão, Willian beijou e abraçou Miah. — Estou muito feliz por saber que agora somos oficialmente cunhados!

— E se continuar assim, meu irmão — disse Nicolas sorridente —, logo estaremos acompanhando seu casório com Moira!

Ouviram-se várias risadas, enquanto Moira fechava a cara, como se não tivesse achado a mínima graça na brincadeira de Nicolas.

— Não vão cortar o bolo? — o desespero era visível no rosto de Mike, que conseguira apertar seu corpo negro e imenso dentro de um terno cinza-claro. — Por aqui já tem gente faminta.

— Vamos, sim. E, em seguida, vou jogar meu buquê para o alto — Miah agitou as flores nas mãos. — Quero só ver quem será a próxima a se casar. Algo me diz que será Marian.

— Eu?! — a moça sorriu com timidez e olhou para Enzo, que ficou levemente corado. — Não acredito que vou me casar tão cedo.

— Eu também não acreditava nisso no ano passado — enquanto falava, Nicolas apertou as mãos que lhe foram estendidas e depois se voltou para os amigos. — Contudo... ninguém conhece os mistérios da vida!

— Então vamos às guloseimas, para descobrirmos os mistérios dessas delícias! — pediu Mike, empolgado.

A música estava animada. O DJ contratado misturava vários gêneros musicais, enquanto muitos casais se uniam na pista de dança para ensaiar alguns passos. Nicolas e Miah cortaram os três primeiros pedaços do bolo e serviram-nos em seguida para os trigêmeos de Ema Linhares, que ficou emocionada com a homenagem.

Enquanto os convidados saboreavam as deliciosas iguarias, servidas em abundância, Nicolas e Miah riam ao ver algumas pessoas arriscando alguns passos de forró, fruto de uma seleção eclética de músicas. Miah brincava com Nicolas, dizendo que nunca vira antes uma mulher vestida de noiva dançar forró.

De repente, Nicolas foi chamado para ser apresentado à esposa do comandante Alain, e, aproveitando que Miah ficara temporariamente sozinha, Lourdes caminhou até ela e a tocou no ombro com irritação.

— Mocinha, olhe para a minha cara e me diga o que vê.

— Gordura e feiura — respondeu Miah apertando os lábios.

— Você está vendo a expressão furiosa de uma sogra insatisfeita com tudo isso. Estou aqui apenas por respeito ao meu filho! Meu coração se descola das veias quando penso no que aconteceu hoje.

— Então, evite pensar nisso antes que seu cérebro também descole — Miah foi beijada por duas colegas jornalistas, que se afastaram em seguida.

— Você é realmente uma bocadura! — Lourdes despejou sobre Miah um olhar de desprezo. — Só quero que me diga o porquê de ninguém de sua família estar aqui. Você nasceu de chocadeira ou foi roubada por ciganos?

— Meus pais morreram e, tempos depois, meu padrasto morreu também. Não tenho outros parentes. Se bem que, se eu tivesse na família alguém tão chato quanto você, estaria muito infeliz agora — Miah retribuiu o gesto de Lourdes e lhe deu dois tapinhas no ombro. — Não vamos ficar discutindo, porque Nicolas não merece presenciar esta conversa sem futuro.

— Também acho! Não quero mesmo ser vista conversando com você, pois podem pensar que estou querendo fazer amizade. Você é uma atrevida que nunca será aceita por mim.

— Se meu filho, ao nascer, puxar à avó paterna, serei obrigada a atirá-lo numa máquina de reciclagem — Miah sorriu pelas costas de Lourdes, quando a viu se afastar a passos rápidos.

— Só porque se casou, vai deixar de cumprimentar os velhos amigos? — perguntou uma voz masculina em tom grave.

Miah se virou e abriu um sorriso de genuína surpresa ao deparar-se com Fernando, um homem com cerca de cinquenta anos, alto e forte, com olhos escuros e penetrantes. Fernando fora o senhorio da repórter, quando ela alugara seu primeiro apartamento quando decidira morar sozinha na cidade onde vivera antes. Ele era viúvo e seus dois filhos estudavam em Miami. Miah gostava dele.

— Quem é vivo sempre aparece! — Miah o beijou no rosto duas vezes. — Como me descobriu aqui?

— Eu estava assistindo a um jornal, quando a vi apresentando uma matéria sobre planejamento familiar. Quando bati os olhos nesse lindo rostinho, soube que a melhor inquilina que já tive na vida estava por perto. Depois, descobri que você iria se casar. Eu estive na igreja e confesso que só liberaram minha entrada aqui no baile porque contei algumas mentirinhas.

Miah soltou uma risada espontânea e o abraçou com carinho. Depois, chamou Nicolas e o apresentou ao amigo:

— Amor, Fernando me alugou seu apartamento há alguns anos, quando fui morar sozinha. Logo em seguida, entrei para a faculdade de jornalismo. Eu morei por uns dois anos no imóvel dele.

— Acho que por mais tempo, hein? — brincou Fernando, enquanto sorria para Nicolas. — Você está de parabéns, meu amigo! Desposou a melhor opção das redondezas.

— Eu sou rápido no gatilho! — riu Nicolas, satisfeito.

Fernando trocou mais algumas palavras com o casal e depois pediu licença, pois desejava servir-se de uma bebida.

Miah e Nicolas continuavam sendo cumprimentados. Eram tantos rostos diferentes que o casal começou a notar que não conheciam todas aquelas pessoas. Havia convidados totalmente desconhecidos.

— Veja quem está ali! — Miah apontou na direção de um casal elegante. — Nicolas, vamos falar com eles.

— Quem são? — Nicolas perguntou seguindo-a de mãos dadas.

— Ela foi minha professora na universidade, e ele é o marido dela. Eu a tinha convidado para o casamento, pois mantivemos contato via e-mail desde que me mudei para cá. Confesso que jamais esperei que eles realmente viessem. São uns amores de pessoas.

Nicolas constatou que eles realmente eram agradáveis e simpáticos. A mulher chamava-se Elisa e tinha cabelos brancos como a neve e olhos azuis clarinhos, o que lhe conferia a aparência de uma carismática vovó. Guilherme, seu marido, era calvo, gordo e vários centímetros mais alto que Nicolas. Ele exibia tanta jovialidade que aparentava ter bem menos do que seus sessenta e cinco anos.

— Miah foi minha melhor aluna no curso — revelou Elisa após os cumprimentos habituais. — Essa moça tem uma inteligência fora de série! Você deve tratá-la com todo o mimo do mundo, meu jovem. Não sabe o tesouro que está ganhando.

— Miah será tratada como uma rainha! Palavra de escoteiro — respondeu Nicolas, fazendo o casal sorrir.

— Nós vamos passar alguns dias na cidade até o Natal. Então voltaremos para casa para o ano-novo — comunicou Guilherme, com olhos firmes e sorridentes.

Outros amigos de Miah, principalmente pessoas do Canal local que Nicolas não conhecia, foram apresentadas a ele. Ed, o rapaz que trabalhava com Miah como operador de câmera, trocou um forte abraço com ela, elogiando-a e dizendo que ela estava linda ao entrar na igreja e que Nicolas era um homem de sorte por se casar com a repórter.

— Estou começando a acreditar que a sorte sorriu para mim ao me casar com você — Nicolas se inclinou e beijou Miah na orelha. — Todo mundo está falando a mesma coisa.

— É para ter certeza de que você não vai se esquecer disso.

Ao longo da festa, o casal continuou a ser alvo dos convidados, que desejavam parabenizá-los pela suntuosidade do casamento e pela maravilhosa festa que estavam dando. Nicolas e Miah sorriam como duas crianças inocentes, quando alguém lhes perguntou se já haviam escolhido o destino para a lua de mel.

— Após muito pensar, questionar e refletir, nós decidimos passar quinze dias em Fortaleza — Miah falava pausadamente e sorria para todos os rostos que via. — Vamos partir ainda hoje.

— Ai, que delícia! Que inveja! — uma redatora, colega de Miah, revirou os olhos e arrancou risadas dos demais. —

Nada como aproveitar esse final de ano sob o escaldante sol nordestino! Vocês só voltam para cá no ano que vem?

— Passaremos o Natal em Fortaleza, mas estaremos aqui no ano-novo — garantiu Nicolas, animado.

Enquanto posavam para fotos, Nicolas e Miah sentiam como se fossem celebridades. O investigador, por sua vez, se perguntava intimamente por quanto tempo mais suportaria permanecer vestido com aquele paletó e com a gravata, que continuava lhe castigando a garganta.

Nicolas quase suspirou de alívio quando Miah anunciou que jogaria o aguardado buquê para finalizar a festa. As mulheres solteiras, então, se postaram atrás da noiva, soltando gritinhos excitados. Miah sorriu, quando viu Ariadne arrastando Marian pelo braço para que ela pudesse participar do arremesso do buquê e Thierry trocando cotoveladas com uma mulher, para conseguir ocupar a melhor posição a fim de agarrar as flores que ele mesmo vendera para a noiva.

— Atenção, atenção! — Miah aumentou o tom de voz. — Vamos ver quem será a próxima a subir ao altar! — ela ergueu as mãos com as flores para o alto. — É um... é dois... é três e...

Rindo, Miah flexionou os braços para cima e para trás, atirando o buquê para o ar. A explosão veio em seguida.

Por dois breves segundos, tudo pareceu silenciar, enquanto apenas um ruído forte e agudo era ouvido e uma pequena bola de fogo surgia entre as pétalas das flores, destruindo os laços e os fitilhos que amarravam os caules. Quando o buquê caiu no chão, estava totalmente carbonizado.

Duas mulheres começaram a gritar, e logo um coro as imitou. Dois seguranças surgiram com extintores nas mãos e pulverizaram a espuma contra o que restara das flores. Outros convidados seguiram quase correndo em direção à porta de saída, enquanto o susto e o medo tomavam conta de seus olhares.

Miah estava petrificada. Ela olhava para o chão, tentando entender o que acontecera com seu buquê. Nicolas se aproximou correndo e parou ao lado da esposa. Elias vinha em seu encalço e Mike logo atrás.

— Por Deus, o que aconteceu?! — os olhos de Miah marejavam, enquanto ela tentava se refazer do susto pelo qual acabara de passar. — Amor, que diabo foi isso?

— Elias, a festa acabou — Nicolas pediu espaço para os seguranças, já que as chamas haviam sido controladas. — Por favor, ajude-nos a evacuar o salão.

Nicolas olhou para os apavorados e confusos convidados e achou lamentável ter de dar fim à sua própria festa de casamento, mas sabia que se tratava de uma questão de segurança. Algo saíra muito errado.

— Meus amigos, peço-lhes desculpas. Não sei ainda o que levou o buquê de Miah a explodir dessa forma. Assim, vamos dar seguimento a algumas investigações por aqui e precisamos pedir que os senhores deixem o recinto. É com pesar no coração que minha esposa e eu fazemos esse pedido. Peço-lhes perdão mais uma vez pelo transtorno.

— O buquê ia explodir sobre nós? — perguntou uma mulher que estivera entre o grupo que disputava as flores.

— Não sabemos de nada ainda — Nicolas olhou para Elias. — Acompanhe-os até a saída. Assim que possível, vou comunicá-los sobre o que realmente ocorreu aqui.

Atordoados, assustados e curiosos, os convidados obedeceram Nicolas e foram saindo devagar. Willian correu até o irmão, enquanto Moira olhava atentamente ao redor, como se estivesse à espera de uma segunda explosão.

— Por que o buquê explodiu? — perguntou Willian.

Miah finalmente se rendeu às lágrimas e foi amparada por Marian e Ariadne. Lourdes falava agudamente do outro lado do salão, mas Mike a conduziu para fora.

— Acho melhor vocês também saírem — Nicolas pediu aos três irmãos. — Você pode ficar se quiser, Moira.

— Quem detonou minhas flores? — gritando e chorando, Thierry surgiu ao lado de Nicolas. — O que fizeram com o buquê da noiva? Queriam torrá-la? É isso?!

— Nós vamos descobrir, Thierry. Espere lá fora, por favor.

Sem perder tempo, Nicolas foi até a massa preta que jazia no chão cheirando a queimado. Não foi preciso tocar o buquê para distinguir dois pequenos fios escuros, amarrados estrategicamente entre os caules das flores.

— Alguém colocou uma bomba em seu buquê, Miah — Nicolas voltou-se para a esposa e a abraçou com carinho, tentando fazê-la parar de chorar.

— Não é possível — ela o fitou com olhos desolados. — Veio diretamente das mãos de Thierry para mim. Não acha que ele faria algo assim, não é mesmo?

— Não. Ele entregou o buquê diretamente a você?

Após um breve instante de reflexão, Miah sacudiu a cabeça negativamente.

— Não, ele pediu a um portador que entregasse em meu apartamento. Marian estava comigo me ajudando a me preparar.

— Um portador? — de repente, aquela história começou a cheirar tão mal quanto as cinzas do buquê no chão. — Quem era esse portador?

— Não sei, Nicolas. Thierry deve saber — estremecendo, Miah continuou: — Alguém tentou me matar?

Elias e Mike olharam para Nicolas, pois já haviam chegado àquela mesma conclusão.

— Talvez a intenção não fosse exatamente matá-la, mas certamente quiseram deixá-la muito ferida — ele olhou para o delegado. — Por favor, Elias, convoque os peritos. Já vi que nossa noite será longa. Enquanto aguardamos os peritos, vou tirar esse bendito paletó e esta gravata assassina.

— E a viagem de vocês para Fortaleza daqui a pouco? — Mike olhou para o relógio e para Nicolas.

— Não haverá viagem para Fortaleza, enquanto eu não descobrir por que tentaram machucar minha esposa — resmungou Nicolas, afastando-se com Miah para os fundos do salão.

Capítulo 3

Os peritos confirmaram que uma pequena bomba de fabricação caseira, com fraco poder de detonação, fora acoplada ao buquê. Ela fora programada com *timer* para explodir.

— Fraco poder de detonação? — Miah estava incrédula. — Se aquela coisa estivesse em minhas mãos ao explodir, eu estaria parecendo a estátua de Vênus agora! Estaria sem meus braços — um dos homens da equipe de perícia soltou uma risadinha ao ouvi-la, e Miah o fulminou com os olhos. — Eu contei alguma piada?

— Fique calma, querida — Nicolas apoiou a mão no ombro da esposa e sentiu os nós de tensão. — Você tem que se tranquilizar. A pior parte já passou.

— Não há pior ou melhor parte, quando alguém quer nos deixar em frangalho, Nicolas — uma corrente de medo fez o corpo de Miah se enrijecer. — Eu sofri uma tentativa de assassinato!

— A intenção não era matá-la — devolveu Nicolas, que usava uma camisa branca de mangas compridas e abrira os botões da gola. — Quiseram apenas machucá-la.

— Por que você fica dizendo isso?

— Porque, como disseram os peritos, era uma bomba simples, cuja potência de destruição é bem pequena. Ela não iria mandar seu corpo pelos ares, embora pudesse feri-la gravemente. Seu rosto ficaria desfigurado e provavelmente você perderia alguns dedos — uma sensação assustadora atravessou a mente de Nicolas, quando ele imaginou que era exatamente isso o que teria acontecido com ela.

— Nós vamos atrás do tal portador que lhe entregou as flores — Elias olhou o salão em volta, notando as mesas ainda abastecidas com iguarias e as taças abandonadas pela metade. Há algumas horas havia alegria, riso e harmonia naquele ambiente, mas agora só havia lágrimas, medo e tensão. — Vamos prendê-lo e obrigá-lo a confessar por que fez isso.

— Eu estou com medo — Miah virou a cabeça e afundou o rosto no peito de Nicolas. — Eu estou com muito medo — repetiu.

— Calma, meu amor. Eu estou aqui, não estou? — Nicolas beijou os cabelos de Miah, cujos fios já haviam se desprendido do penteado elegante, e a abraçou com força. — Não há o que temer. Nós já enfrentamos coisas piores, esqueceu?

Miah assentiu em silêncio, enquanto chorava baixinho. Momentos depois, um esquadrão antibombas, trazido de Ribeirão Preto, fez uma revista no local, mas não encontrou nada suspeito.

— É melhor irmos embora, Miah. Amanhã, nós estaremos mais calmos e conseguiremos raciocinar melhor. O que acha?

Ela fez que sim com a cabeça, e Elias a amparou para ajudá-la a se levantar.

— Se precisarem de qualquer coisa, Bartole, podem me chamar — Elias se ofereceu. — Desde já, coloco-me à disposição de vocês.

— Eu também estou dentro, Bartole — garantiu Mike.

— Obrigado, Elias. Valeu pelo apoio, Mike. Agora, todos nós precisamos descansar. Puxa, eu nunca imaginei que minha primeira noite como casado seria assim — segurando Miah pela mão, Nicolas se despediu dos policiais e deixou o salão rapidamente.

Miah parecia mais calma quando entrou no apartamento de Nicolas. Não estava mais chorando, mas não conseguia esquecer o momento em que jogara as flores para cima e o impacto da explosão sobre sua cabeça. Nem mesmo conseguia esquecer as expressões risonhas e despreocupadas das pessoas sendo substituídas pelo pânico e horror.

Nicolas não se deu ao trabalho de acender as luzes da casa ou os pisca-piscas da árvore de Natal que montara com Marian. Os dois se moveram pelo escuro até chegarem ao quarto do investigador. Miah, então, sentou-se na beirada da cama e tentava se livrar de seu vestido branco.

— O que você sente quando pensa que meu apartamento é o seu novo lar agora? — Nicolas acendeu os abajures ao redor da nova e espaçosa cama de casal que havia comprado. Fizera aquela pergunta apenas para distrair Miah e afastá-la das lembranças desagradáveis.

— É estranho me imaginar casada — Miah forçou um sorriso e quase teve sucesso. — Marian foi muito legal comigo ao concordar em fazer a troca de apartamentos.

Elas combinaram a troca um mês antes do casamento. Marian decidira que não poderia continuar morando com Nicolas, afinal a nova vida do irmão ao lado da esposa requeria total privacidade. Como não conseguira arranjar nenhum outro lugar adequado para ficar, Marian mudou-se para o imóvel de Miah, levando seus pertences e Érica, a gata angorá, junto com seus cinco filhotinhos, frutos do cruzamento com o gato do vizinho, o que quase enlouquecera Nicolas. Marian, no entanto, dissera que, quando os gatos desmamassem, ela mandaria Érica de volta para Nicolas.

— E pensar que agora nós dois estaríamos num avião rumo ao Ceará — procurando não se mostrar frustrado, Nicolas abriu os botões dos punhos da camisa e tirou o relógio. — Assim que resolvermos esse pequeno entrave, partiremos correndo para lá. E dou-lhe minha palavra que nossa lua de mel vai durar um mês em vez de quinze dias.

— Foi tudo tão lindo... Havia certa magia no ar. Era como se fosse um sonho, até que, no final, tudo se transformou em um pesadelo — Miah lamentou com voz chorosa.

— Vamos pensar pelo lado positivo. Ao menos ninguém saiu ferido. Como diria Marian, é possível que os espíritos protetores estivessem de plantão para que nada de mais grave acontecesse. Agora, vamos elucidar esse mistério e rumar para as praias de Fortaleza. Apesar de que... — ele disfarçou uma risadinha maliciosa quando a viu ficar nua — há coisas melhores que as praias nordestinas, quando nos deparamos com uma esposa despida! É mais excitante na primeira noite como casados, não acha?

Miah se limitou a sorrir, enquanto observava Nicolas despir-se também. Um já se acostumara ao corpo do outro, mas fazer amor como marido e mulher tornava o ato em si diferente e sensual. Um esperava mais do outro, ao mesmo tempo em que cada um oferecia mais de si. Não seria a noite de carícias e rompantes de amor que imaginaram, porém era o que tinham condições de oferecer naquele momento.

Nicolas conseguiu fazer Miah apagar da memória as impressões deixadas pelo incidente com o buquê. Agora, tudo o que lhe importava era mantê-la aquecida entre seus braços, carente por seus beijos e ansiosa por seus toques, pois ele já não conseguia se afastar dela. Miah era tudo e um pouco mais e sabia satisfazê-lo em todos os aspectos. Ele precisava dela, e ela, dele. Queriam que aquela noite durasse para sempre e só conseguiram parar por volta das cinco da manhã, quando a noite novamente se transformava em dia.

Exaustos, saciados, felizes e relaxados, eles adormeceram um nos braços do outro. Nos lábios, um sorriso de plena felicidade. Parecia que, por pior que estivesse a tormenta lá fora, os dois estavam protegidos ali dentro, em seu ninho de amor. O poder dos sentimentos que os mantinham unidos, sentimentos que começaram a florescer em uma amizade e evoluíram para o amor, não permitiria que eles fossem atingidos por forças externas. Eles se amavam, e isso bastava. O que poderia ser mais forte que o amor?

O espírito do homem que os observava encostado à parede do quarto certamente não concordava com essa ideia. Ele fitava Nicolas e Miah com nojo e desdém e sua boca estava contraída num esgar de repulsa. Havia meses que ele os acompanhava e já não podia suportar vê-los juntos. E, para variar, o casal conseguira até se casar. Não obstante, sempre haveria tempo para alcançar o que desejava. Em breve, muito em breve, ele poderia revelar o real objetivo de sua permanência ao lado deles. Queria ver se aquele amor seria mesmo uma fortaleza de proteção contra o que estava por vir.

Poderia até soar irônico, mas Nicolas não se abalou com a ideia de seguir para a delegacia num típico domingo de dezembro, quando deveria estar em Fortaleza, curtindo bons momentos ao lado de sua esposa. Só achava curioso notar que, sempre que pensava em tirar férias ou alguns dias para descansar, alguma coisa acontecia para impedi-lo de partir.

Elias já estava em sua sala, quando Nicolas foi ao encontro dele. As olheiras sob os olhos do delegado revelavam que ele dormira pouco ou quase nada. Exalando cansaço por todos os poros, era como se Elias tivesse sofrido o atentado.

— Você não está em seus melhores dias, meu caro Elias — sorrindo, Nicolas se serviu de um copo d'água do galão de plástico. — Não seria eu quem deveria estar com essa cara?

— É apenas excesso de trabalho — Elias apertou as vistas com os dedos e sacudiu a cabeça para os lados. — Meu esgotamento físico não importa agora.

— Tem certeza de que é somente cansaço? — Nicolas olhou-o detidamente. — Não é a primeira vez que o vejo assim. Acho que também está precisando de férias.

— Pode ser... — Elias deu de ombros, e Nicolas entendeu que ele não queria continuar a falar sobre aquele assunto. — Nós vamos procurar Thierry agora?

— É uma boa ideia, pois assim não perderemos tempo. Como é domingo, a floricultura deve estar fechada. Meus irmãos e minha mãe estão morando no apartamento dele. Nós vamos para lá.

— Você tem ideia de quem poderia ter planejado o ataque contra Miah? Ela não tem inimigos.

"Pelo menos não inimigos que nós conheçamos. No entanto, ela tem um segredo referente ao passado, e eu não sei o que está escondido nele", pensou Nicolas. Em voz alta, ele respondeu:

— Não sei contra quem estamos lutando. É óbvio que se trata de uma pessoa que não tem boas intenções em relação a Miah. A bomba possuía programador de tempo e, se quisessem, a teriam explodido no nosso casamento, dentro da igreja mesmo. Mas... preferiram esperar que ela se casasse — um pensamento funesto lhe veio à mente. — A dor seria muito maior depois. Não somente a dor física, mas a dor emocional, tanto para ela quanto para mim. Eu estaria recém-casado com uma esposa mortalmente ferida e correndo risco de morte. Entende qual era provavelmente a real intenção, Elias? Além de machucá-la, também queriam me atingir. Acredito que se trata de algo pessoal contra nós dois.

— Isso torna tudo mais perigoso. Não quero ser pessimista, Nicolas, mas, sendo assim, é provável que tentem um novo ataque contra vocês muito em breve.

— Eu sei. Estou ciente disso. Pedi a ela para permanecer em meu apartamento por alguns dias até tudo ser resolvido, mas você a conhece... Por mais que ela esteja assustada, não vou conseguir segurá-la dentro de casa. Ela está de licença na emissora por conta do casamento, mas aposto que Miah vai dar um jeito de voltar ao ar e fazer uma reportagem sobre o que ocorreu na festa.

— Se ela se expor não será pior?

— Essa é a minha maior preocupação. Sei que Miah é uma mulher muito sagaz e inteligente, contudo, não sabemos com que tipo de gente estamos lidando. E não posso torná-la uma prisioneira dentro do meu apartamento — conferindo rapidamente o relógio de pulso, ele completou: — Por isso, quero agilizar. Vamos falar com Thierry e encontrar o tal entregador de flores, que terá de nos explicar a origem daquela bomba.

Nicolas telefonou para Willian, confirmou o endereço de Thierry, e, pouco depois, ele partiu com Elias para a residência do florista. O investigador fez o trajeto de carro em poucos minutos. Quando chegou ao prédio, o porteiro liberou-lhes a entrada após solicitar a autorização com o morador.

— Se o apartamento de Thierry seguir a mesma linha decorativa do escritório dele na floricultura, prepare-se para mergulhar no mundo mágico das flores — lembrou Nicolas, assim que saíram do elevador no quarto andar.

Foi Willian quem abriu a porta e, após os cumprimentos, conduziu Nicolas e Elias para a sala de Thierry. Como já era de se esperar, o apartamento assemelhava-se a uma estufa e era colorido e místico. Havia dezenas de vasos e arranjos, que iam de lírios a narcisos, de rosas a amores-perfeitos, de bromélias a petúnias. Gigantescas samambaias estavam penduradas em suportes no alto das paredes e derramavam suas folhas como uma cascata. Para completar, Thierry montara uma imensa árvore de Natal ao lado de uma poltrona branca, onde se via um Papai Noel em tamanho natural sentado.

O apartamento era bem arejado, claro e espaçoso. Cortinas brancas com babados cor-de-rosa enfeitavam as janelas, e a estampa do tapete no centro da sala representava violetas lilases. Naturalmente, os móveis estavam em menor número do que as plantas e flores, apesar de tudo estar bem distribuído.

Avaliando o apartamento de Thierry, Nicolas considerou intimamente que aquele era um bom local para quem desejasse relaxar por algumas horas, mantendo contato com a natureza sem sair de casa. Entretanto, Thierry não estava relaxado. Nicolas encontrou-o deitado em sua enorme cama de casal, com uma bolsa de água quente sobre a cabeça e com um termômetro no canto dos lábios. Sobre a mesinha de sua cabeceira, ao lado de onde Ariadne estava sentada, diversos tranquilizantes estavam espalhados.

— Thierry não está nada bem! — preocupada, Ariadne estendeu a mão para tocar a testa do amigo. — E não quer ir ao médico. Não sei mais o que fazer.

Sem perder tempo, Nicolas encostou a mão no rosto de Thierry e sentiu que ele não estava febril.

— Nós precisamos falar com você, Thierry. E você precisa estar bem saudável para nos responder a algumas perguntas.

— Só se você me tocar de novo — murmurou Thierry com voz apagada. — Sei que não devo passar desta noite.

— Ai, que horror! — assustada, Ariadne cobriu a boca com as mãos. — Não diga isso nem de brincadeira!

— A febre está me envolvendo aos poucos e com ela minha vida está se esvaindo — Thierry fechou os olhos verdes e cuspiu o termômetro para o lado.

— Olha, não estou com tempo para gracinhas — começando a se irritar, Nicolas se sentou nos pés da cama. — Quero que nos diga quem você contratou para entregar o buquê de Miah.

Thierry reabriu os olhos e deles escorreram duas lágrimas.

— A culpa foi toda minha. Se Miah tivesse morrido, eu teria ido logo atrás. Ela poderia estar morta ou machucada agora, e as flores vieram de minha floricultura. Esse remorso está acabando comigo — ele olhou para Ariadne. — Meu lencinho, por favor.

Ariadne estendeu um lenço estampado com margaridas a Thierry, que assoou o nariz tão alto quanto o barulho da explosão do buquê. Por fim, ele recostou-se nos três travesseiros.

— A culpa não foi sua, Thierry. Alguém colocou uma bomba entre as flores, e você não pode ser responsabilizado por isso. Ainda que algo de grave tivesse acontecido a Miah, a culpa não seria sua — sem saber como melhorar aquela situação, Nicolas mudou o foco da conversa. — Você será de grande utilidade para nós, se nos disser quem foi a pessoa contratada para realizar a entrega. Foi uma empresa particular, um portador conhecido...?

— Não consigo me lembrar, Nicolas. Peixinhos dourados flutuam em minhas memórias, embaralhando minhas recordações — ele secou o rosto com as mãos trêmulas. — Não consigo raciocinar quando estou nervoso. Pobre Miah... Que susto ela levou!

— Todos nós ficamos assustados — Elias encarou Thierry com certa desconfiança. — O senhor é sempre tão sensível?

— Não posso agir diferente. Miah e Nicolas pagaram por aquelas flores, e minha amiga poderia estar morta agora — repetiu.

— Você já nos disse isso, Thierry, mas não está sendo de muita ajuda. Se gosta tanto de Miah, faça um esforço para nos dar um norte para nossa investigação. Será que sua assistente, a Zilá, não sabe de alguma coisa?

Thierry negou com a cabeça.

— Ela está gripada há uma semana e não está indo trabalhar. Eu pedi a Zilá que ficasse em casa, pois não queria que ela me passasse o vírus. E agora, de que adiantou? Minha imunidade caiu de uma só vez — Thierry ajeitou a bolsa de água quente sobre a cabeça e piscou várias vezes. — Espere aí! Estou me lembrando agora.

— Os peixinhos dourados pararam de nadar? — perguntou Willian da porta do quarto, mal contendo o riso.

— Minha mente está clareando! Eu estava atendendo a duas clientes, quando um homem entrou na floricultura.

— Como era esse homem? — quis saber Nicolas, ficando subitamente interessado no que Thierry dizia, enquanto Elias tirava um caderninho do bolso para fazer anotações.

— Era um rapaz jovem, um adolescente talvez. Não fazia o meu tipo, portanto, não lhe dei muita atenção. Ele ficou parado diante do balcão, olhando com admiração para os vasos de girassóis. Quando eu terminei a venda com as clientes, ele se aproximou e perguntou se eu estava interessado em seus serviços.

Thierry fez uma pausa e apertou as mãos de Ariadne, como que se ela pudesse lhe transmitir conforto.

— Ele explicou que estava procurando seu primeiro emprego e desejava ser meu *office boy*. Eu lhe respondi que não iria contratá-lo, pois minhas entregas eram poucas e que Zilá, embora estivesse ausente, já dava conta do recado. Ele, então, ficou insistindo e sacudindo o currículo. Disse que necessitava trabalhar e que eu poderia fazer um teste com ele por uma semana. Vocês sabem que meu coração é feito de glacê, e eu não resisti àquele pedido tão inocente. Além disso, o movimento estava corrido, e, sem Zilá, eu estava passando apuros sozinho. Como se não bastasse, tinha que pensar na decoração do casamento de vocês.

— Você contratou esse garoto?

— Sim. O nome dele é Escobar. O rapaz tem dezessete anos e já foi dispensado do Exército. De fato, ele se mostrou muito solícito, rápido e interessado em aprender e trabalhou direitinho durante todos esses dias. Aí ontem eu pedi que ele levasse o buquê ao apartamento de Miah assim que terminei de montá-lo.

— Você deve ter o endereço desse tal Escobar, certo?

— Sim, ele até me trouxe um comprovante de residência. Tenho tudo no escritório da floricultura. Ele disse que morava apenas com a mãe, que estava adoentada, e me explicou que usaria o dinheiro do salário para comprar alguns remédios mais caros que ela estava necessitando com urgência. Acha que eu poderia me recusar a empregá-lo?

— Eu tenho maturidade e experiência demais para ainda acreditar em coincidências — comentou Elias —, mas penso que o doce e inocente Escobar foi quem colocou a bomba entre as flores. Ele provavelmente trabalhou durante toda essa semana, apenas como pretexto para atingir seu objetivo final.

— Pode ser... — concordou Nicolas. — Ou ele foi enviado por alguém. Por que um garoto de dezessete anos iria querer matar Miah justamente com uma bomba? Os jovens não gostam de se dar ao trabalho de ficar assustando os outros, quando têm intenções de cometer um crime. Ele teria ido diretamente ao ponto. Certamente, ele seguiu ordens e deve ter recebido dinheiro para fazer o que fez.

— Precisamos do endereço dele, Thierry. Pode nos conseguir isso agora? — pediu Elias.

— Mesmo sentindo que estou deixando o plano físico, farei um esforço para acompanhá-los até a floricultura — ele se sentou bruscamente. — E quando apanharem esse rapaz, eu mesmo lhe darei uns tapas pela negligência e por ter mentido pra mim.

— Então seja rápido, enquanto existe um sopro de vida animando seu corpo — devolveu Nicolas ironicamente.

Capítulo 4

Nicolas agradeceu mentalmente o fato de Thierry ser um homem organizado. Ele encontrou o endereço de Escobar em menos de três minutos, após chegarem à floricultura. O rapaz morava no centro da cidade, a poucos minutos dali, e Nicolas decidiu que iria visitá-lo imediatamente.

A residência de Escobar lembrava uma casinha de bonecas. A casa era toda pintada na cor bege, com vasos de plantas nas janelas e uma chaminé pequena no alto do telhado. Enquanto Elias olhava em volta com curiosidade, Nicolas bateu na porta e reparou o quanto o delegado parecia estar desgastado fisicamente.

— Elias, você tem dormido bem?

— Tenho. Até poderia dormir um pouco mais, no entanto, meu tempo é curto.

— Você está com cara de zumbi, sabia?

— Vai melhorar com o tempo — Elias fez um gesto com o queixo na direção da porta, quando ouviram movimentos na maçaneta.

— Quem é? — perguntou uma voz feminina em tom baixo.

— Eu sou o delegado do 1º DP. Meu nome é Elias Paulino. Comigo está o investigador Nicolas Bartole.

Os movimentos ficaram mais ligeiros e a porta, onde havia sido pendurada uma guirlanda, foi aberta rapidamente.

Nicolas e Elias tiveram de baixar o olhar para encarar a jovem mulher que estava sentada em uma cadeira de rodas. Ela era bonita, tinha menos de quarenta anos e sorriu ao vislumbrar os visitantes. Tinha fartos cabelos castanhos e olhos vivazes e inteligentes.

— A senhora é a mãe de Escobar? — Nicolas esticou a mão e apertou a da mulher. — Nós precisamos falar com ele.

— Sim, sou a mãe dele. Meu nome é Elvira — ela abriu um pouco mais a porta e moveu a cadeira para trás. — Ele não está agora, pois foi ao campinho jogar bola. Faz isso todos os domingos, quando não chove — uma sombra de preocupação passou pelo olhar da mulher. — Ele fez algo de errado?

— Essa é a resposta que buscamos. Enquanto ele não chega, será que a senhora poderia nos atender por alguns instantes? — Nicolas espiou o interior da casa. — Pedimos desculpas antecipadas à senhora por incomodá-la em pleno domingo, mas o assunto requer certa urgência.

— Tudo bem! — Elvira fez um gesto com a mão convidando-os a entrar e pediu que Elias fechasse a porta atrás de si. — Venham até a sala, por favor.

Nicolas e Elias seguiram Elvira até a pequena e bem arrumada sala. Aparentemente, não havia outras pessoas na casa, e Nicolas imaginou que Escobar morava apenas com a mãe, segundo o que Thierry dera a entender. Ele notara também que os móveis estavam limpos e o chão da casa bem encerado, o que o levou a refletir que Escobar auxiliava a mãe nos trabalhos domésticos.

— Podem se sentar. Eu ia começar a preparar o almoço.

Eles se sentaram, e Nicolas pensou em Mike, certo de que o policial faria de tudo para retardar a visita ali a fim de beliscar a refeição.

— Dona Elvira, a senhora deve saber que seu filho está trabalhando, não é mesmo?

Ela olhou para Nicolas e sorriu.

— Sim, ele está trabalhando em uma floricultura. E está imensamente feliz! É seu primeiro emprego e está dando o máximo de si para agradar ao patrão.

"Pelo menos ele compartilha seu dia a dia com a mãe", pensou Nicolas. Em voz alta, ele respondeu:

— É justamente sobre esse emprego que nós precisamos falar com ele.

— Aconteceu alguma coisa? Se Escobar aprontou, eu vou lhe chamar a atenção! Ele...

— Escobar é seu filho único? — cortou Nicolas.

— Sim, eu só tive ele — Elvira abriu um sorriso orgulhoso. — Nunca sentimos a falta de mais ninguém. Nós dois nos completamos. Ele jamais me causou uma decepção, por isso estou estranhando o fato de a polícia estar atrás dele — Elvira afofou os cabelos cheios. — Ele também não se envolve em brigas. É um menino muito obediente!

— Então ele está gostando do trabalho?

Elvira olhou para Elias, que fizera a pergunta.

— Sim, e sempre elogia o patrão. Disse que já aprendeu os nomes de várias flores e que consegue distinguir a maioria. O patrão dele tem um nome meio esquisito. Escobar contou que ele é um amor de pessoa.

— Thierry é meu amigo e realmente tem um coração imenso — Nicolas viu quando Elvira tornou a ajeitar os cabelos e só então se deu conta de que ela usava uma peruca.

— Não disse que o nome era esquisito? Escobar o adora. Ele mal vê o momento de receber o primeiro salário. Não sabem como esse dinheiro será bem-vindo aqui em casa. Estamos precisando tanto...

— Segundo Thierry, Escobar pediu o emprego porque desejava ajudá-la a comprar alguns medicamentos.

Elvira tornou a sorrir, mas dessa vez seu sorriso não foi tão espontâneo.

— Foi uma decisão dele. Ele é um amor de menino. Agradeço a Deus todos os dias por tê-lo comigo. Ele sabe o quanto nossa situação ficou difícil desde que... — a voz de Elvira vacilou, e ela pigarreou para lubrificar a garganta.

— Desde seu acidente? — completou Nicolas.

— Está falando desta cadeira? — sorrindo, Elvira bateu as mãos nas rodas. — Há muitos anos, eu sofri um acidente no caminhão junto com meu marido. Escobar era um bebê ainda. Deus levou Rogério na hora e quis me deixar vivendo mais um pouco. Só que eu fiquei assim — ela deu de ombros, como se pedisse desculpas. — Perdi os movimentos das pernas. Vocês conseguem imaginar como foi difícil cuidar de um filho nessas condições, sem o apoio de um marido e sofrendo por sua morte repentina? Foi Deus quem me deu amparo e sustentação para fazer um bom serviço. E hoje vejo o quanto fui uma boa mãe. Escobar já é quase um adulto. Em breve, ele fará dezoito anos. Tenho orgulho do meu trabalho na criação dele.

— Escobar disse a Thierry que a senhora toma medicamentos caros e que ele estava em busca de um emprego para poder comprá-los — lembrou Elias, olhando para Elvira, penalizado.

— É que recentemente descobri que estou doente — sem constrangimento, ela segurou a peruca e a tirou devagar, revelando sua cabeça raspada. — Estou com câncer.

Nicolas viu quando os olhos de Elvira ficaram rasos d'água, contudo, ela conseguiu controlá-las a tempo. Eles não precisavam saber o quanto ela chorava escondida, desde que fora diagnosticada com leucemia e o quanto isso machucara Escobar.

— Lamento muito por isso, dona Elvira — balbuciou Nicolas.

— Eu já lamentei muito mais — ela sorriu e brincou com os cabelos artificiais. — Deus sabe o que faz. Se eu tiver de ir embora, quero apenas ter a certeza de que vou deixar Escobar bem encaminhado na vida. Essa é a obrigação de todas as mães, não acham? Todas as mães querem ver seus filhos bem para morrerem em paz. E enquanto eu não vou, Escobar me ajuda com os remédios. São caros e não consegui alguns de graça lá no posto.

Ela fez uma pausa para tomar fôlego.

— Mesmo estando presa a esta cadeira de rodas, eu sempre fui independente. Vivemos com a pensão deixada pelo meu marido, e eu fazia doces para fora. Aceitava encomendas de padarias e confeitarias, e isso reforçava nossa renda.

Todavia, quando a notícia de minha doença se espalhou, as pessoas deixaram de procurar meus serviços. Todos sabem que o câncer não é uma doença contagiosa, mas o preconceito e a ignorância são maiores, e eu deixei de ser bem vista pela vizinhança. Ninguém quer comprar doces ou salgados de uma pessoa que faz sessões de quimioterapia, entende?

— Foi quando Escobar decidiu procurar trabalho...

— Exatamente. A pensão deixada por Rogério é de apenas um salário mínimo e mal dá para cobrir as despesas da casa. E agora, com os medicamentos, vamos ficar muito apertados.

Nicolas assentiu e olhou para um porta-retratos sobre um móvel. Viu um rapaz de cabelos negros e sorriso largo. Era muito parecido com Elvira e usava um chapéu de vaqueiro.

— Aquele é Escobar? — Nicolas apontou para a foto. — Esse retrato é recente?

Elvira voltou a cabeça para trás para olhar a fotografia.

— É ele mesmo. Essa foto é do mês passado. Viram como ele é lindo? — mais uma vez, o amor e o orgulho marcaram a expressão de Elvira. — Puxou mais a mim do que a Rogério — de repente, ela ergueu o olhar para Nicolas enquanto tornava a pôr a peruca na cabeça. — Vocês ainda não me disseram por que estão procurando Escobar.

— Ontem, foi meu casamento — como se quisesse complementar a informação, Nicolas tocou na aliança. — Seu filho ficou responsável por entregar o buquê de flores nas mãos de minha esposa, porém, por motivos desconhecidos, alguém colocou uma surpresa bem desagradável dentro do buquê. Não estamos acusando Escobar, mas ele terá de nos dizer se repassou as flores para terceiros antes de levá-las ao local de destino.

— Uma coisa eu lhe posso garantir: Escobar jamais faria algo errado. É um menino precioso e sabe que eu reprovo atitudes que possam prejudicar outras pessoas. Podem esperá-lo aqui ou procurá-lo no campinho de futebol para exigir dele a verdade. Se fizeram algo ruim, dou-lhes minha palavra de que Escobar não está envolvido.

— A senhora pode nos informar como chegamos ao campinho de futebol? — pediu Elias.

Elvira explicou como o caminho ao campinho, e Nicolas se levantou. O investigador disse que, baseando-se na imagem da fotografia, ele memorizara o rosto de Escobar e que não teria dificuldades para encontrá-lo. Nicolas, então, agradeceu Elvira, e ela, pouco antes de abrir a porta, pediu:

— Se puderem, tragam-no para que ele se explique na minha frente. Escobar nunca mentiu pra mim e essa não será a primeira vez. Se ele está fazendo coisas erradas, quero saber que coisas são essas. Ele terá que se justificar.

O campinho ficava a menos de duas quadras de distância da casa de Elvira e Escobar, mas, ainda assim, Nicolas e Elias decidiram ir de carro ao local. De longe, viram diversos rapazes gritando e correndo atrás de uma bola. Todos aparentavam ter a mesma faixa etária e se mostravam animados. Havia outro grupo de meninos assistindo ao jogo, certamente esperando para jogarem também.

— Saudades do meu tempo de infância — Nicolas parou o carro e desceu. — Willian e eu sempre jogávamos bola nas praias cariocas.

— Bartole, eu não consigo conceber que você foi criança um dia — sorrindo, Elias fechou a porta. — Não consigo ver um garotinho brincalhão em você.

— Eu era um menino terrível, mas muito mais comportado que Willian. Ele preferia atirar pedrinhas nos passarinhos e amarrar cadarço no rabo dos cachorros. Marian vivia pintando e bordando panos de prato. Ariadne cortava e tingia os cabelos de suas bonecas com as mesmas cores que usa em seus cabelos atualmente. E eu sempre gostei de brincar de polícia e ladrão — imerso nas lembranças, Nicolas começou a caminhar devagar com Elias. — Hoje, eu brinco de investigação e assassinato. Acho que não mudou muita coisa. E, naturalmente, eu não perdia a oportunidade de jogar futebol. E você, Elias? Quais eram suas brincadeiras preferidas quando criança?

Novamente, o ar de cansaço transpareceu no rosto do delegado. Nicolas notou quando ele passou as duas mãos pelas bochechas, como se secasse um suor invisível.

— As mesmas brincadeiras de sempre — e essa foi sua única resposta. — Já conseguiu avistar Escobar?

"Mudança brusca de assunto. O que está acontecendo com você, meu velho Elias? O que está escondendo de mim? Essa exaustão não está normal", refletiu Nicolas.

— Vamos chegar mais perto — respondeu Nicolas em voz alta. Após observar o campinho de forma mais analítica, ele percebeu que Escobar não estava jogando. Mesmo tendo visto o garoto apenas em uma fotografia, Nicolas já sabia que ele não estava em campo nem entre os meninos do time reserva.

— E aí, moçada? — gritou Nicolas. — Jogão animado esse, não? Quem está ganhando?

Os jogadores fizeram uma breve pausa no jogo e viraram-se para Nicolas. Um deles sorriu e devolveu:

— É o investigador Nicolas Bartole! Eu já o vi falando na televisão. Está pegando todos os assassinos, não é mesmo?

— Pode ser... gostei do termo "pegando". Porém, hoje eu não estou atrás de um assassino. Quero falar com Escobar. Vocês o conhecem, eu suponho.

— Ele estava jogando com a gente ainda agorinha — um menino negro cheio de dentes escancarou um sorriso. — Ele disse que ia falar com alguém para resolver um assunto e que voltaria para cá.

— Sabem com quem ele foi falar?

— Não, ele só disse isso. Escobar foi por ali — o menino apontou uma estradinha de terra batida do outro lado do campo. — Se vocês andarem depressa, ainda poderão alcançá-lo.

— Não vai jogar com a gente, amigo Nicolas? — um jovem com os cabelos espetados convidou. — Aposto que você bate um bolão! Nunca tivemos um policial jogando em nosso time. Pode ficar no gol, se quiser.

— Lamento declinar de seu convite, mas terei que deixar para outra hora. Prometo que outro dia eu virei jogar com vocês. Agora preciso falar com Escobar. Se ele reaparecer por aqui, peça para que me procure na delegacia, pois o assunto é urgente.

— Escobar matou alguém? — perguntou outro garoto.

— Que eu saiba, não. E não queremos que ele mate, por isso, preciso dizer algumas coisas para ele — Nicolas virou-se para Elias e continuou: — É melhor andarmos depressa. Estou interessado em saber com quem Escobar está indo se encontrar.

Elias assentiu com a cabeça. Eles agradeceram aos garotos pelas informações, cruzaram o campinho e pegaram a estradinha de terra, caminhando a passos largos.

Capítulo 5

A cerca de seiscentos metros mais à frente, Escobar parou e amarrou o cadarço de uma de suas chuteiras. Em seguida, o garoto encostou-se no tronco de um salgueiro e ficou aguardando. Era ali que o encontro fora marcado. Estava no horário certo, no local certo. Agora, só bastava esperar e receber o restante do dinheiro prometido pelo serviço prestado. A quantia seria suficiente para cobrir as despesas com os remédios de sua mãe e, quando recebesse seu primeiro salário na floricultura, com um pouco de sorte, até sobraria alguma quantia para gastar consigo.

Escobar estranhou quando recebeu a proposta. No início, ficara bastante assustado, acreditando que se tratava de alguma coisa errada. No entanto, lhe inspiraram confiança e o fizeram ver que as intenções não eram realmente maldosas.

Tudo acontecera no terceiro dia de seu trabalho na floricultura *Que Amores de flores.* Ele estava saindo para fazer seu horário de almoço, quando fora abordado. Convidaram-no para entrar em um veículo grande e espaçoso, que já o esperava. Escobar ainda se lembrava de como as palavras lhe foram ditas.

— Desculpe trazê-lo para conversar em particular. Você pode ser de uma ajuda incalculável para mim. Se aceitar minha proposta, além de receber um bom dinheiro como gratificação, vai me fazer um grande favor. Basta apenas que me diga sim e que mantenha nossa conversa em segredo.

— E o que eu teria de fazer? — Escobar ficara desconfiado. Sua mãe sempre lhe ensinara a não falar com pessoas estranhas, muito menos a entrar num veículo com alguém desconhecido. Por outro lado, a curiosidade era maior do que a prudência. Além disso, qualquer dinheiro extra que recebesse seria bem-vindo. A saúde de sua mãe dependia disso.

— Já ouviu falar em Miah Fiorentino? — quando essa pergunta foi feita, Escobar não reparou que a voz estava trêmula por algo negativo e perigoso.

— É a mulher que vai se casar no próximo sábado. Meu patrão fala nela a todo instante. Ele vai preparar o buquê dela. Só não sei o que isso tem a ver comigo.

— Miah é uma grande amiga minha e gostaria de lhe fazer uma surpresa. Faz alguns anos que não nos vemos e receio que ela tenha me esquecido. Eu gostaria de lhe enviar um presente muito especial em comemoração ao seu casamento. Ela precisa receber esse presente antes de me apresentar a ela, entende?

— Mais ou menos. Isso está ficando confuso.

— Não há nada confuso, meu querido. Veja bem. Eu preciso ter acesso ao buquê de flores da noiva antes dela. É nele que eu vou depositar meu presente, entende? Quando ela o vir, vai saber a origem e se lembrará de mim. Na verdade, tudo não passa de uma brincadeira que estou planejando. Ela sempre me pregou algumas peças e agora eu gostaria de revidar.

— E o que você quer colocar no buquê? — Escobar se lembrava do quanto aquela conversa o intrigara. Teria deixado o carro imediatamente, não fosse a perspectiva do dinheiro ganho. E se não fosse a necessidade de sua mãe, não estaria interessado em receber dinheiro algum.

— Isso é algo pessoal. Pode ficar tranquilo, porque seu nome será preservado. Eu poderia falar diretamente com seu patrão, mas receio que ele não iria me ajudar — o sorriso brilhou no interior do carro. — E então, o que me diz? Vai me fazer esse favor?

— Quanto você pretende me pagar por esse serviço? — afinal, isso era o mais importante para Escobar.

— Acha que cinco mil reais em dinheiro são suficientes?

Escobar se recordava do susto que levara ao ouvir o valor do seu pagamento e quase se engasgara. Até pensou que se tratava de alguma gozação. No entanto, no semblante sério de quem o fitava não havia o menor sinal de humor.

— Tá de brincadeira, né?

— Vou lhe dar a metade agora e a outra metade depois de você cumprir sua parte — o porta-luvas do carro fora aberto, e mãos bonitas e firmes apanharam uma pasta fina de couro. Após abrir o zíper, várias cédulas de cinquenta e de cem reais foram colocadas nas mãos trêmulas de Escobar. — Confira se aí há dois mil e quinhentos reais.

Aquilo era tudo com que Escobar jamais pudera sonhar. Poderia até pagar um tratamento para sua mãe, se pudesse. Com aquele dinheiro, garantiria os medicamentos de Elvira pelos próximos meses e sobraria uma quantia para lhe comprar um bom presente de Natal. Além do mais, estaria ajudando uma pessoa a agradar uma amiga que não encontrava há anos.

— Eu aceito! — Escobar respondeu rápido, enquanto guardava as notas no bolso das calças. — Ainda não sei quando meu patrão vai liberar o buquê. Estou trabalhando como entregador na floricultura e provavelmente serei eu quem levarei as flores para a noiva. Teríamos que nos encontrar nesse dia.

— Vou lhe dar o número do meu celular, mas volto a repetir que essa conversa terá de morrer aqui. Para evitar outros vínculos, não vou perguntar seu nome, assim como espero que não pergunte o meu. Após essa transação, provavelmente nunca mais tornaremos a nos encontrar — a pasta de couro voltou para o porta-luvas. — No momento em que puser as mãos no buquê, entre em contato comigo imediatamente.

O número do telefone foi anotado num papel e entregue a Escobar, que o guardou junto com o dinheiro. A sensação de inquietação passara. Não faria nada de errado, seria bem remunerado, ajudaria sua mãe e, de certa forma, não estaria traindo a confiança de Thierry.

— Você pode ir agora. Espero que saiba fazer tudo direitinho. E repito que tudo isso deve ser mantido em segredo.

— Eu vou fazer tudo corretamente. Não se preocupe.

Assim, quando recebeu a ordem de Thierry para levar as flores à residência de Miah, Escobar lembrou-se do pacto que fizera. O jovem saiu da floricultura, caminhou vários quarteirões a pé e procurou um orelhão. Ele avisou que estava com as flores e que não poderia demorar muito, pois havia o risco de elas murcharem, e disseram-lhe que tudo seria bastante rápido.

Escobar achava que fora esperto o suficiente para manter aquela negociata escondida até mesmo de sua mãe. O rapaz nada comentara com Elvira a respeito do dinheiro extra que recebera, pois pretendia surpreendê-la ao final de tudo. Ele guardara o dinheiro no fundo de um armário, na floricultura. Certamente, aquele seria um excelente Natal para ele e para Elvira.

O encontro ocorreu novamente dentro do carro. Escobar entregou o belo buquê e ficou boquiaberto quando viu o objeto pequeno e metálico que fora retirado da parte inferior do assento. Parecia ser leve e era um pouco maior que um telefone celular. O objeto foi colocado no fundo do buquê e atado por um fio de nylon quase invisível. Dois fios bem finos, um vermelho e outro preto, que se projetavam para fora daquele objeto, foram amarrados discretamente entre os galhos mais grossos das flores. Ao final, o buquê continuava tão impecável quanto antes. Quem não soubesse que ele tinha sido alterado jamais notaria qualquer diferença, a menos que o obsevasse com toda a atenção.

— Qual é o nome disso que você colocou aí? — perguntou Escobar. — Parece uma bomba, dessas que vemos em filmes.

Houve uma gargalhada zombeteira e animada.

— É um aparelho de origem americana, que funciona como um sinalizador. Ele provoca um ruído semelhante a um apito. Vai deixar minha amiga terrivelmente confusa, porém divertida.

— Bom, tomara que ela goste.

— Agora você pode levar para ela. E é claro que você não dirá nada sobre o que acabou de ver. Não queremos estragar minha surpresa, concorda?

— É claro que não — Escobar tornou a segurar o buquê e tentou espreitar seu interior. Aquele objeto metálico e misterioso praticamente desaparecera entre as fitas e os laços coloridos. — Desculpe-me perguntar, mas você vai me pagar o restante do dinheiro?

— Claro que sim, porém preciso passar no banco para efetuar o saque. Como você não pode esperar, sugiro que marque um encontro comigo amanhã para que eu lhe pague o restante. Nosso encontro precisa acontecer em um local tranquilo e discreto. Conhece algum?

— Há uma estradinha de terra na saída do campinho de futebol onde costumo jogar bola aos domingos. Podemos marcar lá por volta das onze horas. O que acha? Ninguém nos verá conversando.

— Ótimo! Basta que me explique como faço para chegar até lá. E espero que faça bom uso desse dinheiro, meu garoto.

E agora lá estava Escobar no lugar combinado. Ele se lembrava da alegria das duas mulheres quando receberam o buquê. A noiva era linda e a amiga dela também. Ele ouvira a noiva chamá-la de Marian. A moça fora bastante generosa com ele ao lhe dar uma caixinha. Só esperava que a tal de Miah gostasse da surpresa que lhe prepararam.

Escobar ouviu sons de passos chegando pelo lado oposto de onde viera. O garoto virou a cabeça e sorriu. Seu sorriso foi retribuído. As mesmas mãos que colocaram aquele objeto cheio de fios entre as flores do buquê seguravam uma pasta de couro, a mesma de onde fora retirado o dinheiro da primeira parte do seu pagamento.

— Gosto de pessoas pontuais — a voz estava macia e suave, quase confortadora.

— Obrigado — tentando não se mostrar ansioso demais, Escobar colocou as mãos no bolso para que elas não tremessem. — Teve dificuldades para chegar aqui?

— Não, foi tudo muito simples. Eu gosto de coisas simples.

— E sua amiga? Gostou da surpresa?

— Ah, você não imagina o quanto! — a pasta foi aberta, mas o dinheiro não estava lá. — Eu sei que você mora apenas com sua mãe e que ela não possui outros filhos. Você é tudo o que ela tem.

— Sim, é verdade. Eu amo minha mãe. Esse dinheiro que você está me dando vai nos ajudar bastante.

— E eu imagino que sua mãe sofreria se você morresse...

— O quê? — embora a pergunta fosse desconcertante, Escobar teve de rir. — Somos unha e carne. Se eu morrer antes dela, minha mãe não vai chegar muito longe. Não iria aguentar tanto sofrimento.

— Essa era a informação que eu precisava ouvir.

Antes de Escobar abrir a boca para fazer outra pergunta, o cano brilhante de um pequeno revólver surgiu diante do jovem. A arma foi apontada para a cabeça de Escobar, que se comprimiu contra um salgueiro. Ele nem teve tempo de gritar, pois a bala disparada se alojou em sua cabeça com a mesma fúria visível nos olhos de quem atirara.

Nicolas e Elias ouviram o disparo, que pareceu ter ecoado a poucos metros de onde estavam. Imediatamente, ambos sacaram suas armas, enquanto aumentavam a velocidade dos passos, deixando uma nuvem de poeira marrom para trás. A estrada esburacada dificultava a corrida. Mesmo assim, Nicolas conseguiu se adiantar vários metros à frente do delegado.

Mesmo sentindo algo gelado na boca do estômago, Nicolas imaginou o que deveria ter acontecido e teve seus receios confirmados ao ver o corpo de um rapaz caído sobre as raízes de uma árvore.

— É Escobar! — ele tinha certeza da identidade da vítima, mesmo sem ter visto seu rosto ainda. — O assassino não deve estar longe. O garoto deve estar morto ou muito próximo da morte. Convoque reforços, enquanto vou atrás do desgraçado que fez isso.

— Você está sozinho, Bartole! — gritou Elias, correndo até o corpo de Escobar, enquanto puxava o rádio com a mão direita para chamar os policiais. — Pode ser perigoso — porém, quando ele tornou a olhar, Nicolas já havia desaparecido.

Praguejando contra o desnivelamento da estrada de terra, Nicolas aumentou a velocidade dos passos. O investigador olhava atentamente para as árvores em volta, prestando toda a atenção possível ao que acontecia ao seu redor. Sabia que o criminoso poderia lhe preparar uma emboscada já que estava armado, mas também era possível que ele não soubesse que Nicolas estaria ali naquele momento. Ele baixou o olhar e viu as pegadas recentes na terra, indicando que o fugitivo seguira em frente e que não deveria estar muito distante dali.

Quando, após dobrar uma curva, viu uma névoa de poeira, descobriu que estava mais próximo de seu alvo. Certamente era alguém com agilidade nas pernas, pois conseguira percorrer mais de trezentos metros em menos de um minuto após atirar em Escobar. Nicolas pensava nisso e corria contra a luz do sol, que batia em cheio em seus olhos, ofuscando suas vistas e dificultando parcialmente sua visão.

Com as pernas impulsionando-o velozmente, Nicolas mudou o ritmo da respiração para ganhar mais velocidade e, quando tornou a olhar para frente, viu a silhueta de alguém.

— Polícia! Parado aí! — certamente ele fora ouvido, mas não seria obedecido. Nicolas xingou mentalmente quando viu o assassino de Escobar correndo na direção de um veículo.

O investigador não pensou duas vezes. Fez pontaria e atirou. Seu projétil, no entanto, acertou o chão arenoso a poucos centímetros do pneu do carro. Quando Nicolas atirou pela segunda vez, o automóvel já estava dando partida.

Como um corredor que almeja alcançar a linha de chegada, Nicolas tentou aumentar a largura entre os passos, mesmo sabendo que não poderia alcançar um carro. Então, subitamente parou, apertou as vistas contra o sol, esticou o braço e atirou. Ele sorriu satisfeito, quando ouviu o vidro traseiro se estilhaçar. Entretanto, o carro continuou seu curso, desaparecendo em meio a uma grossa coluna de poeira e terra.

Arfando e suando, Nicolas enxugou a testa e puxou o próprio rádio. Mesmo com a respiração ofegante, ele conseguiu avisar Elias:

— Fugiu! Aparentemente estava sozinho. Tinha deixado um carro à espera. É um sedan azul escuro e que agora está sem os vidros de trás. Repasse essas informações aos policiais e solicite buscas para esse veículo imediatamente — após uma pausa para recuperar o fôlego, ele perguntou: — E Escobar?

— Infelizmente, ele está morto! — a voz de Elias ecoou baixa, em tom respeitoso pela morte do menino. — Recebeu um único tiro um pouco acima do nariz.

— Pobre Elvira — lamentou Nicolas, fazendo o percurso de volta até Elias. — Ela deve estar preparando o almoço para o filho, sem saber que ele não não voltará para almoçar.

Capítulo 6

Encarar os familiares de uma vítima era o tipo de coisa que deixava Nicolas quase deprimido em sua profissão. E ele sabia que naquele dia ficaria muito mal após dar a trágica notícia a Elvira.

Encontrou com Elias minutos depois. O delegado estava de cócoras ao lado do corpo de Escobar. Nicolas se aproximou e também se agachou.

— Provavelmente, ele veio se encontrar com a pessoa que o matou, achando que iria receber algum prêmio pelo serviço prestado. Tenho quase certeza de que ele foi contratado para que a bomba fosse parar no buquê de Miah. Por ser filho de uma mãe tão zelosa como Elvira, é bem provável que Escobar desconhecesse as reais intenções de quem procurou sua ajuda.

— Eu já falei com os peritos também. Eles não devem demorar a chegar — Elias lançou um olhar penalizado para o rosto de Escobar, contraído pela certeza de que o jovem já deveria estar morto. — Moira já passou minhas ordens para que o veículo seja encontrado. Não há muitas saídas disponíveis para o assassino deixar a cidade. Os acessos à Rodovia Anhanguera já estão sendo vigiados.

— Ele não vai deixar a cidade, Elias — por pior que fosse o prognóstico, Nicolas gostava de ser realista. — Mesmo sem saber por que estou dizendo isso, sei que essa pessoa está atrás de Miah e, assim que for possível, ela vai tentar atacar minha mulher novamente.

— Acha melhor deixá-la sob vigilância policial?

— Sim, eu ia mesmo dar essa sugestão, mas só isso não basta. Não sabemos quem está por trás disso. Uma pessoa capaz de atirar à queima-roupa contra um adolescente é bastante perigosa, pois não hesita em matar. E essa é a minha maior preocupação em relação a Miah — Nicolas tornou a passar as costas da mão pelo rosto vermelho e suado. — Vou precisar de sua autorização para o que tenho em mente, Elias.

O delegado olhou para Nicolas com estranheza, pois o investigador sempre fazia o que lhe dava vontade e nunca lhe pedia autorização para nada. Geralmente, era o próprio Nicolas quem ditava as regras, e Elias, mesmo sendo seu superior, jamais as contestava.

— O que você quer, Bartole? — Elias tornou o olhar para o corpo de Escobar, sentindo uma pressão incômoda no coração. Há poucos minutos, aquele garoto jogava bola com os amigos e agora estava morto. Que tipo de ser humano seria capaz de atirar contra a cabeça de um jovem indefeso e fugir, certamente sem remorso? Até onde os limites da crueldade humana eram capazes de chegar?

— Enquanto você aguarda a equipe de perícia, eu vou à casa de Elvira para lhe dar a notícia que nenhuma mãe deseja ouvir. No entanto, por motivos pessoais, eu gostaria de levar uma civil comigo. Quero sua autorização para levar minha irmã. Creio que Marian será de muita ajuda para acalmar Elvira, embora seja impossível evitar a carga de sofrimento.

— Nem era necessário pedir minha autorização para algo assim, Bartole. Leve sua irmã e façam o possível para acalmarem o coração daquela mãe. Não é fácil perder uma pessoa querida, principalmente a duas semanas do Natal.

— Por que você diz isso, Elias?

O delegado baixou o olhar para o chão, porque não queria que Nicolas notasse as lágrimas que marejaram seus olhos. De cabeça baixa, ele respondeu:

— Não é fácil ver alguém que amamos morrer em qualquer época do ano... mas parece que, próximo ao Natal, em uma época em que as famílias deveriam estar reunidas, a dor e a sensação da perda se tornam maiores. Pelo menos é o que eu penso.

Nicolas preferiu não esticar o assunto, pois tinha percebido que a voz de Elias estava rouca e trêmula. Aquele não era o momento adequado para tratar daquele assunto.

Ele usou o celular para entrar em contato com Marian e em poucas palavras explicou o motivo de necessitar a presença dela. Marian, sempre solícita e prestativa, disse que iria se trocar e que se encontraria com Nicolas em menos de meia hora no endereço que ele lhe passara.

Enquanto os homens da perícia trabalhavam no corpo de Escobar, antes de removê-lo para o Instituto Médico Legal, Nicolas retornou para a residência de Elvira. Marian desceu de um táxi minutos depois. Como sempre, ela transbordava beleza. Marian amarrara os cabelos castanhos numa trança e estava parecendo uma adolescente em seu vestido azul esvoaçante. Seus olhos demonstravam preocupação, quando cruzaram com os de Nicolas.

— Normalmente, eu dou esse tipo de notícia aos familiares sem precisar de ajuda externa — Nicolas fez um gesto com o queixo na direção da porta de Elvira, e Marian o seguiu, enquanto ouvia as explicações. — Desta vez, a situação é extremamente delicada. Ela deve estar terminando o almoço do filho, sem saber que ele acabou de ser assassinado. Lamentavelmente, dona Elvira é uma cadeirante que depende da ajuda do filho. Principalmente da ajuda financeira. E, para piorar, ela está em tratamento contra um câncer. A partir de hoje, Elvira só contará com ela mesma. No passado, ela sofreu com a morte do marido num acidente e agora verá o filho ser enterrado. Isso é triste, é doloroso, é cruel. Não entendo a lógica da vida, Marian. Sinceramente, eu não entendo.

Eles pararam diante da porta de Elvira, e Nicolas bateu suavemente, enquanto Marian apoiava uma mão no ombro dele.

— Você está sofrendo tanto quanto essa mulher irá sofrer. Isso mostra que você não é insensível ao que faz. Qualquer outro policial agiria com frieza ao dar uma notícia trágica para os parentes das vítimas, porque a profissão exige uma postura neutra. Você, ao contrário, mergulha de tal forma nos casos em que atua que acaba se envolvendo emocionalmente. Isso mostra o seu lado humano, mostra que existe um homem e um coração acima de um investigador de homicídios. Eu vejo isso como algo positivo, ainda que o deixe tão abalado depois. Você lida com sentimentos, com vidas humanas e se relaciona com elas, sempre tentando tornar tudo melhor. Prova disso é que você me chamou até aqui na tentativa de auxiliá-lo com dona Elvira.

Nicolas concordou com a cabeça e tornou a bater na porta.

— A vida não possuiu uma lógica nem possui um único modelo a ser seguido — continuou Marian. — Nós não somos máquinas, Nic. Somos seres humanos capazes de tomar diversos caminhos diferentes, enquanto fazemos nossas escolhas. Por isso, nem sempre vemos justiça nos acontecimentos que presenciamos. Parece injusto ver um jovem ser assassinado, deixando uma mãe amorosa e adoentada sozinha.

— E não é injusto? — eles estavam falando baixo para que Elvira não pudesse escutá-los.

— Para a vida não existe injustiças, Nic. Em nosso ponto de vista, tudo isso parece horrível, doloroso, traumatizante, incompreensível, mas Deus sabe o que está fazendo. Ele é o comandante que guia o barco da vida. Ele está no controle de todas as situações e, por isso, não existem erros. Se a vida juntou Escobar e seu assassino, é porque ambos têm algo a aprender com a experiência vivida. Assim acontece também com dona Elvira, que terá de buscar em si mesma uma força que desconhece, mas que existe e é real, para superar esse momento e continuar tocando a vida.

Enquanto refletia, Nicolas meneava distraidamente a cabeça. Marian continuou:

— Dizemos que os pais jamais deveriam enterrar seus filhos, pois o certo seria as pessoas mais velhas morrerem primeiro. Então, eu me questiono: seria o certo para quem? Para as famílias? Entende o porquê de eu dizer que a vida não segue uma lógica? Por pior e mais angustiante que uma tragédia aparente ser, sempre existe um motivo mais forte que permitiu o acontecimento. Cada um atrai para si tudo o que necessita para a expansão da própria consciência. E volto a repetir, Nic: não existem injustiças nem vítimas, pois cada um é totalmente responsável pelo que acontece em sua vida. Por tudo que acontece de bom ou ruim.

Nicolas tornou a assentir, esperançoso de que Marian estivesse certa quanto ao que estava falando. No entanto, ainda era muito difícil para ele aceitar a morte violenta e repentina de um jovem que tinha toda a vida pela frente.

— Já estou indo — eles ouviram a voz de Elvira e o ruído das rodas de sua cadeira deslizando pelo assoalho.

Elvira abriu a porta e sorriu para Nicolas, olhando com curiosidade para Marian.

— Sou eu novamente, dona Elvira — Nicolas não retribuiu o sorriso. — Esta é minha irmã Marian. Preciso falar mais uma vez com a senhora. Trata-se de algo urgente.

— O senhor achou Escobar no campinho? Ele já está bastante atrasado. A comida está pronta, e ele ainda não apareceu. Escobar está se tornando um menino irresponsável.

Nicolas não respondeu, e Elvira o fitou fixamente, lendo a mensagem oculta nos olhos azuis do investigador. A mulher, então, decifrou o que ele ainda não tivera coragem de lhe dizer.

— Oh, meu Deus! — ela sacudiu a cabeça negativamente, e algo escureceu seu olhar. — Aconteceu alguma coisa com Escobar?

— Infelizmente, sim, dona Elvira — murmurou Nicolas num tom tão baixo que ele mesmo mal conseguia ouvir, disparando uma das piores frases que existia: — Seu filho está morto!

Com poucas palavras, Nicolas narrou como Escobar fora encontrado e aguardou respeitosamente Elvira conseguir se acalmar. Ela chorou por quase meia hora, repetindo para si mesma que Escobar não poderia estar morto.

Marian procurou a cozinha e retornou com um copo de água para entregar a Elvira, mas ela não conseguiu tomar o líquido. Suas mãos estavam trêmulas, sua voz estava engrolada, e ela aparentava ter se encolhido na cadeira.

— Vocês têm certeza de que era ele? — as lágrimas escorriam livremente por seu rosto, que se tornara ainda mais pálido do que antes. — Não pode ter ocorrido uma confusão?

Nicolas descreveu a roupa que o rapaz estava usando e garantira que o reconhecera devido à fotografia que vira antes de ir procurá-lo.

— A perícia vai dar a confirmação final. Todavia, não existem dúvidas, dona Elvira. Era Escobar. Seu filho foi assassinado um ou dois minutos antes de eu chegar até onde ele estava. O criminoso conseguiu fugir, embora já esteja sendo procurado. Vamos prendê-lo o quanto antes e obrigá-lo a confessar o motivo do crime — dizer isso, no entanto, não traria nenhum conforto para Elvira, e Nicolas sabia disso.

— Não quero saber por que ele matou meu filho! Quero apenas que Escobar entre por aquela porta dizendo que tudo não passou de uma brincadeira de mau gosto. Deus do céu! Meu filho está vivo! Por favor, digam-me que ele está vivo! Digam-me que ele está chegando e que isso é apenas um pesadelo.

Marian se levantou do sofá e se agachou diante de Elvira, envolvendo-a num abraço carinhoso. Elvira afundou o rosto no ombro de Marian, sem deixar de chorar e de soluçar. Ela tremia tanto que Nicolas temeu um possível desmaio.

— Eu vou pedir que um policial faça companhia à senhora e a auxilie nos procedimentos — Marian evitou mencionar a palavra "enterro".

Elvira se afastou de Marian e encarou Nicolas com os olhos mais tristes que ele já vira na vida.

— Escobar não tinha inimigos. Qual motivo teriam para matá-lo? Não posso entender. Ele nunca fez nada de mal a ninguém.

— Eu sei disso. Ele não prejudicou nem mesmo seu assassino. Atiraram em Escobar por pura maldade, dona Elvira.

Não era necessário tirar a vida dele de forma tão impiedosa — isso enfurecia Nicolas de tal forma que suas mãos se crispavam.

— Como vou fazer agora? — Elvira olhava de Marian para Nicolas. — Como vou viver sem ele daqui para frente? Por que eu, que estou doente, não morri no lugar dele? Por que Deus está me tratando assim? O que Escobar e eu fizemos de errado?

— Dona Elvira, sei que muito pouco do que vou falar agora será assimilado pela senhora — murmurou Marian. — Talvez este nem seja o melhor momento para tocar nesse assunto, então, se a senhora se sentir incomodada com o rumo da conversa, peço a gentileza de que me interrompa imediatamente.

Elvira tentou concentrar-se em Marian, mas novas lágrimas embaçaram sua visão.

— Sou espiritualista e estudo o assunto há alguns anos, dona Elvira. Meu irmão e eu estávamos justamente falando sobre isso, pouco antes de a senhora abrir a porta para nos receber. A senhora tem todo o direito de chorar, se isso lhe servir de consolo. Sei o quanto a saudade nos machuca e quanta falta seu filho fará em sua vida, mas, mesmo assim, eu acredito que ele está vivo no astral, ou seja, no plano espiritual.

Marian continuava agachada diante de Elvira, que a fitava sem saber se deveria acreditar naquela conversa, mesmo que sua visitante parecesse tão crédula sobre o tema. Sabia que a intenção de Marian não era apenas consolá-la e acalmar seu destroçado coração materno. A moça queria compartilhar com ela um pouco de sua filosofia de vida e de sua crença na espiritualidade.

— Não brigue com a vida ante o que aconteceu, dona Elvira. Talvez Escobar necessitasse passar por essa situação para seu próprio crescimento moral e espiritual. E todo o complexo processo de superação pelo qual a senhora irá passar talvez lhe seja uma experiência também.

— Você tem muita propriedade sobre o que está falando.

— Tenho porque eu já vi — notando que Elvira erguera os olhos para ela, Marian sorriu. — Nicolas e eu ficamos órfãos de pai quando éramos crianças. Nosso pai bebeu até morrer. E mais tarde, quando fiquei mais velha, passei a vê-lo em sonho. Mesmo eu tendo pouquíssimas lembranças dele, além das fotos que nossa mãe guardava, isso começou a acontecer. Meu pai dizia estar arrependido por ter se deixado morrer, abandonando a esposa e duas crianças. Depois, quando tornei a sonhar com ele, o vi mais tranquilo, dizendo que tinha sido ajudado por amigos e que continuaria nos amando no lugar em que estava. Foi quando eu busquei respostas em livros espiritualistas — Marian desviou o rosto para Nicolas. — Meu irmão também não acreditou muito quando lhe contei isso, mas eu lhe garanto que não teria motivos para mentir — e tornou a olhar para Elvira. — Eu lhe contei um fato particular de nossa vida para que a senhora possa compreender que somos espíritos eternos. Morremos hoje e renascemos amanhã. E tenha a mais absoluta certeza de que ele continuará amando a senhora seja onde estiver.

— Sempre li romances que tratam desse assunto e nunca duvidei de que a vida continua depois da morte do corpo, mas tudo mudou para mim quando isso aconteceu com alguém de minha família. Como vou fazer para conseguir dinheiro para meus remédios? Ninguém quer dar emprego para uma inválida — lamentou Elvira.

— Se a senhora fosse uma inválida, não teria criado seu filho sozinha — interveio Nicolas. — O fato de não conseguir caminhar com as próprias pernas não faz da senhora uma pessoa inútil, muito pelo contrário. Foi a senhora mesma quem me contou o quanto se esforçou para dar o melhor a Escobar.

Elvira permaneceu em silêncio durante alguns segundos.

— Eu poderei vê-lo? — ela perguntou, por fim. Então sacudiu a cabeça em negativa. — Não. Não sei se quero ver como o rosto de meu filho ficou. Essa imagem ficaria gravada para sempre em minhas lembranças, e eu... — Elvira pigarreou, secando as lágrimas do rosto, e depois olhou para o retrato em que Escobar aparecia usando um chapéu de vaqueiro. — Talvez seja melhor eu me lembrar dele assim: bonito e sorridente.

— Dona Elvira, vou pedir para que um policial venha lhe fazer companhia até que tudo seja resolvido — anunciou Nicolas. Ao menos, aquela fora a melhor solução que lhe viera à mente naquele momento.

— Não... — ela olhou para Marian e apertou as mãos da moça com força. — Eu preferia que esta moça ficasse comigo. Sinto que ela é boa e me ajudará nessa hora tão difícil.

— Eu fico, dona Elvira — Marian sorriu e se inclinou para beijar Elvira no rosto. — Eu vou ficar com todo o prazer. Se quiser, eu posso lhe falar mais sobre espiritualidade. Somente com o passar dos meses, seu coração vai se acalmar, embora a saudade permaneça. Tenho também alguns livros que falam sobre o assunto. Creio que seja importante a senhora notar que não somos feitos apenas de ossos e carne. Somos espíritos imortais, dona Elvira. O que é vivo jamais irá desaparecer para sempre. Desculpe-me mais uma vez se pareci taxativa, ao falar sobre isso logo após lhe dar uma notícia fulminante como essa. Contudo, admito que foi proposital. A cada vez que o sofrimento tentar se instalar em sua mente, a senhora se lembrará de tudo o que eu lhe disse e sentirá um pouco de conforto em seu coração.

Elvira baixou a cabeça, mas foi obrigada a levantá-la ao ouvir Nicolas dizer:

— A senhora disse que sabe fazer doces e salgados.

— É verdade, mas ninguém quis comprar nada de mim depois de descobrirem que estou com câncer.

— Eu posso lhe arrumar um bom cliente, dona Elvira — Nicolas sorriu de forma tão espontânea que a mulher se sentiu acalentada. — É um amigo que comprará todos os doces e salgados que a senhora puder preparar. Vou indicá-la para outras pessoas também.

Os olhos de Elvira brilharam. Agora não havia lágrimas, mas sim gratidão.

— Como vocês dois são bons. O pai de vocês, mesmo fazendo o que fez, deixou frutos muito bonitos. São duas pessoas de coração puro e de bondade evidente. Acho que a única forma de eu não pensar em Escobar constantemente será me distraindo com o trabalho. Nada me deixaria mais feliz do que voltar a produzir minhas encomendas.

— Pois seu primeiro cliente se chama Mike. Ele também é policial. O estômago desse rapaz funciona perfeitamente. Ele vai comprar tudo o que a senhora fizer, pois tem um apetite insaciável e ainda vai pedir mais. Vou pedir que telefone para a senhora ainda hoje. Agora, eu preciso ir. Peço-lhe desculpas por ter lhe trazido notícias tão desagradáveis, dona Elvira.

Elvira aproximou sua cadeira de Nicolas e lhe tomou as mãos da mesma forma que fizera com Marian.

— Quando o senhor encontrar a pessoa que fez isso com meu Escobar, apenas lhe pergunte, em meu nome, o motivo de ter atirado em meu filho. Apesar de nenhuma resposta ser satisfatória para mim, eu sinceramente gostaria de saber o que pensa uma pessoa desalmada, cruel e perigosa com essa.

— Eu também.

"E principalmente o motivo de Miah estar sendo perseguida", pensou Nicolas.

— Isso acontecerá muito em breve, dona Elvira. Confie em meu trabalho, porque lhe farei justiça. Esteja certa disso.

Nicolas sorriu para Marian, agradecendo todo o apoio que ela lhe dera e pelo fato de ter se prontificado a fazer companhia para aquela mãe que acabara de perder seu tesouro mais precioso. Porém, como sua irmã dissera, Deus sempre está no comando e não há injustiças para a vida.

Capítulo 7

Miah era tomada por um pensamento parecido, enquanto entrava nos estúdios do Canal local. "Nada é verdadeiramente injusto. Sempre há um planejamento prévio por trás de ações bem elaboradas. Até mesmo para uma tentativa de assassinato...", refletia.

A repórter sabia que deveria se parabenizar pela capacidade de disfarçar seus reais sentimentos diante de Nicolas. Miah ficara extremamente assustada com a explosão de seu buquê na noite de seu casamento, ainda que, intimamente, estivesse mais do que assustada e apreensiva. Ela estava apavorada. Naquela cidade, ela não tinha inimigos, salvo alguns repórteres de emissoras concorrentes e até do próprio Canal local, que fariam de tudo para derrubá-la profissionalmente. No entanto, alguém tentara machucá-la ou mesmo matá-la com uma bomba. Ninguém na cidade faria algo assim com ela. Ninguém a odiava àquele ponto. Já fazia alguns anos que ela chegara ali e se empregara na emissora de TV. Miah nunca fora incomodada e achava que nunca seria.

Não obstante, aquela bomba era um aviso, um alerta de que seus dias de paz finalmente terminaram. Um recado de que ela fora encontrada. Um lembrete de quem ela fora no passado, do que fizera nele e os motivos que a levaram a fugir. E mais do que isso: tratava-se de uma clara ameaça ao seu recente casamento com Nicolas e à sua própria vida.

Miah acenou para a recepcionista e forçou um sorriso. Enquanto aguardava a chegada de um dos elevadores, continuou meditando. Nos seis meses em que conhecia Nicolas, ela passara por situações que quase a obrigaram a contar ao marido toda a verdade. Ele mesmo estivera muito próximo de descobrir tudo. Houve vezes em que Nicolas a colocara contra a parede de tal forma que Miah ficou certa de que seria desmascarada. E então, como se houvesse um anjo bom protegendo-a, algo acontecia, e ela se via livre dele temporariamente.

A repórter sabia que cometera um erro ao se casar com Nicolas escondendo dele uma mancha tão grande de seu passado. Nicolas não merecia isso. Ela não se casara por interesse, mas sim porque o amava. Jamais se envolveria com um investigador de polícia, que não teria dificuldades para descobrir tudo sobre ela. Se o fizera era porque o amor falara mais alto. Os dois se atraíam mutuamente, de forma natural. Ela queria viver, formar uma família, ter filhos e envelhecer com Nicolas. Ainda assim, sempre esteve consciente de que, no dia em que o marido soubesse de tudo, ela seria abandonada. O casamento seria desfeito, e ela seria esquecida na prisão.

O elevador chegou. Miah entrou e apertou o botão do quinto andar. Instantes depois, entrou em sua sala com paredes de vidro e se trancou, aliviada por não ter sido vista por Ed. Queria ficar sozinha por alguns minutos antes de ser maquiada para entrar ao vivo numa edição especial. Nicolas pedira que ela permanecesse em casa, mas é claro que ela não iria ficar. Miah achava que seu plano daria certo. Pensara nisso durante toda a manhã daquele domingo depois que Nicolas saíra.

Seu foco agora não era o trabalho. Era sua vida, seu destino, seu futuro. O dia de a verdade vir à tona se aproximava, e Miah estava cada vez mais aterrorizada, pois sabia o que iria acontecer. Nicolas iria caçar a pessoa que sabotara seu buquê incansavelmente. Ele sempre fora bom nisso e só pararia quando pusesse as mãos no culpado. E, quando encontrasse essa pessoa, ele a obrigaria a explicar o que a levara a atentar contra Miah e a contar o que ela conseguira esconder até hoje.

Ela só não conseguia pensar no que viria depois. Perderia a liberdade, a alegria, a motivação pela vida e o homem que amava. Seria forçada a deixar sua carreira para trás e jamais voltaria a ver seus amigos, a menos que eles fossem visitá-la na penitenciária. Miah se questionava se Nicolas a visitaria. Ela imaginava qual seria a primeira atitude que ele iria tomar no instante em que soubesse de tudo. Era certo de que ele não a perdoaria, não dentro de um curto prazo, ou talvez ele nunca conseguisse fazê-lo. Sua vida chegaria ao fim, quase como se tivesse morrido com a explosão do buquê.

A batida suave em sua porta fez Miah erguer a cabeça e afastar os pensamentos. A repórter sorriu ao ver o rosto ansioso de Ed pedindo autorização para entrar. O homem, que operava as câmeras, era colega de trabalho e um grande amigo de Miah.

— Não sabia que você viria para cá hoje — disse ele, após fechar a porta por dentro. — Achei que ficaria em casa, procurando se recuperar do susto de ontem ou simplesmente curtindo seu primeiro dia como uma mulher casada. Caroline, a recepcionista, acabou de me contar que a viu entrando no elevador.

— Não fazia sentido eu ficar trancada no apartamento de Nicolas.

— Que agora também é seu, Miah — sorrindo, Ed puxou uma cadeira e sentou-se diante da amiga. — Tudo o que é dele também passou a ser seu, certo?

— Certo — Miah retribuiu o sorriso. — Nenhum de nós dois possui grandes bens, Ed, e eu não estou interessada em nada do que ele possui. Eu me casei com Nicolas por amor e continuaria a amá-lo mesmo que ele se tornasse um pedinte, implorando por esmolas de porta em porta.

Ed riu ao imaginar Nicolas como um mendigo.

— Vão encaixá-la em algum jornal hoje?

— Vou falar com Moacir e ver se ele consegue uma edição urgente para eu entrar ao vivo.

Moacir era um dos editores da emissora, que gostava do trabalho de Miah e quase sempre acatava seus pedidos.

— Pretendo fazer uma matéria sobre minha festa de casamento e o desastre que acabou com ela.

— Sim, eu estava lá e vi tudo. Foi horrível. Todo aquele barulho, os gritos, o pânico das pessoas... Tem ideia de quem possa ter feito aquilo, Miah?

— Não, mas meu marido está correndo atrás disso — ela sorriu. Ainda não tinha se acostumado a chamar Nicolas de "meu marido" e sabia que isso continuaria a soar-lhe estranho por algum tempo. Às vezes, o próprio fato de estar casada ainda lhe parecia irreal e diferente. — Devem estar ocorrendo muitos bochichos na cidade sobre o que aconteceu. Minha intenção é tranquilizar as pessoas, principalmente meus convidados. E eu espero que quem cometeu essa atrocidade também esteja me assistindo, pois desejo lhe enviar uma mensagem durante minha reportagem.

— Isso não pode ser interpretado como uma provocação?

— Se eu mostrar que fui intimidada e que estou tremendo de medo, vão tentar me atacar novamente. Foi então que pensei... Se eu aparecer na televisão mostrando calma e segurança, o criminoso provavelmente vai pensar que estou tranquila e despreocupada com o acontecimento. Preciso que me vejam como uma pessoa forte e não como uma mulher acovardada. Entende?

Ed assentiu. Era uma ideia boa, apesar de ele a considerar um tanto perigosa. Sabia o quanto era arriscado lidar com bandidos e marginais. Mesmo tendo se casado com um investigador de polícia, nunca se sabia contra quem era a batalha. Miah era uma mulher muito corajosa para fazer algo assim.

Moacir aprovou de imediato o pedido de sua melhor repórter. E como não o faria? Bastava Miah entrar em cena para a audiência do Canal local disparar. Como ela pretendia fazer uma matéria pessoal, comentando sobre o incidente ocorrido na festa de seu casamento, quase todos os televisores estariam sintonizados na repórter. As pessoas estavam ansiosas para ouvi-la e saciar a curiosidade sobre o que acontecera durante a festa do casamento.

Miah foi ao camarim para ser maquiada e penteada e, enquanto aguardava, baixou os olhos cor de mel para a aliança em seu dedo esquerdo. Estava casada. Tornara-se Miah Fiorentino Bartole, embora ela não pretendesse usar o sobrenome de Nicolas quando não fosse necessário.

Mais uma vez, Miah foi acometida por um calafrio na espinha ao imaginar o que poderia acontecer nos próximos dias. A repórter sabia que continuar a pensar nisso só a deixaria mais nervosa e abalada, o que era inevitável. Enquanto tudo não fosse esclarecido, aquela nuvem negra continuaria pairando sobre sua relação com Nicolas. E só Deus poderia ajudá-la quando isso acontecesse.

Nicolas retornou ao campinho de futebol e fez novas perguntas aos amigos de Escobar. O investigador perguntou se algum deles tinha visto o rapaz em companhia de alguma pessoa desconhecida nos últimos dias, mas todos negaram. Eles apenas disseram que Escobar parecia preocupado com alguma coisa e que achavam que fosse algo relacionado com a mãe do jovem. Nicolas não fez nenhum comentário sobre a morte do garoto, pois os demais meninos saberiam de qualquer forma. Eles estavam tão felizes correndo atrás da bola que não seria justo entristecê-los com uma notícia trágica, como já fizera com Elvira.

O investigador entrou em contato com Moira e cobrou-lhe uma informação sobre o veículo em que o fugitivo escapara. A policial avisou que ainda não tinha encontrado nada, mas que policiais já estavam espalhados pela estrada e pelas principais vias da cidade. A companhia responsável pelo tráfego também tinha sido acionada e garantira que estava monitorando ruas e avenidas por meio de câmeras que a prefeitura distribuíra pelo município.

No entanto, apesar de todo esse forte esquema de rastreamento, Nicolas tinha a sensação de que tudo seria inútil.

Ele pressentia que não estava lidando com um amador. Tinha certeza disso. Tratava-se provavelmente de alguém determinado a alcançar seu objetivo, que obviamente tinha suas garantias e que não se deixariam capturar de forma tola. Nicolas já lidara com tipos parecidos, ainda que nenhum deles estivesse interessado em Miah.

Uma pessoa já perdera a vida, e uma família fora destruída. As mesmas mãos que puseram uma bomba camuflada no buquê de Miah foram capazes de atirar e matarem um adolescente inocente sem o menor remorso. E o que mais deixava Nicolas irritado era saber que desta vez ele não tinha nenhuma pista. Era como estar dentro de um túnel escuro, sem saber de que lado está a saída.

Ainda assim, ele sabia que existia uma pista, mesmo que se recusasse a investigá-la. Ao que parecia, Miah era a chave de todo aquele mistério. Nicolas sabia que havia algo que ela nunca lhe dissera, por mais que a tivesse pressionado. Não estaria o passado de Miah envolvido naquele caso? Como era possível ajudá-la, se não sabia exatamente quem ou quê ela tinha sido antes de se conhecerem?

Foi então que seus pensamentos se voltaram para o apartamento em que Miah morara e que agora estava sendo habitado por Marian. Ele sabia que a esposa não retirara seus móveis de lá, pois não havia espaço para colocá-los no apartamento de Nicolas. Ela levara apenas roupas e objetos pessoais, dizendo que, se um dia alugassem ou comprassem uma casa maior, ela, então, levaria seus pertences.

Como era domingo e ele não tinha muito o que fazer, além de aguardar novidades de Elias, dos policiais ou da equipe da perícia, Nicolas decidiu visitar Marian, assim que ela conseguisse sair da casa de Elvira. Ele aproveitaria a oportunidade para revirar a antiga residência de Miah.

Nicolas lembrou-se de quando descobrira uma caixinha de madeira debaixo da cama de Miah. Na ocasião, a repórter ficou pálida e assustada e lhe explicou que escondera na caixinha recortes de jornal sobre a morte do padrasto. Obviamente, esse pretexto não convencera totalmente o investigador. Era possível que o real conteúdo da caixa tivesse uma estreita ligação com o misterioso assassino de Escobar.

Teria Miah levado a caixinha ao apartamento de Nicolas? Ou ela ainda estaria bem escondida em seu antigo apartamento? Será que ela retirara o conteúdo da caixinha e o escondera em um local seguro, como sua sala no Canal local? Ela não seria tola a ponto de levar esse tipo de coisa para a casa de Nicolas, mas provavelmente não deixaria também a caixa aos cuidados de Marian, que acabaria descobrindo tudo. Valia a pena fazer uma busca no apartamento, mesmo com a certeza de que tinha poucas chances de penetrar no misterioso mundo de Miah.

Capítulo 8

Nicolas sentiu fome e resolveu fazer uma breve parada no *Caseiros*, um dos mais requisitados restaurantes da cidade. O investigador não gostava muito de almoçar sozinho e pensou no quanto Mike ficaria feliz se o convidasse.

Ao entrar no restaurante, Nicolas fez uma refeição rápida. Ele estava terminando de comer, quando ergueu o rosto e viu dois homens entrando no estabelecimento. Um deles era desconhecido, mas o segundo, para desagrado de Nicolas, era ninguém menos que Evaristo Duarte.

O investigador mais antigo da cidade, uma versão decadente de Marlon Brando, caminhou até uma mesa próxima à de Nicolas, aparentemente sem tê-lo visto ali. Ele sentou-se junto com seu acompanhante, e os dois analisaram o cardápio. Ele aparentava ter mais de sessenta anos e usava os cabelos brancos penteados para trás. Seu nariz era levemente torto, seus lábios eram finos e repuxados e seus olhos castanhos pareciam não ter vida.

Enquanto aguardavam o pedido, ainda sem olhar para Nicolas, ele comentou com o amigo:

— Como você pôde notar, Ismael, não há nenhum atrativo em nosso modesto município. As pessoas daqui vivem e agem como semimortos. Contentam-se com suas vidinhas medíocres e seguem a rotina mórbida do dia a dia. De qualquer forma, já estou acostumado, afinal, nasci e sempre morei aqui.

— Você é uma exceção? — perguntou Ismael, sorridente.
— Porque eu sempre o admirei por sua capacidade de solucionar os casos em que atuou. Até mesmo em minha cidade sua fama já chegou, sabia?

O peito magro de Duarte inflou-se como um balão.

— Eu sei disso. Acredito que minha fama seja internacional, porque sou mesmo muito bom no que faço.

Em sua mesa, Nicolas quase se engasgou ao ouvir aquilo e teve que fazer um grande esforço para não rir.

— Acontece que eu nunca me contentei em ser apenas mais um na população local. Eu tenho meu diferencial. Modéstia à parte, poucos são tão competentes como eu, a não ser você, Ismael. Assim como eu, você também é um investigador espetacular.

— Obrigado — Ismael voltou o rosto para o garçom que chegava com os pratos e as bebidas. Quando o homem se afastou, ele prosseguiu: — Eu também já ouvi falar em outro homem que está trabalhando com a polícia daqui. Se não me falha a memória, é um tal de Bartole.

— Um moleque! — Duarte rangeu os dentes. — Ele veio do Rio de Janeiro. Trata-se de um carioca desgraçado, que fez da minha vida um inferno desde que apareceu. Acha que sabe tudo. É metido, arrogante e pomposo. Vive contando vantagens e gabando-se dos casos que conseguiu solucionar. E o que me dá mais raiva é que, depois que ele foi transferido para cá, eu fui colocado para escanteio. Será que nunca vão reconhecer todo o trabalho que já desempenhei antes da chegada desse sujeitinho?

Calmamente, Nicolas terminou de engolir a última garfada do seu prato, pois sabia que teria que interferir naquela conversa o quanto antes. No entanto, ao mesmo tempo, ele estava achando divertido ouvir Duarte contando suas proezas ao acompanhante.

— Você é ótimo, Duarte! — Ismael colocou uma porção de comida na boca, mastigou e tomou um pouco de vinho tinto. — Por melhor que seja esse tal de Bartole, estou certo de que ele ainda é cru diante de sua experiência. Afinal, panela velha sempre faz comida boa!

Os dois riram. Duarte tirou um fiapo da roupa e também saboreou o vinho.

— Bartole é intragável! O delegado com quem ele trabalha é outro puxa-saco. São duas pessoas que não fariam a menor falta na equipe policial de nossa cidade. Tenho mais de três décadas de experiência nas costas, enquanto ele tem apenas dado sorte nas últimas investigações que assumiu.

Ismael sorriu, mas fechou seu sorriso de repente ao deparar-se com uma mão aberta e estendida diante de seu rosto. Ele correu o olhar por um braço forte até se deparar com o sorriso caloroso que Nicolas exibia. Duarte, ao vê-lo, empalideceu.

— Posso me apresentar? — como Ismael não se moveu, Nicolas tomou a mão dele sobre a mesa e a apertou. — Meu nome é Nicolas Bartole. Sou o carioca desgraçado, metido, arrogante, pomposo e o atual assunto da conversa de vocês.

A voz falhou na garganta de Ismael, enquanto ele pensava no que responder. Duarte não perdeu tempo:

— Você está me perseguindo, Bartole? Ou simplesmente se pôs a bisbilhotar minhas conversas?

— Só quero lembrá-lo, meu caro senhor Duarte, de que eu já estava neste restaurante, saboreando tranquilamente minha refeição quando esse nobre cavalheiro entrou em sua companhia. Não é minha culpa se vocês se sentaram perto da minha mesa e começaram a falar de mim. E quem melhor do que eu para debater sobre minha pessoa?

O sorriso irônico que Nicolas mantinha não agradou Ismael. Tentando ser simpático, ele também forçou um sorriso.

— Perdoe-nos se fomos inconvenientes, senhor Bartole. Aliás, o senhor é o marido de Miah Fiorentino, correto?

Uma centelha de desconfiança iluminou os olhos de Nicolas, enquanto ele encarava seu interlocutor. Ismael tinha entre quarenta e cinco e cinquenta anos. Os cabelos eram loiros, com alguns fios brancos nas têmporas, e os olhos eram grandes e castanhos. Tinha um queixo quadrado e uma barba alourada o envolvia. Quando se levantou para cumprimentar Nicolas de modo mais formal, revelou ser ainda mais alto do que Bartole e ter ombros mais largos que os do investigador.

— Sim, nosso casamento foi ontem. Como soube?

— Deixe-me apresentar. Sou Ismael Dutra. Assim como o senhor, também sou investigador de polícia, mas trabalho na área de entorpecentes em Osasco. Estou passando alguns dias nesta cidade, porque estou atrás de algumas pessoas que podem estar envolvidas num grande esquema de tráfico de drogas importadas da Colômbia. E como essa região é pequena, ouvi comentários sobre seu casamento, a festa e uma bomba que explodiu durante o arremesso do buquê. Ouvi seu nome e o de Miah Fiorentino serem mencionados.

A experiência de Nicolas, ou mesmo seu sexto sentido, dizia-lhe que aquele homem estava mentindo ou escondendo parte da verdade. Algo em seus olhos escuros desagradou Nicolas, embora ele não soubesse explicar a razão.

— Foi uma festa explosiva! — Duarte soltou uma gargalhada desafinada. — Ainda bem que eu não estava lá.

— Não estava, porque não foi convidado — rebateu Nicolas —, afinal não era uma festa de *Halloween.*

— Eu não perdi nada. É engraçado imaginar que sua esposa tentou matar os convidados.

— Além de ser um velho repulsivo, você ainda vive metido com fofocas, Duarte? Em vez de cuidar da vida dos outros, deveria deixar de contar mentiras aos amigos, como acabou de fazer com Ismael. Quer dizer que você tem fama internacional? Não sabia que capturar ladrões de passarinhos lhe concedia tanto prestígio.

— Isso é o que você pensa. Você ainda não estava aqui, quando solucionei o caso Antunes. Qualquer outro teria fracassado — despejou Duarte, amaldiçoando Nicolas mentalmente por estar estragando seu almoço com Ismael.

— Alexandre Antunes. Moira já comentou comigo sobre esse caso. Foi um homem que matou a esposa e a filha envenenadas e depois fugiu. E você conseguiu capturá-lo na mesma noite da fuga.

Ismael olhava de Nicolas para Duarte, notando que a rixa entre os dois homens ia além do que ele imaginava.

— E tenho orgulho disso. Você nunca prendeu um assassino no mesmo dia do crime.

— É verdade. No entanto, Alexandre Antunes tinha oitenta anos, andava com muletas e usava um olho de vidro. Tinha transtornos psicológicos e estava a apenas um quarteirão de sua casa, parado num ponto de ônibus e completamente esquecido do que fizera. Então, você apareceu e o prendeu. Tem mesmo que ficar orgulhoso por essa missão tão complexa. Com certeza, eu teria fracassado!

O sarcasmo de Nicolas fez Duarte corar de vergonha e de raiva. Ele passou o guardanapo pelos lábios descorados e desviou seu olhar mortiço para Ismael.

— Meu querido Ismael, vamos ignorar Bartole, porque ele ainda não aprendeu a conviver em sociedade. Apesar de ter vindo de uma cidade grande, comporta-se como um matuto.

— Espero que consiga encontrar as pessoas que está procurando, senhor Ismael — desejou Nicolas, fazendo-se de surdo às palavras maldosas de Duarte. — Nada pode ser melhor do que obter êxito no que fazemos.

— Obrigado. Foi um prazer conhecê-lo — Ismael baixou o olhar para a mão de Nicolas e observou sua aliança por alguns instantes. — E mande minhas lembranças à sua esposa, embora eu não a conheça pessoalmente.

— Mandarei.

Nicolas voltou para sua mesa, pagou a conta e caminhou para a saída do restaurante. Antes de partir, porém, virou a cabeça para trás. Duarte continuava comendo e provavelmente falando mal dele, enquanto Ismael mantinha seus olhos castanhos grudados no investigador. E a forma como ele se referira a Miah fora sugestiva e o incomodara. Nicolas deliberou intimamente que iria pedir a Moira que fizesse algumas pesquisas sobre aquele homem.

Na rua, Nicolas consultou o relógio e telefonou para o celular de Marian. Ela lhe disse que estava indo almoçar em casa e que no fim da tarde voltaria para fazer companhia a Elvira. Ela soubera que o corpo de Escobar seria liberado no fim do dia para o velório e o enterro aconteceria na manhã da segunda-feira. Marian queria estar ao lado de Elvira quando isso acontecesse.

— Preciso que você me aguarde aí, maninha. Tenho algo muito importante a fazer em seu novo apartamento.

— Tudo bem. Daqui a pouco, estarei lá. Beijos e até já.

Depois de desligar o telefone, Nicolas voltou para seu veículo. Ainda não tinha conseguido se esquecer do olhar penetrante e misterioso de Ismael Dutra.

Capítulo 9

Marian despediu-se de Elvira e seguiu a pé até uma avenida mais movimentada para conseguir uma condução que a levasse para casa. Ela ficara curiosa para saber o que o irmão desejava fazer no apartamento de Miah e que parecia ser tão urgente. Esperava que fosse algo relacionado à explosão da noite anterior. Torcia para que Nicolas conseguisse obter alguma informação que pudesse evitar que coisas parecidas tornassem a acontecer.

A moça passou por uma casinha grande, cujas paredes externas estavam pintadas de amarelo. O telhado de ardósia e as janelas enfeitadas por vasos de violetas concediam ao local um ar gracioso. Uma placa pequena afixada no portão indicava que se tratava de um centro espírita. Mesmo que nunca o tivesse frequentado antes, Marian sentia uma energia gostosa vindo de lá.

Abaixo do letreiro, onde estava escrito o nome de centro, havia outra placa anunciando que no dia seguinte, às oito horas da noite, seriam distribuídos mantimentos, roupas e brinquedos para algumas famílias mais carentes. Também haveria a presença de um Papai Noel, que entregaria os presentes às crianças que comparecessem. Além disso, fariam uma palestra com o tema do Natal sob a ótica da espiritualidade. Intimamente, Marian sentiu vontade de ir àquele encontro. Esperava que

Nicolas já tivesse solucionado sua investigação para que ele e Miah pudessem comparecer também.

Pouco depois, Marian avistou Nicolas descendo do carro. Quando a viu se aproximar, ele exibiu um sorriso para a irmã antes de a beijar no rosto.

— Como vai a pintora mais linda da cidade?

— Bobo! — brincou Marian, apontando a entrada do edifício.

Juntos, eles subiram os três lances de escada, enquanto Marian contava a Nicolas que Elvira estava mais calma, porém ainda muito traumatizada com o assassinato do filho. Marian sabia o quanto ela sofreria ao vê-lo ser enterrado no dia seguinte.

Marian e Nicolas entraram no apartamento, onde diversos cavaletes com telas em branco ou recém-pintadas estavam espalhados pela sala. Notando o olhar de curiosidade do irmão, ela abriu os braços feliz ao dizer:

— Recebi uma encomenda de doze telas. A dona de uma galeria de arte se interessou por meu trabalho, quando viu algumas de minhas obras expostas na feira de artesanato que acontece mensalmente na praça do centro da cidade. Você não sabe como estou contente!

— Você merece isso e muito mais! Os quadros que pinta com a ajuda dos amigos espirituais são belíssimos. Parabéns, Marian! — ele a abraçou com carinho, completando: — Pelo menos você vai poder arrumar comida de graça para sua gata psicopata — lembrou Nicolas desabando no sofá.

— *Sua* gata — corrigiu Marian. — Érica está apenas passando uma temporada comigo para poder amamentar os bebês. Por falar nisso, você ainda não os viu!

— Não os vi nem quero vê-los. Não me conformo em saber que aquela sem-vergonha pulou minha varanda para o apartamento do lado e para fazer safadezas com o gato de lá. Se os filhotes puxaram à mãe, devem ser pequenas criaturas monstruosas — ele sacudiu a cabeça para os lados e respirou fundo: — Estou aqui por outro motivo. Preciso fazer uma busca no apartamento e encontrar alguma coisa sobre Miah. Só assim poderei ter uma ideia de onde buscar o assassino.

— Tem algo a ver com o passado dela, não é? — Marian sentou-se no sofá ao lado do irmão e o abraçou. Ele concordou. — Sei que você nunca estará realmente em paz, enquanto não souber o que Miah vem escondendo. Por outro lado, se não for algo bom, me preocupo com o que vai acontecer com vocês.

— Eu vou cobrar a verdade dela.

— E, na hipótese de que seja algo mais delicado, você conseguiria perdoá-la quando estivesse a par de tudo? Você seria capaz de perdoar tudo o que Miah pode ter feito no passado?

Aquela era uma pergunta difícil. Uma pergunta que ele mesmo já fizera a si mesmo diversas vezes. Ele amava Miah com todas as forças, e a realidade era que tinha receio do que descobriria. Achava que poderia perdoar os erros dela, embora achasse que havia um limite para tudo. Se Miah tivesse cometido delitos graves, então seria mais difícil conviver com ela como se nada tivesse acontecido.

— Eu não sei, Marian. Sinceramente, eu não sei o que vou fazer quando descobrir qual é o segredo dela. E creio que é melhor começar a procurar desde agora.

Nicolas levantou-se e fez o conhecido caminho até o quarto em que dormira por tantas noites ao lado de Miah. Ela deixara praticamente todos os seus móveis para Marian, levando apenas roupas, sapatos e objetos menores para o apartamento de Nicolas. Lá, ela teria tudo o que viesse a precisar.

Ele seguiu diretamente para a cama, ajoelhou-se no chão e olhou por baixo dela, já esperando que não encontraria nada ali. Nicolas revistou cada cantinho do guarda-roupa, da cômoda e do criado-mudo e obviamente não encontrou nada que lhe chamasse a atenção. A tal caixinha misteriosa de madeira desaparecera dali.

— Não acha que ela teria se precavido em dar sumiço em qualquer prova que ameaçasse seu segredo? Não creio que você encontrará algo importante aqui.

— Eu sei e ficaria surpreso se encontrasse. Miah é inteligente e deve ter tratado de esconder toda a sujeira debaixo do tapete. Só preciso descobrir onde esse tapete está.

Com Marian em seu encalço, Nicolas foi para a sala e reiniciou sua busca. Depois, fez o mesmo na cozinha e no banheiro. Estava suando, quando terminou o serviço sem conseguir achar nada.

— O que você está procurando exatamente? — interessou-se Marian. — Talvez eu tenha visto algo e posso ter guardado em outro lugar.

— Trata-se de uma caixinha de madeira mais ou menos deste tamanho — ele mostrou com as mãos —, que está trancada com dois cadeados. Quando a descobri debaixo da cama, Miah ficou muito nervosa. Ela me contou algo sobre ter guardado nessa caixa matérias de jornais sobre a morte do seu padrasto. Na época eu me deixei convencer, talvez apenas para dar o assunto como encerrado. Intimamente, no entanto, eu sabia que ela estava mentindo. Agora vejo que errei por não ter pressionado Miah até que toda a verdade viesse à tona.

— Se ela mentiu, talvez ela tivesse seus motivos para isso, Nic. Não a julgue.

— Motivos que ela não confiou em compartilhar comigo. É possível que, se eu tivesse descoberto seu segredo naquela noite, hoje nós não estivéssemos casados. Acho que em parte eu tenho culpa nisso também. Aceitei me casar com ela, mesmo sem a conhecer plenamente.

— Você não tem culpa de nada — ela apertou o braço do irmão com carinho. — Se você agiu movido pelo amor que sente por ela, então agiu corretamente. Quando tomamos decisões impulsionadas pelo amor incondicional, sem cobranças ou imposições, quase sempre os resultados são positivos. Vocês se casaram porque escreveram o destino juntos.

— É estranho não conseguir imaginar se Miah e eu teremos um futuro muito longo como marido e mulher. Não estou me referindo ao fato de ela ter sido atacada com a bomba. Falo por nós dois. Ela tem um passado que desconheço, que será esclarecido algum dia. E como nós dois ficaremos depois disso?

— Não existe nada que não tenha uma solução, Nic. Se Miah falhou, eu estou certa de que agora ela não faria a mesma coisa. Portanto, ainda que a informação que você venha a descobrir sobre ela seja horrível ou chocante, tudo pode ser resolvido com uma boa conversa. Procure entender os motivos dela. Se você não a perdoar, guardará a mágoa em seu coração, o que faz muito mal à saúde.

Marian percebeu que Nicolas mal dera atenção às suas palavras. Ele seguiu para a pequena área de serviço e começou a remover os objetos do lugar. E finalmente, ao afastar alguns baldes, viu a caixinha de madeira trancada ao lado da máquina de lavar roupas.

— Aqui está! — ele apontou para seu achado. — Percebe como estava bem escondida? Marian, traga-me um martelo, por favor.

Quando a irmã voltou trazendo a ferramenta, Nicolas facilmente estourou as trancas e revistou o conteúdo. Uma sombra de frustração, no entanto, cruzou seus olhos ao ver que se tratavam apenas de documentos e contas pagas. O verdadeiro conteúdo da caixinha ganhara outro destino. Ela apagara todas as pistas, principalmente depois de perceber que Nicolas não desistiria até saber de tudo. E ele tinha certeza de que, se fosse questioná-la novamente, Miah choraria, discutiria e se posicionaria como a pobre vítima pressionada. E aquele era um caminho inútil a seguir.

Desanimado, Nicolas retornou à sala e voltou a sentar-se no sofá. Já acomodado, comentou com Marian que toda a sua busca não dera em nada.

— Você está nervoso, Nic. Por que não tenta se acalmar? — Marian pegou o controle remoto e ligou a televisão. — Assista a um filme, enquanto preparo o almoço. Mais tarde, voltarei à casa de dona Elvira.

— Eu já almocei. Só perdi meu apetite, quando vi a cara feia de Duarte. Ele começou a falar mal de mim na mesa ao lado, acredita? E eu não poderia deixar isso para lá — com ar distraído, Nicolas foi percorrendo os canais usando o controle.

— É por isso que surgem tantas brigas e discussões desnecessárias. As pessoas dão muito ouvido à maledicência, às críticas e aos comentários negativos dos outros.

— E você queria que eu ficasse quieto ouvindo o dublê de Matusalém descendo a lenha em mim?

Marian se viu obrigada a sorrir:

— Se eu o conheço, você deve ter ofendido Duarte também, e os dois logo travaram uma discussão, que, ao final, não os levou a lugar algum. Quando nos deixamos envolver por palavras negativas ditas sobre nós, acabamos entrando na mesma sintonia do outro e baixamos nossa frequência de energia e de pensamento. É dessa forma que alguns espíritos desorientados encontram a brecha necessária onde incitar discussões acaloradas, disputas físicas e até mesmo um crime.

— Tudo bem, maninha. Na próxima vez, jogarei uma bolinha de papel na cabeça dele e ficará tudo certo.

Olhando atentamente para a televisão, Nicolas se calou de repente, encontrando um belíssimo par de olhos e pelos quais se apaixonara fitando-o. Na bancada do telejornal, Miah Fiorentino estava linda num conjunto social cor de lavanda, pronta para entrar no ar.

— Eu não acredito no que estou vendo — resmungou Nicolas. — Por favor, me diga que esse programa não é ao vivo e que Miah não está arriscando a própria vida ao sair do meu apartamento.

— Vamos ouvir o que ela vai dizer — Marian se sentou ao lado do irmão.

— Uma excelente tarde a todos os nossos queridos telespectadores, que nos brindam com sua atenção e audiência. Estamos ao vivo nesta edição especial, divulgando o acontecido em minha festa de casamento na noite de ontem. Quem esteve presente pôde conferir o incidente que houve com meu buquê. A polícia ainda não sabe explicar a razão de uma bomba de fabricação caseira ter sido colocada entre minhas flores, assim como ainda não há informações sobre o responsável por esse ato. Felizmente, não houve feridos. Apenas tivemos de lidar com o susto e com todo o transtorno causado.

Miah curvou o corpo levemente para frente, e um brilho intenso surgiu em seus olhos grandes e expressivos:

— Eu, particularmente, senti o peso da responsabilidade em minhas costas, pois a festa era minha e fui eu quem jogou o buquê para o alto antes de ele explodir. Sendo assim, primeiramente eu gostaria de pedir sinceras desculpas em meu nome e em nome de meu marido, que, aliás, é quem está investigando todas as pistas para descobrirmos a autoria desse pequeno atentado. E na possibilidade de que o culpado esteja nos assistindo, eu gostaria de lhe mandar um recado. Você pode ter dado fim à minha festa, mas não vai acabar com meu casamento. Você não vai me assustar, pois tenho proteção e sei como me defender. Portanto, se quer uma sugestão, procure a polícia e se entregue. Será mais fácil para você. Aqui é Miah Fiorentino, ao vivo, dos estúdios do Canal local.

A imagem seguinte mostrou outro apresentador, que fez um breve comentário sobre as palavras de Miah e puxou outra reportagem sobre roubo de caminhões. Nicolas desligou a televisão e se levantou furioso:

— O que ela pensa que está fazendo? Quer dar uma de corajosa ou apenas provocar o criminoso? Porque eu imagino que ela ainda não tenha sido informada sobre a morte de Escobar e que o crime está relacionado com a bomba no buquê. Agora não estamos falando de um louco que detona bombas. Estamos falando de um assassino perigoso.

Antes que Marian respondesse, o rádio de Nicolas emitiu um bip. Ele atendeu e ouviu a voz de Elias:

— Bartole, precisamos de você aqui na delegacia com certa urgência. Encontramos o carro em que o assassino de Escobar fugiu.

— Vazio, eu imagino.

— Exatamente. O veículo foi abandonado a sete quadras depois do campinho. Provavelmente, quando entramos com o pedido de localização, ele já tinha saído do carro. Não havia documentos no interior do automóvel, mas descobrimos que se trata de um veículo alugado.

— Em nome de quem?

— Beatriz Cardoso. Ela locou o carro em uma agência na quinta-feira e deveria ter devolvido ontem à noite. E acho que não é preciso dizer que essa tal Beatriz está desaparecida. Se formos à agência, poderemos ter acesso aos dados que ela deixou quando alugou o veículo.

— Sim, estou indo para aí. Faça-me uma gentileza, Elias. Peça a Moira que investigue Ismael Dutra, que se diz investigador de tráfico de entorpecentes de Osasco. Peça a ela que confirme se essa informação é verdadeira. Ele está na cidade e aparentemente é amigo íntimo de Duarte. Esse homem tem um brilho assustador no olhar. Sabe que tenho um bom faro para isso.

— Vou transmitir a informação. Até mais tarde!

Nicolas encerrou o chamado do rádio e se recostou no sofá, pensando nos próximos passos de sua investigação. De repente, ele deu um pulo do sofá quando sentiu algo afiado ser fincado em seu ombro direito. Quando virou o rosto, viu um gatinho tentando escalá-lo.

— Jesus, o que é isso?! — ele arregalou os olhos, enquanto Marian começava a rir. — Tire esse troço de cima de mim!

— É um dos bebezinhos de Érica. Como ela escapou da área de serviço? — agindo como se fosse a própria mãe do gatinho, Marian curvou o rosto e beijou o filhotinho, que era todo branco com pequenas pintas cor de caramelo.

— Enzo não vai querer beijá-la, quando eu lhe contar que você beijou a cabeça peluda dessa criatura. Tire-o daqui!

Para Marian, a situação era hilária. Ver seu irmão com 1,85 metro de altura, forte e corajoso, lutando contra um gatinho com menos de meio quilo e quinze centímetros de comprimento era algo divertido para qualquer pessoa.

— Vou buscar seus outros netos. Só um momentinho.

— Marian, volte aqui e me explique como eu me livro desse ser pegajoso. E que história é essa de netos?

Nicolas começou a entrar em pânico ao ver Marian desaparecer na varanda coberta do apartamento. Ele tentou tocar nas costas do gato, mas ele firmou as unhas em sua camisa e começou a caminhar em direção à sua nuca.

— Marian, o bicho está subindo para meu cangote! Me acuda!

Às gargalhadas, Marian voltou trazendo uma caixa de papelão nas mãos. No chão, Érica a seguia como se fosse sua guarda-costas e ergueu a cabeça, fazendo um gesto de desprezo ao reconhecer Nicolas.

— Quase todos são branquinhos como a mãe, mas tem um rajado e um todo cor de caramelo — Marian sorria, olhando para o interior da caixa. — Dê uma olhadinha, Nic.

— Marian, eu mesmo vou cometer um crime se você não arrancar esse monstro do meu pescoço. Ele sobe e escorrega como se tivesse escalando um pau-de-sebo. Eles herdaram toda a maldade da mãe.

Rindo, Marian colocou a caixa sobre o sofá e foi até Nicolas. Érica pulou dentro dela e pôs-se a lamber os filhotes, como se quisesse convencê-los de que eles não tinham culpa por Nicolas estar ali.

Com delicadeza, Marian segurou o gatinho que permanecia grudado em Nicolas e tornou a beijá-lo, enquanto ele soltava miados de angústia.

— Esta é uma das fêmeas. Veja como ela é linda.

— Elias está me chamando. Não posso ficar aqui olhando para os herdeiros de Érica. Além disso, eles são pequenos canibais. Este aí que pulou em mim queria me devorar — Nicolas esticou o pescoço, lançou um olhar rápido para o interior da caixa e fez uma careta. — Parecem pequenos ratos sugando o leite da ratazana. E meu vizinho, dono do gato que colaborou com essa experiência trágica, terá de arcar com as despesas também! Algo como uma pequena pensão alimentícia, não acha?

— Acho que ele não faria isso.

— Quer saber? Isso não é problema meu — antes de sair, Nicolas tornou a olhar para a caixa de papelão, encarou Marian com o outro gatinho na mão e sacudiu a cabeça negativamente. — Definitivamente, nada disso é problema meu.

Capítulo 10

Havia uma pequena árvore de Natal sobre o balcão da recepção da delegacia. Estava colorida e bem enfeitada, porém a expressão fechada de Moira, parada ao lado dela, revelava que certamente não fora ela quem montara a árvore ali.

— O doutor Elias o aguarda em sua sala — Moira fez um gesto com a cabeça na direção de seu computador. — E ele já me deu as informações sobre Ismael Dutra. Estou trabalhando nisso agora.

— Obrigado, Moira — Nicolas já estava se afastando, quando voltou e olhou para a policial. — Esclareça-me uma dúvida, Moira: por acaso seus pais colocavam limão em sua mamadeira em vez de leite morno?

— Como? — ela contraiu os olhos e só faltou bufar.

— Nada não. Bobagem minha. Continue seu trabalho.

Nicolas bateu na porta da sala de Elias e recebeu autorização para entrar. De repente, o investigador sentiu um estalo no ombro, quando Mike o puxou pelo braço como alguém que deseja salvar uma pessoa prestes a despencar em um abismo.

— Quer me aleijar, Mike?!

— Foi mal, Bartole, mas é que estou muito feliz — ele exibiu todos os dentes num sorriso radiante. — Amo o fim do ano! Os festejos sempre representam muita comida boa. Você concorda?

Sem esperar resposta, Mike abraçou Nicolas, que imediatamente sentiu outros ossos estalando. Elias, em sua mesa, não escondeu o sorriso ao dizer:

— Amanhã, eu terei que visitar meu ortopedista. Mike também me abraçou ao relembrar que o Natal e o ano-novo estão próximos.

— Enquanto essas lindas datas não chegam, nós precisamos trabalhar, Elias. Então, quer dizer que a pessoa que alugou o veículo é uma mulher que está desaparecida?

— Pelo menos foi o que o gerente da agência me disse ao telefone. Eles telefonaram para Beatriz querendo saber por que ela não entregara o carro no horário previsto e descobriram que o número que ela lhes dera era do hotel em que estava hospedada. Beatriz, no entanto, não estava lá e seu celular está desligado.

— Vamos conversar pessoalmente com esse gerente para tentarmos obter alguma pista dessa mulher. Vocês revistaram o carro quando o apreenderam?

— Sim, mas não tinha nada além de um pouco de gasolina no tanque e fragmentos de vidro no assento traseiro. Os peritos vão fazer uma análise detalhada entre hoje e amanhã em busca de impressões digitais e fios de cabelos.

— Ótimo. Fique em cima deles e cobre resultados com urgência. Eu vou até a agência. Como é o nome do gerente?

— Demétrio Junqueira. Você não quer que eu o acompanhe?

— Não. Acho até desnecessário irmos juntos a todos os lugares. Você é o delegado, Elias. Deve permanecer mais tempo aqui na delegacia — ele olhou para Mike, que o fitava com olhos caídos. — Venha comigo, criatura!

— Arre égua, Bartole! Já estava sentindo falta do trabalho em campo.

— Ótimo! Aliás, Mike, eu quero que você me faça um grande favor. Você vai encomendar os doces e salgados da dona Elvira, a mãe de Escobar. Ela necessita de dinheiro, principalmente agora que o filho morreu. Essa, por enquanto, é a única forma de ajudá-la.

— Doces e salgados? — Mike se animou. — Já estou dentro.

— Sabia que poderia contar com você. Elias, por favor, me consiga o endereço da locadora de veículos. Vamos ver se eu consigo localizar Beatriz.

Nicolas se questionou sobre o motivo de as pessoas desejarem alugar carros em uma cidade de interior que nem era tão grande. Não havia tantos pontos turísticos a serem visitados, e os moradores que não dispunham de um carro faziam uso de táxis, ônibus ou mesmo bicicletas. Por outro lado, ele estava interessado em saber o porquê de Beatriz Cardoso ter alugado um carro, que fora usado por um assassino três dias mais tarde. Era até possível que o automóvel tivesse sido roubado dela, mas, nessa hipótese, a primeira pessoa a procurar a delegacia para prestar queixas e ir à agência para comunicar o furto seria a própria Beatriz. E ela tinha desaparecido.

A locadora de carros funcionava em uma casa com entrada de vidro, onde vários cartazes com modelos automobilísticos estavam grudados. Nicolas entrou na agência e parou diante da recepção, onde duas moças bonitas lhe sorriram ao mesmo tempo.

— Boa tarde! O senhor procura um veículo em especial?

— Não. Estou procurando seu gerente — Nicolas mostrou sua identificação às recepcionistas. — Ele sabe do que se trata.

— Claro — as duas tornaram a sorrir no mesmo instante, como se tivessem ensaiado para fazer aquilo. — Por favor, sente-se naquele sofá enquanto o aguarda.

Nicolas se sentou num confortável estofado de couro e aguardou o gerente por alguns minutos até um homem de meia-idade, magro e alto surgir em sua frente. Ele era careca e sua cabeça brilhava como uma bola de bilhar. Tinha olhos escuros e um rosto comprido que terminava num queixo estreito.

O homem estendeu a mão para Nicolas e o cumprimentou efusivamente.

— O doutor Elias já havia me falado sobre o senhor. Venha à minha sala, por gentileza — eles passaram por uma área maior, em que algumas pessoas trabalhavam em computadores atendendo aos clientes. No fundo dessa área havia uma porta de vidro fumê, que dava acesso à sala de Demétrio.

— Já que o senhor foi previamente comunicado sobre o motivo de minha visita, vamos direto ao ponto — Nicolas se sentou na cadeira indicada por Demétrio e aceitou o copo de água que ele lhe ofereceu. — Preciso que consiga para mim todas as informações possíveis sobre Beatriz Cardoso.

— Os dados de nossos clientes são confidenciais, e nós não costumamos fornecê-los nem mesmo à polícia, salvo por meio de um mandado, mas agora estamos lidando com uma exceção. Aliás, eu mesmo iria procurar a polícia se nosso carro não tivesse sido encontrado — ele se ajeitou diante do computador e olhou atentamente para a tela. — Nunca passamos por uma situação parecida antes. Nossos carros possuem seguro, é óbvio, e esta cidade sempre foi tão tranquila que fiquei surpreso com esse acontecimento.

Nicolas tomou um gole da água, observando os dedos ágeis de Demétrio percorrendo o teclado.

— Aqui está! — ele virou o monitor parcialmente para que Nicolas pudesse acompanhá-lo. — Beatriz Cardoso, vinte e quatro anos, bióloga. Chegou à nossa cidade na manhã da última quinta-feira e ficou hospedada no hotel do centro. O senhor deve saber onde fica.

Nicolas assentiu.

— Sim, eu o conheço. Prossiga, por favor.

— Fui eu mesmo quem a atendeu. Ela alugou o sedan ao meio-dia da quinta-feira e deveria devolvê-lo às oito horas da noite de ontem. Nós fechamos a agência às nove da noite, por isso pensamos que ela fosse se atrasar um pouco. Todavia, hoje é domingo e nada. Foi então que recebemos um comunicado do delegado dizendo que nosso carro fora encontrado e que estava temporariamente apreendido — Demétrio alisou sua cabeça careca num gesto de nervosismo e tensão. — Estamos tentando entrar em contato com Beatriz, mas está difícil. Já mandei um portador ao hotel, no entanto, disseram que ela não é vista desde a manhã de ontem e que seu celular só dá caixa postal.

— Qual é a cidade de origem de Beatriz?

— Hum, deixe-me ver... Ela veio de Uberlândia. Eu me lembro de tê-la ouvido mencionar que viera à cidade para fazer algumas pesquisas sobre plantas. Como eu lhe disse, ela é bióloga e tinha deixado o aluguel do carro totalmente quitado.

— Ela deixou algum telefone ou nome de algum contato em sua cidade?

— Não. Quando o cliente deixa as despesas pagas, nós não fazemos muitas exigências — Demétrio tentou sorrir, mas não conseguiu. — Ela deixou apenas as cópias de seus documentos. Se quiser, posso mostrá-las.

— Sim, eu gostaria de vê-las.

Nicolas terminou de beber a água, enquanto Demétrio vasculhava um grande arquivo atrás de si. Pouco depois, ele voltou com uma pasta nas mãos e dela retirou alguns papéis, que entregou ao investigador.

Pela foto da carteira de identidade era possível notar que Beatriz era uma moça muito bonita. Os cabelos eram negros e o rosto atraente. As informações contidas no verso condiziam com o que ela informara. Porém, algo chamou a atenção de Nicolas. No campo "Filiação", o único nome que constava era o da mãe da moça.

— Quando o senhor fez o cadastro de Beatriz, notou que o nome do pai dela não constava no documento?

— Sim, mas normalmente basta o nome de um dos pais. Como eu lhe disse, não fazemos tantas exigências quando o cliente quita o aluguel antes de pegar o carro. Além disso, eu repito que nunca tivemos nenhum problema com nossos clientes antes.

A mente de Nicolas estava funcionando a pleno vapor e ele nem ouviu as últimas palavras de Demétrio. Um terrível e funesto pressentimento se apoderou dele. Não gostava de tirar conclusões antecipadas, mas quase podia adivinhar o que teria acontecido e rezou para estar errado.

— Agradeço-lhe muito pelas informações, senhor Demétrio — Nicolas se levantou, e o gerente também ficou de pé. — Vou dar início às buscas por Beatriz. Assim que a perícia terminar o trabalho, seu carro será devolvido.

— Obrigado por nos ajudar, senhor Bartole. Espero que consiga resolver toda essa confusão.

Infelizmente, Nicolas sabia que aquilo ia muito além de uma simples confusão.

A próxima parada de Nicolas foi o hotel em que Beatriz esteve hospedada. Ele desceu do carro e estava caminhando devagar na direção da elegante entrada, quando ouviu seu nome.

— Nicolas, meu floquinho de neve, aonde vai tão apressadinho? — a passos largos, Lourdes se aproximou trazendo duas sacolas de supermercado nas mãos. — Ainda bem que nos encontramos aqui, não é? Usei parte do dinheiro de minha aposentadoria para ir ao mercado e comprar algumas coisas para o apartamento de Thierry. Preciso ajudar aquele bom rapaz, principalmente agora que ele está com remorso por causa da história do maldito buquê.

— A culpa foi sua por ter vindo pra cá de uma hora para a outra. Sua casa no Rio é enorme e confortável, e a senhora certamente não precisa depender dos outros. E se quer uma boa notícia, mãe, Marian está morando sozinha no apartamento que era de Miah. Elas trocaram, pois agora Miah e eu moramos juntos. Por que não conversa com Marian e sonda se ela concorda que você se mude para lá?

— Quer que eu implore para ser acolhida por minha própria filha? Nunca faria isso! Marian vai ter que me aceitar de qualquer jeito. Eu a criei, eu a alimentei, eu paguei seus estudos e agora ela quer me ver na bancarrota? Vocês fizeram toda essa troca em segredo e ninguém me disse nada.

— Ela não tem nenhuma obrigação em acolhê-la, mãe, embora eu duvide que ela vá se recusar.

— A cabeça de vocês mudou depois que chegaram aqui — Lourdes pôs as sacolas no chão com raiva. — E eu sei a causa dessa mudança! Foi depois que conheceram a repórter magricela que ficaram assim. Ela tanto fez que conseguiu afastar meus filhos de mim e ainda convenceu um deles a se casar com ela. Willian e Ariadne precisam ficar muito espertos para não entrarem na dela também.

— Mãe, não vou ficar discutindo assuntos de família no meio da rua. E eu vim ao hotel por motivos profissionais. Tenho urgência em resolver algumas pendências.

— Será que só eu vejo o quanto ela é perigosa? Até tentou explodir os próprios convidados! Embora eu acredite que ela pretendia jogar aquela bomba em cima de mim.

Nicolas se irritou ao perceber que Lourdes falara alto o suficiente para que outros transeuntes olhassem para eles.

— Mãe, não é necessário divulgar em altos brados o que aconteceu ontem. Todo mundo já está sabendo do ocorrido, portanto, não precisa fazer alarde. E por mais que a senhora tenha achado engraçada a situação, o caso é mais grave do que imagina.

— Eu não vou falar mais nada — nervosa pelo sermão de Nicolas, Lourdes fez cara feia. — Se um dia encontrarem o corpinho de sua mãe destruído em pequenos pedacinhos, você já sabe quem a explodiu!

Contendo a impaciência, Nicolas balançou a cabeça negativamente e entrou no hotel, caminhando até a recepção. O investigador retribuiu o sorriso do rapaz e mostrou sua identificação policial.

— Preciso que alguém me acompanhe ao quarto de Beatriz Cardoso. Ela está hospedada aqui desde a última quinta-feira.

O rapaz conferiu a informação no computador e assentiu.

— É a moça que está desaparecida, não é? Já vieram aqui procurá-la a pedido da locadora de carros.

— Quando a viu pela última vez?

O rapaz pensou um pouco antes de responder:

— Na manhã de ontem. Ela saiu cedo, antes das oito da manhã. Eu gravei o rosto dela, porque é muito bonita. Ela deixou as chaves aqui comigo e disse que iria dar uma volta na cidade.

— Ela comentou se iria de carro?

— Não... — ele tornou a forçar a memória. — Espere! Ela comentou algo a respeito. Disse que iria colher algumas plantas diferentes que tinha visto perto do cemitério. Eu não a vi depois disso.

— Você sabe se ela já pagou as diárias?

O menino tornou a consultar seu computador.

— Sim, ela deixou tudo pago no dia em que chegou. Poucos hóspedes fazem isso.

— Sabe se alguém entrou no quarto de Beatriz para tentar descobrir algo sobre onde ela possa estar?

— Vou chamar nossa gerente. Aguarde um pouquinho.

O rapaz chamou a gerente, e, pouco depois, uma mulher bonita e simpática apareceu, prontificando-se imediatamente a acompanhar Nicolas até o quarto em que Beatriz estava hospedada. Ela disse que a única pessoa que entrara no local fora a camareira, no dia anterior. Eles ainda não tinham feito a limpeza naquele dia.

Subiram ao segundo andar, e Nicolas aguardou enquanto a gerente destrancava a porta. Ele se viu num dormitório grande com banheiro interno. Tudo estava limpo e arrumado como o interior de uma igreja, e Nicolas viu uma imensa mochila cor-de-rosa sobre uma cadeira.

— Acho que essa mochila é toda a bagagem dela — opinou a gerente.

Nicolas apanhou a mochila e percebeu que ela estava muito pesada. Sob os olhares atentos da gerente, ele abriu os zíperes com pequenos chaveirinhos e começou a esvaziar seu conteúdo sobre a cama. Ele encontrou uma identificação de uma universidade de Uberlândia e concluiu que, de fato,

Beatriz viera de lá e realmente estava fazendo pesquisas na cidade. Na mochila havia também diversas pipetas de vidro e frascos de laboratório contendo amostras de plantas secas e de flores coloridas. Algo semelhante a líquen pôde ser notado em tubos de ensaio tampados, que continham também pequenos cogumelos e fungos.

No bolso lateral da mochila, Nicolas encontrou dinheiro. Ao todo, havia duzentos e quatro reais, incluindo as moedas. Aparentemente, era todo o dinheiro que lhe restara, pois Beatriz pagara a locação do carro e o hotel antecipadamente.

No outro bolso da mochila havia uma plaquinha de plástico com uma foto em miniatura de Beatriz abraçada a um rapaz jovem e bonito. Pela intimidade, ele deveria ser o namorado da bióloga. Nicolas encontrou ainda um *notebook* pequeno, várias roupas, absorventes, maquiagens, bijuterias e outros acessórios femininos.

— Não encontrou nada de interessante? — a gerente, que o aguardava perto da porta, perguntou.

— São apenas objetos pessoais.

"Se ela estava com um telefone celular, deve ter levado consigo. Não me parece ser o tipo de pessoa que deixaria tudo para trás, incluindo um carro alugado. Algo aconteceu com Beatriz em sua última pesquisa sobre a flora", pensou Nicolas. E ele sabia bem do que se tratava.

— Agradeço por sua disposição em me acompanhar até aqui — Nicolas olhou para a gerente, após guardar tudo dentro da mochila e a recolocar no lugar em que estava.

— Estamos à sua disposição. E caso Beatriz volte para cá, telefonaremos imediatamente para a delegacia.

— Faça isso. Obrigado mais uma vez — ele agradeceu o recepcionista, deixou o hotel e voltou para o carro.

Capítulo 11

Naquele mesmo momento, alguém fazia sua refeição dominical com tranquilidade. No interior daquele agradável sobrado alugado e totalmente mobiliado, um vinho importado era saboreado e uma deliciosa macarronada ao molho de camarão, preparada momentos antes, era degustada. Apenas se ouvia o som do ruído provocado por talheres.

Pensou que perderia todo o apetite ao ouvir a voz daquela mulher contando vantagens em seu programa de TV, mas por sorte isso não acontecera. Sabia que dentro de pouco tempo a voz irritante de Miah Fiorentino deixaria de ser ouvida para sempre. Afinal, fora por isso que viajara até ali.

"Então quer dizer que ela está segura de si e protegida? Protegida por quem? Pelo marido, que me perseguiu após eu atirar em Escobar? Quero ver por quanto tempo vai durar essa proteção. Isso talvez tenha fim quando ele souber quem é a verdadeira pessoa com quem se casou", pensava.

Não achava que o maldito investigador fosse aparecer no mesmo momento em que se encontrava com Escobar. Teria o garoto prevenido a polícia? Era pouco provável, mas possível. Teria vestido roupas mais confortáveis, se soubesse que iria ter de correr como jamais correra na vida, por trezentos metros em uma estrada de terra esburacada. Nem mesmo a arma que carregava lhe dera poderes para enfrentar Nicolas.

Sabia que não teria chances contra um homem treinado e que todos os seus planos iriam por água abaixo.

Ele pensava que fora providencial deixar o carro de prontidão. O carro que pertencera à bióloga. Sabia que não demorariam a encontrar o corpo da mulher caído atrás de um mausoléu no cemitério, afinal, já fazia mais de vinte e quatro horas que ela morrera. Lembrava-se de ter visto o medo estampado nos olhos de Beatriz, quando lhe apontou a arma e atirou em sua cabeça, exatamente como fizera com Escobar. Entretanto, não seria a mesma técnica de assassinato rápida e fria que usaria para matar a pessoa que viera buscar. Quando pusesse as mãos em Miah, tudo seria diferente.

Bebeu o último gole de vinho e limpou os lábios com o guardanapo. Tinha muitas coisas a fazer nos dias que se seguiriam e não podia se dar ao luxo de perder muito tempo com suas atividades. Além disso, teria o investigador em seu encalço, embora já soubesse que ele seria um obstáculo a lidar. Quando se cansasse dele, iria eliminá-lo, mas, por enquanto, brincar do jogo de gato e rato até poderia ser divertido.

De repente, seus olhos pousaram em um retrato em uma moldura prateada. A pessoa na foto lhe sorria. E aquele sorriso jamais seria esquecido ou apagado de sua mente.

— Aguarde, Renato. Agora falta pouco. Muito em breve você será vingado.

O recepcionista do hotel dissera a Nicolas que Beatriz fora em busca de plantas exóticas no entorno do cemitério da cidade. Mesmo antes de se aproximar, Nicolas percebeu que alguém já se adiantara a ele. Havia duas viaturas paradas diante dos portões de ferro do cemitério, e alguns policiais entravam e saíam, comunicando-se pelos rádios. Nicolas parou seu carro no mesmo instante em que chegava um veículo do IML.

— Boa tarde, senhor Bartole! — um policial o cumprimentou, assim que o reconheceu. — Pelo visto, já soube da novidade.

— Não sabia, mas previa. Quem é a vítima? — perguntou, embora já imaginasse quem era a vítima.

— Beatriz Cardoso. O corpo está encolhido na vegetação na parte de trás de um mausoléu. Talvez seja por isso que não tenha sido encontrada antes.

— E quem a encontrou?

— Um dos coveiros. Ele disse ter visto um pedaço de tecido e julgou ser um despacho — o policial tentou esboçar um sorriso, mas desistiu. — É que sempre fazem essas coisas dentro de cemitérios. Quando o coveiro se aproximou, viu a mão dela e chamou a polícia.

— A equipe de perícia já chegou?

— Está a caminho. Eu arrisco dizer que ela está morta desde ontem. Há uma marca de bala no alto de sua cabeça. Aparentemente, atiraram de cima para baixo.

Uma cena veio à mente de Nicolas. Imaginava que Beatriz estivesse agachada ou sentada no chão, mexendo na terra ou nas plantas, quando foi surpreendida. "Ela provavelmente deve ter levantado a cabeça e preparado um grito, quando viu a arma apontada em sua direção. Ela foi baleada à queima-roupa, do mesmo jeito que Escobar foi baleado", pensou.

— Eu gostaria de dar uma olhada no corpo antes que ele seja removido.

O policial assentiu e abriu caminho entre os outros policiais. Eles seguiram por algumas alamedas silenciosas e passaram por túmulos e mausoléus até chegarem a uma curva, onde o rapaz apontou para frente. Ali havia mais três policiais, que olharam para Nicolas e recuaram após reconhecer o investigador.

Beatriz estava caída em posição fetal, com um dos braços estendidos. O rosto e as mãos estavam sujos de terra, e o sangue, que escorrera por seus cabelos e por seu rosto, misturara-se às folhas secas. Havia um pote de vidro caído mais à frente com pequenas raízes que ela provavelmente estava recolhendo. Nicolas viu outras delas brotando ao lado da construção do mausoléu.

— Nós encontramos o celular da moça ali — uma policial forte e corada apontou para uma árvore. — Estava destruído, como se tivessem pisado nele. Já o recolhemos e agora vamos recolher o pote de vidro.

Nicolas olhou mais uma vez para o corpo de Beatriz e sentiu pena e compaixão ao mesmo tempo. Provavelmente, ela era uma pessoa inocente, uma bióloga que viera de Minas Gerais para fazer pesquisas e que tivera sua vida interrompida simplesmente porque desejavam roubar-lhe o carro. Nicolas, no entanto, sabia que o motivo de Beatriz ter morrido não era esse.

Ele virou a cabeça para trás quando ouviu a voz de Elias. O delegado se aproximava na companhia de três peritos e de dois homens que vieram recolher o corpo da jovem para exames mais detalhados. E o mais doloroso em tudo aquilo seria dar a fatídica notícia aos familiares. Ele já tivera sua cota de estresse ao falar com Elvira.

— Vim assim que soube — Elias olhou de Nicolas para Beatriz. — Algo a ver com a morte de Escobar?

— Creio que sim — fazendo um gesto com o dedo, Nicolas se afastou com Elias para poderem conversar mais à vontade. — Ambos eram jovens. Escobar estava com dezessete anos, e Beatriz com vinte e quatro. Ambos foram mortos com um único tiro na cabeça, disparado à queima-roupa. Ele era morador local e ela não, ela namorava e ele não, mas ambos tinham um elo. Algo me chamou a atenção quando fui conferir os documentos deixados por Beatriz na locadora de veículos.

Elias hesitou antes de apoiar a mão numa lápide alta.

— O nome do pai de Beatriz não consta em sua identidade — Nicolas continuou explicando. — É possível que ela seja filha de mãe solteira. E eu quase posso apostar que ela é filha única. Alguma coincidência com Escobar?

— Está sugerindo que há um maluco à solta eliminando jovens órfãos de pai e que não tenham irmãos? Acho muito fantasioso.

— Não existe nenhuma fantasia ali, Elias — Nicolas indicou o corpo de Beatriz. — Assim como não havia nada de fantasioso nas lágrimas derramadas por dona Elvira.

— Eu sei. Desculpe-me, Bartole. Não consigo entender a razão de uma pessoa cometer esse tipo de crime.

— Sim, eu também estou achando tudo muito esquisito. E ainda não sei dizer em que Miah se encaixa nisso.

Elias ergueu os olhos cansados para Nicolas.

— Será que nós estamos falando do mesmo criminoso, Bartole? É possível que a pessoa que colocou a bomba no buquê de Miah não seja a mesma que assassinou esses jovens.

— Foi a mesma pessoa, Elias. Aposto minha carreira nisso. E digo mais: o objetivo desse criminoso é chegar a Miah. Só não entendo por que está eliminando inocentes durante o percurso.

— Miah também é filha única? — Elias quis saber. — Ou foi criada apenas pela mãe?

Aquelas eram respostas que Nicolas também vinha buscando e que nunca conseguira obter.

— Ela foi criada pelo padrasto, o que deveria deixá-la fora do padrão das vítimas — afirmou Nicolas.

No entanto, essa era a história que Miah lhe contara e, como tudo o mais, ela deixara uma grande margem para desconfiança e incredulidade.

De repente, Nicolas parou de falar e olhou para a cena do crime. Não gostou de ver o homem alto e forte parado ali, observando o corpo com atenção. Era Ismael Dutra.

— Quem é aquele homem? — quis saber Elias.

— É o tal investigador que estava com Duarte hoje. É sobre ele que eu pedi informações a Moira. Só não sei o que ele está fazendo aqui.

Sem esperar a resposta de Elias, Nicolas caminhou a passos largos até Ismael e ficou ainda mais irritado ao perceber que ele estava dando ordens e sugestões aos peritos.

— O que está fazendo aqui, Dutra? — a voz de Nicolas saiu tão seca e cortante que um policial chegou a encolher-se.

— Bartole, tinha certeza de que o encontraria aqui — Ismael se voltou e abriu um sorriso, que morreu aos poucos ao deparar-se com a expressão fechada de Nicolas.

— O que está fazendo aqui? — ele repetiu.

— Um cemitério é um local público, não?

— Poupe-me de suas ironias — Nicolas olhou para os policiais. — Quem autorizou a entrada desse homem?

— Ei, ei, um momentinho aí, Bartole — Ismael parou diante de Nicolas, e os dois se encararam. — Eu também sou investigador de polícia. Também tenho uma credencial. Tenho o mesmo direito que você tem de estar aqui.

— Não tem não. Esta não é sua cidade de atuação e sua área de investigação não é homicídio. Essa vítima está relacionada à minha investigação, e o senhor está atrapalhando minha cena do crime.

Formou-se um silêncio tão grande em volta deles que era possível ouvir o zumbido das moscas pairando sobre alguns túmulos. Todos os policiais, assim como os peritos, os homens do Instituto Médico Legal e o próprio Elias, haviam interrompido suas atividades para prestarem atenção à inflamada discussão entre os dois investigadores.

— Sua cena do crime? — Ismael soltou uma risada debochada. — Ora, Bartole! Não seja ridículo. Eu nem toquei na vítima. E se ela estivesse relacionada às pessoas que estou procurando? Você não sabe os motivos que me trouxeram até aqui.

— Quem o informou sobre este crime?

— Notícias ruins correm depressa. E acho melhor não perdermos tempo com essa discussão inútil. Eu não vou sair daqui apenas porque você quer. Tenho minhas suspeitas de que ela tenha sido vítima de um dos membros da quadrilha de traficantes, que está escondido nesta cidade. Você não é melhor do que eu, não tem uma patente superior à minha nem poderes para me dar ordens.

— Eu fui designado responsável pelo caso de Beatriz, porque a morte dessa moça está vinculada a outra que também estou investigando. Sendo assim, automaticamente eu disponho de poderes para tirá-lo daqui. Volto a repetir que o senhor não tem minha autorização para estar neste local — Nicolas apertou os olhos. — É melhor sair daqui, se não quiser que eu peça para dois policiais acompanhá-lo até a saída do cemitério.

Um brilho de fúria surgiu nos olhos escuros de Ismael. Ele chegou ainda mais perto de Nicolas e cutucou seu ombro com o dedo.

— Duarte havia me prevenido sobre o quanto você é cheio de si. Considera-se o melhor do pedaço, não é mesmo?

— Se pretende me atacar, Dutra, use os meios oficiais para isso. E se tornar a encostar seu dedo em mim, nosso assunto sairá dos limites da boa educação. Agora dê o fora daqui.

Os lábios de Ismael se esticaram num sorriso de raiva e ele permaneceu encarando Nicolas com um olhar perigoso, sem piscar. Por fim, balançou a cabeça e só então pareceu se dar conta da presença de Elias.

— O senhor é o delegado?

— Sim, e reforço as palavras do meu investigador. Vamos evitar dores de cabeça.

— Está certo. Vou embora — Ismael tornou a olhar para Nicolas. — E só estou saindo daqui porque quero, e não porque obedeço às suas ordens ou porque temo sua reação.

— Está saindo porque é um homem inteligente — retrucou Nicolas. — E que conhece bem o terreno onde está pisando.

Nicolas ficou parado observando Ismael se afastar. Por fim, olhou para sua equipe que continuava parada no mesmo lugar.

— O que vocês estão esperando para voltar ao trabalho?

Todos começaram a se movimentar ao mesmo tempo, como se tivessem recarregado suas baterias. Elias comentou:

— Sujeitinho nojento esse. Tinha que ser amigo de Duarte.

— Só queria saber quem o informou sobre a morte de Beatriz, já que nós mesmos só ficamos sabendo do crime hoje, depois que o corpo dela foi localizado pelo coveiro. E esse papo de quadrilha de traficantes não colou.

— Agora vamos ter que aguardar o relatório da doutora Ema e o resultado da perícia, incluindo a análise que foi efetuada no carro que Beatriz alugou.

— Estamos lidando com um profissional, Elias, e dificilmente um profissional deixa pontas soltas. Os resultados serão interessantes, embora de pouca serventia. Acho pouco provável que encontrem alguma evidência. Eu estive no hotel em que Beatriz se hospedou e tive acesso aos seus pertences. No entanto, não havia nenhum telefone de contato de seus familiares em Uberlândia. Precisamos dar um jeito de localizar a família dela para dar a notícia.

— Mais uma tarefa para nossa futura detetive Moira.

— Esse domingo foi muito cansativo — Nicolas exibiu um sorriso fraco. — Nunca pensei que meu primeiro dia como um homem casado seria assim.

— Pode-se dizer que sua lua não foi exatamente de mel.

Eles riram, e Nicolas decidiu que daria seu expediente por encerrado.

— Quando Moira conseguir novas informações, peça a ela para entrar em contato comigo, Elias.

— Pode deixar, Bartole. Vá descansar. Qualquer novidade, você será comunicado imediatamente.

Eles se despediram, e Nicolas foi para casa. Chegando lá, não se surpreendeu ao ver que Miah ainda não chegara. Ele tomou um banho para se livrar das energias que ficavam impregnadas em seu corpo sempre que saía da cena de um crime. Quando saiu do banheiro, seguiu descalço até a cozinha e atacou um pacote de biscoitos. Serviu-se de um copo de suco de melancia e aguardou. Precisava ter uma conversa séria com Miah. E seria definitiva.

Capítulo 12

Miah se despediu de seus colegas no Canal local e saiu. Acabara se demorando mais do que o previsto. Sua aparição relâmpago para comentar o incidente em sua festa rendera ótimos índices de audiência para a emissora. Depois, ela ficou estudando alguns materiais com seu editor de uma reportagem sobre compras de Natal que deveria fazer na manhã seguinte. Estava de licença do trabalho, mas, já que não viajara para Fortaleza, decidiu voltar a trabalhar, pois detestava ficar em casa sem fazer nada.

Miah caminhou devagar até a esquina para aguardar um táxi. Um cheiro de carne assada proveniente de uma lanchonete fez seu estômago vazio revirar-se, e ela lembrou-se de que não almoçara e que estava faminta.

Como só passara um táxi ocupado, ela resolveu comprar um churrasco grego na lanchonete da esquina. O vendedor presenteou-a com um belo sorriso, dizendo que vira a matéria que ela apresentara havia pouco, e lamentou o ocorrido em sua festa.

— Tudo bem — Miah sorriu tentando fazer piada. — Eu diria que minha festa foi tão boa que pegou fogo!

O homem explodiu numa gargalhada, enquanto ralava a carne e recheava o pão francês. Ela ganhou ainda um copo com suco artificial de cor amarela, que tinha cheiro de abacaxi e sabor de maracujá.

Miah sentou-se tranquilamente numa banqueta de madeira para comer. Normalmente, a repórter não fazia aquele tipo de refeição, que ela chamava de "quebra-galho", e pensou que, se Nicolas estivesse a fim, poderia convidá-lo para jantar fora à noite.

Distraída como estava, Miah não percebeu que naquele momento estava sendo observada por meio de um binóculo. Sua imagem era ampliada e aproximada por mãos firmes, que não deixavam que ela saísse do foco de visão. Uma voz igualmente firme sussurrava:

— Aí está você, maldita! Comendo tranquilamente como uma pessoa que nunca fez nada de errado a ninguém. Você não sabe o que a aguarda!

A pessoa continuou observando Miah pagar pelo lanche, sorrir de alguma piada que ouvira do vendedor e voltar à esquina para esperar o táxi. Ela continuava usando o conjunto social cor de lavanda. O vento assoprou e balançou os fios escuros, lisos e desnivelados dos cabelos da repórter. Seu rostinho redondo parecia quase infantil e um ar de graça emanava de sua expressão de ingenuidade e inocência.

— Eu sei que você não é infantil, ingênua ou inocente. Se não a conhecesse até pensaria que é.

O binóculo foi baixado. Do ponto estratégico por onde Miah estava sendo observada, uma arma de cano longo e brilhante foi apontada. Um olho se fechou, enquanto o outro a enquadrava novamente pela mira quase telescópica.

— Não suporto ver você agindo como se nada tivesse acontecido. Você não merece continuar viva nem por mais um segundo. Eu deveria acertar sua cabeça agora. Basta apenas apertar este gatilho.

Gotas de suor escorriam por sua testa e foi necessário usar todo o autocontrole que dispunha para não cometer uma besteira. Que graça teria em vê-la morrer sem que ela ao menos conhecesse quem a matava? Sem ao menos lhe explicar o motivo de estar morrendo?

A arma foi baixada e novamente o binóculo entrou em cena. Já não tinha esperado aquele momento por tantos anos?

O que mudaria aguardar mais alguns dias e fazer tudo certo? Fazer tudo conforme ensaiara por anos a fio? Miah era uma mulher condenada, e nada poderia reverter esse fato.

Alheia a tudo isso, Miah continuava entretida observando a rua à espera de um táxi. "Toda jornalista que se preze tem o seu próprio veículo. Vou precisar comprar um carro muito em breve", ela pensou.

Finalmente, um táxi encostou, e ela entrou no veículo. Estava completamente imersa em pensamentos e preocupações para ter reparado no homem que a observava próximo à lanchonete onde ela havia comido o churrasco grego. E Miah teria ficado surpresa e no mínimo assustada com o olhar quase hipnótico do investigador Ismael Dutra.

Miah entrou no apartamento de Nicolas e olhou na direção da cozinha, quando ouviu ruídos vindos de lá. Encontrou o marido sentado à mesa mastigando sem muita vontade alguns biscoitos.

Eles se cumprimentaram com um longo beijo nos lábios, e, por fim, Miah sentou-se diante de Nicolas, abrindo seu sorriso de menina.

— Você está bravo comigo?

— Eu tenho motivos?

— Tem. Eu deveria ter ficado em casa, mas fui ao Canal local para fazer uma reportagem sobre nossa festa. E, pela sua cara, você deve ter me assistido.

— Ã-hã.

— E deve ter visto que eu praticamente desafiei o infeliz que tentou me ferir.

— Ã-hã.

— Dá para falar direito em vez de ficar resmungando?

— O que quer que eu diga, se você sempre faz as coisas do seu jeito? — Nicolas ofereceu os biscoitos a Miah, que negou com a cabeça.

— Não, obrigada. Acabei de comer um churrasco grego no pão francês. E ainda ganhei um suco. Só me custou um real.

— Temos assuntos mais sérios a tratar do que o preço dos lanches que são vendidos nas ruas.

"Ele está azedo", pensou Miah, sondando-o.

— O que aconteceu? Você descobriu alguma coisa?

— A pessoa que sabotou seu buquê é uma assassina, Miah. Já fez duas vítimas e só Deus sabe se não fez outras.

Miah empalideceu, e Nicolas percebeu que o medo da esposa era real.

— Estamos lidando com um profissional, que veio até esta cidade para procurar você. E antes que eu lhe conte o que houve com as vítimas, preciso que me responda algumas perguntas com toda a sinceridade.

— O que quer saber?

— Preciso saber algumas coisas sobre seu passado.

Se Miah já estava pálida, desta vez ficou lívida. Seu rosto ficou branco como cal e suas feições transfiguraram-se. Nicolas já não achava estranho. A reação dela era sempre a mesma quando aquele assunto era mencionado.

— Você quer mesmo falar sobre isso, Nicolas? Nós sempre brigamos quando falamos sobre meu passado e, puxa vida, nós nos casamos ontem! Estamos vivendo num clima de paz.

— Para mim, a paz deixou de existir quando encontrei os corpos de dois jovens depois de nosso casamento. E, para que eu chegue ao responsável pelos crimes, preciso que você me dê algumas informações, já que parece ser a peça-chave desse caso.

— Não tenho muito o que dizer, e você já sabe de tudo. Fui criada pelo meu padrasto. Ele era um homem rude e cruel...

— Não, Miah, não é isso que eu preciso saber — cortou Nicolas. — Me responda algumas perguntas. Você é filha única?

— Sou.

— Você conheceu seus pais?

— Meu pai não, mas conheci minha mãe. Ela morreu quando eu era bem pequena e por isso meu padrasto assumiu a responsabilidade pela minha criação.

— Sua mãe conheceu seu padrasto logo após a morte do seu pai?

— Acho que sim. Isso nunca ficou muito claro para mim. Meu padrasto não gostava de falar sobre isso.

— Então, por um período ainda que pequeno, você foi criada apenas por sua mãe, correto? Era filha única, com pai ausente, e morava apenas com a mãe.

— Sim. Deve ter sido assim — ela sacudiu a cabeça para os lados. — Desculpe, mas não tenho muitas lembranças desse tempo.

— Os dois jovens que foram assassinados também tinham um histórico de vida semelhante ao seu. Ambos eram filhos de mães solteiras, sem irmãos e sem uma figura masculina dentro de casa, assim como você.

— Então essa é a causa de eu estar sendo procurada? E por que alguém mataria pessoas dentro desse perfil?

— É o que eu também estou querendo saber. Os nomes Escobar da Silva ou Beatriz Cardoso lhe dizem alguma coisa?

Miah negou com a cabeça.

— Já ouviu falar em alguém chamado Ismael Dutra?

Miah tornou a negar, e Nicolas percebeu que ela estava sendo sincera.

— Qual é o nome da escola em que você estudou antes de entrar para a faculdade de jornalismo?

Nesse momento, Nicolas notou que houve uma rápida hesitação por parte de Miah, mas ela não demorou a responder:

— Colégio Imaculada Santa Clara.

— Era particular?

— Era.

— Apesar de seu padrasto ser um homem tirano e arrogante, ele pagava as mensalidades de um colégio particular para você?

Houve outra hesitação, mas agora Miah demorou um pouco mais para pensar na resposta.

— Apesar de tudo, ele pensava em meu bem-estar. Talvez fizesse isso como forma de compensar tudo o que me fazia de ruim. Além disso, meu pai tinha me deixado uma pequena herança, que recebi quando completei dezoito anos. Já lhe contei isso pouco depois de nos conhecermos.

"Santo Deus, até quando eu vou ter que falar mal do homem maravilhoso que foi o meu padrasto?", ela pensou. Em voz alta, Miah continuou:

— Ser cruel nem sempre significa ser egoísta.

— De qual cidade você veio? Onde você nasceu?

Miah percebeu que Nicolas estava começando a fechar o cerco e resolveu tentar reverter a situação a seu favor:

— Escute, Nicolas, isso é um interrogatório? Você está agindo como se eu tivesse matado os jovens que você encontrou.

— Eu apenas quero protegê-la, e você sabe muito bem disso.

— Você tinha me prometido que nunca mais tocaria em meu passado — os olhos de Miah brilharam com tal intensidade que Nicolas teve certeza de que ela iria chorar. — Parece que você gosta de me fazer sofrer, trazendo essas recordações tão dolorosas.

— Recordações que não confia em compartilhar comigo. Afinal, Miah, o que você fez de tão grave?

— Eu fugi do velho maldito que se casou com minha mãe e me criou. E nunca permiti que ele me encontrasse. Isso é tudo, Nicolas.

— Alguma vez você foi violentada por ele? — era algo em que Nicolas ainda não pensara, mas que era uma possibilidade.

— Fisicamente não, verbalmente sim.

"Mais mentiras, mais invenções sobre meu padrasto", ela continuou refletindo. Mentiras sobre o homem que lhe contara tantas histórias quando ela era pequena e que lhe beijava o rosto carinhosamente quando ela estava pronta para dormir.

— Você não respondeu à minha pergunta anterior. Prometo que não farei outra depois disso. Qual é o nome da cidade em que você nasceu, Miah?

— Por que deseja saber? Por acaso vai atrás do meu padrasto? Ele está morto, e eu já lhe contei isso.

— Pode ser... Porém, você nunca me contou sobre o que realmente escondia naquela caixinha de madeira que mantinha trancada. Não acredito que lá dentro houvesse apenas matérias antigas sobre a morte de um homem cruel. Não combina com seu perfil armazenar por tantos anos assuntos relacionados ao seu padrasto. Hoje, eu pedi licença para Marian e encontrei a tal caixa na área de serviço. Dentro dela não havia recortes de jornais, mas sim contas pagas e outros documentos sem importância. Seja lá o que você mantinha lá, foi retirado e transferido para outro local. E estou pensando seriamente em convocar alguns peritos para irem até seu antigo apartamento para fazerem uma análise mais profunda naquele local.

Miah precisou se apoiar na mesa para não cair. Sua palidez se tornou ainda mais acentuada, como se todo o sangue de seu rosto tivesse descido para seus pés. Involuntariamente, os lábios da repórter começaram a tremer, como se ela estivesse sentindo muito frio. Procurando se controlar, ela olhou para Nicolas com olhos tristes, magoados e furiosos.

— Se você fizer isso, nosso casamento termina agora! — Miah se levantou, e Nicolas imaginou que ela fosse avançar sobre ele.

— Não fique nervosa — ele também se levantou e tentou segurá-la pelas mãos, contudo, Miah recuou com violência. — E se alguém deveria dar fim ao nosso casamento seria eu, não? Minha vida é um livro aberto, cujas linhas escritas podem ser lidas por qualquer pessoa. E quanto a você, que vive cercada de mistérios? É mais fácil fazer contato com seres de outros planetas do que conseguir ultrapassar o muro que você construiu em torno de si mesma!

Finalmente, Miah foi derrotada pelas próprias lágrimas e, rendida, tornou a se sentar. Como um pai que consola a filha após lhe dar uma bronca, Nicolas foi até a esposa e a abraçou por trás, beijando seus cabelos.

— Não precisa ficar preocupada, porque eu não vou fazer nada do que eu disse. Tudo o que eu quero é protegê-la. Quero vê-la segura, tranquila e com a certeza de que não poderá ser atingida por esse assassino. Para isso, estou pedindo sua colaboração também. Prometo não fazer mais perguntas sobre seu passado, desde que você me ajude a chegar ao criminoso. Ele sabe muito mais sobre você do que eu, o que me deixa na desvantagem — Nicolas apertou os ombros de Miah com cuidado, percebendo que eles estavam enrijecidos de tensão. — Nós agora somos uma família, Miah. Temos de amadurecer em muitos aspectos, e preciso de você ao meu lado.

Nicolas continuou massageando-a devagar, enquanto ela se acalmava aos poucos. Por uma fração de segundo, Miah teve vontade de dizer tudo o que escondia e pôr um fim naquele pesadelo. No entanto, outro pesadelo teria início: um pesadelo em que ela se veria sem Nicolas para protegê-la, como ele acabara de dizer que faria.

Miah levou as mãos geladas até as de Nicolas e apertou-as, como se quisesse estar certa de que ele realmente permaneceria ao seu lado. Ela ergueu a cabeça e procurou os olhos dele.

— Eu amo você, Nicolas. Se você tiver boa memória, vai se lembrar disso sempre.

— Tenho memória de elefante — ele curvou o corpo para beijá-la no rosto e no pescoço. — E esqueço certas coisas com facilidade quando é necessário. Agora, quero esquecer toda essa conversa para desfrutar de alguns momentos ao lado da minha esposa maravilhosa e *mui* amada.

— O quê? — ela riu, enquanto secava as lágrimas restantes.

— *Mui* amada. Não posso ser romântico?

Ela respondeu com um beijo. Devagar, Nicolas a conduziu ao quarto, mas dessa vez ele não agiu como um pai agradando sua filha.

Eles não puderam ver o homem, em espírito, que mais uma vez os observava de um canto do quarto. E momentos depois, quando o casal mergulhou num sono profundo, Nicolas sonhou.

Capítulo 13

Tudo o que Sebastian mais queria era apenas realizar dois desejos naquela noite. O segundo desejo era carnal. Seu corpo precisava do corpo macio de uma mulher que o satisfizesse até que se sentisse saciado. Havia muitas mulheres bonitas que se ofereceriam para ele com um simples estalar de dedos. Nas dependências daquele castelo, uma das muitas propriedades que os bispos católicos mantinham para ocultar suas luxúrias, havia criadas para todos os gostos. Belle era uma das que mais proporcionavam prazer a Sebastian. Naquela noite, no entanto, ela deixara os aposentos dele após ser dispensada. Alguns camponeses haviam sido avistados ao longe, e a cavalaria partira no encalço deles.

A esperança de realizar o primeiro e maior desejo de Sebastian estava sempre presente: capturar a mulher mais bela e perigosa de que se tivera notícias. Ela não era uma mulher normal. Muitos já tinham dito que Angelique era uma feiticeira dotada de poderes incomuns e desconhecidos. Muitos inquisidores e guerreiros saíram para caçá-la e desapareceram, e nem mesmo todo o poder da Igreja fora suficiente para detê-la. Angelique continuaria solta pelo mundo, enquanto alguém com coragem e crueldade suficientes não saísse para encontrá-la. E Sebastian fora convocado para essa incumbência, que se tornara sua única missão. Era nela que ele concentrava seus pensamentos do raiar do sol até a última estrela aparecer no céu.

Em certa ocasião, Sebastian estivera tão próximo de Angelique que pôde sentir a respiração dela em seu rosto. Todavia, ela usara um de seus truques para conseguir escapar com vida e, desde então, estava novamente desaparecida.

Sebastian viu quando uma mulher alta entrou para retirar o caldo intacto que Belle deixara no quarto antes de sair. Ele, no entanto, mal lhe dirigira a atenção, pois estava concentrado na visão de sua janela, como se isso pudesse lhe dar uma pista de onde encontrar a temida bruxa.

— Posso retirar seu caldo, senhor? — ela perguntou com voz macia, e o manto que usava sobre a cabeça impediu que Sebastian conferisse seu rosto.

— Sim, não irei tomá-lo — ao dizer isso, ele sentiu o desejo reavivar em seu interior. — Quero possuí-la. Dispa-se e deite-se comigo — ele ordenou.

A criada obedeceu, revelando sua nudez no exato instante em que uma forte rajada de vento penetrou no recinto e apagou todas as tochas, mergulhando o quarto na penumbra total.

Em instantes, eles estavam nus na cama, e ela esquivava-se dos beijos de Sebastian. A criada tinha um corpo melhor do que o de Belle, e ele desejava possuí-la imediatamente. Foi então que ela se ofereceu para dizer o próprio nome. Ele sorriu de olhos fechados, achando a brincadeira divertida, e sentiu os lábios carnudos da mulher encostarem em seu ouvido e murmurar:

— Meu nome é... Angelique.

Por breves segundos, Sebastian não entendeu exatamente o que tinha ouvido. Então reabriu os olhos e se deparou com o olhar dourado-avermelhado, como chamas flamejantes, fitando-o. Não havia nenhuma expressão ali, e não era preciso avaliar todo o seu rosto para perceber que sua mais mortal inimiga estava deitada em seu leito, com seu corpo nu contra o dele, como se fossem saudosos amantes.

Eles se moveram ao mesmo tempo. Angelique pulou da cama com a agilidade de uma pantera, enquanto Sebastian rolava para o outro lado, colocando-se também de pé. Mesmo no escuro, um podia contemplar a beleza do outro, mas o ódio que nutriam mutuamente era mais forte e precisava ser alimentado.

— Maldita! — ele sussurrou e esticou o braço para alcançar sua espada com um crucifixo entalhado no cabo. Aquela era a sua arma mais utilizada, e Sebastian perdera a conta de quantas cabeças de crianças, mulheres e idosos já decapitara com ela.

Angelique também moveu o braço para frente e em seguida para a direita. A espada, então, deslizou pela mesa de madeira como se tivesse vida própria, caiu no chão e se perdeu na escuridão com o tinir de sua lâmina afiada.

— Você estava me procurando — disse Angelique falando devagar. — Sempre sai à minha caça, e agora estou aqui. Pode me matar, se puder.

Sebastian olhou rapidamente para todos os lados à procura de outra arma com a qual pudesse se defender, mas se sentiu imediatamente acovardado: tudo o que tinha diante de si era uma mulher nua com as mãos vazias. Aquela que ele procurara por longos dias e longas noites estava diante dele, separada de seu corpo apenas por uma cama.

Ambos sabiam que apenas um deles sairia vivo daquele confronto. Ele era o mais poderoso dos guerreiros a serviço dos inquisidores. Ela era a mais poderosa das feiticeiras a serviço dos camponeses. Um não permitiria que o outro fugisse. Seria preciso lutar. E que vencesse o mais forte.

Não havia muito espaço para percorrerem. O quarto de Sebastian era pequeno e não havia claridade para iluminar o ambiente. Um fitava unicamente os olhos do outro. Os dela, dourados como ouro, os dele, azuis como o oceano. Era por ali que um poderia prever o próximo passo do outro para se antecipar no ataque.

Ainda nus, eles se estudavam. Angelique o odiava por tudo o que ele já fizera ao seu povo, mas tinha de admitir que ele era um dos homens mais bonitos que ela já conhecera. Toda a crueldade e o histórico sangrento que ele carregava nas mãos não ofuscavam sua beleza. Seus cabelos eram negros e revoltos, sua pele clara e pálida, seus lábios finos e rígidos. Talvez tivesse a mesma idade que ela, mas isso era algo que ela jamais descobriria.

Sebastian também contemplava Angelique. Os cabelos dela também eram negros, longos e encaracolados, quase tocando a cintura. O corpo era perfeito e os lábios eram capazes de saciar um homem por uma noite inteira. Angelique era tentadora como o pecado, perigosa como uma serpente, misteriosa como uma esfinge e rápida como uma flecha disparada.

— Você matou meu avô e minha irmã — ela não desviava o olhar. — Nunca terá meu perdão. Eu vi a agonia e o desespero daqueles que queimaram na fogueira. Você é mais cruel que o próprio demônio, porque tira brutalmente a vida de inocentes. Agora, farei com que pague por tantas mortes. Saiba que vou me vingar.

— O demônio só pode ser você, que consegue movimentar minha espada sem tocar nela. Você tem poderes obscuros! É uma bruxa. Seu fim será arder nas chamas como eu fiz os outros arderem. Não me arrependo de nada e faria tudo novamente.

— Vai me queimar? — lentamente ela começou a contornar a cama em direção a Sebastian. — Vai me prender no calabouço, onde se encontram outras mulheres como eu?

— Você não perde por esperar, feiticeira de Satã! — ao dizer isso, Sebastian pulou alguns passos para trás e desprendeu um pequeno punhal de um suporte na parede. Costumava guardá-lo ali e não teve dificuldade para localizá-lo. — Eu queria que fosse minha espada a perfurar seu coração, mas usarei meu punhal. E quando seu cadáver estiver sangrando em meus braços, darei meu grito de vitória. A Santa Igreja vai me honrar por isso.

Angelique não se mostrou preocupada ao ver Sebastian brandindo o punhal. Devagar, ele foi se aproximando dela.

Pensou em cercá-la pulando sobre a cama, mas resolveu deixá-la muito assustada até seu último momento. Ela merecia muito mais por tudo o que era, mas ele, infelizmente, não dispunha de tanto tempo e não pretendia deixar Angelique escapar novamente. A ordem era matá-la, embora valesse a pena fazê-la implorar pela vida antes de morrer.

Sebastian continuou indo em direção a Angelique, apontando firmemente a lâmina do punhal para frente. Pretendia acertar-lhe um golpe certeiro no coração e já antegozava os momentos de júbilo, quando bispos e cardeais lhe concederiam a glória pela captura e morte da rainha das feiticeiras.

Ver que Angelique não fez o menor esforço para escapar ou usar algum meio de defesa o deixou em alerta. Ele percebeu que algo deveria estar errado. Ela não ia aceitar a morte sem ao menos lutar. Por um rápido momento hesitou, ainda que o tempo fosse valioso. Ele apertou o cabo da arma com mais força, gritou para intimidá-la e partiu sobre ela, mirando seu seio esquerdo.

Angelique amparou o ataque, segurando-o pelo braço armado. O choque do impacto fez o dois caírem novamente na cama. Sebastian caiu por cima dela, ainda de posse do punhal. Numa demonstração espantosa de força física, ela continuou amparando o golpe mortal, mantendo-o seguro pelo pulso. Sebastian intensificou a força no próprio braço, e seu punhal foi baixando lentamente na direção do coração de Angelique.

De repente, Sebastian a encarou, percebendo tarde demais que fora um erro ter feito isso. Ela o fitava fixamente, e um sorriso brotara em seus lábios lindos e perfumados.

— Quero ver até onde você vai chegar com isso. Quero ver se terá coragem para me matar — o sorriso de Angelique se ampliou. — Não temo a morte nem temo matá-lo. Contudo, antes quero saber se você age dessa forma porque acredita estar fazendo o certo ou por se tratar apenas de uma ordem da Igreja.

A pergunta o desnorteou. Angelique projetou os lábios para frente, como se fosse beijá-lo. Ver aquela boca tão próxima da sua deixou Sebastian ainda mais aturdido. Ela assoprou suavemente o rosto do oponente, e imediatamente ele foi sentindo um sono súbito apoderar-se dele. Queria continuar lutando, agora que estava tão perto de cumprir sua missão, mas suas pálpebras se tornaram mais pesadas. O punhal escapou suavemente de sua mão e caiu sobre o corpo de Angelique, sem arranhá-la. Quando ela tirou Sebastian de cima de seu corpo, ele já estava profundamente adormecido.

Ainda sorrindo, Angelique contemplou Sebastian como quem observa um bebê recém-nascido em profundo repouso. Ela, então, apanhou o punhal e deslizou lentamente a lâmina afiada e letal sobre a garganta dele, mal tocando sua pele.

— Você deveria morrer agora, Sebastian, porém, tenho algo melhor guardado — ela murmurou algumas palavras ininteligíveis, e todas as tochas dos aposentos de Sebastian tornaram a se acender. Angelique cobriu seu oponente com uma manta de pele de carneiro, enquanto ele continuava dormindo tranquilamente. Depois, tornou a vestir seus trajes e colocou o manto sobre a cabeça. Sabia onde ficavam os calabouços do castelo. Ela sempre sabia de tudo. Precisava libertar os outros prisioneiros, principalmente as mulheres que tinham dons especiais como os dela. Para o que pretendia fazer com Sebastian, precisaria do auxílio de outras pessoas, principalmente daquelas que eram chamadas pela Igreja de bruxas.

Capítulo 14

As imagens seguintes do sonho de Nicolas mostravam um homem com vestes antigas, amarrado por cordas grossas a uma parede de pedra. Ele estava totalmente desorientado e não conseguia entender o motivo de estar preso ali.

Mesmo tomando consciência da realidade que o cercava, Sebastian não queria aceitar que havia sido capturado e preso. Não fazia a menor ideia de quanto tempo se passara desde que travara um breve duelo com a feiticeira, mas se lembrava de que faltara muito pouco para matá-la. Ele se recordava ainda da visão daqueles lábios tentadores, tão próximos à sua boca, e do brilho dos olhos dela, dourados como mel e quentes como chamas.

Sebastian não sentia dor. Apenas experimentava a incômoda sensação de ter os braços esticados e presos por cordas na altura dos pulsos, atados a duas argolas de ferro fixadas na parede. E, quando tentou caminhar e não conseguiu, ele percebeu que suas pernas também haviam sido imobilizadas.

Ele estava vestido e sentiu que usava sandálias. Ela certamente o vestira antes de levá-lo para aquele lugar. Encontrava-se numa espécie de salão, iluminado fracamente por tochas nas paredes. Uma grande abertura na parede oposta funcionava como uma janela, por onde a brisa noturna entrava, sussurrando como vozes invisíveis.

Sebastian estava sozinho, mas, mesmo percebendo que Angelique fora mais rápida e o capturara antes, não sentiu medo. Ela o colocara para dormir usando uma de suas magias macabras, como todas as outras bruxas sabiam fazer. Os cardeais com quem mantinha contato sempre lhe diziam que as bruxas eram mulheres que trabalhavam a serviço do demônio e que, por irem contra as leis de Deus, deveriam pagar com a própria vida. Todas deveriam morrer, assim como aqueles que as protegessem. E Sebastian acreditava nisso.

De repente, ele ouviu som de passos se aproximando e apurou os ouvidos. Ao lado da abertura na parede havia um portal, por onde entraram muitas mulheres. Algumas eram velhas, outras mais novas e outras tão jovens que mal deveriam ter completado dez anos de vida. Havia homens também e todos eles fitavam Sebastian com expressões impenetráveis. Eles espalharam pelo chão duas tinas de madeira com um líquido borbulhante, velas fincadas em candelabros de prata e incensos de mirra, que foram acesos instantes depois. Folhas verdes foram adicionadas à água das tinas e gotas de algo espesso e amarelado, que ele soube ser mel, finalizou o processo.

— Vocês pretendem usar de magia negra para me matar? — Sebastian perguntou e forçou a voz para que ela não saísse trêmula. — Vão invocar os demônios?

— O demônio é você! — um homem com idade suficiente para ser o avô de Sebastian parou diante dele e o fitou nos olhos. — Alguém que degola crianças inocentes e pessoas de minha idade é o próprio Satanás!

— Você matou minha filha! — uma mulher com um lenço na cabeça falou sem se virar para olhar Sebastian. — Ela tinha apenas catorze anos! Tinha muito que viver.

— Não me arrependo de meus atos — Sebastian foi jogando a cabeça para trás até ela se encostar à parede. — Faria tudo de novo. Orgulho-me de saber que, mesmo se for morto, já matei muitos de vocês. Outros virão e acabarão com o que comecei. Pessoas como vocês devem sofrer até o último suspiro.

— Você poderia estar morto agora — disse outra mulher, enquanto mexia em uma das tinas. — Jamais descobririam este esconderijo. E, quando isso acontecesse, já teríamos partido.

— E o que desejam? Por que farão bruxarias? Querem que eu conheça seus pecados sujos? — Sebastian tentava inutilmente se livrar das cordas, pois sua maior vontade era escapar daquelas amarras, apanhar qualquer espada e começar a arrancar cabeças e membros daquelas pessoas. Ver o sangue daquela gente jorrar e escorrer era para Sebastian tão vital como respirar, mas sabia que não conseguiria fazer nada daquilo. Eles não iriam permitir.

— Angelique guardou algo para você — o mesmo homem que falara anteriormente cruzou os braços. — Ela deseja vingança pela morte da irmã e do avô. Ele era meu irmão. Os dois foram torturados e morreram sem meios de defesa.

— Já disse e repito: faria tudo outra vez.

Ninguém retrucou, e, por mais que o aroma da mirra estivesse incomodando-o, Sebastian manteve os olhos fixos no grupo.

De repente, o grupo se afastou para os lados, deixando as velas, os incensos e as tinas no centro do salão. Aos poucos, eles foram fechando os olhos, concentrando-se no que parecia ser uma prece. Quando Sebastian ouviu o nome de Deus ser pronunciado por um deles, ficou furioso e forçou os braços para se livrar das cordas nos pulsos até sentir o sangue escorrer por suas mãos.

As tochas, então, se inflamaram e o fogo subiu tanto que quase tocou o teto. Os homens e as mulheres reunidos ali abriram os olhos e cederam espaço para a dama que acabava de entrar no recinto. A brisa soprou com mais força, sacudindo os cabelos negros que caíam pelo rosto de Sebastian. Mas agora ele estava concentrado nela, unicamente nela, e em toda a sua beleza, tão misteriosa quanto suas bruxarias.

Angelique usava um vestido azul escuro e longo até os pés, com um decote amplo que oferecia uma visão generosa de seus seios. Não usava tiaras ou enfeites na cabeça, e seus cabelos estavam presos num penteado alto, deixando à mostra seus ombros dourados e perfeitos. No pescoço, ela usava um pingente com um pequeno diamante, e brincos feitos da mesma pedra preciosa cintilavam em suas orelhas.

Nos braços ela trazia uma gata preta, como toda bruxa costumava fazer, segundo a concepção dele. Caminhando devagar e mantendo um tentador sorriso em seus lábios vermelhos, Angelique foi se aproximando de Sebastian e seus olhos estavam tão dourados quanto o mel que ele vira ser derramado nas tinas.

— Como conseguiu me trazer até aqui? — isso era o que ele mais desejava saber naquele momento. Acreditava que ela fosse matá-lo logo após o ritual satânico que estavam organizando, mas queria ao mesmo tempo ter uma prova da grandeza dos poderes dela. E, ainda que cometesse um último pecado antes de morrer, ele também desejava provar aqueles lábios maravilhosos.

— Outros me aguardavam do lado de fora do castelo em que você estava escondido — Angelique acariciou a cabeça da gata, cujos olhos eram verdes como duas pequenas esmeraldas. — Lembra-se dos camponeses que foram vistos nos arredores? A cavalaria foi enviada para buscá-los. Aproveitei-me desse momento para penetrar em seus aposentos. Eu sabia onde você dormia e, se quisesse, teria esperado para matá-lo enquanto estava adormecido.

— Você não queria pôr fim na minha vida e por isso me trouxe para cá — concluiu Sebastian, louco de vontade de escapar dali e esfaqueá-la até vê-la agonizar e louco de vontade de beijá-la até ouvi-la implorar por mais. Quem diabos era aquela mulher que lhe provocava sentimentos tão contraditórios?

— Um homem como você não merece uma morte rápida. Você precisa aprender mais sobre nós — Angelique indicou ao redor, e um anel de pedra vermelha que enfeitava seu dedo pareceu incandescer. Ela, então, foi até uma mulher e lhe entregou a gata. — Nakine, segure Aliyah por alguns instantes.

Enquanto Nakine acariciava a cabeça de Aliyah, Angelique pegou uma caneca de madeira, encheu-a com o conteúdo de uma das tinas e foi até Sebastian novamente.

— Beba este caldo — ela curvou a borda da caneca até tocá-la nos lábios de Sebastian.

Ele, por sua vez, cuspiu o líquido no rosto dela, sentindo nojo pelo que estava sendo feito com ele. Angelique, sem perder a calma, usou a manga do vestido para limpar o rosto e voltou-se para os outros, que a observavam em expectativa.

— Precisarei de um punhal — disse ela.

Uma menina lhe entregou a arma, e Angelique, após avaliar a lâmina, pediu:

— Quero que todos me deixem a sós com ele.

— Não será perigoso? — perguntou um homem.

— Agora ele nada pode fazer contra mim — Angelique sorriu. — Sei o que estou fazendo. Podem partir.

Mesmo relutantes, o grupo obedeceu. Quando ficou a sós com Sebastian, Angelique segurou o punhal com firmeza e foi até ele.

Sebastian teve, por alguns segundos, a certeza de que ela iria matá-lo, ou talvez torturá-lo como ele fizera com os amigos dela. Porém, para seu espanto, usando golpes rápidos, ela cortou as cordas que o prendiam e entregou o punhal na mão dele.

— Libere suas pernas. Há um punhal em suas mãos agora. Poderá fazer o que quiser com ele — ela mostrou as mãos vazias. — Como vê, Sebastian, nada trago além do meu conhecimento. Se for inteligente o bastante, saberá agir corretamente.

— Por que você está fazendo isso? — aguardando a resposta de Angelique, Sebastian soltou as pernas e deu um suspiro de alívio pela liberdade.

Angelique sorriu. O sorriso fora tão profundo que o deixara quase assustado. Ela sentou-se no chão ao lado das tinas e mergulhou a mão dentro de uma delas. Num gesto instintivo, ele se preparou para arremessar a arma contra ela.

— Sente-se ao meu lado — Angelique apontou o chão. — Tem minha palavra de que não usarei magia contra você, mas espero que não me traia.

— Você já me enganou duas vezes — ele andava devagar na direção de Angelique, mantendo o punhal pronto para o ataque. — Não haverá uma terceira.

— Por que não se senta aqui e me ouve por alguns instantes, Sebastian? Você é um homem astuto. Sabe que eu não teria lhe dado essa arma, se não tivesse tomado minhas precauções.

Mesmo desconfiado de que estava se dirigindo para uma armadilha, Sebastian a obedeceu. Sentou-se ao lado dela, e os dois ficaram tão próximos que um podia sentir a respiração do outro no rosto. Ele acomodou o punhal no colo.

— Fiz tudo isso para lhe mostrar que não somos seres do mal nem trabalhamos para o demônio, Sebastian. Fazemos uso da magia, o que não é a mesma coisa.

— Você está mentindo para me distrair — ele olhou para as tinas. — O que pretendia servir-me?

— Um líquido salutar, trabalhado com nossa magia para purificar seus sentimentos. Eu não acreditava que desse certo, mas eles — ela indicou o caminho pelo qual o grupo de feiticeiros saíra — achavam que sim.

— Diga-me o que você quer.

— Toque-me — Angelique tomou uma das mãos dele. — Toque-me onde desejar. Sinta que sou uma mulher como as outras que você conheceu.

Avançando além dos limites do que conhecia como perigo, Sebastian obedeceu. Fazia aquilo porque queria e não por estar sob efeito de hipnose ou de algo do gênero. Ele estava consciente de seus atos e queria tocá-la. Queria muito mais do que tocar Angelique. Queria sentir a pele macia daquela que lhe tirara tantas noites de sono e que agora estava a menos de dez centímetros de distância dele.

A mão de Sebastian, suada e quente, pousou em um dos seios de Angelique, e Sebastian sentiu a carne firme e delicada.

Depois, repetiu o mesmo processo com a outra mão. No minuto seguinte, já esquecido do punhal, de onde estava e de quem ela era, ele mergulhou em um beijo.

As tochas e as velas se apagaram, mas Sebastian não teve medo nem temeu um possível ataque. A água nas tinas borbulhou como se estivesse efervescendo. O cheiro de mirra, que era enjoativo para Sebastian, pareceu-lhe o melhor dos aromas. E as roupas de ambos lentamente foram se separando de seus corpos, deixando-os inteiramente nus no escuro e entregues um aos braços do outro.

Sebastian sabia que se fosse descoberto fazendo aquilo com a líder das feiticeiras seria levado à fogueira junto com ela. Mas ele não queria pensar em punições ou castigos, enquanto estava amando aquela mulher, naufragando em mares revoltos e profundos, explorando a deliciosa sensação de poder beijá-la, tocar seus cabelos negros e afundar o rosto neles.

Enquanto se amavam, uma mão rápida e furtiva tocou o cabo do punhal. Talvez fosse a mão dele ou a dela. Num gesto rápido, a lâmina perfurou a carne, o que provocou um grito angustiante de dor em seguida. O sangue brotou imediatamente do ferimento, enquanto os gemidos aumentavam.

Angelique, com certa dificuldade, conseguiu fazer as velas e as tochas se acenderem novamente e, na claridade, ela compreendeu o que realmente havia acontecido, enquanto um deles caminhava para a morte.

Sebastian olhava-a profundamente, enquanto o sangue de um molhava o corpo do outro. Então, de repente, foi como se o rosto de Angelique se transformasse, assumindo contornos arredondados e aristocráticos. As feições ficaram modificadas, porém os olhos eram os mesmos.

E o rosto de Angelique transformou-se no rosto de Miah.

Quando Nicolas abriu os olhos, ele achou que sentiria o cheiro de mirra e de relva fresca e serena. Pelo menos era o que ele supunha que o homem com quem passara a sonhar nos últimos meses estivesse sentindo naquele momento. E achou também que veria a tentadora mulher para quem lhe preparara uma emboscada.

Por alguma razão desconhecida, Nicolas não ficou surpreso ou tenso por ter voltado a sonhar com Angelique e Sebastian. Chegara a pensar que os sonhos haviam cessado, mas tivera a prova de que não. Ele não sabia onde tudo aquilo iria acabar, mas às vezes se pegava interessado em descobrir o que aconteceria no momento seguinte. Como num seriado, cada sonho seguia uma ordem cronológica de acontecimentos. O próximo sonho começava quase exatamente no ponto em que o anterior terminara.

Nada disso, no entanto, formava sentido na mente de Nicolas. Onde já se viu alguém ter sonhos com continuação? Era a coisa mais absurda de que já ouvira falar. Ele, inclusive, teria dado muitas risadas se outra pessoa lhe contasse algo assim. E só não achava engraçada a situação, porque estava acontecendo justamente com ele.

Os sonhos iam e vinham sem nenhuma previsão ou preparo. Simplesmente aconteciam. Quando ele concluía uma investigação criminal, coincidentemente (se é que havia coincidências naquela história), os sonhos desapareciam. E quando outro crime acontecia, e ele era nomeado o investigador do novo caso, os sonhos retornavam. Não obstante, eles sempre voltavam, trazendo os mesmos personagens de sempre: um inquisidor malévolo e uma bruxa misteriosa. Tudo era tão explícito que Nicolas pensava em descrevê-los para um desenhista da delegacia que montava retratos falados de criminosos.

Marian, por ser uma estudiosa de fenômenos mediúnicos, dizia que os sonhos nada mais eram do que recordações de suas vidas passadas, o que parecia estranho para Nicolas. Ela também lhe dizia que muitas pessoas conseguiam ter recordações de encarnações pretéritas de várias formas, fosse por meio de sonhos, de regressões espirituais, ou de um mentor espiritual em um centro espírita. Essas pessoas, ainda segundo Marian, quase sempre se lembravam ou viam apenas trechos marcantes de suas vivências, uma situação bem ou mal resolvida, um amor conquistado ou abandonado, uma vida salva ou eliminada. Havia diversos outros motivos que levavam as pessoas a se recordarem do passado. E claro, havia ainda aquelas que nunca se lembravam de nada e viviam muito bem até morrerem.

Ainda assim, vivenciar praticamente toda uma vida novamente em sonhos já era demais. Nicolas mal vinha dando conta de sua vida atual... Como poderia, então, se preocupar com o que ele supostamente teria feito no passado? E aqueles sonhos sequenciais iriam continuar até quando Sebastian e Angelique estivessem com cabelos brancos, cegos e quase surdos, defendendo seus pontos de vistas divergentes? Qual era o propósito de tudo aquilo, se é que realmente havia algum?

Nicolas sabia que não conseguiria apagar de sua mente a imagem do rosto de Angelique transformando-se no de Miah. Já notara que havia semelhanças entre o rosto da bruxa de seus sonhos com o rosto de Miah, assim como seus traços lembravam os traços de Sebastian. Contudo, achava que tudo não passava de mera coincidência.

E se todo aquele papo sobre reencarnação fosse mesmo verdade? O período da Inquisição, em que as bruxas eram levadas à fogueira, há muito já passara. Assim, Sebastian já deveria ter reencarnado muitas e muitas vezes. E se ele passasse a sonhar com todas as vidas subsequentes? E se ele tivesse que reviver cada encarnação de Sebastian e Angelique? Aquela probabilidade era totalmente insana e exigia uma explicação urgente.

Talvez fosse melhor mesmo acatar a sugestão de Marian e ir até um centro de estudos espiritualistas buscar mais informações. Ele andava mesmo curioso a respeito da espiritualidade e desejava aprender mais sobre todos aqueles assuntos que Marian conversara com ele desde que passaram a morar juntos.

Seria interessante ter a certeza de que todas as pessoas que tiveram seus corpos cremados ou enterrados continuassem vivas. Nicolas já fora muito cético em relação a esse tipo de assunto, mas, após começar a ter aqueles sonhos absurdos, não duvidava de mais nada. Marian era uma mulher muito estudada para perder tempo com coisas tolas e banais.

Talvez sua irmã tivesse razão. Não custava nada conhecer uma casa que desenvolvesse estudos espiritualistas para se aprofundar mais no tema. Tinha certeza de que Miah não se importaria em acompanhá-lo. Provavelmente, os dois aprenderiam muito e colocariam em prática os ensinamentos para que tivessem uma vida melhor.

Capítulo 15

Eram sete e meia da manhã, quando a campainha soou no apartamento de Marian. Ela estava fazendo anotações de suas despesas, refletindo sobre o valor que Miah lhe cobraria pelo aluguel, porque ela achava que seria justo pagar pela moradia.

Marian imaginou quem poderia estar tocando a campainha àquela hora, embora não fosse tão cedo. Espiou pelo olho mágico e reconheceu o rosto de Enzo. Ele parecia pálido e seus olhos estavam arregalados. Por um instante, estremeceu ante a possibilidade de que alguma coisa tivesse acontecido com Nicolas, porém sabia que alguém já a teria avisado por telefone. Ademais, Enzo não iria pessoalmente falar sobre isso.

Assim que a porta foi aberta, Enzo passou por Marian como se não a conhecesse. Sem sorrisos, sem cumprimentos, sem beijos.

— Se seu objetivo era me enlouquecer, você está conseguindo — ele sentou-se no sofá e se levantou de um pulo, como se o estofado estivesse em brasas.

Marian sentiu um arrepio na espinha ao sentir o cheiro de álcool no hálito de Enzo, percebendo que ele bebera. Enzo nunca havia se embriagado diante dela nem comentara que ingeria bebidas alcóolicas.

— Enzo, por que você está tão nervoso? O que houve?

— Não há explicação. Quando você começa a falar, não para mais e traz aquelas explicações chatas sobre espiritualidade e coisas de gente boazinha que nem você mesma deve seguir. Não estou a fim de ouvir nada disso.

— Não estou compreendendo o que você está dizendo — no fundo, Marian tentava compreender as razões que o levaram a se embebedar tão cedo.

— Eu não sabia que você era uma bruxa. Vai usar seus feitiços para me convencer dessas coisas em que acredita?

Marian o encarou confusa. O próprio Enzo parecia estar confuso em relação ao que estava dizendo.

— Você está me ofendendo, Enzo. Sinceramente, não estou conseguindo entender o que você está querendo dizer.

— O inferno que não está! — ele se voltou e deu um chute violento na parte inferior do sofá, fazendo Érica, que estava ali, pular de susto. — É melhor parar com toda essa porcaria!

— Modere seu linguajar ao falar comigo! Você está em minha casa, e não vou permitir que suas energias negativas invadam meu ambiente.

— Que energia que nada! Nada disso existe! É conversa mole, e eu quase caí nela. Hoje, tive a certeza de que sua intenção é me deixar tão maluco quanto você é.

— Enzo, você está alcoolizado! É melhor ir embora. Sou nova neste edifício e não quero que os vizinhos pensem que costumo receber homens bêbados aqui.

— E se eu não for? Vai chamar seu irmãozinho valentão? — totalmente descontrolado, Enzo tocou no músculo do braço. — Mande-o vir então! Vamos ver se ele é tão macho como pensa!

Marian estava horrorizada e olhava-o como se estivesse vendo-o pela primeira vez. Agora conseguia perceber que Enzo não viera sozinho. Não via ninguém, mas tinha certeza de que ele trouxera consigo um grupo de espíritos que desejava briga. Ela quase podia ouvi-los gargalhando e dando sugestões para Enzo, que se mantinha em sintonia com eles.

— Você não está bem, Enzo. Vá para sua casa, por favor. Amanhã, nós poderemos conversar sobre isso.

— Eu terminei uma cirurgia — ele começou a falar como se não a ouvisse. — Um policial foi esfaqueado na garganta por um drogado e passou muito perto da morte. Eu consegui salvá-lo. Fui eu e não Deus quem o salvou! Está me ouvindo? — ele gritou. — Deus não salva ninguém, porque se eu não estivesse lá, injetando sangue no corpo daquele homem, ele teria morrido.

Enzo olhou para Érica e fez uma careta. A gata estava encarapitada no encosto do sofá olhando-o fixamente. Seus filhotes se moviam pelo chão, alheios à discussão.

— Quando tudo terminou, eu estava exausto. Ainda tinha um plantão para cobrir e dispunha de uma hora de sono para recuperar minhas energias. Fui para o quartinho destinado aos médicos e enfermeiros.

De repente, como se tivesse sido tomado por uma onda violenta de calor, ele despiu-se da camiseta que usava. Tinha um corpo forte e musculoso. Um sinal de nascença, com um formato semelhante ao mapa do Brasil, ficava próximo ao seu mamilo esquerdo.

O rosto de Enzo parecia amarelado. Seus olhos verdes esbugalhados e seus cabelos castanho-claros, revoltos.

— Foi quando eu tirei um cochilo e sonhei.

— Com o que você sonhou? — Marian perguntou em voz baixa. Estava preocupada em deixá-lo ainda mais nervoso.

— Com Clarice e Aline — respectivamente, eram sua esposa e sua filha, mortas num acidente de carro. — As duas estavam de mãos dadas e apareceram em minha frente, tão nitidamente como estou vendo você. Aline sorria, e Clarice mantinha no olhar o mesmo amor de quando era viva.

Enzo agarrou uma mecha dos cabelos e puxou-a como se quisesse arrancá-la. Parecia um homem insano.

— Clarice falou comigo. Disse que eu não poderia viver como um ateu, porque cedo ou tarde minha descrença na espiritualidade e na própria vida poderiam me trazer dor e sofrimento. Ela disse também que eu precisava ressaltar minha luz natural e que somente eu era o responsável por minha tristeza, mas que poderia reverter essa situação quando começasse a procurar as coisas boas que a vida nos oferece diariamente. Por fim, explicou ainda que ela e Aline encerraram um ciclo na Terra, que lhes trouxe muita experiência e aprendizado.

Enzo repetia as palavras da mesma forma como as ouvira no sonho. Clarice falara de forma tão pausada e tranquila que seria impossível esquecê-las, mesmo que quisesse.

— Ela falou sobre a morte também. Disse que o acidente fora apenas um meio para o seu... qual era mesmo a palavra? Ah sim, para seu desencarne. Comentou que compreendera o motivo de ter morrido dessa forma em companhia de nossa filha. Contou também que eu deveria me responsabilizar pelo caminho que escolhesse trilhar e que a conquista da felicidade estava em minhas mãos. Clarice relatou que a felicidade flutua à nossa volta como uma borboleta, mas que muitas vezes nós não nos damos conta disso porque estamos mergulhados nas ilusões, no materialismo e nos vícios do mundo. Almejamos uma felicidade material, sem sabermos que a verdadeira alegria é abstrata e é aquela que alimenta o coração.

Como se estivesse perdendo as forças, Enzo deixou-se cair no sofá, assustando Érica mais uma vez.

— Ela falou tantas outras coisas e sorria enquanto falava. Repetiu que eu deveria me interessar mais pelas verdades da vida e que eu desperdiçaria oportunidades maravilhosas de progresso e bem-estar, enquanto permanecesse trancado dentro de mim mesmo — ele agarrou uma almofada e jogou-a longe. — E no final, pouco antes de eu acordar, Aline caminhou em minha direção e abraçou minhas pernas, exatamente como fazia quando era viva. Depois, ergueu a cabeça, e vi seus olhos cheios de vida, como sempre foram. Sabe o que ela me disse? "Nunca se esqueça de mim, papai, porque eu nunca vou me esquecer de você".

Lágrimas começaram a escorrer pelos olhos furiosos de Enzo, e Marian esperou ele terminar a narrativa.

— No sonho, eu me agachei, e Aline me beijou aqui — ele tocou a bochecha direita. — Depois, Clarice também se aproximou e me beijou do outro lado do rosto. Acordei sentindo o toque dos lábios delas em minha pele. Pedi licença ao meu superior no hospital, porque desejava espairecer. Ele deve ter pensado que tinha a ver com o estresse da cirurgia. Fui até um bar próximo ao hospital e enchi a cara. Ou tentei encher. Como estava revoltado, vim até aqui. Você já tinha me dado seu novo endereço, está lembrada? É por isso que estou aqui. Quero que você pare de fazer isso comigo. Pare de me fazer sonhar com elas.

— Enzo, apesar de tudo isso que você me contou, confesso que ainda não entendi o motivo de sua visita — com cautela, Marian se sentou ao lado dele, sem tocá-lo. — Quando seu espírito deixou o corpo, durante o breve tempo em que esteve adormecido, você se encontrou com os espíritos de sua esposa e de sua filha. E pela forma como está contando, creio que elas estejam muito bem no astral. Elas não lhe pareceram felizes?

Enzo deu de ombros, e Marian continuou:

— De acordo com o que Clarice lhe explicou, ela deve ser um espírito mais evoluído, que precisa continuar sua jornada de uma forma diferente da nossa. E ela se preocupa com você e não quer vê-lo sofrendo por ela ou por Aline. Assim como nós sentimos a ausência daqueles que partiram, eles também sentem nossa falta. Nem sempre eles conseguem se contentar com a nova forma de vida, e alguns acabam se rebelando. Não entendo por que você ficou tão nervoso. Tem ideia de quantas pessoas, que viram seus entes queridos morrerem, gostariam de ter tido um sonho semelhante? De ouvir da pessoa amada que ela está bem e feliz e ainda conseguir se recordar de tudo tão detalhadamente ao acordar? Enzo, isso foi uma bênção, uma dádiva, uma prova maravilhosa e substancial da continuidade da vida.

— Você só pode ser louca — Enzo se levantou do sofá mais uma vez e se controlou para não atirar algum objeto na parede. — Isso tudo que eu sonhei é fruto de minha imaginação. Sabe por que isso está acontecendo? Porque eu me envolvi com você, tenho escutado sua conversa de doido sobre espíritos e estou me deixando levar por essa crença perigosa. Por isso eu vim até aqui. Para lhe ordenar que pare com suas bruxarias. Clarice e Aline são assuntos meus e não lhe interessam. Você não vai entrar em minha mente e plantar suas doidices de maneira que eu passe a sonhar com elas. Há anos, elas estão mortas e só sonhei com elas depois de conhecer você. Não acha isso muito estranho?

— Você está me culpando por algo que, intimamente, sabe que é real. Não tenho culpa pelo que aconteceu. Clarice e Aline vieram ao seu encontro durante o sono. Isso é natural...

— Pare de falar isso, Marian, pare...

— Eu vou parar, mas só lhe peço que entenda que não posso ser responsabilizada por isso. Por que não procura acatar os conselhos que elas lhe deram? Busque sua felicidade, encontre a "borboleta que voa ao seu redor". Se o assunto o incomoda tanto, eu lhe prometo que nunca mais falarei sobre temas espirituais diante de você. Todavia, por mais que você fuja disso, Enzo, nunca conseguirá fugir para muito longe. Não há como escapar da realidade da vida.

Marian interrompeu sua fala, sentindo um arrepio causado pelas energias que eram emanadas dele e dos espíritos inferiores em sua casa. Ela fechou os olhos e tentou se concentrar em uma prece.

Foi então que Enzo pareceu voltar a si e se deu conta das palavras grosseiras que havia dito a ela. Num gesto automático, ele abriu os braços e a envolveu em um abraço apertado e carente de afeto. Marian correspondeu ao gesto, sentindo o quanto ele estava confuso e desorientado. Em seguida, beijou-o levemente no rosto.

— Sou um monstro, não é? — e sussurrou envergonhado por tudo o que dissera a Marian.

— Você tem todo o direito de não acreditar naquilo que não lhe pareça concreto, embora esse sonho seja para mim uma prova irrefutável da sobrevivência do espírito após a morte. Apesar de ninguém ser obrigado a aceitar essa teoria, só lhe peço que me respeite por acreditar nela, da mesma forma que o respeito por duvidar dessa teoria.

Ele assentiu e pediu desculpas várias vezes a Marian. Sorrindo pacientemente, ela o conduziu pela mão e o levou na direção da janela. Abriu o vidro e permitiu que a brisa fresca da noite acariciasse o rosto deles.

— Eu amo você, Marian! Espero que nunca se esqueça disso.

— Eu sei e também o amo. E espero que a gente dê esse assunto por encerrado, muito embora eu acredite que nada disso vai terminar aqui.

Parecendo mais calmo, Enzo concordou. As energias densas pareciam ter se afastado, ao menos temporariamente. Ali, no lar de Marian, apenas coisas boas tinham acesso ao local. Ela não permitiria que ninguém, nem mesmo Enzo, tirasse o bem-estar e a harmonia que havia em sua casa.

Capítulo 16

Moira parecia estar mais mal-humorada do que nunca, quando Nicolas chegou à delegacia. Sua expressão estava tão fechada que ele poderia jurar que ela desejava espancar alguém até a morte.

— Bom dia, Moira! Como vai Willian?

Ela apertou os olhos castanhos.

— Bom dia! Até ontem, ele estava bem. Ele me levou ao teatro à noite.

— É mesmo? E que peça vocês assistiram?

— A peça da safadeza — as mãos da policial se crisparam de raiva.

— Acho que não entendi.

— Durante o espetáculo, ele se levantou dizendo que ia ao banheiro. Eu percebi que ele estava demorando muito e resolvi ir atrás. E o que encontro? Seu irmão rindo às gargalhadas com uma desocupada que ele havia encontrado pelo caminho. Ela deveria ter uns dezoito anos e usava uma saia do tamanho de um guardanapo. O que acha que ele queria com ela?

— Talvez estivessem comentando algo sobre a peça.

— Foi o que ele me disse, sendo que o espetáculo nem tinha terminado. Aí ele me olhou como se nada tivesse acontecido, puxou-me pela mão e disse: "Esta é Moira, minha amiga".

Ele me apresentou para aquela idiota como uma amiga, quando ele mesmo costuma dizer que é meu namorado.

— Daí eu suponho que você terminou tudo com ele.

— Terminamos o que nem começamos. Ele é um mulherengo sem-vergonha. Já deve ter me traído com muitas mulheres desde que veio morar aqui — Moira apoiou as mãos no balcão. — Eu fui embora na mesma hora, e ele veio correndo atrás de mim, pedindo desculpas e me chamando de ciumenta. Pode uma coisa dessas?

— E você o perdoou?

— Nunca! Disse a ele que se voltasse a me procurar, eu lhe daria um tiro — como Moira nunca sorria, Nicolas não saberia dizer se aquela ameaça fora dita em tom de brincadeira ou não.

— Não fique nervosa, Moira. Willian age como um adolescente. Creio que, no fundo, ele goste de você de verdade.

— Só se for bem no fundo mesmo, porque na superfície ele me apresenta apenas como uma amiguinha.

Nicolas não pôde deixar de sorrir.

— Mudando de assunto, você conseguiu descobrir alguma coisa sobre Ismael Dutra e a família de Beatriz?

Ele tornou a sorrir ao ver Moira exibir dois envelopes pardos.

— Alguma vez já lhe disse o quanto você é eficiente? Obrigado, Moira.

Nicolas pegou os envelopes e entrou em sua sala. Depois, interfonou para o ramal de Elias para comunicar que já tinha chegado e estava de posse das informações sobre Ismael e Beatriz.

— Moira me avisou que tinha conseguido as informações, Bartole — disse Elias. — Dê-me dois minutos que estou indo aí.

Quando Elias chegou, eles abriram os envelopes. No primeiro havia informações sobre Beatriz. Moira conseguira rastrear a universidade na qual ela se formara. A policial entrara em contato com a instituição e conseguiu obter alguns dados sobre a bióloga. Foi-lhe fornecido o telefone da casa de Beatriz, mas Moira acrescentara seu parecer no relatório dizendo que não tentara contato com a família dela.

— Ontem, você teve que dar uma notícia trágica para dona Elvira — lembrou Elias. — Não que eu goste de fazer isso, mas eu mesmo falarei com a mãe de Beatriz. É possível que ela ainda não esteja sabendo de nada.

— Com certeza não, embora já deva estar preocupada com o sumiço da filha. Pelo que eu entendi, Beatriz deveria ter retornado à sua cidade ontem. Se a mãe e o namorado tentaram telefonar para ela, não tiveram sucesso. Talvez já tenham até dado queixa do sumiço dela na delegacia local — colocando os dados sobre Beatriz de lado, Nicolas partiu para o segundo envelope. — Este é o que mais nos interessa no momento. Quero ver o que Moira descobriu sobre aquele falsário.

As informações eram claras e objetivas: jamais existira um investigador chamado Ismael Dutra atuando no setor de tráfico de entorpecentes na cidade de Osasco. Moira consultara todos os distritos policiais do município, e as respostas foram as mesmas: nunca tinham ouvido falar desse nome.

— Eu sabia, Elias! Eu sabia! — contendo a impaciência, Nicolas tirou o telefone do gancho e convocou Moira: — Venha até minha sala, por gentileza.

Moira surgiu um minuto depois e olhou com expectativa para os papéis sobre a mesa. Ela perguntou:

— Faltou alguma coisa?

— Não, está tudo perfeito. Quer dizer que não existe nenhum Ismael Dutra por lá?

— Não. Eu encaminhei esse nome para as corregedorias gerais da polícia militar, federal, civil e até mesmo para a rodoviária. Ainda não obtive retorno de todas, mas tanto na polícia civil como na polícia rodoviária nunca existiu nenhum Ismael Dutra.

Nicolas assentiu e ficou reflexivo por alguns segundos. Por fim, olhou para Elias como se tivesse acabado de ter uma grande ideia.

— Elias, por favor, tente falar com o comandante Alain e solicite uma reunião de emergência. Diga que o assunto está relacionado ao nosso caso, que já envolve a morte de duas pessoas, e que é preciso exigir a presença de Duarte.

— O que você tem em mente, Bartole?

— Duarte vai ter que nos dizer de onde conhece esse sujeito, que pelo visto está usando um nome falso. Mas eu sei que ele só entregará os pontos se estiver diante do comandante. Você sabe como ele é casca de ferida.

— Talvez não consigamos essa reunião para hoje. Sabe o quanto Alain é ocupado.

— Terá de ser hoje. Não podemos esperar mais. O que me garante que esse tal Ismael não é o assassino que estamos procurando? Lembre-se de que as vítimas foram mortas a tiro por alguém treinado, do contrário não teria conseguido fugir de mim naquela estrada de terra.

Elias reconheceu que Nicolas tinha razão e, após alguns telefonemas, conseguiu contatar Alain. Ele explicou a solicitação de Nicolas pausadamente e, por fim, pôs-se a ouvir o que o outro dizia, limitando-se a balançar a cabeça. De repente, Elias sacudiu o dedo indicador para os lados, dizendo que Alain não poderia comparecer à reunião.

— Eu entendi, comandante. Bem, quando o senhor estiver disponível, poderia nos dar um retorno? Ficaremos aguardando.

De repente, Nicolas pulou sobre a mão de Elias e lhe arrebatou o telefone. Seu gesto deixou Moira impressionada.

— Comandante? Bartole falando.

— Como vai? — a voz de Alain estava seca e severa como sempre. — Elias vai lhe repassar minha mensagem.

— O senhor não está entendendo a gravidade da situação, comandante. Eu preciso que o senhor compareça à nossa delegacia ainda hoje, porque um suspeito de assassinato mantém relações amigáveis com o investigador Evaristo Duarte. Preciso que ele nos conte tudo o que sabe sobre esse homem, mas, conhecendo Duarte como conheço, sei que ele não vai colaborar conosco.

— E vocês esperam que eu o obrigue a falar?

— Diante do senhor ele vai se acovardar e abrir o bico. Duas pessoas já foram mortas e só Deus sabe se haverá novas vítimas. Prometo fazer tudo o mais depressa possível para não atrapalhar seus compromissos.

Houve uma pausa tão longa do outro lado que Nicolas supôs que a linha tivesse caído. De repente, no entanto, a voz de Alain ressurgiu:

— Muito bem, vou atender ao seu pedido, Bartole. Estarei aí por volta das duas horas da tarde. Localizem Duarte e peçam que ele também esteja presente nesse horário. Até mais.

— Obrigado, senhor — antes de Nicolas terminar de agradecer, Alain já havia desligado.

Elias lançou um olhar debochado para Nicolas:

— Se eu soubesse que era para insistir, eu o teria convencido a vir para cá ainda hoje.

— Às vezes, temos que agir com a razão e não com o coração — ele se virou para Moira. — Pode ir. Obrigado mais uma vez.

Moira se virou e saiu quase marchando. Elias não deixou de comentar:

— O que essa policial tem hoje?

— Moira está amando, e acho que está descobrindo o quanto isso dá trabalho.

Marian estava sentada em uma banqueta alta de madeira diante de uma tela parcialmente pintada, que fora colocada sobre um cavalete. Antes mesmo de concluir a pintura, já sabia que tons azuis, roxos e lilases predominariam na paisagem, que retratava um vilarejo do século 18. Normalmente, quando pintava, Marian desligava-se completamente do mundo, porém, não estava conseguindo se concentrar naquela manhã, pois a todo o momento pensava na discussão que tivera com Enzo.

Depois que ele saiu da casa de Marian, ela fez uma prece pedindo proteção para sua casa. Queria elevar o patamar vibratório do ambiente para impedir o acesso de outros espíritos perturbados. Marian também estava trabalhando em seus pensamentos, evitando pensar em Enzo com mágoa pela forma como ele a insultara. Quando a campainha tocou novamente, Marian imaginou que pudesse ser Enzo de volta. Era possível que ele tivesse caído em si e, mais refeito da embriaguez, procurasse apaziguar a situação de outro modo. Ele havia pedido desculpas, e ela o perdoara, mas ambos sabiam que as coisas entre eles estavam diferentes agora.

Marian, por fim, abriu a porta e quase foi atingida no rosto por penachos vermelhos, que despontavam das ombreiras da roupa de Ariadne. Ela usava uma saia dourada, que terminava logo abaixo de sua virilha, e sapatos com saltos do tipo plataforma, que aumentavam em quinze centímetros sua altura. Os cabelos estavam pintados num tom berrante de vermelho e, à exceção de suas vestes estranhas, seu rosto em muito se assemelhava ao da irmã mais velha. Os olhos eram igualmente castanhos, grandes e expressivos, as feições delicadas e a boca estava sempre pronta para dar um sorriso.

— Maninha, eu fui demitida. Antes mesmo de começar a trabalhar, puseram-me no olho da rua — havia outras penas coloridas grudadas nas mangas da blusa de Ariadne, e, quando ela abriu os braços, Marian pensou na imagem de um pavão.

— Você foi demitida às nove horas da manhã? Mas o dia mal começou, Ariadne.

— Porque eu telefonei para avisar que chegaria atrasada. É que eu estava terminando de pintar meus cabelos — ela chacoalhou a cabeça —, com a ajuda do Thierry. Me disseram, então, que não toleravam atrasos e que eu nem precisaria comparecer. Era para ser meu primeiro dia.

— Você pretendia trabalhar com essa roupa?

O traje chegava muito perto de uma fantasia carnavalesca.

— Ah, não. Esta aqui é discreta demais. Eu iria com algo mais "tchã", mas, se eles não gostassem, eu poderia trocar

— Ariadne atirou-se no sofá e sua microssaia subiu de tal forma que Marian agradeceu por não haver nenhuma presença masculina na casa. — Continuo desempregada, maninha. Se eu não arrumar dinheiro, Thierry vai me expulsar de seu apartamento. Não posso viver à custa dele.

— E Willian? Já conseguiu emprego?

— Ele está fazendo uns bicos por aí e sempre volta com algum dinheiro para casa.

— E por que você não retorna para o Rio com a mamãe?

— A mamãe nunca mais tocou no assunto de voltar ao Rio. Está vivendo como uma madame no apartamento de Thierry. Os dois se dão muito bem.

— Entendi. Bem, de qualquer forma, seus cabelos ficaram bons assim, com esse tom vermelhão.

— É em homenagem ao Natal — justificou Ariadne.

— Como assim? Por acaso o Natal é vermelho?

— Tudo no Natal lembra vermelho. As bolas na árvore, a roupa do Papai Noel, o saco que ele carrega nas costas ou um peru assado — de repente, Ariadne parou de falar e notou os olhos da irmã. — Ei, o que houve? Você está triste?

— Não, eu estou bem — constrangida, Marian virou o rosto.

— Deixe-me ver isso de perto — ágil sobre seu salto plataforma imenso, Ariadne correu até Marian e começou a tocar em seus olhos. — Vamos, maninha, abra os olhos.

— Ariadne, desse jeito você vai rasgar minhas pestanas. Deixe assim. Eu só acordei meio sensível hoje.

— Sei. Faz de conta que essa história cola. O que houve? Foi algo entre você e Enzo?

— Na verdade, foi, mas é um assunto desagradável e não quero falar sobre ele. Não quero sujar minha casa.

— Como assim sujar a casa?

— Você não sabia que, quando começamos a conversar sobre tragédias, violência, crimes, assuntos tristes e negativos, acabamos atraindo para dentro de nossa casa e para nós mesmos todas essas energias ruins?

Ariadne sacudiu a cabeça negativamente, e Marian continuou:

— É o que também acontece quando falamos mal dos outros, principalmente se a pessoa em questão também mantiver um padrão de energia muito baixo. A maledicência é recíproca. Inconscientemente, trazemos todas essas energias escuras e pesadas para o nosso ambiente.

— Por outro lado, se a gente deixar de falar sobre a violência que nos ronda e as tragédias às quais assistimos na televisão, faremos vista grossa aos problemas da sociedade e não há como fugir da realidade. Quem quiser se manter atualizado sobre os acontecimentos do mundo tem que assistir aos noticiários ou ficará para trás.

— Discordo, Ariadne. Existem muitas formas de se manter atualizado sobre os principais acontecimentos do país e do mundo, mas evitando acompanhar desastres, acidentes e crimes. O que acontece é que, em geral, as pessoas têm uma tendência nata a buscar informações sobre os infortúnios alheios. Você pode notar que as notícias trágicas são muito mais procuradas e rendem mais audiência do que aquelas que promovem a cultura, o conhecimento, a educação, divulgam os métodos preventivos de doenças, entre outras. Miah pode confirmar o que estou lhe dizendo, pois é jornalista e sabe quais são as matérias prediletas do público.

— Quer dizer que você nunca assiste a nada que fale sobre assuntos que envolvam a morte de outras pessoas?

— Eu assisto quando é inevitável, Ariadne. Ontem mesmo, Miah fez uma chamada ao vivo e falou sobre o incidente que ocorreu na festa dela. Eu teria desligado a TV, mas Nicolas estava aqui e quis acompanhar as palavras dela — após uma breve pausa, Marian olhou para a cozinha: — Eu ainda não tomei café e você?

— Eu já. Tomei com Thierry. Tudo lá é *light*, porque ele quer manter o corpo em forma — seguindo Marian até a cozinha bem limpa e arrumada, Ariadne continuou: — Ainda não entendi como as notícias ruins podem nos afetar.

— Tudo o que vemos ou ouvimos fica registrado em nosso cérebro. É possível que dois minutos depois de assistirmos ao jornal, tenhamos nos esquecido das reportagens, mas, ainda assim, elas permanecem gravadas em algum lugar aqui dentro — ela tocou na cabeça. — Enquanto ouvimos falar de mortes e sem que saibamos, acabamos inevitavelmente nos sintonizando na mesma frequência de energia que afetou determinado lugar ou determinada família em caso de morte trágica. Então, acabamos atraindo aquelas energias ruins para nós, porque somos feitos de vida e energia. Nós estamos, a todo instante, vivendo numa complexa teia de pensamentos, sentimentos e ideias.

— Se é assim, o apartamento de Nic deve estar preto de tantas energias escuras — Ariadne foi até a pia e serviu-se de um copo de água. — Ele lida com tragédias quase diariamente.

— Aí é que está a grande questão. Eu não estou dizendo que as pessoas devam deixar de assistir a notícias trágicas, caso não possam evitá-las. Porque quem tem o domínio da própria mente, quem sabe filtrar o que passa pela cabeça e se responsabiliza por sua forma de interpretar o que assistiu, não será afetado. Quem não entra na sintonia do mal jamais ficará em desarmonia. É como assistir a filmes de terror. Tem gente que adora sentir medo, ainda que seja um medo seguro, porque libera adrenalina no corpo. Como o filme não é uma realidade, em nada afeta na vida de quem o assiste. Basta não trazer aquilo à memória com frequência, assim como o que se vê nos noticiários. Já no caso de Nicolas, lidar com mortos tornou-se algo tão rotineiro que ele não se abala mais, salvo quando precisa dar o aviso aos familiares — Marian se lembrou da expressão de tristeza que Nicolas mantinha no olhar, quando chegaram à casa de Elvira. — Ele dá o melhor de si para solucionar os casos e não permite que os acontecimentos influenciem sua vida pessoal.

Marian colocou a toalha sobre a mesa e pegou um coador e o pó para passar o café.

— Como eu lhe disse, nós estamos enviando e recebendo energias constantemente. Assim, não são somente filmes de terror ou reportagens sobre desastres afetam nossa casa. A palavra também pode ser um grande perigo.

— Como assim?

— Nunca ouviu dizer que uma das armas mais destrutivas é a palavra? Quando utilizamos a palavra de forma negativa, como no caso da maledicência, também ficamos suscetíveis ao que não é bom. Quando falamos mal de alguém, também recebemos a negatividade dessa pessoa, o que escurece nossa aura. É por isso que eu não quero falar sobre o que aconteceu entre mim e Enzo. Além de ser doloroso para mim, eu não conseguiria manter meu padrão de tranquilidade e ficaria mais uma vez abalada emocionalmente — Marian colocou o pó na cafeteira e ligou o aparelho. — Foi por isso que acordei chorando, mas consegui recuperar meu equilíbrio e quero continuar assim — lançou um olhar para a irmã. — Fiz um bolo ontem. Quer um pedaço?

— Ai, minha dieta vai para o beleléu! Mas tudo bem! Não vou recusar.

Marian serviu à irmã um pedaço do delicioso bolo de abacaxi recheado com leite condensado. Pouco depois, ela serviu café para as duas. Ariadne começou a aplaudir, empolgada. Sentiu o apetite se abrir e, mesmo já tendo comido com Thierry, saboreou mais dois pedaços de bolo com café, dando adeus à sua dieta.

Capítulo 17

Elias conseguiu entrar em contato com a mãe de Beatriz por telefone. Quando ouviu a notícia, Elsa Cardoso soltou um grito agudo de dor e teve uma crise violenta de choro. Por mais cruel que parecesse, era preciso contar a forma como Beatriz fora assassinada e o local em que seu corpo fora encontrado. Elias achou que aquele deveria ser um momento de introspecção para ela, mas, quando perguntou se Elsa desejava que ele retornasse a ligação em outro horário, a resposta veio rápida e categórica:

— Quero apenas que o senhor me diga se pegaram o desgraçado que fez isso com ela. Um monstro como esse tem que ser preso!

— Garanto à senhora que nada me deixaria mais feliz do que prender esse assassino, contudo, não temos nada de concreto até agora. Estamos trabalhando assiduamente para capturar essa pessoa.

Houve o som de algo roncando, e Elias supôs que Elsa estivesse assoando o nariz.

— Minha filha é um amor de menina. Não pode estar morta. Tinha tantos planos em sua carreira... Ela se formou este ano e tinha toda a vida pela frente. Nunca fez inimigos, e não havia uma só pessoa que não gostasse dela.

— Eu tenho certeza disso. Pelo que nós descobrimos, ela tinha vindo até nossa cidade a fim de colher materiais para suas pesquisas, correto?

— Alguns colegas de Beatriz tinham lhe falado que era possível encontrar algumas amostras de uma espécie de raiz rara em seu município. E ela foi. Beatriz nunca foi econômica, quando se tratava de seus estudos — Elsa fez uma pausa para chorar e só se controlou minutos depois. — João Pedro, o namorado dela, está tentando localizá-la desde sábado. Beatriz não costuma andar com o celular desligado... Quando ligamos para o hotel e nos disseram que ela havia saído e não havia retornado, ficamos bastante assustados e apreensivos. Desde então, não tivemos nenhuma notícia dela e resolvemos dar parte do desaparecimento na delegacia daqui.

— Sim, eu recebi o telefonema do delegado, e, quando isso aconteceu, o corpo de Beatriz já havia sido descoberto — Elias informou e continuou: — Lamentavelmente, o corpo da sua filha terá que ser autopsiado. Caso a senhora não possa vir para cá, há a possibilidade de removermos o corpo dela até Uberlândia.

— Eu não vou. De que adiantaria ir até aí somente para encontrar minha filha morta? Ela era minha única filha e vivia comigo, então não vejo razão para fazer uma viagem.

— Ela não tinha nenhum conhecido por aqui?

— Não. Por isso não entendo a razão de ela ter sido morta. Será que foi um assalto? Será que ela reagiu?

— Aparentemente, não. No entanto, temos uma equipe especializada trabalhando no caso. A equipe é liderada pelo investigador Nicolas Bartole, um dos melhores de nossa região. Creio que ainda nesta semana teremos uma posição.

Dessa vez, a voz de Elsa soou fria e ameaçadora.

— Quero ser notificada quando esse criminoso for pego e quero estar presente em seu julgamento, para ter a certeza de que ele passará muitos anos atrás das grades.

Quando finalmente se reuniu com Nicolas, Elias o pôs a par da novidade. Infelizmente, Elsa não havia acrescentado nada que eles já não soubessem.

— É um caso bem complexo, Bartole. Fica difícil trabalhar, quando não temos alguma pista para seguir.

"Na verdade, nós temos uma pista. Miah é o centro de todo esse problema", pensou Nicolas.

— Vamos aguardar a reunião que faremos com Alain e Duarte. Talvez ele nos passe informações úteis sobre Ismael.

Faltavam dois minutos para as duas horas da tarde, quando Duarte chegou com cara de poucos amigos. Moira conseguira convocá-lo por telefone e fora obrigada a ouvir os impropérios disparados por ele. Sem olhar ou cumprimentar ninguém, Duarte seguiu direto para a sala de reuniões localizada nos fundos da delegacia. Ele conhecia aquele departamento como a palma da mão, afinal trabalhara ali por décadas até ser transferido para o 2º DP, que ficava à beira da estrada quase fora da cidade. E tudo por culpa de quem?

O culpado se levantou de um sofá em formato de L com um sorriso no rosto e a mão estendida, porque sabia que Duarte não iria sorrir ou cumprimentá-lo.

— Você é bastante pontual, Duarte — o sorriso de Nicolas não murchou, quando viu o outro passar por ele e ignorá-lo. — E é muito educado também.

— Estou aqui para me reportar unicamente ao comandante Alain. Aliás, até agora não entendi a urgência desta reunião — Duarte encarou Nicolas com seus olhos sem vida. — Que assunto será debatido?

— Pergunte a Alain, já que você só se reporta a ele. O comandante não deve demorar a chegar.

Duarte fulminou Nicolas com um olhar carregado de revolta e sentou-se no sofá distante o máximo possível de Elias.

Alain chegou com dez minutos de atraso e parecia tranquilo. Nicolas sabia que ele era um homem difícil de lidar, mesmo sendo justo e organizado, apesar de rígido e severo. Ele cumprimentou os três homens polidamente e se sentou no sofá.

— Muito bem, aqui estamos nós. Bartole, poderia começar a falar sobre a razão desta convocação? — Alain perguntou, embora já deduzisse a resposta.

— Era de se esperar! — interveio Duarte, irritado. — Tinha mesmo que ser ideia do mandachuva.

— E eu que pensava que o "mandachuva" fosse São Pedro! — sorrindo levemente, Nicolas voltou-se para Alain. — Na realidade, comandante, eu pedi que nos reuníssemos aqui, porque o investigador Duarte mantém relações com um suspeito de dois crimes. Um suspeito de dois crimes, que provavelmente tentou ferir ou matar uma terceira pessoa.

Duarte saltou do sofá e ficou pálido como uma vela.

— Você já não sabe mais o que inventar para se ver livre de mim, não é mesmo, Bartole? Não contente em tirar meu cargo, agora quer tentar me afastar, me exonerar?

— Duarte, sejamos coerentes! — Nicolas se aproximou dele e manteve seu olhar ferino. — Eu quero apenas que me conte tudo o que souber sobre Ismael Dutra.

Ele levou alguns segundos para processar a informação.

— Dutra é um excelente profissional. É qualificado e...

— Não perguntei sobre as qualidades que ele possa vir a ter. Quero informações sobre sua conduta pessoal. Quero saber quem ele é de verdade.

— Como assim quem ele é? — abrindo um sorriso cortante, Duarte voltou-se para Alain. — Já ouviu algo mais maluco?

— Responda à pergunta de Bartole, Alain.

Isso só serviu para aumentar a raiva de Duarte por Nicolas.

— Ele é um renomado investigador que atua em Osasco...

— Não é, Duarte! — cortou Nicolas. — Já pedi que fizessem um levantamento sobre ele — para provar o que dizia, ele pegou o envelope com os relatórios e entregou-o para Alain. — Nunca houve nenhum Ismael Dutra na área de entorpecentes em Osasco. Aliás, não existe ninguém com esse nome em qualquer outra área. Duarte, ou você sabe a verdade e não quer nos dizer, o que o tornaria um cúmplice, ou Ismael mentiu para você também.

— Além disso... — Elias, que se mantivera calado até então, interveio: — Ele apareceu em uma cena de crime e não nos revelou como recebera a informação sobre o assassinato. Nem mesmo nós sabíamos que havia um corpo caído atrás de um mausoléu no cemitério. O corpo de Beatriz. Como ele, que nem reside aqui, poderia saber tanto ou mais do que nós?

— Pois vou falar tudo o que sei sobre ele! — prometeu Duarte. — Inclusive, contarei como nos conhecemos, porque se tem algo que eu amo e prezo é a segurança dos moradores locais. Arrisco minha própria vida em nome dessas pessoas honestas, trabalhadoras e gentis, como tenho feito nos últimos trinta anos. Se eles estiverem bem, então, eu estarei bem. Além disso, amo viver nesta cidade, cuja imagem sempre foi tão imaculada.

— Engraçado... — Nicolas colocou o dedo sob o queixo. — Ainda ontem, eu comentei com minha esposa que tenho uma memória de elefante. Se me lembro bem, Duarte, ontem mesmo eu o ouvi dizer no *Caseiros* que os moradores locais agem como semimortos e que se limitam a viver suas vidas medíocres em rotinas mórbidas, numa cidade sem nenhum atrativo. E, para completar, você estava acompanhado de Ismael durante esse almoço. Como você mudou radicalmente de opinião agora?

Faltou muito pouco para Duarte se atirar sobre Nicolas e enchê-lo de socos e pontapés. Teria feito isso se não fosse a presença do comandante. “Nicolas não perde por esperar. Chegará o dia em que lhe darei uma surra e o humilharei na frente de toda a equipe”, Duarte pensou.

— Acha mesmo que vai me derrubar, Bartole? Fique sabendo que não me rebaixo ao seu nível, pois sou um investigador cujo nome tem sido aclamado mundialmente — mantendo os ombros rígidos pelo orgulho, Duarte voltou a se sentar e ignorou a risadinha maliciosa de Nicolas. — Eu conheci Ismael há exatos dois anos em uma visita que ele fez à nossa cidade. Naquela época, no entanto, ele estava aqui a passeio e não a trabalho. Eu estava à frente de um caso, mas não me lembro de qual. Ele permaneceu na cidade por uma semana e voltou no ano seguinte em busca de um traficante, que estava sendo procurado em Osasco e que se escondera por aqui. No final, disseram que o traficante foi encontrado em Ribeirão Preto. Este é o terceiro ano em que vejo Ismael. Não acha que um homem tão sério e respeitável se daria ao trabalho de falsificar a própria identidade, certo?

— Sabe onde ele ficou hospedado durante suas estadias aqui?

— Provavelmente em hotéis, ou talvez tenha alugado uma residência — Duarte deu de ombros. — Eu não faço esse tipo de perguntas.

— Comandante, o senhor não acha estranho um homem, que mentiu sobre si mesmo, passar uma temporada por aqui, seja a trabalho ou a turismo, por três anos seguidos? — perguntou Nicolas. — Será que todos os traficantes e todas as quadrilhas que lidam com entorpecentes estão saindo de Osasco para virem se esconder nesta cidade? Muito estranho, não?

— Realmente, é bastante estranho. Se esse homem está com segundas intenções, é possível que tenha enganado Duarte também — após refletir, Alain concluiu: — Bartole, você está autorizado a intimar Ismael Dutra para um interrogatório formal aqui na delegacia.

Um sorriso de satisfação surgiu nos lábios de Nicolas. Ele mal podia esperar para ver a expressão de superioridade de Ismael cair por terra.

— Continuo sem entender o motivo de você ter trazido o comandante até aqui — Duarte fez sua melhor interpretação de homem ingênuo. — Se queria me fazer perguntas, bastava ter pedido que eu viesse, Bartole.

— Não seja fingido, Duarte. Não foi você mesmo quem disse que só se reportava ao seu superior? Pois bem! Eu pedi a gentileza da presença do comandante aqui, porque sabia que, sem ele, você não iria colaborar conosco. A propósito, na delegacia em que você trabalha faz muito barulho? Porque fica de frente para a estrada, não é mesmo?

Duarte corou de raiva, enquanto Elias continha um sorriso. Alain se levantou e, para evitar que outra discussão começasse, decretou que a reunião estava encerrada.

— Faça sua parte, Bartole. Traga esse homem até aqui e obrigue-o a falar tudo o que sabe.

— Era tudo o que eu desejava ouvir, senhor. Muito, mas muito obrigado mesmo — Nicolas agradeceu, satisfeito.

Capítulo 18

O céu azul e sem nuvens, aliado a uma temperatura amena de 26 graus, convidava as pessoas a fazerem um passeio pelas ruas da cidade. Fora por essa razão que Miah calçara um sapato sem salto e seguira a pé até os estúdios da emissora. Gostava de fazer aquilo de vez em quando. Os telespectadores a reconheciam e a paravam para fazer perguntas sobre as próximas reportagens, confessar-lhe que não perdiam nenhuma de suas apresentações ou simplesmente para elogiá-la pelo profissionalismo.

Miah atravessou a praça central e sorriu ao ver a árvore de Natal que a prefeitura montara no início do mês. Ela sabia que à noite ela ficava iluminada por lâmpadas coloridas. Outras ruas próximas ao centro também tinham sido enfeitadas com bandeiras, bonecos de Papai Noel, estrelas brilhantes e bolas douradas.

Quem a observava à distância não estava prestando atenção a nenhum dos enfeites. Do outro extremo da praça, como se fosse um turista, alguém sondava Miah por meio das lentes de seu binóculo de longo alcance e acompanhava os passos elegantes e o perfil ereto da jornalista mais querida da cidade. Viu quando uma brisa agitou os cabelos negros e curtos da moça, de corte moderno e atraente. Mais uma vez, teve que controlar a vontade de se aproximar. Tinha que fazer tudo com calma, se não quisesse que alguma coisa saísse errada.

Viu quando uma mulher gorda abordou Miah e desejou saber sobre o que elas conversavam.

— Aí está você — Lourdes Bartole apontou um dedo furioso na direção do rosto de Miah. — Andando pelas ruas da cidade, como se não tivesse um marido e uma casa para cuidar!

— Era assim que você fazia quando se casou? Porque depois de ser abandonada pelos dois maridos, não lhe restaram muitas opções, não é?

— Você fala em abandono, mas não se esqueça de que o mundo dá muitas voltas! — Lourdes sorriu friamente. — Pode ser que amanhã Nicolas também a abandone. E eu torço para que seja amanhã mesmo.

— Ontem, nós fizemos amor por mais de quatro horas seguidas — Miah também sorriu. — Alguma vez você já conseguiu esse feito com um dos seus maridos?

— Ora! Poupe-me de suas libertinagens! Eu estava passando pelo outro lado da praça, quando a vi caminhando equilibrada nessas pernas finas. Foi, então, que pensei: "Por que não lhe dizer umas verdades?". Por isso, vim aqui exigir que pare de fazer a cabeça do meu filho. Depois que se juntou com você, Nicolas mal me dá atenção.

— Agradeça por ele não a internar num asilo!

— Você é mesmo uma insolente, sua repórter magricela! Foi bem feito o que aconteceu em sua festa. Pelo menos vocês não tiveram lua de mel. E se continuar assim, muito em breve vocês assinarão o divórcio para que Nicolas conheça e se case com uma mulher do nível dele.

— Sempre o mesmo assunto... — Miah suspirou, como se aquela conversa a entediasse. — Por que não se acostuma de uma vez com nosso casamento e fecha essa fenda que você chama de boca? Aliás, dizem que quando uma mulher se casa, ela automaticamente se casa com a família do marido. Portanto, querida sogrinha, podemos nos considerar casadas.

Um forte rubor coloriu as faces rechonchudas de Lourdes.

— Aquela maldita bomba tinha que se atrasar para explodir? A essa altura, eu deveria estar esparramada sobre seu túmulo, rindo até meus olhos ficarem turvos.

— Turvos eles já são! Mas não conte com isso, pois não vou morrer tão cedo. É mais fácil eu acompanhar seu cortejo fúnebre, vê-la ser baixada à terra e ainda lhe soprar um beijo de despedida. Eu estou na flor da idade, enquanto você está quase no apagar das luzes. Portanto, tome mais cuidado. E quando for falar, evite cuspir. Não quero ser atingida por sua peçonha. Tenha um excelente dia, Lourdinha.

Miah se afastou rapidamente, rindo. A mãe de Nicolas conseguia ser tão ridícula, que se tornava engraçada. Se ela pensara na possibilidade de fazer as pazes com a sogra, agora isso se tornara algo tão impossível quanto tocar as estrelas. As duas nunca se dariam bem, e ambas estavam conscientes do fato. Contudo, trocar desaforos com Lourdes estava se tornando algo extremamente agradável e divertido para Miah.

Quando chegou à emissora, Miah reparou em um homem que estava de costas para ela. A recepcionista, ao vê-la entrar, a cumprimentou, e o homem se voltou, abrindo um sorriso imenso ao vê-la.

— Minha menina! Sua beleza me enche os olhos, sabia?

Fernando se aproximou e beijou ambas as faces de Miah. O antigo senhorio da repórter era bastante atraente e seus gestos denunciavam que ele tivera uma criação aristocrática.

— Tem um tempinho para uma breve conversa? — os olhos escuros dele estavam alegres. — Não aceito uma recusa! Estou aqui por isso.

— Vamos à lanchonete — Miah enganchou o braço no dele, e os dois começaram a caminhar. — Não tivemos muito tempo para conversar durante minha festa no sábado, que infelizmente terminou de uma forma que eu não gostaria.

— Eu sei. Vi tudo e fiquei terrivelmente entristecido — ele ajudou Miah a se sentar na banqueta alta de madeira e sentou-se em outra. — Também não tive tempo de lhe dizer o quanto tudo estava bonito. Aquela bomba foi uma brincadeira de extremo mau gosto.

— Que poderia ter causado uma tragédia.

— E você já tem ideia da autoria desse macabro atentado? — ele pediu um *cappuccino* e um *croissant* para si, e Miah um copo com suco de laranja e uma esfirra de frango. — Quem fez uma coisa dessas não pode permanecer impune.

— Meu marido está correndo atrás disso, porém, até agora não descobriu nada — Miah pensou nas duas vítimas que foram encontradas e sentiu um arrepio na espinha. — Foi algo chocante, que nunca mais vai se repetir. O culpado será encontrado e preso.

— Estou torcendo para isso — Fernando aguardou que o atendente servisse os lanches e as bebidas. — Agora, falemos de coisas mais agradáveis. O que tem feito de bom ultimamente, mocinha?

Ele abriu novamente seu sorriso charmoso, enquanto Miah o analisava discretamente. Na época em que alugara o imóvel de Fernando, a repórter secretamente alimentara uma paixão por ele. Fernando era viúvo e tinha dois filhos adultos que residiam nos Estados Unidos e que eram muitos anos mais velhos que Miah. Porém, ela nunca permitira que ele desconfiasse de suas intenções. E, depois que entrara para a universidade, ela focou em se dedicar aos estudos, o que acabou ajudando a esfriar os sentimentos em relação a ele. Agora, tudo o que ela sentia por Fernando era carinho e uma fraternal amizade.

— O que eu tenho feito de bom? Hum, tenho me casado.

Eles riram, enquanto saboreavam os lanches.

— Eu tenho trabalhado bastante, Fernando. Estava de licença, pois ia viajar para Fortaleza com meu marido, mas, como tudo deu errado, ele e eu voltamos aos nossos postos.

— Vou lhe confessar um segredo... — ele segurou a mão de Miah delicadamente. Havia apenas amizade naquele gesto. — Nunca mais tive uma inquilina tão agradável como você. Foi uma pena você ter se mudado, sabia? Pagava o aluguel em dia, nunca houve uma reclamação a seu respeito, e você ainda me entregou o apartamento novinho em folha ao se mudar. Se eu usasse chapéu, lhe tiraria o meu.

— Ah, eu sinto falta daquele tempo, sabia? — com os olhos sonhadores, Miah sorriu. — Embora eu ame o homem com quem me casei e deseje viver ao lado dele pelo resto de minha vida, às vezes tenho saudade do meu tempo de solteira. Eu fazia o que queria, não tinha que dar satisfação a ninguém, chegava em casa no horário que eu quisesse, namorava com quem me dava na telha e me divertia como achava melhor. Eu era quase uma adolescente e agia como tal. Hoje, eu penso diferente. Amadureci, tenho um excelente emprego, estou casada e feliz, e tenho minhas responsabilidades. Embora eu gostasse da vida de antes, garanto que prefiro a atual.

Fernando sorriu e soltou a mão de Miah.

— Está visitando nossa cidade, Fernando?

— Bom, como eu lhe disse, vim até aqui apenas por sua causa. Você sumiu e fiquei imensamente feliz quando a localizei aqui. Estou gostando da tranquilidade deste município simplório e acolhedor. Vou passar mais alguns dias aqui. Meus filhos virão passar o Natal e o Ano Novo comigo e terei de estar em casa. Até lá, quero viver como você vivia: livre e solto pelo mundo. Puxa vida! Tenho apenas quarenta e sete anos. Sou um broto, não?

— Ah, Fernando, você tem um excelente senso de humor. Sempre admirei isso em você — Miah terminou de comer a esfirra, bebeu o último gole do suco e consultou as horas no relógio de pulso.

— Eu a estou atrasando, não é? Está perdendo seu tempo me ouvindo.

— Eu sempre chego mais cedo à emissora — ela passou a mão pelos cabelos desnivelados. — E nunca perco tempo, quando reencontro velhas amizades. Foi muito bom revê-lo, Fernando. Mesmo sem intenção, você me trouxe ótimas recordações. Agora, quero que me faça uma promessa!

Não quero que perca o contato comigo. Vou ficar com seu telefone atual para fofocarmos sobre os tempos antigos.

— Seu marido pode não gostar, não acha?

— Nicolas sabe distinguir amizade de uma sedução. Ele não é tão ciumento assim.

— Aí tudo bem! Grave o número do meu celular no seu.

Ele acabou fornecendo três números de telefone a Miah, e ela lhe passou os seus, além de seu e-mail na emissora. Em seguida, Fernando fez questão de pagar a conta da lanchonete, e os dois amigos se despediram com beijos no rosto e um forte abraço. Miah mandou lembranças aos filhos dele. Pouco depois, ela se dirigiu aos elevadores, a fim de se preparar para mais um longo dia de trabalho.

Capítulo 19

Os resultados da perícia chegaram por volta das quatro horas da tarde. Nicolas, embora não tivesse muitas esperanças, ficou decepcionado ao constatar que nada fora encontrado no veículo que tinha sido roubado de Beatriz. A doutora Ema Linhares pedira para avisar ao investigador que em breve mandaria seus relatórios, mas que não havia nada nos corpos de Beatriz e Escobar. Ela adiantara apenas que as duas vítimas tinham sido baleadas pela mesma arma e que o disparo acontecera a menos de um metro de distância, de forma que não havia qualquer chance de a vítima se defender ou sobreviver ao tiro.

Nicolas convocou Mike para acompanhá-lo em algumas buscas que faria nos hotéis da cidade. Havia apenas três no município, sendo dois de perfil econômico e um voltado a bolsos mais recheados. Dois pensionatos de nível inferior também eram destinos a receber turistas, todavia, Nicolas imaginou que não se encaixariam no perfil de alguém tão orgulhoso como Ismael.

Nicolas e Mike visitaram os dois primeiros hotéis, sendo que Beatriz se hospedara em um deles. Lá, o investigador soube que ninguém com o nome de Ismael Dutra se registrara e se hospedara no local.

— Se o cara está mentindo o tempo todo, ele pode ter se registrado com outro nome — concluiu Mike. — Isso vai dificultar nossas buscas.

— Se ele ficou em um hotel, deve ter se hospedado com o nome de Ismael Dutra, ainda que este não seja seu nome verdadeiro. Não sabemos quais são as pretensões dele, mas, se esse homem é o criminoso que estamos procurando, ele deve ter pesquisado um pouco ao meu respeito e saber que cedo ou tarde eu o colocaria no rol dos suspeitos. Acho que por enquanto ele não pretende se esconder, Mike.

— E se ele alugou uma casa?

— Pode ser. Mas mesmo assim ele manteria o nome de Ismael. Depois, vou pedir a Moira que entre em contato com algumas imobiliárias de nossa cidade para ver se surge alguma coisa.

A entrada do hotel destinado à classe nobre tinha um saguão luxuoso e cinco estrelas douradas brilhavam na parede acima da recepção, indicando seu nível. Nicolas se aproximou da recepcionista, que falava ao telefone. Quando ela desligou, abriu um sorriso cativante para o investigador, que esfriou de imediato ao observar o policial ao lado dele.

— Polícia? Aconteceu alguma coisa? — ela perguntou espantada.

— Eu sou o investigador Nicolas Bartole — ele mostrou sua identificação. — Preciso saber se um homem chamado Ismael Dutra está hospedado com vocês.

— Isso é tudo?

— Sim, isso é tudo.

O alívio no rosto da recepcionista foi tão evidente que ela quase suspirou. De repente, pareceu se recordar de algo e franziu o cenho.

— Não podemos dar informações sobre as pessoas que estão hospedadas aqui. Sinto muito.

— Nem mesmo um nomezinho? — provocou Nicolas.

— São as regras. Lamento.

— Muito bem — ele se voltou para Mike. — Por favor, convoque o delegado Elias. Chame também o major Lucena.

Por fim, localize o comandante Alain. Ah, peça a Miah que venha até aqui com o carro da emissora. Será que eu me esqueci de mencionar alguém?

Era óbvio que Nicolas estava brincando, e Mike sabia disso, só que a palidez que se espalhara pelo rosto da mulher dizia que ela levara a ameaça a sério.

— Não é necessário fazer escândalo, senhor. Façamos o seguinte... Eu vou chamar a gerente, e o senhor conversa com ela, pode ser?

— Adoro pessoas prestativas — sorriu Nicolas em resposta.

Pouco depois, a gerente veio ao encontro de Nicolas e Mike. Tratava-se de uma mulher magra, alta e rígida como um tronco. Usava os cabelos grisalhos repuxados num coque e não exibia nenhuma maquiagem no rosto. Parecia uma professora temida pelos alunos do Ensino Fundamental. Sua expressão estava tão sisuda que seria capaz de deixar Moira no chinelo.

— É o senhor quem deseja falar comigo? — a voz dela era aguda e irritante, realmente capaz de assustar criancinhas.

— Sim, vou precisar da ajuda da senhora.

— Sou Moreira. Daniela Moreira, a gerente.

— Sou Bartole. Nicolas Bartole, o investigador — vendo as sobrancelhas da mulher se contraírem de irritação, ele prosseguiu: — Preciso unicamente de um nome, senhora Moreira: Ismael Dutra. Quero saber se ele está hospedado aqui.

— Por qual motivo?

— Porque ele pode estar relacionado a uma investigação. A senhora vai colaborar ou terei que tomar minhas providências?

— Vou colaborar, porque não quero atrapalhar o trabalho da polícia — Daniela olhou para Mike com frieza e voltou a encarar Nicolas. — Saiba que o senhor é muito petulante! Acha que me intimida com suas ameaças?

— Eu posso não intimidar a senhora, mas, se eu causar um tumulto em seu hotel, com direito a uma reportagem na televisão, seu emprego será ameaçado, e isso sim a intimidaria.

E nas atuais circunstâncias, vou considerar o termo petulante como um elogio.

Daniela passou as mãos pelo uniforme engomado e foi pessoalmente buscar as informações no computador da recepção. Nicolas já pensava na possibilidade de Ismael também não estar lá, quando ela voltou a falar com ele:

— Está hospedado na suíte 505 desde quarta-feira.

"Um dia antes de Beatriz chegar à cidade e três dias antes do meu casamento com Miah. Escobar ainda estava trabalhando na floricultura de Thierry", pensou Nicolas.

— Saberia me dizer se Ismael encontra-se em seu quarto neste momento?

Daniela digitou mais algumas coisas no computador e assentiu.

— Sim, tanto que ele pediu uma refeição há dez minutos. Deve estar comendo agora e detestaria ser incomodado.

— E eu detestaria ter de aguardar enquanto ele come. A senhora vai pedir que ele desça para falar comigo ou meu policial e eu subiremos até lá?

— Acabei de dizer...

— Eu já ouvi e fiz uma pergunta em seguida. É preciso repetir?

Daniela ficou tão irritada que apertou os lábios. A recepcionista olhava atentamente para Nicolas e Mike.

— Vou ligar para o quarto dele e ver o que ele acha melhor.

— Por falar nisso, essa suíte em que ele está é boa? Refiro-me ao conforto, comodidade...

— É uma suíte superior, a mais cara que temos aqui. A diária com café da manhã custa mais de seiscentos reais. Por isso, fazemos tantas restrições pelos nossos hóspedes. Eles investem um bom dinheiro para terem sossego.

Enquanto Daniela entrava em contato com Ismael, Mike se aproximou de Nicolas e sussurrou:

— Estamos procurando um assassino riquinho? Porque, para pagar seiscentos reais por dia, o cara deve estar nadando na grana.

— Por que alguém com tanto dinheiro não colocaria no buquê de Miah algo mais sofisticado do que uma bomba caseira? É claro que tudo pode ser parte de uma encenação para nos confundir.

— O senhor Dutra disse que vai recebê-los no quarto. Podem pegar os elevadores à direita. Fica no quinto andar.

— Muito obrigado por sua prestimosíssima atenção.

A gerente do hotel fingiu ignorar a ironia de Nicolas. Depois, quando o investigador e Mike já estavam se afastando, a recepcionista voltou-se para a gerente e comentou:

— Esse investigador é bonitinho, mas ordinário.

— Ele é muito mais do que bonitinho — confirmou Daniela. — E muito mais do que ordinário.

O elevador era tão grande quanto o de um hospital e caberia uma cama de casal montada dentro dele. Quando as portas se abriram, eles viram-se diante do corredor mais luxuoso em que já estiveram. O piso era acarpetado de vermelho e não havia um único fiapo sobre ele. As paredes reluziam e exibiam réplicas de quadros de pintores famosos. Um vaso de bronze continha um imenso comigo-ninguém-pode ao lado de cada porta e um delicado aroma floral pairava no ar.

— Arre égua! Dá até medo de andar por aqui! — sussurrou Mike.

— O cara que vamos encontrar oferece muito mais perigo.

A porta da suíte 505 foi aberta antes que eles batessem, e um falso sorriso surgiu nos lábios de Ismael. Seus cabelos loiros estavam despenteados como se ele estivesse dormindo. Estava sem camisa e usava apenas um short preto.

— Desculpem se não estou em trajes adequados para recebê-los, mas somos todos homens, não é mesmo? — ele apontou para a bandeja com comida. — Estão servidos?

— Não, obrigado — recusou Nicolas. — Tenha um bom apetite.

O prato de Ismael exalava um agradável aroma, e Nicolas poderia jurar ter ouvido o estômago de Mike roncar.

— Com a presença de vocês aqui, fica difícil ter um bom apetite — como um garoto que vê o mundo em cor-de-rosa,

Ismael sentou-se na cama e apontou duas cadeiras para que eles se sentassem. Nicolas sentou-se, e Mike ficou em pé. — Seria besteira eu perguntar como me localizaram aqui, então vou direto à pergunta principal: o que desejam comigo?

— Seria besteira eu mentir, então vou direto à nossa questão principal: descobrimos que o senhor mentiu. Ismael, o senhor não trabalha em Osasco como investigador de tráfico de entorpecentes. Nunca ouviram falar de seu nome. Já contatamos a corregedoria de diversos segmentos, mas por lá também não se sabe nada a seu respeito. Qual é a sua, Dutra, seja qual for o seu nome?

Ele usou o garfo e espetou o minúsculo camarão. No canto do quarto, Mike sofria em silêncio.

— Creio que nós dois sejamos suficientemente inteligentes para contar mentiras. Desculpe-me se tive de agir assim, porém eu precisava me manter no anonimato. Agora que fui descoberto, o jeito é falar a verdade.

— Pouparia muitas desavenças assim. Aliás, eu recebi autorização de nosso comandante para interrogá-lo formalmente em nossa delegacia. Vou esperar que termine de comer, troque de roupa e nos acompanhe até lá.

— Bartole, não vamos perder tempo. Se quer fazer perguntas, pode começar. Ao final, eu também tenho uma a lhe fazer. Prometo que desta vez direi somente a verdade, mas lhe peço que também seja sincero quando for responder à minha pergunta.

— O que você está pretendendo, Dutra?

— Otávio Moraes, ao seu dispor — ele engoliu mais uma porção de comida. — Investigador de homicídios, assim como você. Sou de São José do Rio Preto e jamais estive em Osasco. Pode ligar para a corregedoria e pedir informações sobre mim.

— E qual é o motivo de tanta encenação?

— Porque se a pessoa que estou procurando souber a verdade sobre mim e que eu a encontrei aqui, vai fugir como fez das outras vezes.

Algo causou inquietação em Nicolas, ainda que ele não soubesse exatamente o quê.

— Por acaso você conhece a identidade do assassino que matou Escobar e Beatriz? Porque imagino que você já esteja sabendo do caso de Escobar.

— Sim, o garoto do campinho de futebol. Soube da morte dele, mas sinceramente isso não tem nada a ver comigo ou com a pessoa que procuro. Não foi ela quem o matou.

— E quem você está procurando? — por razões desconhecidas, Nicolas desejou não ouvir aquela resposta.

— Quer mesmo saber, Bartole?

— Por isso eu lhe perguntei. Quem está fugindo de você?

Ele tornou a sorrir e terminou sua refeição em silêncio. Por fim, olhou rapidamente para Mike e se concentrou em Nicolas.

— Eu vim buscar sua esposa.

Mesmo fazendo o possível para evitar, Nicolas não conseguiu esconder a palidez e entendeu por que estava sentindo um terrível pressentimento.

— A bomba no buquê. Por acaso você...

— Ah, não! Eu jamais faria isso. Sou um policial como você e não um criminoso.

— E por que Miah está sendo procurada por um investigador de homicídios?

— Pelo jeito, você não conhece o passado de sua esposa, meu caro Bartole. Ela nunca lhe contou o que fez?

Nicolas notou que estava suando frio e, por um momento, teve vontade de se levantar e agredir Otávio simplesmente para impedi-lo de falar. Contudo, a curiosidade fora maior. Fora dolorosamente maior.

— O que sabe sobre ela?

— Eu não pretendo causar um rompimento no casamento de vocês, por isso seria melhor que ela mesma lhe contasse, não?

— Eu já a pressionei várias vezes, e ela sempre consegue escapar do assunto.

— Bom, digamos que sua esposa fez algumas coisas erradas, Bartole. Miah Fiorentino está sendo procurada por dois crimes.

Nicolas ficou lívido. Apesar da tranquilidade com que Otávio falava, ele sabia que não havia mentiras ali. Até mesmo Mike se assustou com aquela revelação.

— Crimes? Você está falando no plural? Que tipo de crimes? O que ela fez?

— Ela fez muito mais do que cometer dois crimes. Miah Fiorentino fugiu da cidade em que vivia e passou por várias outras até chegar aqui. Achou que estava livre e que nunca seria encontrada, mas aqui estou eu. Só descansarei quando fechar as algemas nos pulsos dela. Como o senhor conhece todas as regras, não preciso lhe dizer que, se tentar protegê-la ou escondê-la, será considerado cúmplice de sua esposa.

— Você não pode estar falando de minha esposa. Acha que alguém que está fugindo da polícia mostraria o rosto todos os dias na televisão? Ela é repórter e seria reconhecida de imediato! Uma pessoa procurada jamais faria isso.

— Realmente, eu vejo que o senhor precisa ter uma longa conversa com ela. Eu vou esperar. Se Miah me procurar e se entregar, tudo será mais fácil. Ela pode ter a pena reduzida, sabe disso. Ainda assim, lamentavelmente, Miah passará alguns anos na cadeia. Procure-a, Bartole. Coloque-a contra a parede e faça ela confessar. Pode falar sobre mim, mas com cautela, porque ela pode abandoná-lo e fugir novamente.

Nicolas percebeu que Otávio não diria mais nada. Pálido, ele se juntou a Mike e juntos saíram do hotel silenciosamente.

Capítulo 20

Assim que deixaram o hotel, Mike e Nicolas seguiram devagar até o carro. Mike era inteligente o suficiente para não fazer nenhuma pergunta naquele momento, considerando que Nicolas ficara absolutamente calado desde que ouvira as palavras de Otávio. Pelo canto do olho, ele viu o quanto o investigador ficara pálido ao descobrir a atordoante revelação sobre Miah.

Nicolas sabia que parte do que Otávio dissera era verdade, ou talvez tudo o que ele falara sobre Miah fosse uma realidade. De qualquer forma, sabia também, por experiência própria, que a polícia não dispunha de tanto dinheiro para pagar diárias tão caras em um hotel para um de seus investigadores, por mais que fosse necessário investir no caso em pauta. Ainda havia algumas coisas bastante nebulosas e misteriosas a respeito de Ismael Dutra ou Otávio Moraes.

— Senhor Nicolas? Nicolas Bartole, não é mesmo?

Com ar de cansaço, Nicolas virou o rosto na direção da voz que o chamara e viu um casal se aproximando. Eram os amigos de Miah que ela lhe apresentara durante a festa, embora ele não tivesse gravado seus nomes. A mulher fora professora de Miah no curso de jornalismo, e o homem, muito alto e calvo, era o seu marido. Ela trazia um livro na mão e sorriu para Nicolas, estendendo-lhe a mão livre para cumprimentá-lo.

Guilherme repetiu o gesto de Elisa e também cumprimentou Nicolas e Mike.

— Não me diga que os senhores também estão hospedados nesse hotel — Nicolas apontou para trás com o dedo polegar.

— Quem me dera poder pagar esse hotel — sorrindo, Guilherme abraçou a esposa com carinho. — Nós alugamos uma casinha na zona norte para passarmos alguns dias aqui. Viemos especificamente para a festa de sua esposa, porque ela havia convidado Elisa. Vamos permanecer aqui durante esta semana e partiremos no próximo sábado. Agora só estamos matando o tempo. Somos dois velhinhos desocupados.

— Eu gostaria de lhes fazer um convite! — os olhos azuis de Elisa brilhavam de uma forma tão meiga que Mike quase sentiu vontade de abraçá-la. — Guilherme e eu somos espíritas — ela mostrou o livro que segurava, e Nicolas viu que se tratava de um exemplar de *O Livro dos Médiuns*, de Allan Kardec. — E descobrimos um centro muito agradável aqui.

Guilherme beijou a esposa carinhosamente nos lábios. Ambos tinham mais de sessenta anos e deixavam claro para quem quisesse ver a forma como se amavam. Nicolas chegou a imaginar que um dia ele e Miah ficariam como eles, mas agora, depois do que soubera, já não tinha certeza de nada.

— Nosso convite é para que vocês compareçam ao centro hoje à noite. Soubemos que haverá uma palestra sobre o Natal com distribuição de brinquedos para as crianças. Parece que até contrataram um Papai Noel para isso. Ficaríamos muito felizes se pudessem ir — pelo entusiasmo de Elisa era certo que ela realmente ficaria satisfeita. — Vocês sabem onde fica?

— Marian, minha irmã que estuda a espiritualidade, deve saber. Ela também pinta quadros por inspiração espiritual.

— É mesmo? — Guilherme ficou interessado. — E ela os vende? Se ela os vender, eu gostaria de comprar algum. Sou fanático por quadros. Pergunte para Elisa quantos quadros eu tenho em casa.

— Um número suficiente para montar uma exposição particular — Elisa sorriu, abriu a bolsa e pegou uma caneta e um bloquinho de papel. — Vou anotar aqui o endereço da casa que alugamos. Não vamos tolerar partir desta cidade sem que você e Miah almocem ou jantem conosco — ela pareceu ler os pensamentos de Mike e o brindou com um dos seus maravilhosos sorrisos. — E você também está convidado, querido.

— Arre égua! Ouviu essa, Bartole? Quando a senhora pretende preparar essa lauta refeição? Amanhã?

— Pode ser! Se Nicolas e Miah não tiverem outro compromisso, claro. Guilherme, dê a eles o número de nossos celulares. Sou péssima em guardar números.

Guilherme anotou os telefones e entregou-o a Nicolas. Depois, despediram-se animadamente, enquanto Elisa relembrava o convite ao centro durante a noite.

Quando voltou ao carro com Mike, Nicolas já tinha se esquecido do casal, pois estava pensando nas palavras de Otávio sobre Miah. Ele dissera que ela cometera dois crimes. Seria verdade? Mesmo que tivesse cometido uma atrocidade, Miah seria corajosa o bastante para se relacionar com um investigador? Como ela poderia estar fugindo da polícia, se acabara de casar-se com um? Nicolas pensava que ela jamais faria algo assim e se, na mais remota possibilidade tivesse realmente tirado a vida de alguém, ele só conseguia pensar no padrasto da esposa, que fora um trauma em sua vida.

"Quem está fugindo de alguma coisa, jamais iria exibir a imagem na televisão. Deus! Ela é repórter e apresentadora de telejornais! Todo mundo a vê na TV! Na cidade, ela é considerada uma celebridade. Quantas vezes não saímos juntos para o teatro, o cinema ou simplesmente para passear? Quantas vezes pessoas a detiveram para lhe pedir autógrafos. Ela é querida e não odiada. Ela é uma moça teimosa, obstinada e dona de uma personalidade forte, mas jamais mataria alguém". Nicolas queria muito reforçar essa ideia, porque simplesmente não conseguia pensar no contrário.

— Mike, vamos voltar para a delegacia. Preciso informar ao doutor Elias sobre a nossa reunião com Otávio. Em seguida, preciso de sua ajuda e da ajuda de Moira para fazer algumas pesquisas urgentes sobre uma pessoa.

Mike sabia muito bem quem era a "pessoa", mas sabia também que não era a hora de tecer comentários.

Nicolas se reuniu com Elias. Depois de atualizar o delegado sobre o diálogo com Otávio e sem omitir o que ele dissera sobre Miah, o delegado concluiu:

— Se a polícia está atrás de Miah, não há sentido em tentar feri-la com uma bomba caseira. Ela está fugindo da lei ou de um assassino?

— Não faço a menor ideia, Elias, mas creio que uma coisa esteja ligada a outra. Pelo que entendemos da lógica dos crimes, o perfil das vítimas é: filhos únicos que tenham sido criados sem a presença de um pai ou de uma figura masculina de autoridade. E parece que Miah se encaixa nesse perfil, segundo o pouco que ela me informou.

— Se esse tal Otávio mentiu uma vez e veio mentindo para Duarte durante os três anos em que se conhecem, o que nos garante que ele não esteja mentindo novamente?

— Pode ser, Elias, mas duvido. Eu senti honestidade nas palavras dele. Tenho certeza de que, se pedirmos a Moira que pesquise o novo nome com o qual ele se apresentou, as informações serão confirmadas — Nicolas suspirou e se recostou no espaldar acolchoado da cadeira da sala de Elias. — Acho que estamos varrendo a sujeira para debaixo do tapete. Estamos colocando Miah dentro de uma redoma de vidro sem saber se ela é realmente inocente. E é isso que está sendo mais difícil para mim... Só fui correr atrás da verdade sobre ela após nosso casamento.

— Se Miah for realmente a autora dos crimes que Otávio mencionou — considerou Elias —, você a perdoaria? Acha que teria condições de seguir com a vida conjugal, apagando da memória qualquer mal que ela possa ter cometido?

— Marian me fez uma pergunta muito parecida, e eu lhe respondi que não saberia dizer qual seria minha reação. Eu não sei se saberia perdoar alguma coisa mais grave, principalmente pelo fato de ela ter me escondido isso desde o primeiro dia em que nos conhecemos. A falta de confiança de Miah em mim é o que mais me machuca.

— E como você vai fazer para descobrir a verdade?

— Quero sua autorização para fazer algumas pesquisas sobre ela aqui na delegacia. A única pista que tenho é o nome de um suposto colégio em que ela teria estudado antes de ingressar na universidade. Se for necessário, vou precisar de toda a sua influência de delegado para conseguirmos obter algumas informações.

Elias abriu um fraco sorriso.

— Você sabe que tem meu total apoio, Bartole. Bem... acho bom começar a investigar Miah o quanto antes. Não se esqueça de que dois inocentes já perderam a vida, e não queremos que outros venham a morrer também.

— Sim, eu irei para minha sala agora. Se possível, eu gostaria que Mike e Moira estivessem comigo. Eles sempre são de grande ajuda.

Dez minutos depois, Nicolas estava em sua sala, sentado diante do computador. Mike e Moira estavam em sua frente e pareciam ansiosos para começar a trabalhar.

— Creio que não seja necessário explicar que toda esta pesquisa deve ser mantida no mais absoluto sigilo — lembrou Nicolas, lançando um olhar firme para os dois.

— Contar segredos para mim é como se confessar a um padre — Mike sorriu e cutucou o ombro de Moira. — Já essa daqui eu não sei.

— Sou da mais absoluta confiança, Mike! Do contrário, Bartole não teria me chamado — retrucou Moira, irritada.

— Muito bem. Quero pesquisar tudo o que puder sobre minha esposa Miah. Vocês dois estavam presentes em minha festa de casamento e viram o que aconteceu. Também estão cientes dos assassinatos de Escobar e Beatriz e de que essas mortes, de alguma forma, podem estar relacionadas a Miah. Para que possamos chegar ao assassino, será necessário conhecer a fundo a mulher com quem me casei.

Mike e Moira se limitaram a balançar a cabeça, pois sabiam que se tratava de uma situação delicada, principalmente para alguém que havia se casado há apenas dois dias.

— Vou ver o que encontro sobre um colégio chamado *Imaculada Santa Clara*. Se houver mais de uma instituição com o mesmo nome, vocês deverão anotar os telefones e entrar em contato com cada uma delas. Peçam informações sobre uma aluna chamada Miah Fiorentino e, se acaso alguém se negar a fornecer os dados, coloquem Elias na linha. Ele já sabe o que deve falar — Nicolas abriu alguns programas no computador e tornou a encarar os dois policiais. — Se não conseguirmos descobrir nada, refinaremos as buscas. Preciso do máximo possível de informações sobre Miah.

Seguindo algumas orientações de Moira, que era perita em efetuar pesquisas, Nicolas começou as buscas. Ele descobriu vários colégios com nomes similares e apenas um com o nome idêntico em uma cidade vizinha a São José do Rio Preto.

— Deve ser esse — indicou Nicolas. — Otávio alegou ter vindo de São José do Rio Preto. Miah nunca me disse claramente qual era a sua cidade natal. Entrem em contato com essa escola.

Moira se ofereceu para telefonar. Quando atenderam à ligação, disseram que ela tivera sorte em encontrar a secretaria funcionando, pois eles entrariam em recesso de fim de ano no dia seguinte. A mulher que a atendeu acreditou em Moira sobre ela ser uma policial efetuando pesquisas sobre uma ex-aluna.

— Saberia me dizer quando ela esteve matriculada aqui?

— Infelizmente, não. Porém, a julgar pela idade dela, creio que tenha sido há uns doze ou quinze anos.

A mulher pediu a Moira que aguardasse alguns momentos, enquanto procurava o nome da repórter nos arquivos.

Ela demorou tanto a voltar à linha que Moira já pensava em discar novamente o número. De repente, no entanto, a voz da mulher se fez ouvir, mas ela parecia desapontada.

— Disse que o nome é Miah Fiorentino?

— Exato. Não encontrou nada? — perguntou Moira olhando para Nicolas.

— Não. Fiz todas as buscas necessárias nos últimos vinte anos, ou seja, desde que fundamos nosso colégio. Essa aluna nunca esteve matriculada aqui. Saberia dizer qual foi a série que ela frequentou?

— Lamento, mas temos poucas informações também. Na cidade de vocês existem outros colégios particulares?

— Com certeza. Se quiser, posso lhe fornecer o telefone de alguns. Como já estamos entrando na segunda quinzena de dezembro, nem todos devem estar funcionando. Só que não custa nada tentar, correto?

Moira agradeceu, anotou os telefones informados e conseguiu também dois números de escolas públicas. Quando desligou, repetiu a Nicolas o que acabara de ouvir.

— Será que ela confundiu o nome da escola? — quis saber Mike. — Afinal, já se passaram muitos anos.

— Ninguém esquece o nome das escolas em que estudou — Nicolas pensou por alguns instantes e acrescentou: — Entrem em contato com essas escolas. Vamos ver o que conseguimos.

Depois de algumas ligações, eles conseguiram falar com cinco das seis escolas, mas em todas elas a resposta fora a mesma: jamais tiveram uma aluna chamada Miah Fiorentino.

— E se estivermos procurando na cidade errada? — sugeriu Moira. — Quem sabe ela tenha vindo de São José do Rio Preto? Talvez tenhamos mais chances lá, que é um município maior.

— Pode ser. Moira, fique encarregada disso. Agora, eu quero ver o que descubro pesquisando o nome dela.

Mais uma vez, Moira auxiliou Nicolas com as buscas. Eles puxaram um relatório dos antecedentes criminais de Miah e descobriram que a ficha dela era tão limpa quanto a consciência de um recém-nascido. Havia muitas informações sobre as reportagens que ela fizera para o Canal local, mas não havia praticamente nada sobre a vida da repórter antes de ela chegar à cidade.

— Passagem pela polícia ela nunca teve — observou Mike. — Isso pode ser um ponto a favor dela, que desmentiria as palavras de Otávio, não acha, Bartole?

— Não é tão fácil assim, Mike. Tem algo enterrado aí. Só precisamos descobrir uma forma para desencová-lo.

Moira terminou de falar com as escolas de São José do Rio Preto. O resultado não foi animador. Miah Fiorentino nunca fora aluna de lá.

— Moira, como faço para descobrir o local de nascimento de uma pessoa? Algo como maternidade, nome dos pais, etc.

— É fácil.

Ela se curvou sobre a mesa e começou a indicar o roteiro para Nicolas. Abriram um sistema de busca policial, e Nicolas digitou o nome dela, sentindo o corpo todo tremer de ansiedade pelo que encontraria em seguida.

Localizaram apenas duas pessoas com aquele nome em todo o estado de São Paulo. Por sorte, era um nome bastante raro e exótico, o que ajudava parcialmente no trabalho. A primeira Miah Fiorentino era uma senhora com setenta e quatro anos residente em Presidente Prudente. A segunda era uma criança de onze anos, que morava em São Paulo.

— Arre égua, Bartole! — exclamou Mike. — O nome dela não aparece em lugar nenhum. É como se ela não tivesse um histórico de vida.

— A Miah que todos nós conhecemos não é quem diz ser — concluiu Nicolas, passando a mão pela testa suada. Seu coração tinha ficado acelerado subitamente, e um tremor involuntário agitava sua barriga. — Eu me casei com uma mulher que não existe.

Capítulo 21

Miah acabava de colocar o telefone no gancho, quando viu Nicolas entrar no apartamento. Eles se conheciam tão profundamente que bastou ela olhar para ele para compreender que algo não estava bem.

— Quem era? — ele perguntou casualmente, olhando para o telefone.

— Marian. Ela disse que descobriu um centro de estudos espiritualistas, onde acontecerá um evento especial de Natal. Além de uma palestra sobre o tema, parece que providenciaram a presença de um Papai Noel para distribuir presentes para as crianças carentes. Ela contou que já convidou Willian, Ariadne e Thierry e que os três aceitaram o convite. Você quer ir? — perguntou com um sorriso. — Vai começar daqui a pouco.

— Deve ser a mesma instituição que seus amigos Guilherme e Elisa mencionaram. Eu os encontrei há pouco, e eles também fizeram o convite. Parece ser um casal muito especial. Não sabia que eles eram espíritas.

— Já eram desde a época em que conheci Elisa na universidade. São pessoas encantadoras, daquelas com as quais temos vontade de passar uma tarde inteira jogando conversa fora.

— E talvez isso aconteça. Eles nos convidaram para um almoço ou um jantar ainda esta semana na casa que eles alugaram. Elisa me deu seus telefones. Basta marcarmos e irmos.

— Então, vamos amanhã ou na quarta-feira! Eles são tão fofinhos e divertidos que vamos até perder a hora na companhia dos dois. Poucas pessoas são assim.

Nicolas se calou, analisando fixamente aquele belo par de olhos cor de mel, como se tentasse encontrar a solução do enigma dentro deles. Percebendo que ele a encarava de uma forma quase incômoda, Miah perguntou:

— Tem algo grudado em meus dentes?

— Não sei se estou motivado para sair hoje. Você pode ir sozinha, se quiser. Depois me conte como foi.

— Ah, meu amor, não tem graça sem você — Miah foi até Nicolas e o beijou nos lábios. Foi correspondida, mas sentiu algo errado no beijo. — Devo realmente ter algo grudado nos dentes. O que há com você?

— Excesso de trabalho — ele virou de costas para ela e colocou a arma dentro de uma gaveta. — Não estou animado.

— Marian diz que, quando sentimos algo tentando nos impedir de fazer as coisas, devemos ser mais fortes do que a preguiça ou do que o cansaço e dizer mentalmente que somos donos de nossa própria vontade. Ninguém pode interferir em nosso livre-arbítrio — ela sorriu. — Viu como estou aprendendo?

Miah o sondava, e Nicolas percebeu. Tinha se preparado durante todo o trajeto entre a delegacia e seu apartamento para confrontá-la definitivamente, mas se sentiu acovardado diante do sorriso de menina feliz com que ela o recebera. Além disso, não queria que a esposa soubesse que já começara a revirar o passado dela e o que descobrira até agora não era nada agradável ou engraçado.

— Você é ótima aluna.

— Obrigada. Agora me diga se vamos ao centro ou não.

— Está certo. Eu vou. Vamos tomar um banho e mudar de roupa.

"E adiar por mais algumas horas o momento do confronto decisivo", pensou Nicolas.

— Ah, depois daquele beijinho fraco que você me deu, quero alguém para ensaboar minhas costas — Miah fez um biquinho sedutor. — Serve você, aliás.

— Se tivesse mais alguém querendo ensaboá-la, eu não ia gostar muito — mesmo contra a vontade, ele se viu obrigado a sorrir.

Os dois seguiram juntos para o banheiro, despiram-se e entraram debaixo do jato forte do chuveiro. Enquanto se lavavam, entregaram-se a um beijo longo e apaixonado. Sentindo o gosto dos lábios molhados de Miah, Nicolas deixou a mente ficar em branco. Era como se, ao entrar em contato com o corpo dela, tudo o que ele tinha a fazer era amá-la. Coisas boas ou ruins a respeito da esposa simplesmente desapareciam.

Além disso, Nicolas não sabia quando voltariam a se amar. Intimamente, dera como prazo o final da noite para Miah confessar a verdade. E, embora detestasse fazer aquilo, tinha decidido que a pressionaria firmemente, ignorando prantos, ameaças, crises nervosas ou chantagem emocional. Por mais que fosse dolorido para ambos os lados, ele estava convicto de que não daria trégua para ela enquanto tudo não fosse colocado em pratos limpos.

Agora, beijando os lábios, o rosto e o pescoço de Miah, tudo isso, temporariamente, deixava de ter importância para Nicolas. Ele tinha que viver aquele momento, se esquecer dos problemas conjugais e atravessar o portal para a mágica dimensão para onde ela o convidava a ir e voltar à realidade somente em outro momento.

Miah fechou os olhos, sem entender muito bem o motivo de Nicolas ter chegado em casa demonstrando certa frieza com ela. Talvez realmente fosse cansaço, pois agora ele demonstrava disposição e vitalidade surpreendentes. Ela também sentia a mente se apagar com as carícias que ele fazia ao longo de todo o seu corpo. Não sabia por quanto tempo mais fariam aquele tipo de coisa, já que, se Nicolas tomasse conhecimento de tudo o que ela fizera, certamente ele passaria a sentir nojo e repulsa da mulher com quem se casara.

— Nós vamos nos atrasar — ela sussurrou ao ouvido de Nicolas, enquanto ele a deitava no piso molhado do box e a possuía devagar e carinhosamente.

— Esqueça o horário — ele murmurou em resposta. — Esqueça suas preocupações. Esqueça quem somos. Apenas se entregue a este momento, ao nosso momento. E não importa o que aconteça hoje, amanhã ou depois, lembre-se de que agora nós somos um só, de corpo, alma e coração.

Mesmo sem compreender o sentido das palavras de Nicolas, Miah obedeceu e relaxou ainda mais, imaginando que a melhor coisa existente no mundo era poder se entregar ao amor, livre de qualquer pensamento que incitasse o contrário.

Para ela, aquele ato de amor talvez fosse um recomeço. Para Nicolas, talvez fosse uma despedida.

Marian foi a primeira a descer do táxi diante do centro. Atrás dela surgiram Willian, Ariadne e Thierry. Os dois haviam vestido uma roupa no mesmo tom azul-turquesa em respeito ao "local", segundo as próprias palavras deles. Willian prendera os cabelos castanhos num rabo-de-cavalo, aparentando mais do que nunca ser o que sempre fora: um surfista nato.

— Nós chegamos mais cedo para ter tempo de conhecer a casa e, se possível, de conversar com seu dirigente — informou Marian. — Se vocês quiserem, podem se sentar em algum lugar enquanto vou procurá-lo. Quero lhe contar que é a nossa primeira visita e que estamos animados com o tema que será tratado na palestra.

— Ah, por que devo esperar sentada? — Ariadne fez um muxoxo. — Nunca entrei num centro assim antes. Quero explorar cada cantinho para ver como é.

— Ariadne, um local que desenvolve estudos ligados à espiritualidade não é nenhuma atração de circo, em que podemos aguardar uma surpresa em cada canto. Trata-se de um lugar sério, onde são realizados diversos tipos de assistência espiritual — Marian olhou para os três com severidade. — E peço respeito da parte de vocês três!

— Ai, querida, acha que não sei me comportar? — Thierry aguçou o olhar espreitando o interior. — E estou muito triste com o que aconteceu com meu funcionário — ele fora informado do assassinato de Escobar naquela manhã e quase perdera os sentidos. — Eu nunca havia me interessado por essas coisas de vida após a morte, mas, desde que a conheci e ouvi algumas de suas conversas, comecei a pensar diferente — ele afofou os cabelos alourados. — Não tenho medo de assombração, ainda mais se for um espírito bonitão. Ele até pode puxar meu pé à noite, se quiser.

Marian foi obrigada a rir com o comentário do florista. Por fim, eles entraram no centro e ficaram maravilhados com a decoração natalina que enfeitava o interior da casa. Depois, notaram a grande quantidade de crianças que circulava por todos os lados, sozinhas, em grupos ou com os pais, naturalmente à espera do Papai Noel e de seus brinquedos.

Ao abordar uma funcionária, Marian foi levada à presença do responsável pelo espaço. Tratava-se de um homem na casa dos quarenta anos, com cabelos crespos avermelhados que lhe concediam um ar bonachão. Seu olhar transparecia serenidade, inteligência e confiança. Marian simpatizou com ele de imediato. Chamava-se Leopoldo e contou que estava na gestão do centro havia quinze anos.

— Meus amigos e eu estamos aqui pela primeira vez — explicou Marian de forma objetiva. — Todos nós estamos empolgados, pois desejamos aprender mais sobre espiritualidade. Eu estudo o tema há alguns anos, porém conhecimento nunca é demais.

— Que maravilha! Seja bem-vinda! Embora hoje esteja muito corrido aqui, assim que me sobrar um tempinho, gostaria de ser apresentado a todos. Espero que gostem da casa e do conteúdo da palestra.

Marian agradeceu, reparando que ele parecia levemente nervoso.

— Você me parece meio inquieto. Há algo de errado?

— Você enxerga longe, hein, menina?

— Por quê? Aconteceu alguma coisa? — preocupou-se Marian. — É sobre o evento de hoje?

— Pois é. Você viu quantas crianças vieram?

— Eu vi. Imagino que vocês não tenham presentes para distribuir para todas elas — apostou Marian.

— Muito pelo contrário. Deus sempre multiplica um trabalho que é realizado pelo bem do próximo. Nós conseguimos um número impressionante de brinquedos e doces para distribuirmos hoje. Creio que vá sobrar até para o ano que vem. Tudo o que nos falta é um Papai Noel.

— Ué, vocês não haviam contratado alguém?

— Sim, mas o rapaz acabou de nos telefonar dizendo que está com muita dor de cabeça e que não vai poder comparecer. E, para ajudar, ele não tem nenhum substituto para nos indicar. Se eu não fosse dar a palestra de hoje, não me importaria em vestir a fantasia. Não temos ninguém para assumir esse papel. Vamos distribuir os presentes, porque as crianças não têm culpa de nada, mas infelizmente não teremos o Papai Noel.

— Que pena! Mesmo sabendo que a imagem do bom velhinho é um simbolismo associado ao Natal e que foi criada para agradar aos pequenos, sabemos o quanto isso representa para eles. As crianças gostam de contar ao Papai Noel como foi seu comportamento durante o ano e confidenciar seus reais desejos. Elas só abrem os corações para ele — e sorrindo, ela acrescentou: — Não espere que eles contem tudo a você.

— Sei que não contarão. Lamentavelmente, não posso fazer nada. Este ano passaremos sem *ho-ho-ho*.

Marian ia abrir a boca para fazer uma pergunta, quando Leopoldo consultou o relógio e tomou um susto.

— Nossa! Eu perdi o horário! — e levantou-se. — Quando a conversa é boa, o tempo passa voando.

— E eu aqui prendendo você...

Antes de se separarem, porém, Marian deteve Leopoldo pelo braço e em seguida apanhou o celular na bolsa. Ela discou um número:

— Nic, você e Miah virão para o centro? Conversei com ela hoje e fiz o convite.

— Estamos quase chegando — respondeu Nicolas.

— Jura? Que ótima notícia! Então até já — ela desligou e sorriu para Leopoldo. — Acho que seu problema está resolvido.

— Como assim? — confundiu-se Leopoldo.

— Um Papai Noel tem olhos azuis? — ela perguntou ainda sorridente.

— Não sei. Confesso que nunca levei um para jantar em minha casa — brincou o dirigente da casa.

— Perfeito. O que você acha da ideia de o meu irmão ser o seu Papai Noel?

Capítulo 22

— Você está de gozação com minha cara, certo? — perguntou Nicolas para Marian, assim que terminou de ouvir a proposta que ela lhe fizera. Ao lado dele, Miah mantinha um sorriso irônico nos lábios.

Eles mal haviam entrado no centro, quando foram abordados por Marian, que parecia feliz e ansiosa:

— Ah, Nic, é por uma boa causa! Veja essas crianças — ela apontou ao redor. — Todas elas estão na expectativa pela presença do bom velhinho. Leopoldo, o dirigente da casa, está triste porque sabe que não será a mesma coisa sem um Papai Noel.

— Marian, eu vim aqui para assistir a uma palestra e não para me enfiar dentro de uma roupa quente, colocar na cabeça uma touca que vai assar meu escalpo e ainda usar aquela barba branca que deve ser áspera e incômoda.

— Agora fiquei curiosa para ver como você ficaria vestido de Papai Noel — sorrindo, Miah encostou a cabeça no ombro de Nicolas. — Eu posso até me apaixonar pelo simpático idoso.

— É para dar risada? — rosnou Nicolas, irritado.

Marian fez um gesto para Leopoldo, que se aproximou.

— Meu irmão topou se fantasiar de Papai Noel.

— O quê?! — arregalando os olhos, Nicolas procurou Willian na multidão. — Ela deve estar se referindo ao outro irmão.

— Nic, pense nas criancinhas — Marian só faltou suplicar. — Além disso, é uma boa oportunidade para você fazer um bom uso de seus olhos azuis. Por onde anda o seu espírito natalino?

— E o que a cor dos meus olhos tem a ver com isso?

Para acalmá-lo, Leopoldo o abraçou animadamente.

— Nossa, Nicolas, não sabe como fiquei feliz com essa ajuda que você nos dará! Desde já eu lhe agradeço em nome de todos os trabalhadores e voluntários da casa.

— Escute uma coisa...

— Venha, vou ajudá-lo a vestir a fantasia, pois daqui a pouco preciso dar início à palestra — informou Leopoldo.

Nicolas empalideceu e seus olhos pareciam estar prestes a saltar das órbitas. Ele olhou para Miah e Marian, clamando por um socorro silencioso enquanto era levado por Leopoldo. As duas mulheres riram por um bom tempo e depois foram procurar um lugar para se acomodarem.

Miah percebeu que duas pessoas do outro lado do grande salão lhe faziam sinais e viu que eram Elisa e Guilherme. Os lugares vagos começavam a se esgotar, e a repórter fez um gesto com os dedos dizendo que falaria com os amigos depois.

Alguns voluntários surgiram com mais cadeiras para acomodarem os visitantes. Enquanto isso, algumas crianças foram levadas por duas assistentes a uma brinquedoteca para aguardarem o término da palestra. Outras, no entanto, se recusaram terminantemente a ir e permaneceram no colo dos pais.

Em uma fileira sentaram-se Miah, Marian, Ariadne, Thierry e Willian, que estava de cabeça baixa e olhava fixamente para os próprios pés.

— Ei, bonitinho, qual é o seu problema? — perguntou Thierry em voz baixa, para que Marian não lhe chamasse a atenção.

Uma música suave ecoava pelas caixas acústicas espalhadas pelo salão.

— Eu sei que seu negócio não é mulher... — respondeu Willian mantendo o mesmo tom de voz. — Mas acho que pisei na bola com uma delas — ele se virou para Thierry. — Foi a Moira, aquela policial loirinha que trabalha com meu irmão.

— Eu a conheço. Não é uma que tem cara de múmia egípcia? A fisionomia dela está sempre assim — Thierry fez uma expressão emburrada.

— Ela mesma. E de múmia ela não tem nada, viu? Lá fora eu lhe conto as coisas que ela e eu já fizemos.

— O que aconteceu entre vocês? Não estou gostando dessa sua carinha de dengo.

— Nós fomos ao teatro. Aí eu saí do lugar para ir ao banheiro e na volta conheci uma garota. Ficamos batendo papo numa boa, até que Moira apareceu e ficou brava quando eu a apresentei à moça como minha amiga. Depois, percebi que dei um fora. É que eu nunca namorei a sério, cara. Lá no Rio, eu só pegava ondas e mulheres, e meus relacionamentos não duravam mais do que dois dias.

— E você espera que eu lhe venda a poção do amor? Pode esquecer, porque também estou à procura de uma.

— Como você está em cima do muro, talvez possa me dar algum conselho para que ela me perdoe e entenda que não pretendia traí-la com aquela garota.

— O que você quer dizer com "estar em cima do muro"? — Thierry estreitou os olhos verdes.

— Tipo... nem lá nem cá, entende? Você é como um anjo, Thierry. Não tem sexo definido.

Thierry entendeu a frase de Willian como uma piada e soltou uma risadinha abafada.

— Gostei dessa. Só por isso vou lhe dar uma dica infalível. Faça um passeio romântico numa noite de luar. Eu olhei no meu calendário, e amanhã teremos lua cheia. Se a noite estiver limpa, será perfeito. Leve-a até a praça principal e troque juras de amor com Moira. Diga que a ama profundamente e que não sabe viver sem ela. Acrescente todo aquele toque dramático que lemos em romances. Para finalizar, chore, se for o caso. Mulheres não resistem ao choro de um homem. Eu sempre chorei quando os meus ex-namorados me abandonaram.

— E quantos voltaram por suas lágrimas? — quis saber Willian.

— Nenhum... — Thierry suspirou. — Acho que só funciona com mulheres e não com seres angelicais como eu.

— Atenção! — chamou Marian. — A palestra vai começar.

Todos se aprumaram em seus lugares, enquanto, aos poucos, a música silenciava e as pessoas deixavam de conversar. Uma mulher segurou o microfone, cumprimentou o público e informou que o tema da palestra seria o Natal e que, ao final, as crianças receberiam presentes do Papai Noel. Quando ela disse isso, todos sorriram diante dos gritinhos infantis que se fizeram ouvir.

A mulher fez uma prece inicial, convidando os guias espirituais e os trabalhadores da casa, encarnados e desencarnados, a auxiliarem no processo de purificação energética de todos os envolvidos, o que, em outras palavras, seria a aplicação de passes fluídicos. E, por fim, ela disse que passaria a palavra para o dirigente da casa.

Quando a voz de Leopoldo ecoou pelos auto-falantes, seus olhos brilharam de felicidade, o que Marian entendeu como satisfação e realização por estar fazendo aquele trabalho.

— Boa noite a todos! — ele começou, entonando a voz. — Para quem ainda não me conhece, meu nome é Leopoldo Albuquerque. Sou o dirigente do Centro de Estudos e Aprofundamento da Espiritualidade. Como todos já sabem, estamos a poucos dias da data mais esperada do ano, principalmente pelas crianças. Sabemos que é no Natal que reunimos nossas famílias, reencontramos velhos amigos, perdoamos antigas mágoas e elevamos nossas vibrações. Também é no Natal que damos presentes, somos presenteados e enfeitamos nossas casas com luzes coloridas, árvores, bolas, presépios, guirlandas e festões. Tudo parece se tornar mais iluminado nessa época. As casas ficam mais alegres, as ruas mais brilhantes e os sorrisos mais espontâneos. É como se uma energia invisível atuasse sem que nós a percebêssemos.

Leopoldo tirou o microfone do suporte e caminhou alguns passos em torno do palco, observando atentamente os olhos que o fitavam com seriedade e ansiedade.

— Na noite do dia 24 de dezembro, quase todos nós costumamos nos reunir com nossos familiares em casa. Preparamos uma deliciosa ceia, bebemos e rimos com os amigos e parentes, e deixamos de lado os problemas do cotidiano. Algumas famílias também têm o costume de se reunirem em torno da mesa por volta da meia-noite para agradecer o momento com uma oração. Pedem bênçãos, saúde e se mostram gratas pelo que dispõem para comerem.

Leopoldo fez uma pausa e prosseguiu:

— Penso que muitos se esquecem de que essa data não é apenas voltada para pensar no próximo, mas também em nós mesmos. Por que não fazemos uma reflexão sobre tudo o que aconteceu ao longo do ano, seja de bom ou ruim, selecionando o que deu certo e o que não deu, para nos planejarmos internamente para o ano seguinte? Vocês sabiam que costumamos dedicar pouco ou nenhum tempo para nós mesmos? Na correria do dia a dia, parece que nunca sobra tempo para verificarmos o que realmente queremos nem descobrirmos quais são os verdadeiros anseios de nossa alma. Então, como o ano parece ser movimentado demais, por que não reservamos um tempo para ficarmos com nós mesmos no Natal? Aqui dentro — ele tocou o peito — existem muitas coisas boas que nem sempre conhecemos.

Toda a plateia permanecia em silêncio, até mesmo as crianças.

— De que adianta termos uma mesa farta de perus, leitões, carnes e comidas variadas, se não conseguimos alimentar nosso espírito com prosperidade, alegria, paz e ternura? E se estamos comemorando o aniversário de Jesus, embora haja correntes de pensamento que trazem a teoria de que ele não nasceu em 25 de dezembro, quantos de nós dedicam alguns minutos para fazer uma prece para ele? Será que nos lembramos de comemorar o nascimento de Jesus, quando estamos mais preocupados em abrir os pacotes debaixo da árvore, estourar os champanhes e posar para as fotos?

Os espectadores assentiam com a cabeça, concordando com o que estava sendo dito. Leopoldo foi em frente:

— Em minha opinião, no Natal deveríamos estar, cada um em sua crença e em sua fé, mais conectados com a Divindade Maior. E deveríamos estar mais conectados com o bem, com o positivo, com o melhor e, naturalmente, manter essa ligação com as forças cósmicas universais que regem a vida durante o ano todo.

Leopoldo serviu-se de um copo de água que havia sobre uma mesa, bebeu alguns goles e prosseguiu falando:

— Creio que a principal mensagem que eu gostaria de deixar a todos na noite de hoje é a de que devemos explorar nosso Papai Noel interior. Que devemos abastecer uma sacola de harmonia, afeto, paz, amizade, compreensão, confiança, solidariedade, empatia, gratidão, bem-estar, humildade, companheirismo, ternura, tranquilidade, objetividade, equilíbrio e amor e, com essa sacola cheia, devemos tentar distribuir todas essas ferramentas a quem mais necessita, desde que comecemos por nós mesmos. Vamos nos presentear com esses maravilhosos e elevados sentimentos que a vida nos ofertou? Merecemos esse carinho, essa gentileza, esse cuidado. Como somos totalmente responsáveis pelo que nos acontece, que tal mergulharmos nessa fartura de coisas boas e descobrirmos quais serão nossas recompensas? A vida nos dá de acordo com o que nós pensamos e com aquilo em que acreditamos.

Leopoldo sabia que suas palavras fariam muitas pessoas refletirem sobre a importância do Natal e dos cuidados que cada um devia dedicar a si mesmo.

— O Natal é isso, meus amigos. É saber renascer para um novo comportamento, é a origem e o despertar de um novo olhar sobre nós mesmos. É superar todas as barreiras do orgulho e do egoísmo, tratando-nos como gostaríamos de ser tratados pela vida. Assim como vocês enfeitaram suas casas, coloquem mais luz em suas vidas, deixando-as tão fartas de amor como estarão suas mesas na ceia. Que todos vocês tenham uma excelente noite, um Natal abençoado e um ano--novo de reconstrução, pautado na felicidade!

As pessoas se levantaram para aplaudir Leopoldo, pois muitos haviam se emocionado com suas palavras. Quando os aplausos cessaram, ele pediu que as voluntárias trouxessem todas as crianças, pois o momento pelo qual elas aguardavam finalmente chegara.

— E para finalizarmos nossa noite, alguém muito especial vai chegar, trazendo presentes e doces para todas as crianças. Alguém saberia me dizer quem é?

— O Papai Noeeel — gritaram as crianças em coro.

De repente, uma cadeira de espaldar alto, toda enfeitada de veludo vermelho, foi trazida ao centro do salão. Algumas voluntárias ajudavam a organizar as ansiosas crianças em fila. Todas elas olhavam fixamente na direção da porta por onde o Papai Noel deveria surgir.

— Vocês conhecem a pessoa que se fantasiou de Papai Noel? — perguntou Thierry, curioso.

— Ora, meu querido — rindo, Miah olhou para ele. — Não vá me dizer que não sentiu falta de alguém me acompanhando.

Ele pensou por alguns segundos e abriu a boca, pasmo. Willian e Ariadne começaram a rir daquela informação.

— Seu maridão? — gritou Thierry animado, olhando na direção da fila que as crianças formavam. Ele avisou: — Me dê licença, pequeninos, pois eu também tenho direito de me sentar no colo do Papai Noel!

Todos riram, curiosos para ver como Nicolas se saíra com a fantasia e imaginando que ele deveria estar soltando fogo pelas ventas. Marian esperava que ele não assustasse as crianças.

— Miah, querida...

Ela se voltou com o chamado e beijou Elisa e Guilherme no rosto. Sempre amável, o casal cumprimentou os demais animadamente. Quando todos foram apresentados, Elisa continuou:

— Somos espíritas há alguns anos, mas lhes confesso que nunca tinha ouvido uma palestra tão linda quanto a de Leopoldo. Fiquei emocionada.

— Ele consegue trazer emoção e ensinamentos ao mesmo tempo — acrescentou Guilherme. — E trouxe uma nova visão sobre a comemoração do Natal. Eu já sabia muito do que ele falou e aprendi muito mais. E não há nada melhor que o conhecimento para aprimorar a prática no bem.

— Miah, não sei se seu marido já lhe disse, mas Guilherme e eu gostaríamos de convidá-los para um almoço na casa em que estamos hospedados — mantendo o sorriso cativante de uma doce vovozinha, Elisa olhou para o grupo. — E todos vocês também estão convidados. Guilherme e eu vivemos sozinhos, por isso gostamos de encher a casa de pessoas alegres.

Marian, Ariadne, Willian e Thierry agradeceram o convite de Elisa e Guilherme, que perguntou:

— E seu marido, Miah? Não veio?

— Mal se casou e já está saindo sozinha? — brincou Elisa.

— Adivinhem quem está vestido de Papai Noel — tornou Miah, sorridente.

— Ah, não! — Elisa riu bem-humorada. — Essa eu pago para ver.

As crianças começaram a gritar ao mesmo tempo, e todos perceberam que o Papai Noel fora visto. De fato, instantes depois, o bom velhinho, com sua barriga redonda e sua longa e encaracolada barba branca, entrou em cena. Ele caminhava devagar, tocando o sininho com uma das mãos enluvadas de branco e trazendo um imenso saco vermelho nas costas.

A realidade era que tudo aquilo era inédito para Nicolas. Enquanto mostrava a caixa com as roupas, Leopoldo lhe dera algumas dicas e as respostas que ele deveria dar aos pequenos. Leopoldo disse a Nicolas que ele não poderia iludir as crianças com falsas promessas para não as desapontar depois e que deveria ser paciente ao ouvir suas confidências e lhes dar conselhos sobre bom comportamento.

Nicolas estava aborrecido com aquela roupa, que era mais quente e incômoda que o terno que vestira durante seu casamento. Além disso, desta vez ele usava uma peruca branca que pinicava suas orelhas, uma touca vermelha e uma barba, cujo elástico irritava sua pele. O recheio falso para a barriga estava escorregando e o cinturão preto o apertava de tal forma que Nicolas já imaginava que sua cintura tinha sido reduzida em vários centímetros.

Tudo, no entanto, mudou, quando ele se sentou na cadeira e recebeu a primeira criança. Imediatamente, Nicolas deixou de reclamar. Ele nunca tivera um contato tão próximo com o público infantil e sentiu-se, ao mesmo tempo, curioso e ansioso em ver como se sairia. A partir da segunda criança, Nicolas descobriu que tinha toda a experiência para aquela área. As crianças lhe falavam sobre seus sonhos e desejos e sobre o que haviam pedido na cartinha que escreveram ao Papai Noel. Ao final da entrevista, elas estalavam um beijo molhado nas bochechas do investigador, desciam de seu colo e ganhavam uma das lembrancinhas contidas no saco vermelho.

Um garoto especialmente ousado deu-lhe um bom puxão na barba, uma menina de uns sete anos jurou tê-lo visto na televisão e dois irmãos gêmeos apalparam sua barriga, revelando aos demais que havia um travesseiro disfarçado ali. Nicolas fazia poses para as fotos, embora poucos pais portassem uma câmera fotográfica. O investigador estreitou os olhos, quando viu seus irmãos e Miah fazendo mímicas a partir de um canto do salão, e decidiu que a melhor opção para não se irritar seria ignorá-los.

Quando todas as crianças receberam seus presentes, Nicolas se levantou da cadeira vermelha e foi abraçado por Leopoldo.

— Nossa, você foi perfeito! — ele elogiou. — Com seus olhos azuis, até eu estava acreditando que o Papai Noel realmente existe!

— Eu quero um presentinho também — pediu Thierry se aproximando. — E quero dar um beijo no Papai Noel, porque fui um menino comportado neste ano.

Entre as risadas, Miah se aproximou de Nicolas e alisou a barriga rechonchuda.

— Sinto certo alívio, quando lembro que essa pança não é de verdade. E espero que você nunca fique assim.

Nicolas aproximou o ouvido dos lábios dela e sussurrou:

— Vou tirar essa roupa e podemos ir embora. Teremos uma conversa meio longa quando chegarmos em casa.

Capítulo 23

Ao ouvir as últimas palavras do marido, Miah fez um esforço imenso para não fechar o sorriso e estremecer diante de todos. Sempre que Nicolas vinha com aquele papo de "ter uma conversa", nunca era coisa boa. Por um breve momento, a repórter se questionou mais uma vez se o marido teria descoberto alguma coisa sobre o que ela escondia, mas descartou essa hipótese rapidamente. Eles haviam feito amor debaixo do chuveiro pouco antes de irem ao centro, e Nicolas não parecera zangado, furioso ou magoado. Ele estava um pouco seco, mas não a evitara em nenhum momento.

Miah e Nicolas se despediram dos demais, agradecendo mais uma vez a Leopoldo pela magnífica palestra que ele fizera. Depois, foram para o carro e entraram silenciosamente. Nicolas assumiu o volante, aliviado por ter se livrado da fantasia, e Miah prendeu o cinto de segurança.

Durante o trajeto, eles foram comentando a palestra, e Miah reparou que a voz de Nicolas estava normal, sem nenhuma alteração em seu tom. De vez em quando, ele olhava para a esposa e sorria e, por dois momentos, enquanto aguardavam a abertura do semáforo, Nicolas curvou o corpo para procurar os lábios de Miah, que sorriu feliz. "Tudo foi uma impressão boba", pensou. Por tudo o que lhe vinha acontecendo, ela passara a ver sombras escuras até mesmo na claridade.

O casal finalmente entrou no apartamento e acendeu as luzes. Sendo seguido por Miah, Nicolas foi para a cozinha e seus pensamentos se voltaram para Otávio. Ele começou a recordar-se de tudo o que o homem dissera a respeito de Miah. Era impossível evitar, impossível esquecer.

Mais uma vez, Nicolas adiou o momento do confronto, servindo-se de um copo com suco de melancia. Miah, somente para puxar assunto, perguntou:

— Ainda tem muitas melancias em seu estoque?

— A quantidade necessária para garantir suco pelas próximas semanas. Quer um pouco?

— Não, obrigada. Nossa noite foi maravilhosa. Admito que estou cansada e acho que vou me deitar um pouco — Miah ergueu o olhar para ele. — Você vem também?

— Eu disse que nós precisamos conversar, Miah — ele pousou o copo sobre a mesa e caminhou até ela.

— Eu sei disso, mas estou bastante cansada. Podemos conversar amanhã cedo, com mais tranquilidade?

— De manhã, vai ficar muito corrido. Nós temos nossos compromissos, portanto, eu gostaria de falar com você agora.

Um tremor involuntário acometeu a pestana esquerda de Miah, e as mãos dela tremeram levemente. Para disfarçar, ela colocou-as na cintura.

— É um assunto rápido?

— Vai depender de você... e do que vem escondendo de mim desde que nos conhecemos.

O sangue fugiu do rosto de Miah, enquanto o tremor em suas mãos e o tique nervoso no olho aumentavam. Por que Nicolas tinha que voltar ao mesmo tema? Não podia simplesmente esquecer-se de tudo aquilo e deixá-la em paz?

— Outra vez a mesma coisa? Não acha que já ficou chato e repetitivo?

— E vai continuar chato e repetitivo, enquanto você não abrir o jogo comigo, Miah. Se é que seu nome é realmente esse.

O susto que Miah levou foi tão visível que foi preciso apoiar-se na porta da geladeira para não cair, embora ela ansiasse desmaiar para fugir daquela conversa.

— Ficou assustada? — prosseguiu Nicolas. Embora estivesse nervoso, sabia que não sairia dali enquanto não descobrisse toda a verdade. — Eu fiquei muito mais assustado, quando descobri que as duas únicas pessoas com o nome Miah Fiorentino existentes no estado de São Paulo não têm sua idade nem seu perfil.

Miah deixou-se cair na cadeira. Ela passou a língua pelos lábios ressecados e conseguiu reunir forças para perguntar:

— Você andou pesquisando meu passado?

— Você me disse que o nome de Ismael Dutra não lhe dizia nada — tornou Nicolas, ignorando a pergunta da esposa.

— É verdade. Nunca ouvi falar nele.

— Mas deve conhecer alguém chamado Otávio Moraes.

Miah levou as mãos à boca, e lágrimas de aflição escorreram por seus olhos. Ela se pôs a olhar fixamente para a mesa, porque já não tinha mais coragem de encarar Nicolas nos olhos.

— O que ele disse para você? — ela perguntou num fio de voz.

— Falou algo sobre seus dois crimes — Nicolas se aproximou e ergueu a cabeça de Miah pelo queixo, obrigando-a a encará-lo. — E falou que você é uma fugitiva da polícia.

— Meu Deus, eu estou sonhando! — Miah sacudia a cabeça negativamente falando consigo mesma. Seus ombros eram sacudidos pelos soluços do pranto convulsivo e silencioso. — Isto não está acontecendo.

— Está sim, Miah! Chega de mentiras! Quero saber a verdade agora! Quero que me diga quem ou o que você é. Não tem escapatória, não há como sair pela tangente. Quero suas explicações e justificativas em relação ao que ouvi de Otávio, ou o que consegui descobrir em minhas pesquisas.

Miah se levantou. Suas pernas estavam trêmulas, mal a sustentando de pé. Ela sempre estivera ciente de que aquele dia chegaria, no entanto, ele viera muito antes do que ela esperava.

A cabeça de Miah estava tão confusa que ela não conseguiria inventar novas histórias para enganá-lo. Fora desmascarada.

O mundo caíra sobre suas costas, e ela não podia suportar seu peso. Seu casamento com Nicolas chegava ao fim e durara apenas dois dias. Sua vida, sua liberdade, sua carreira e sua alegria morreriam a partir daquele instante. E ela mergulharia na mais profunda escuridão e solidão.

Miah secou as lágrimas, embora outras voltassem a brotar. Devagar, ela levantou os olhos para ele. Seria odiada por Nicolas e pela sociedade, porém tudo perdera a importância. Seu segredo seria finalmente revelado e suas consequências seriam fatais.

— Vamos, Miah, estou esperando. O que você esconde?

— Posso lhe fazer um pedido antes de começar a falar? — a voz dela saiu rouca, fraca e trêmula, como a de uma pessoa à beira da morte.

— É um direito seu. O que quer?

— Faça comigo tudo o que a lei ordena, mas por tudo o que lhe for sagrado, não me odeie nem me despreze. Eu não saberia conviver com isso.

Lágrimas vertiam de seus olhos, enquanto os de Nicolas continuavam implacáveis.

— Eu escondi meu passado de você por medo de perdê-lo. Pode não acreditar, mas essa é a verdade. Eu o amo tanto que a simples ideia de me tornar indiferente para você me enlouquece. Não quero seu perdão, pois sei que será uma tarefa quase impossível. Não quero que sinta pena ou raiva de mim em nenhum momento. Tudo o que quero é saber que, mesmo deixando de me amar, você não me tratará com ódio e nojo. Eu lhe imploro, Nicolas.

— Em frente, Miah — Nicolas pediu com voz seca e cortante. Ele tinha de ser imparcial ou fraquejaria, tomaria Miah nos braços e esqueceria toda aquela conversa.

— A única vantagem é que meu passado pode ajudá-lo a encontrar o assassino que está atrás de mim, apesar de eu não fazer a menor ideia de quem possa ser.

— Miah, basta de enrolação. Vá direto ao ponto. Qual é seu mistério? Quem é você? O que fez? De onde veio?

Miah respirou fundo. Era agora. Ela pediu mentalmente que Deus lhe desse forças para falar, se ainda fosse merecedora de se reportar a Ele.

— Eu... eu cometi algo imperdoável... — Miah gaguejou, pigarreando para continuar. — Mas o que eu fiz não representa quem sou agora...

— Miah, vá em frente. Revele seu segredo de uma vez por todas.

Como tudo já estava perdido, ela disparou:

— Otávio tem razão. Sou uma criminosa.

Às palavras de Miah seguiu-se um silêncio tão forte que poderia ser cortado com canivete. Ao ouvir aquela frase tão pequena, algo morreu dentro de Nicolas. Ele simplesmente não conseguiu encontrar as palavras certas para falar.

Vendo-o calado, Miah continuou:

— Para mim, é tão estranho falar sobre crimes diante de um investigador de homicídios. Talvez este tenha sido um dos motivos de eu ficar bloqueada emocionalmente, impedindo-me de me abrir com você. Mas, antes de falar sobre os motivos que me levaram a fazer o que fiz, gostaria de lhe contar minha verdadeira história. E pode confiar, Nicolas, não haverá mentiras desta vez.

Ele apertou os lábios e assentiu com a cabeça.

— Você estava certo. Meu nome verdadeiro não é Miah Fiorentino. É Miah Antunes. Vivemos em um país onde é muito fácil conseguir documentos falsos. Alguns são tão bem elaborados que a fraude leva anos até ser descoberta. Outros, jamais são descobertos. Achei que este seria meu caso... No entanto, meu diploma de jornalista é verdadeiro. Eu realmente cursei a faculdade e me formei com louvor. Sinto lhe dizer que até na instituição em que estudei fiz uso dessa documentação adulterada.

— Meu Deus! — murmurou Nicolas, olhando fixamente para a mulher de pé à sua frente, para a esposa que ele amava e que agora revelava ser uma completa estranha. E ainda que lutasse contra a curiosidade, não resistiu à próxima pergunta:
— E qual é o seu nome completo?

— Como disse, Miah Antunes. O sobrenome Fiorentino surgiu tempos depois. Se eu mantivesse meu nome verdadeiro, há muito já teria sido localizada pela polícia. Aliás, posso me considerar uma mulher de sorte. Miah já não é um nome comum. Se houvesse um pouco mais de esforço por parte de Otávio e sua equipe, eu já teria sido detida do mesmo jeito.

Nicolas estava paralisado. Era como estar numa paródia de péssima qualidade representando outras pessoas. Parecia que estavam interpretando um papel, e ele desejou que alguém surgisse dizendo que tudo aquilo não era realidade.

— Eu nasci em Salmourão, no interior do estado. É uma pequena cidade repleta de belezas naturais. Minha família era pobre, ou seja, meus pais e eu. Eles trabalhavam fora, e uma senhora, vizinha de nossa casa, cuidava de mim. Meu pai era carpinteiro e minha mãe trabalhava como cozinheira na casa de um fazendeiro. Quando completei dois anos, meu pai faleceu. Estava montado em um cavalo, que se assustou com algum animal menor e empinou, derrubando-o. Ele caiu e morreu na hora. Eu não sinto nada quando penso nisso, porque não o conheci direito. Não tenho praticamente nenhuma lembrança dele. Minha mãe me contava o quanto sofrera com sua morte e como fora difícil para ela criar uma filha sozinha.

"O primeiro elo com Escobar e Beatriz. Este pode ser um dos motivos de ela estar sendo procurada pelo criminoso", pensou Nicolas.

— Quando eu completei cinco anos, minha mãe conheceu um homem chamado Manoel. Ele também era pobre e viera de outra cidade, porque a pequena firma onde trabalhava o transferira para o município onde nós vivíamos. Ele acabou se envolvendo com minha mãe, e os dois se casaram alguns meses depois — ela fez uma pausa e olhou para Nicolas. — Ele foi o padrasto de quem tanto falei.

— O homem cruel e tirano — acrescentou Nicolas.

— Não — Miah olhou para um ponto fixo na parede, como se sua mente retrocedesse aos tempos de infância. —

Manoel foi um homem maravilhoso. Jamais fez algo de ruim para mim ou para minha mãe. Ele me amava como se eu fosse sua verdadeira filha, e eu o tinha como o pai que nunca conheci. Você não sabe como foi difícil ter de mentir sobre ele. É triste e doloroso distorcer a imagem de uma pessoa que só viveu para fazer o bem para os outros.

Miah olhou em volta e perguntou:

— Podemos conversar sentados lá na sala? Se permanecermos em pé aqui na cozinha, vamos nos cansar.

Nicolas concordou, e eles se acomodaram no sofá logo depois.

— Por mais que tivéssemos uma vida feliz, a pobreza era grande. Os dois ganhavam tão pouco que mal conseguiam comprar nossos alimentos. Mesmo aos cinco anos, eu tinha consciência de nossa condição financeira e queria fazer alguma coisa para ajudá-los. Eu sempre me oferecia para ir trabalhar com minha mãe, mas ela nunca deixava. Dizia que eu tinha que ficar em casa, para crescer e me tornar linda como a princesinha que eu seria um dia. Eles tentavam comprar alimentos diferentes para que eu não enjoasse, mas os únicos que conseguiam trazer para casa eram arroz e feijão.

Ela colocou as mãos sobre o colo e continuou:

— Três dias depois do meu aniversário de dez anos, minha mãe sofreu um infarto repentino e morreu. Eu chorava dia e noite. Manoel me consolava de todas as formas possíveis e dizia que seu coração doía por me ver chorando e que as verdadeiras princesinhas jamais choravam. Ele me mostrava as estrelas no céu, dizendo que minha mãe tinha se tornado uma delas, mas eu nunca acreditei naquilo. Ela foi uma mulher muito ativa para se contentar em ficar parada, brilhando como uma boba.

Miah sorriu entre as memórias perdidas no passado:

— Acho que um ou dois meses depois da morte de minha mãe, Manoel chegou muito sorridente em nossa casinha dizendo que tinha uma boa notícia. Nessa época, eu não precisava ficar aos cuidados da vizinha, embora fosse ela quem preparasse as refeições para mim. Meu padrasto estava contente de uma forma como eu nunca o vira antes. Ele trazia um papel nas mãos. Eu não sabia ler, pois nunca tinha frequentado uma escola. Ele, mesmo lendo pessimamente, disse que havia comprado um bilhete premiado e que nós ficaríamos ricos. Eu achei que toda aquela conversa fosse invenção para me divertir e me fazer esquecer a morte de minha mãe. Até que, uma semana depois, ele voltou para casa com o dinheiro. Ele tremia tanto quanto eu ao ver todas aquelas notas espalhadas sobre nossa cama. Eu não sei quanto representaria aquela quantia nos dias de hoje, mas parecia ser muito, pois ele conseguira vender nossa casa e comprar uma maior. Depois, ele ainda conseguiu me colocar num colégio particular por algum tempo.

— Você havia me dito que, ao completar dezoito anos, recebeu uma herança deixada por seu pai — interrompeu Nicolas.

— Era o que eu queria que tivesse acontecido. Eu sempre desejei ter uma vida melhor, ser a princesinha de que minha mãe sempre falava. Nas histórias que meu padrasto me contava antes de eu dormir, havia sempre princesas em lindos vestidos, morando em imensos castelos. Eu mal tinha roupas para vestir, e nossa casinha tinha muitas goteiras.

Miah recostou-se no sofá, prosseguindo:

— Depois do surgimento desse dinheiro abençoado, nossa vida melhorou um pouco, embora meu padrasto continuasse trabalhando fora. Ele havia conseguido um emprego na prefeitura. Nessa época, eu já estava com doze anos, e apareceu um homem. Ele era colega de trabalho do meu padrasto e ocupava um cargo bem superior ao de Manoel na prefeitura, ganhando muito mais. Ele era muito jovem. Penso que talvez tivesse uns trinta anos. Falava e se vestia muito bem. O nome dele era Lúcio. Meu padrasto passou a levá-lo para nossa casa quase todas as noites, e nós três jantávamos juntos. Lúcio me tratava bem, contudo havia alguma coisa nele que eu não gostava. Quando Manoel se virava de costas, ele sempre dava um jeito de tocar em meus braços ou roçar o corpo no meu. Eu achava aquilo meio estranho, mas mesmo assim nunca comentei nada com meu padrasto.

Traços de tensão e angústia surgiram no tom de voz de Miah:

— Em uma ocasião, Manoel me contou que Lúcio estava fazendo uma negociação que renderia muito dinheiro aos dois. Eu não sabia nada de matemática, afinal estava aprendendo as lições lentamente no colégio, mas, pelo que consegui entender, os dois ganhariam dinheiro fazendo alguma coisa. Meu padrasto tinha um dinheiro guardado no banco, que sobrara do prêmio do bilhete, e disse que tiraria tudo o que estava lá para entregar a Lúcio, visando obter muito mais dinheiro tempos depois. E isso foi feito. Manoel sacou tudo o que nós tínhamos guardado e ainda vendeu alguns objetos da nossa casa para aumentar a soma que entregaria a Lúcio. Hoje, eu entendo que meu padrasto estava caindo no golpe de um falsário, que o enganou dizendo que lidava com juros bancários e que fazia qualquer dinheiro que caísse em suas mãos multiplicar-se.

Miah olhava fixamente para o tapete no chão da sala, como se ele fosse uma tela em que ela via as imagens do passado sendo transmitidas.

— Lúcio sumiu com todo o nosso dinheiro, e nós ficamos na miséria novamente. As prestações do colégio começaram a atrasar. Ainda que Manoel trabalhasse do nascer do sol às últimas horas da noite, tanto na prefeitura quanto nos serviços extras nas fazendas, o valor era alto demais. Eu acabei indo para um colégio público. Já estava atrasada nos estudos e quase repeti aquele ano. Meu padrasto dizia que fora tolo e inocente ao confiar nas palavras de um falso amigo, mas que o perdoava, pois ele fora movido pela ganância de ganhar mais dinheiro.

Nicolas percebeu quando as mãos dela tremeram levemente.

— Eu não podia aceitar aquilo. Eu estava com muita raiva daquele homem e contei ao meu padrasto que ele me tocava e esbarrava em mim. Manoel ficou furioso e brigou comigo por não eu ter lhe contado antes. Disse que daria uma surra em Lúcio se o visse nas ruas, contudo, ele já deveria ter deixado a cidade. Um ano depois, quando eu já havia completado meu décimo terceiro aniversário, recebi uma visita em casa. Eu estava sozinha, estudando e, ao abrir a porta, deparei-me com Lúcio ali, sorrindo para mim como se nada tivesse acontecido. Fiquei furiosa e tentei fechar a porta na cara dele, porém Lúcio a forçou e entrou, trancando-a pelo lado de dentro.

Onde está seu padrasto, menina?, ele me perguntou. *Trabalhando. Não é um vagabundo como você*, eu respondi, muito irritada com a presença dele.

Miah fez uma ligeira pausa e continuou:

Eu já imaginava isso. Tanto que voltei justamente aqui, neste horário, porque sabia que ele não estaria em casa. Eu vim para fazer algo que há muito tempo tenho vontade, ele falou. Aquelas palavras me deixaram assustada, e eu quase gritei quando o vi arrancando o cinto da calça. Cheguei a pensar que ele fosse me bater e tentei correr, mas Lúcio me puxou pelos cabelos e me levou até minha cama.

Miah alisou a cabeça como se quisesse ter certeza de que as mãos de Lúcio não estavam mais ali.

— Sem dificuldade, ele me jogou na cama, deitou-se sobre mim e afastou minhas pernas... — ela gaguejou, e novas lágrimas vieram. Quando conseguiu se acalmar, acrescentou: — Foi tão horrível, tão dolorido... E quando pensei que tivesse terminado, ele estava novamente excitado e me estuprou outra vez.

Os olhos dourados de Miah encheram-se de horror, enquanto ela se recordava da cena. Ela parecia nem se dar conta da palidez que descoloria rapidamente o rosto de Nicolas.

— Faz ideia da dor que eu senti? Imagina o que significou para uma menina de treze anos perder a virgindade com tanta violência e justamente com um homem que já era odiado por ter enganado seu padrasto?

Nicolas fechou os olhos, e a imagem de uma menina magra e ferida surgiu em sua mente. Podia vê-la chorar, contorcendo-se de dor, enquanto um homem, cujo rosto ele não podia visualizar, observava a cena de um canto, sorrindo alegremente e orgulhoso pelo seu feito.

— Quando ele se saciou pela segunda vez, apertou-me pelo pescoço com muita força, mas não o suficiente para deixar marcas em minha pele. De tão fraca e dolorida que eu já estava, aquela pressão quase me asfixiou. Ele disse que se eu soltasse uma palavra sobre aquilo ao meu padrasto, ele nos mataria e ainda levaria as poucas coisas que nos restavam. Reuni forças para cuspir em seu rosto, mas Lúcio revidou desferindo uma bofetada tão forte em mim que por pouco não perdi os sentidos — Miah alisou a bochecha, onde a mão pegajosa de um homem perigoso a agredira muitos anos antes.

— O que ele fez depois disso? — a voz de Nicolas surgiu rouca.

— Lúcio me deixou deitada, sentindo todas as dores corroerem meu corpo. Minhas pernas estavam molhadas de sangue. Ele simplesmente me beijou no rosto, vestiu as roupas e foi embora.

Miah estava imersa demais em suas lembranças para notar que as mãos de Nicolas se crisparam e que seus olhos escureceram.

— Meu padrasto me encontrou no mesmo lugar, no fim da noite. Eu chorava baixinho. Doía tanto que eu não conseguia me levantar para pedir ajuda a algum vizinho. Indo contra a ameaça de Lúcio, contei a Manoel tudo o que ele havia feito comigo, ressaltando que havíamos sido ameaçados de morte. Nem haveria outro jeito de me omitir. A casa era pequena, e uma adolescente recém-violentada não consegue enganar um ente querido e agir como se nada tivesse acontecido. Furioso, Manoel prometeu vingança, mas nunca pôde fazer nada contra Lúcio.

Assim como Nicolas acabara de fazer, Miah também fechou os olhos antes de prosseguir:

— Eu achava que Lúcio merecia pagar pelo que havia feito comigo e com meu padrasto. Não sentia propriamente um desejo de vingança. Eu apenas queria que a justiça fosse feita. Além de ter me marcado para sempre, Lúcio foi o responsável por destruir meus sonhos de ter uma vida melhor. Quando tudo parecia prestes a melhorar, ele surgiu e nos deixou na pobreza de novo. Eu me questionava sobre haver pessoas na cidade e em outras que tinham tanto dinheiro, enquanto o nosso era contado. Sempre me questionei sobre isso e nunca pude aceitar essa realidade.

Miah enxugou o rosto com a mão, como se um suor repentino surgisse ali:

— Eu, então, decidi reverter isso. Meu padrasto nunca me contou a história de Robin Hood, mas eu soube dela por meio da vizinha que cuidava de mim. Aquela vontade de ser uma espécie de justiceira começou a tomar forma dentro do meu ser. Lúcio não podia continuar a ter uma vida boa, como eu supunha que ele tinha, à custa do nosso sofrimento. Todavia, aos treze anos, pobre e machucada, não poderia fazer muita coisa. Em apenas uma parte do meu coração ainda havia amor. E eu dedicava esse amor ao meu padrasto. O restante era raiva, revolta e inconformismo. E movida por essa ideia, eu comecei a planejar meu futuro. Foram anos articulando minuciosamente cada detalhe e revendo cada ideia, para que não houvesse falhas. Eu nem mesmo sabia o que faria para Lúcio se arrepender do que havia feito.

Miah se abaixou para tirar os sapatos e massageou as solas dos pés. Depois, olhou atentamente para Nicolas, tentando ver as impressões que suas palavras estavam causando nele, mas reparou que o rosto do marido estava impassível.

Miah sabia que as piores partes do seu passado ainda não tinham sido reveladas. Ela permaneceu alguns minutos em silêncio, antes de retomar sua narrativa:

— Foram quatro longos anos de espera, e meu padrasto jamais imaginou o que se passava em minha cabeça. Aos dezessete anos, eu já era uma mulher formada e aparentava ter mais de vinte. Era alta e bem encorpada e meus longos cabelos loiros me concediam uma aparência mais sóbria. É difícil me imaginar loira, não é? De qualquer forma, eu nasci loira e sempre tive cabelos compridos.

Ela fez outra pausa, enquanto pensava em alguma coisa. Por fim, levantou-se e fez um gesto para Nicolas segui-la até o quarto. Lá chegando, Miah abriu uma parte do guarda-roupa e encontrou uma bota com salto plataforma. Sob os olhares curiosos de Nicolas, ela forçou o salto para baixo, que despencou no chão. Em seu lugar, estrategicamente colado no couro da bota, havia um pequeno embrulho de plástico. Ela descolou-o, remexeu os documentos dobrados e pegou uma foto 3x4 meio amarelada, entregando-a para Nicolas.

Ele baixou os olhos e viu uma jovem de rosto arredondado, olhos cor de mel e cabelos louros escuros, quase castanhos. As sobrancelhas eram da mesma cor. Inegavelmente, era muito semelhante a Miah de agora. Imediatamente, ele concluiu que preferia a versão morena de sua esposa.

— Eu fui assim um dia — continuou Miah. — Por favor, não me faça nenhuma pergunta ainda. Espere eu terminar de falar.

Ele fez que sim com a cabeça, e ela continuou a narrativa:

— Eu era bonita aos dezessete anos e, quando saía nas ruas, notava a forma como era admirada pelos homens. Porém, eu não me interessava por nenhum deles, porque, em minha cabeça, eles tinham um caráter mais semelhante ao de Lúcio do que ao de meu padrasto. Se eles me olhavam daquela forma era porque desejavam fazer comigo o mesmo que Lúcio fizera. No entanto, meu objetivo não estava neles. Meu objetivo era Lúcio. Eu não pretendia descansar, enquanto não soubesse onde ele se escondia para poder pegar de volta aquilo que me pertencia. Se eu não podia recuperar a pureza perdida, quem sabe pudesse recuperar o dinheiro, ou parte dele, que Lúcio subtraíra de Manoel.

Miah fez uma pausa, como se tentasse encontrar a melhor forma de concluir sua narrativa:

— Sem que Manoel soubesse, fui à prefeitura pedir informações. Havia um rapaz que trabalhava no departamento administrativo de lá e que se mostrou muito interessado em mim. Disse que sabia onde Lúcio estava, mas que só daria a informação se eu saísse com ele. Como aquilo me interessava, topei. Na primeira vez, menti para meu padrasto, dizendo que à noite eu iria até a casa de uma vizinha nossa para matar as saudades. Aquela vizinha que cuidava de mim quando eu era pequena. Na verdade, fui me encontrar com o rapaz da prefeitura. Em troca de alguns beijos, ele me disse que Lúcio estava morando na cidade vizinha, em uma casa azul e branca, perto da rodoviária, e que ele estava trabalhando na prefeitura de lá. Mesmo sentindo nojo da boca daquele garoto, a informação era muito importante para mim, e nós ficamos juntos naquela noite. Ele tinha vinte e quatro anos e me pediu em namoro. Eu recusei o pedido e avisei que não desejava namorar ninguém. Não tinha cabeça para isso. Tudo em que eu conseguia pensar era como eu enganaria Lúcio. Confesso que me sentia uma justiceira.

Miah também se sentou na borda da cama. Nicolas permaneceu de pé, apoiado no guarda-roupa, ouvindo-a atentamente.

— Meu padrasto me dava um pouco de dinheiro todos os meses para que eu pudesse gastar no que quisesse. Eu nunca comprava nada. Assim, o dinheiro foi suficiente para comprar a passagem até a cidade vizinha. Era um ônibus comum que fazia o roteiro e não foi preciso documentos para eu embarcar. Em menos de meia hora, eu estava lá e, depois de mais vinte minutos, já me encontrava parada diante da casa azul e branca. Não estava assustada e sim confiante. Ninguém sabia que eu levava uma bolsinha e dentro dela uma caixinha de soníferos. Já tinha tudo planejado e sabia que nada daria errado. A ideia era fazer ele tomar alguma bebida, na qual eu pudesse inserir o comprimido. Depois que ele adormecesse, eu me se sentiria à vontade para explorar a casa. Bati palmas em frente ao portão, e, pouco depois, o próprio

Lúcio apareceu. Ele pareceu meio espantado quando me reconheceu e soube disfarçar com um sorriso. *Miah, é você? Como me achou aqui?*, ele perguntou. *Vim perguntando, e uma pessoa me disse que você estava aqui*. Eu forcei um falso sorriso e completei: *Não aguentava mais esperar*. *Como assim?*, ele abriu o portão e ficou me olhando. Fazia quatro anos que eu o vira pela última vez, que foi no dia do estupro. Ele estava do mesmo jeito, apesar de um pouco mais gordo. Eu perguntei se ele morava sozinho, e ele, dando de ombros, respondeu que morava com a esposa e com o filho e que havia se casado há pouco mais de um ano.

Miah tomou fôlego:

Fico feliz por isso. Você não foi trabalhar hoje?, eu perguntei.

Costumo vir almoçar em casa, já que trabalho perto.

Sua esposa e seu filho estão?, questionei.

Por que quer saber?

— Ele ficou assustado, porque certamente pensou que eu fora até lá denunciar à esposa o que ele tinha feito comigo anos antes. Eu, então, disse que precisava falar a sós com ele e que seria rápido.

Bem... ela foi visitar a irmã e só deve voltar à tarde. Levou nosso filho com ela. Estou sozinho agora, ele baixou o olhar para meu decote e sorriu maliciosamente. Mas eu sempre tenho tempo para conversas particulares com garotas como você. Não quer entrar?, ele convidou.

— Aquilo era tudo o que eu desejava. Entramos, e notei que a casa dele era luxuosa e elegante. Fiquei furiosa, pois ele deveria ter comprado todos aqueles objetos caros com o dinheiro que havia roubado do meu padrasto. Apesar da raiva, eu disfarçava tudo com um sorriso alegre. Nós ficamos conversando sobre banalidades, e eu percebi que ele estava excitado com minha presença. Olhava constantemente para minhas pernas, e eu decidi que aquele seria o momento ideal.

Por que olha tanto para minhas pernas?, perguntei, fingindo-me de tola. Há muito eu tinha perdido minha inocência.

Porque nunca me esqueci das coisas gostosas que fizemos em sua casa naquele dia.

Eu... espero que não pense mal de mim, mas, na verdade, é por isso que eu vim..., e, aparentando timidez, continuei: Nunca me esqueci do que houve entre nós. Foi estranho para mim, mas também muito prazeroso. Nunca mais estive com um homem depois de você, Lúcio. Queria tanto repetir aquilo, só que agora você está casado..., me insinuei.

Podemos ir ao meu quarto, a voz dele já estava ofegante. *Ninguém precisa ficar sabendo. Será um segredo nosso*.

É que eu preciso mesmo ir embora. Nem sei se trouxe dinheiro suficiente para comprar minha passagem de retorno, *menti. Eu já tinha comprado a passagem para voltar*.

Eu completo o que faltar. Venha ao meu quarto.

— Eu me deixei levar. O quarto de Lúcio se parecia com os aposentos de um príncipe. Havia lá uma cama larga com dossel e móveis antigos e feitos sob encomenda. Ele rapidamente tirou as roupas, e eu, fingindo sentir prazer, também me despi diante dos olhos gulosos daquele desgraçado. Ele avançou sobre mim, mas eu perguntei: *Não temos algo para beber? Pode ser um vinho ou mesmo um licor. É que pretendo fazer algo maravilhoso com seu corpo, derramando bebida sobre ele*.

Miah voltou-se para Nicolas:

— Lúcio mal podia controlar o desejo. Ele abriu um armário na parede que lhe servia de adega e retirou uma garrafa de vinho. Usou um saca-rolha para abri-la, e eu pedi duas taças também.

Vamos, garota, eu estou em horário de almoço. Ande logo com isso.

Desculpe. Não seria melhor se você me desse o dinheiro para eu comprar minha passagem?, ele resmungou, mas concordou. Eu achava a frieza e a falta de caráter de Lúcio impressionantes. Em nenhum momento, ele me perguntou se meu padrasto estava vivo ou morto e muito menos comentou algo sobre o golpe que aplicara nele. De repente,

Lúcio tirou um quadro da parede. Atrás dele havia uma porta pequena, que não estava trancada. De dentro do cofre ele apanhou um imenso maço de notas, separou algumas e me entregou. Eu senti tanta raiva que quase gritei que parte daquele dinheiro era meu e do meu padrasto. Como não pretendia estragar um plano que fora elaborado durante tanto tempo, calei-me. Ele recolocou o quadro na parede e se deitou na cama, fazendo um gesto para que eu me deitasse ao seu lado. Eu sorri e servi as duas taças com o vinho. De costas para ele, comecei a dançar, requebrando os quadris para excitá-lo ainda mais e distraí-lo do que eu estava fazendo. Por fim, despejei o sonífero numa das taças e guardei a embalagem novamente em minha bolsa. Então, fui até ele com as bebidas nas mãos. Ao vê-lo nu, esticado sobre a cama, tive vontade de cuspir em Lúcio, dizer o quanto o odiava, o quanto ele me enojava, porém, eu tinha que me controlar para não pôr tudo a perder. Segurei a taça com o sonífero e despejei a outra sobre a barriga dele. Fingindo estar distraída, fiz Lúcio segurar a taça que continha o produto, enquanto deslizava minha língua pelo corpo asqueroso daquele homem maldito. Ele bebeu um pouco de vinho de sua taça e depois fechou os olhos, devido ao prazer intenso.

Miah entrelaçou as mãos, pois elas já estavam tremendo. Nicolas fingiu não reparar naquele gesto.

— Foi então que uma tragédia aconteceu. Acho que eu estava tão nervosa com o que estava fazendo e com pressa para terminar logo com aquilo que mal me dei conta de que não havia fechado totalmente o zíper da bolsa. Eu estava com ela pendurada em meu ombro por medida de segurança, quando o envelope do sonífero escorregou lá de dentro e caiu ao lado da mão de Lúcio. Se o infeliz estivesse de olhos fechados, eu poderia tê-la apanhado e guardado de novo, mas ele percebeu o que havia acontecido e se mexeu com a rapidez de um raio. Quando leu o conteúdo da embalagem, ficou rubro de ódio.

Miah revia mentalmente as cenas, como se elas tivessem acontecido um dia antes.

— Tentei fingir que não havia percebido nada e continuei acariciando seus órgãos genitais na intenção de provocá-lo, mas percebi que nada do que eu fizesse surtiria efeito. Lúcio já havia percebido minha verdadeira intenção, e eu, tentando não me deixar dominar pelo pânico, forcei um falso sorriso perguntando: *O que houve, querido? Perdeu o desejo?*

Ela suspirou e continuou:

— Recebi um tapa tão forte no rosto que caí da cama direto no chão. Um tapa mais agressivo que o primeiro que recebera dele, quatro anos antes. Meus olhos se encheram de lágrimas, enquanto sentia uma ardência violenta envolver meu rosto. A taça com o sonífero entornou sobre os lençóis da cama, dando a aparência de que estavam sujos de sangue.

Miah tentava concluir a narrativa:

O que pensa que está fazendo, sua vadia? Veio aqui me envenenar?, ele esbravejou, e eu me levantei depressa, ao perceber que ele já tinha saltado da cama e se dirigia ao cofre de onde havia tirado o dinheiro. Eu nunca tinha estado diante de uma pessoa tão irada quanto Lúcio estava naquele momento. Minha boca ficou seca e meu corpo começou a tremer. E não consegui controlar um grito de susto, quando ele retirou um revólver de dentro do cofre, apontando-o diretamente para mim. Tive certeza de que morreria naquele instante.

— Se você está aqui agora, contando-me tudo isso, é porque conseguiu se livrar dele — disse Nicolas de repente com um tom de voz glacial.

Miah quis acreditar que toda aquela frieza se devia aos fatos provocados por Lúcio e não porque Nicolas estivesse aborrecido com suas atitudes. Ela não agira com crueldade em nenhum momento. Poderia ter pensado em matar Lúcio, mas tudo o que sempre quis foi recuperar seu dinheiro.

— Foi então que ele me disse que eu merecia um castigo por tentar ludibriá-lo. Arrependida por ter ido até lá, comecei a chorar e supliquei que ele me perdoasse e me deixasse ir embora. Lúcio quis saber por que eu pretendia adormecê-lo forçadamente, e eu lhe confessei que desejava tirar dele algo de valor para quitar a dívida que ele tinha com meu padrasto. Lúcio deu uma gargalhada e contou que Manoel fora tolo e ganancioso por ter confiado nele apenas por querer ganhar dinheiro fácil.

O coração de Miah começou a disparar, porque agora vinha a pior parte da história. Se o tom de voz de Nicolas já estava daquele jeito, como ficaria quando ele escutasse os próximos acontecimentos?

— Ele ordenou que eu me encostasse na parede, de costas para ele. Obedeci cegamente e parei ao lado da cômoda, onde eu havia deixado a garrafa de vinho. Antes mesmo que ele fizesse algo, eu já sabia o que estava por vir. Lúcio continuava a empunhar o revólver com firmeza, e eu tinha certeza de que, caso se sentisse ameaçado, ele atiraria sem hesitar. Lúcio exigiu que eu me curvasse e erguesse mais o quadril, e então suas mãos começaram a tocar minhas nádegas... Nicolas, quer mesmo que eu descreva o que ele fez comigo?

— Não — foi tudo o que Nicolas respondeu.

— Eu me debatia, sentindo-me invadida, humilhada e dolorida. Via o revólver roçando em minhas costelas, enquanto ele se tornava mais violento e exigente. Eu tentava não gritar nem gemer, mas era impossível, e logo percebi que isso aumentava nele o apetite sexual. Foi então que algo me chamou a atenção. Esteve ali o tempo todo, e eu não havia percebido. Ao alcance de minha mão estava a garrafa de vinho ainda pela metade. Sabia que, se o agredisse, receberia um tiro, mas qualquer coisa parecia ser melhor do que me deixar ser usada por aquele porco asqueroso. Ele pareceu não perceber quando agarrei a garrafa pelo gargalo e reagi. Consegui empurrá-lo bruscamente para trás, o suficiente para que ele saísse de dentro de mim. O atordoamento momentâneo de Lúcio foi um ponto positivo a meu favor. Sem hesitar, bati a garrafa na testa dele, usando toda a força do meu braço trêmulo. Gritei quando ele disparou, mas por sorte a bala passou longe de mim. Tentando fazer ele largar o revólver, eu o empurrei para trás com força. Lúcio perdeu o equilíbrio e deixou a arma cair de suas mãos. Ele tombou para trás pesadamente e, antes de chegar ao chão, bateu a cabeça na mesinha de cabeceira. Ao cair, permaneceu ali com os olhos cerrados.

Miah não pôde mais se conter, e lágrimas começaram a rolar por seu rosto lívido.

— Eu estava certa de que ele havia perdido os sentidos e que precisava fugir dali, antes que a esposa e o filho dele chegassem... mas cometi outro erro. Talvez eu ainda fosse tão inocente quanto a menina que ele tinha machucado tempos atrás e por isso me abaixei e o toquei. Foi então que notei que havia outro corte na lateral da cabeça de Lúcio, na altura da têmpora, muito mais profundo do que aquele causado pelo impacto da garrafa. O sangue escorria em abundância pelos dois ferimentos. Tentei sacudi-lo para reanimá-lo, mas percebi algo horrível: Lúcio estava morto. Ele não havia resistido aos dois golpes quase simultâneos que tinha recebido na cabeça — olhando para Nicolas, ela acrescentou, aos prantos: — Meu amor, eu juro que não queria matá-lo. Não fui até lá com esse objetivo. Não era uma assassina até aquele dia. E se eu o matei, foi por legítima defesa.

Nicolas nada respondeu. Preferia não tirar nenhuma conclusão até que Miah dissesse a última palavra sobre aquele relato de horror, medo, traumas e angústia.

— Meu plano foi todo por água abaixo. Temendo ser descoberta pela polícia, saí correndo da casa de Lúcio. Não me importava mais ficar sem meu dinheiro. Eu havia tirado a vida de uma pessoa. Nem eu mesma conseguia me reconhecer. Em quê aquilo me transformava? Em uma bandida criminosa? E o meu padrasto? O que Manoel diria se soubesse de tudo aquilo?

Miah parou de falar, e algo escureceu seu olhar.

— A notícia da morte de Lúcio chegou à nossa cidade e aos ouvidos do meu padrasto. Eu tinha muito medo de ser descoberta pela polícia. A única pessoa que poderia me denunciar era o rapaz da prefeitura, pois eu lhe fizera perguntas sobre Lúcio. Ele, no entanto, nunca fez comentários. A princípio, a polícia cogitou a possibilidade de Lúcio ter sofrido um acidente doméstico por estar embriagado, mas, após os resultados laboratoriais, foi constatado que ele havia feito sexo antes de morrer. Além disso, a arma no chão revelava que ele parecia ter tentado se defender de alguém. A embalagem do sonífero foi encontrada e um único fio do meu cabelo também. Em pouco tempo, chegaram a uma conclusão: Lúcio havia sido assassinado por uma pessoa de cabelos longos e obviamente as suspeitas recaíram sobre uma mulher. Boatos se espalharam, sugerindo que uma amante vingativa havia ceifado a vida dele.

Miah alisou a colcha da cama distraidamente, sem se dar ao trabalho de enxugar as lágrimas que banhavam seu rosto.

— Passei a ter pesadelos com aquele dia. Às vezes, sonhava que a polícia surgia em minha porta e que eu era levada para a cadeia. Meu padrasto nunca desconfiou de nada. Eu me tornei quieta e fechada. Raramente sorria e tratava com uma frieza desconcertante qualquer homem que tentasse me paquerar. Eu achava apenas que não suportaria ser tocada novamente. Os meses foram passando até que recebi uma estranha visita em minha casa. Tratava-se de um homem muito bonito, de corpo atraente, alguns anos mais velho do que eu. Seus olhos exibiam uma crueldade que eu jamais vira em outra pessoa, nem mesmo em Lúcio. Era magro, alto e tinha cabelos e olhos castanhos. Estava bem arrumado e recendia à colônia amadeirada. Eu sempre tive boa memória e estava certa de que nunca o tinha visto antes na cidade.

Miah Antunes?, perguntou com voz rouca.

Sim. Quem é você? O que quer comigo? Eu nunca mais ficara sozinha com um desconhecido em minha casa desde que Lúcio me violentou. Como eu lhe havia dito, todos os homens, à exceção do meu padrasto, se tornaram seres desprezíveis para mim.

Você é a garota que matou Lúcio, ele afirmou.

— Quando ouvi isso, levei um susto tão grande que quase caí. Imaginei que ele fosse um policial e que estava ali para me prender, mesmo depois de terem se passado dez meses desde o ocorrido na casa de Lúcio.

Você é da polícia?, eu tremia, sem perceber que estava me denunciando. *Vai me levar para a cadeia?*

Não, não sou da polícia. E se você me ajudar, posso mantê-la longe dela. Sua liberdade é muito mais importante, ele sorriu revelando dentes claros e bem tratados. *E então, garota? Vai me deixar falar ou não?*

— Assustada, porém curiosa e interessada, deixei que ele entrasse em minha casa. Ele disse que se chamava Renato, mas não me falou qual era seu sobrenome. Diferentemente de Lúcio, ele nem sequer olhou para meu corpo. Tratava-me como se tivesse lidando com outro homem. Não me deu muitos detalhes sobre como havia descoberto que eu tinha assassinado Lúcio. Disse apenas que tinha me visto entrando e saindo da casa dele naquela tarde e que havia me reconhecido como sendo filha de Manoel, porque ele conhecia meu padrasto há algum tempo e já nos havia visto juntos. Ele deixou claro que se eu não o ajudasse seria presa, porque ele me denunciaria, e que se eu colaborasse com ele ainda poderia ganhar muito dinheiro. Naturalmente, fiquei desconfiada. Aquela conversa sobre ganhar dinheiro fácil me lembrava da forma como Lúcio havia enganado meu padrasto. Contudo, Renato parecia muito sincero. Disse que trabalhava com "serviços contratados" e que precisava de uma pessoa com meu perfil. Explicou-me depois que seria um trabalho seguro se eu soubesse desempenhá-lo a contento.

Miah suspirou, percebendo que Nicolas não perguntaria nada naquele momento.

— Na realidade, Renato chantageou-me. Havia um velho na cidade chamado Ernani, que podia ser considerado o homem mais rico do município. Ele era um banqueiro e vivia sozinho na mais bela casa que já conheci. Gostava de envolver-se em assuntos políticos e mantinha uma estreita amizade com o prefeito e com alguns vereadores. Renato me explicou que, por trás da aparente rotina de um homem de negócios,

Ernani escondia um segredo sujo, que já havia feito mal a muitas pessoas e que ele precisava sair de cena. Em outras palavras, Renato queria que eu assassinasse o banqueiro em troca de algum dinheiro. Se eu recusasse a proposta, ele me denunciaria à polícia, garantindo-me que tinha provas suficientes para eu ser indiciada pela morte de Lúcio.

Miah levantou-se, caminhou devagar até a janela, abriu-a e olhou para a rua escura. A noite estava quente e abafada.

— Você decidiu participar de um crime encomendado? — Nicolas perguntou a Miah por trás de suas costas.

Virando-se devagar, ela o confrontou e negou com a cabeça. Ele continuava de pé, apoiado no guarda-roupa.

— Mesmo sendo chantageada, eu não concordei com aquele pedido inicialmente. O que eu havia feito com Lúcio, ainda que fosse unicamente para me defender, ainda martelava minha consciência, condenando-me. Matar uma pessoa friamente estava fora de cogitação. Eu nunca teria coragem de tirar uma vida humana por iniciativa própria, sem o menor remorso. Diante da minha negativa, Renato foi embora, retornando no dia seguinte com a mesma proposta. Dessa vez, ele foi mais taxativo ao dizer que, caso eu respondesse à sua proposta com outro "não", ele sairia da minha casa diretamente para a delegacia. Hoje, penso que ele não faria isso, pois teria de prestar depoimento e esclarecer à polícia por que havia deixado passar tanto tempo para me denunciar, se sempre soube que eu era a responsável pela morte de Lúcio. Porém, eu era uma jovem assustada e receosa, que temia por minha segurança e pelo bem-estar do meu padrasto. Ele praticamente havia me criado e não merecia receber um golpe tão grande ao descobrir que sua enteada tinha se tornado uma criminosa.

— E desta vez você aceitou — concluiu Nicolas, evitando olhar para Miah.

— Mais ou menos. Eu falei que só faria o que Renato estava me pedindo, se ele me provasse que Ernani era realmente um homem imundo e dispensável para o mundo, uma vez que suas atitudes eram tão desprezíveis. Ele revelou-me que o banqueiro se envolvia sexualmente com menores de idade. Renato, então, sugeriu que eu encontrasse uma forma de me aproximar de Ernani e descobrisse se o que ele estava falando era ou não verdade. Havia um ódio descomunal nas palavras de Renato quando ele se referia ao ricaço. Um ódio premente que ultrapassava o fato de Ernani ser pedófilo.

Miah retornou devagar até perto de onde Nicolas estava, e ambos ficaram novamente de pé, frente a frente.

— Comecei a seguir Ernani discretamente. Apesar de ser dono de uma vultosa fortuna, ele costumava caminhar a pé pela cidade, que era minúscula. Nem era necessário fazer uso de um veículo para ir de um lugar a outro. Naquela época, não havia preocupação com sequestros e outros crimes semelhantes como os que vemos hoje em dia. Em menos de uma semana, eu o flagrei segurando dois meninos pelas mãos, ambos aparentando ter cerca de dez anos de idade. Aquilo me causou certa repulsa, embora as crianças em questão pudessem ter algum parentesco com ele. Ernani levou as crianças para dentro de sua mansão, e eu fiquei à espreita, notando que elas não tornaram a sair. Dias depois, uma matéria rápida no rádio deu conta que dois irmãos, um com nove e o outro com onze anos, foram encontrados mortos a vinte quilômetros de nossa cidade. Ambos foram brutalmente violentados, antes de serem estrangulados e atirados em um terreno baldio. O locutor descreveu as crianças, e qual não foi minha surpresa quando percebi que os meninos eram os mesmos que vi na companhia de Ernani. Os pais, muito simples e humildes, estavam desesperados e contavam com a ajuda da polícia para descobrir quem era o culpado pelos crimes. Eles haviam dito que, num momento de descuido, alguém levara os irmãos.

Nicolas estudava Miah atentamente, ansioso pelo final daquela narrativa.

— Três meses depois, outro menino da mesma idade foi encontrado morto em uma cidade vizinha, com as mesmas características das duas primeiras crianças. Pensei, então, que talvez Renato pudesse ter razão sobre Ernani, que, além de pedófilo, era provavelmente um assassino também. Assim, houve um dia em que nos cruzamos na rua, e eu tratei de puxar assunto com ele. Ernani, de fato, era um sujeito grosseiro, rústico, que me olhou com uma malícia assustadora. Ele me conhecia, sabia que eu era enteada de Manoel. Eu lhe falei que queria trabalhar em uma escola como auxiliar, pois futuramente pretendia ser professora, e, imediatamente, ele me pareceu interessado e marcou um encontro comigo em sua casa na tarde seguinte. Fui até lá e descobri que o banqueiro morava sozinho e que sua casa era ainda maior vista de dentro. Foi educado comigo, contudo, eu percebi que ele estava muito interessado em saber mais sobre meus planos de trabalhar em uma escola. Quis saber se eu já havia encontrado algum colégio para trabalhar e se nele havia muitos meninos matriculados. Com aquilo, tive a confirmação de que Renato não mentira.

Os lábios de Miah ficaram apertados e mais uma vez ela cruzou uma mão na outra.

— Na semana seguinte, tornei a vê-lo andar na rua de mãos dadas com um garoto de uns doze anos. Eu me perguntava uma coisa: certamente, não era a única a vê-lo com as crianças. Como, então, ninguém nunca o havia relacionado às mortes que aconteceram? A resposta veio logo depois. Quando Ernani e a criança continuaram a andar na direção da casa dele, tratei de segui-los. Na visita que havia realizado à residência dele, constatei que Ernani não possuía empregados, talvez por não querer ser importunado ou denunciado. Logo que eles cruzaram o portão, saltei o muro e entrei na casa. O acesso foi muito fácil. Como ele nunca tinha sido assaltado, não temia ladrões nem se preocupava com a segurança do lar. Portas e janelas permaneciam abertas, o que favoreceu minha entrada. Lógico que eu estava fazendo algo muito arriscado e poderia ser presa por invasão de propriedade particular.

Miah fez uma pausa para recuperar o fôlego e continuou:

— Não tardou para eu ouvir gritos infantis e gemidos ofegantes. Corri até a direção de onde vinham os ruídos e parei diante da porta entreaberta do quarto de Ernani. Espiei pela fenda e o que vi me deixou chocada. Ele fazia com o menino o mesmo que Lúcio fizera comigo, instantes antes de eu o atingir com a garrafa. A criança chorava, enquanto o velho resfolegante tentava tapar-lhe a boca para evitar que o menino gritasse. Não resisti e invadi o quarto de Ernani, ainda sem saber o que deveria fazer. Pego no flagra, ele liberou o menino, que se escondeu atrás da cama, e depois avançou em minha direção. Ele gritava dizendo que me mataria por ter visto o que não devia. Ele berrava falando que sempre fizera aquilo, que pagava às pessoas certas para se manterem em silêncio e que depois descartava as crianças, que nada significavam para ele. Segundo Ernani, era muito fácil convencer uma criança a acompanhá-lo até sua casa.

Miah sentiu que o coração voltava a disparar.

— Corri na direção das escadas com Ernani em meu encalço. Ele era mais pesado e mais lento do que eu, o que me deu certa vantagem. Nervosa, desci como uma bala. Foi tudo muito rápido. De repente, ele estava caído no chão... o pescoço torcido, o corpo todo torto. Ernani havia perdido o equilíbrio e escorregado nos degraus. Juro que não o matei.

Ela caiu em um pranto profundo, e seu corpo foi sacudido por soluços violentos. Mesmo profundamente abalado, Nicolas não a abraçou. E Miah não saberia dizer até que ponto aquele distanciamento que ele estava apresentando era preocupante.

— De volta à rua, entrei em contato com o número de telefone que Renato havia deixado comigo. Chorando como uma criança, contei-lhe o que havia acontecido. Expliquei que uma criança estava na casa e que o corpo de Ernani jazia na cozinha. Ele me explicou que daria um jeito em tudo e que eu não precisava me preocupar com nada. No dia seguinte, ouvi pelo rádio a notícia sobre a morte do banqueiro e, com o testemunho do garoto, foi constatado que Ernani era pedófilo e assassino. O menino relatou que tinha visto de relance uma mulher surgir na casa, mas que não sabia descrevê-la para a polícia. A morte de Ernani foi dada como acidental, e o caso foi encerrado — Miah puxou a colcha e cobriu as próprias pernas. — Três dias depois, Renato voltou à minha casa num momento em que meu padrasto não estava e me entregou uma bolsa enorme e pesada. Ao abri-la, quase caí dura. Havia ali mais dinheiro do que eu imaginava que poderia haver nos cofres de um banco.

Ela olhou para Nicolas:

Este é o seu pagamento. Aí está toda a quantia que encontrei no cofre dele. É tudo seu agora. Não quero ficar com nem um centavo daquele velho, que anos antes fez comigo o mesmo que fez com os garotos. A diferença é que naquela época ele se contentava com sexo. Não precisava tirar a vida de ninguém.

— Tratei de esconder aquela bolsa dentro do meu guarda-roupa, onde meu padrasto jamais mexia. A polícia nunca havia chegado a mim, exatamente como tinha acontecido com o caso da morte de Lúcio. E, quando achei que finalmente teria paz, Renato reapareceu dizendo que tinha um novo serviço para mim. Dessa vez nem quis saber do que se tratava e neguei veementemente. Falei que fiz o que ele havia pedido, que ele tinha se vingado e pedi que me esquecesse definitivamente. No entanto, é óbvio que ele tentou me ameaçar com a polícia novamente. Eu fui taxativa e reafirmei que não faria o que ele me pedia em hipótese alguma, pois não desejava me enveredar pelo mundo do crime. Não queria continuar fazendo aquilo até que me matassem ou me prendessem. Renato foi embora, mas retornou nos dias seguintes, sempre tentando me assustar e me pressionar. Não obstante, dessa vez resisti até o fim, negando-me a continuar agindo daquele jeito.

Miah percebeu que estava com a garganta seca, mas não queria buscar um copo de água na cozinha. Não desejava perder a coragem de continuar, caso tivesse que fazer uma longa pausa.

— Nesse ínterim, infelizmente, meu padrasto adoeceu e caiu de cama. Contraiu uma pneumonia gravíssima, e eu achei que ele fosse morrer. Manoel era a única pessoa que importava para mim. Ainda que estivesse com pouco mais de cinquenta anos, ele pareceu envelhecer uns vinte anos em poucos dias quando ficou enfermo. Eu estava triste e disse para Renato não ir à minha casa enquanto meu padrasto não melhorasse. Renato foi implacável e afirmou que seus inimigos não podiam esperar. Pela primeira vez, tivemos uma briga feia e não resolvemos nada. Eu disse que ele mesmo deveria matar quem o incomodava e que parasse de me perturbar, antes que meu padrasto desconfiasse de algo. Renato continuou me pressionando e garantiu que daria um jeito de me colocar na cadeia se eu me recusasse a ajudá-lo.

Miah deu de ombros, sempre olhando para o chão. Não suportaria olhar para Nicolas durante aquela confissão.

— Uma semana depois, Renato estava morto. E acredite, Nicolas... acredite em nome do amor que sinto por você que mais uma vez foi ao acaso. Renato me disse que teríamos uma conversa definitiva e exigiu que eu me encontrasse com ele bem tarde da noite, em um galpão em uma região mais afastada do centro da cidade. Para me ver livre daquele pesadelo inquietante e das chantagens que me apavoravam, deixei meu padrasto moribundo em casa e fui até o local combinado. Ele estava lá, e não me surpreendi quando o vi sacar uma faca e me ameaçar. Renato disse que sabia usar aquela arma, bem como qualquer outra, pois desde pequeno havia sido treinado para atacar e se defender. Ele não deu mais detalhes sobre isso e falou que pretendia usar aquela faca em mim, se eu continuasse me negando a fazer o que ele queria. Tentando ganhar tempo, eu me despi e pedi que ele tocasse meu corpo. Fora o mesmo truque que tentei usar com Lúcio e que não tinha dado certo. Assim como qualquer outro homem, percebi que Renato começou a ceder. A excitação do momento foi mais forte, então, ele largou a faca e me deitou no chão. Não posso chamar aquilo de amor, porque não foi, então ressalto que fizemos sexo. Quando terminamos, eu lhe pedi desculpas e falei que não seria uma criminosa a serviço dele. Renato voltou a apanhar a faca, apontou-a para mim, e descobri que havíamos retornado ao ponto inicial da discussão. Ele avançou para me apunhalar e tentei correr. Tropecei e fui ao chão. Ele conseguiu me esfaquear de leve aqui — ela tocou nas costelas —, mas consegui agarrá-lo com toda a força pelo pulso armado e...

— Você o matou — afirmou Nicolas num fio de voz.

— Não, meu amor. Eu me defendi mais uma vez. Não sei como consegui tomar a faca dele... nem sei ao certo o que houve. Estava escuro, e tudo foi rápido demais. Ele foi a última pessoa de quem precisei me defender, Nicolas. Se você parar para pensar, em nenhum dos casos houve um crime premeditado. Foram homicídios culposos, pois não tive intenção de matar. Fui negligente, tola, ingênua, mas estamos falando de uma garota, que não pensava como pensa agora. Carrego nas costas a morte de Lúcio e Renato, mas não me vejo como uma assassina doentia como o assassino que você está buscando agora.

— Isso não está em discussão — determinou Nicolas, fazendo Miah estremecer. — E o seu padrasto?

— Manoel era um homem sábio e repetia todos os dias que sentia que estava vivendo seus últimos dias. Aquilo me enchia de horror, pois ele era toda a minha família e eu o amava. Não saberia viver sem ele. Fiquei entristecida comigo mesma, pois tinha tanto dinheiro guardado em casa e jamais fiz uso dele. Eu poderia ter pagado um bom tratamento para Manoel, mas, para isso, teria de fazer algumas confissões... E eu tinha medo de que ele passasse a me odiar em seus últimos momentos de vida, afinal, aquele dinheiro era sujo. Na noite em que ele morreu — ela enxugou novas lágrimas do rosto —, Manoel chamou-me até a cama em que estava deitado... Nunca vou me esquecer daquelas palavras: *Miah, você sabe que sempre a amei como se fosse a filha que nunca tive com sua mãe, não sabe? Sabe que nunca quis me casar com outra mulher, por medo de que ela não fosse boa para você*. E eu, entre lágrimas, disse: *Eu sei, também amo o senhor. Não quero que morra*.

Não tenho mais nada a fazer neste mundo, minha filha. Já trabalhei demais e sou grato a Deus pelo que consegui. Consegui criá-la, e hoje você é essa mulher linda que está diante de mim. É a princesinha com quem sua mãe sempre sonhou.

Nunca mais serei feliz, se o senhor morrer. Por favor, não me deixe sozinha.

Você não ficará sozinha. Um dia, você será tocada novamente pelo amor. Mas será o amor por um homem. E vai ter uma vida ao lado dele.

Eu odeio os homens, todos eles. Só querem o mesmo que Lúcio fez comigo, quando eu tinha treze anos. Só pensam em usar o corpo das mulheres.

Alguns são assim mesmo, mas existem outros muito bons. Não se lembra de como sua mãe e eu fomos felizes até a morte dela? O amor existe sim, desde que você permita vivê-lo.

Não estou gostando dessa conversa.

Você jamais deve tirar a vida de outro ser humano, Miah, mesmo que apenas esteja tentando se defender. Se me ama como realmente diz, prometa que nunca mais fará isso, ele falava devagar, pois seus pulmões estavam muito comprometidos pela pneumonia.

Do que o senhor está falando?, eu tinha levado um susto imenso e perguntava-me se ele desconfiava de alguma coisa.

Eu sempre soube que você foi a responsável pela morte de Lúcio e de Renato. Algumas pessoas viram vocês dois juntos pela cidade e me contaram. Eu sei que Renato era um marginal e que se dedicava a negócios escusos... Desejei ter coragem para alertá-la e afastá-la daquele homem, mas fui covarde e fiquei calado. Eu tinha medo de que algo acontecesse com você. Ele poderia se enfurecer e nos matar, por isso me calei.

O senhor sabe do dinheiro?

O que está em uma bolsa, escondido em seu guarda-roupa? Sim, eu sei. Sempre soube, Miah. Quero que prometa a este velho que nunca mais fará algo assim.

Miah parou de falar. Pigarreou e secou o rosto. Após alguns segundos em silêncio, ela reuniu forças para continuar:

— Eu prometi a meu padrasto que não faria mais isso e lhe pedi perdão por não ter sido boa com ele. Manoel disse que me amava e que isso era o mais importante. A última coisa que ele falou antes de morrer foi que eu precisava deixar a cidade, pois, mais cedo ou mais tarde, a polícia ou os próprios amigos de Renato viriam me procurar. Afinal, ele mesmo havia me dito que tinha recebido treinamento desde que era criança. Quando Manoel morreu, eu providenciei o enterro dele e, na mesma noite, enchi uma mala com roupas, peguei o dinheiro e comprei uma passagem para Lins. De lá, fui passando por várias cidades até chegar em São José do Rio Preto. E foi ali onde me instalei e morei por alguns anos.

Miah olhou rapidamente para Nicolas e notou que ele continuava impassível.

— O que meu padrasto temia realmente aconteceu. Renato tinha muitos amigos no submundo do crime, que logo descobriram que eu o havia matado, já que ele tinha sido visto mais de uma vez na porta da minha casa. Esses homens começaram a me ameaçar, pedindo dinheiro em troca da minha vida. Eu não sabia quem eles eram, em que número estavam e do que seriam capazes para vingar a morte do amigo. Além disso, havia um investigador espertalhão na cidade: Otávio Moraes, o homem que você conheceu. Quando os boatos se espalharam, ele deve ter vindo atrás de mim para me prender, mas eu já havia fugido novamente. Tive, então, que apagar todas as pistas para que meus inimigos não me encontrassem e isso exigiu de mim adotar mudanças radicais. Todo o dinheiro que eu tinha juntado finalmente teria alguma serventia.

Miah sabia que estava trêmula da cabeça aos pés. De qualquer forma, estava terminando de relatar toda a sua história e tentava não pensar no que aconteceria quando concluísse sua narrativa.

— Fui para Araçatuba e depois fui para a capital. Em São Paulo, cortei e pintei o cabelo, primeiro de vermelho e depois de preto, como está agora. Cheguei a usar lentes de contato coloridas. Também foi em São Paulo que descobri um local onde se falsificavam documentos. Adotei o sobrenome Fiorentino no lugar de Antunes. Se Otávio chegasse muito perto de mim, eu voltaria a adquirir outros documentos, mudando o nome outra vez.

Ela parou de falar, como se estivesse refletindo sobre as próprias palavras. Custaram-lhe alguns instantes para que ela prosseguisse:

— Passei por vários municípios em torno da capital e ficava pouquíssimo tempo em cada lugar. Parecia uma caravana de ciganos. Eu tinha dinheiro, mas não tinha amigos, família ou alguém em quem pudesse confiar. Após alguns anos, mudei-me outra vez para o interior e me instalei em Araçatuba novamente. Foi quando aluguei o apartamento de Fernando, aquele amigo que lhe apresentei na noite de nossa festa de casamento. Ali, eu ingressei em uma faculdade e dei início ao curso de jornalismo. Descobri que essa área estava enraizada em meu sangue. Foi nessa época que conheci a professora Elisa e Guilherme, seu marido. Ela orientou meu TCC[1], e estreitamos nossa amizade. Eu estava adorando tudo aquilo. Pela primeira vez na vida, estava conhecendo pessoas boas. Adorava Fernando, mas, no final do curso, eu já tinha saído do imóvel dele para dividir um apartamento maior e mais confortável com outras colegas da classe. Estagiei em algumas empresas e depois me mudei para uma cidade onde consegui emprego num jornal de pequena circulação. Tornei a me mudar de cidade e de emprego, mas jamais perdi meus três amigos de vista: Fernando, Elisa e Guilherme. Os dois últimos, como você viu, são espíritas e me ensinaram algumas coisas sobre espiritismo, mas só vim me aprofundar no assunto após conhecer Marian.

Miah levantou-se e ficou de frente para Nicolas:

— Eu me tornei uma jornalista conceituada e descobri nossa cidade atual. Vim para cá, fui contratada pelo Canal local e usei mais um pouco do dinheiro para comprar meu apartamento, aquele em que Marian está morando agora. Mesmo

1 - Trabalho de Conclusão de Curso.

tendo outro sobrenome e tendo mudado nos cabelos, sabia que ainda estava sendo perseguida por Otávio Moraes, por detetives e principalmente pelos amigos de Renato. Sei que eles jamais pensariam em procurar uma apresentadora de televisão. Pela lógica, o mais certo seria que eu me escondesse e não que eu me expusesse em público. Minha carreira me manteria em segurança.

Miah estava tremendo ainda, mas agora faltava pouco para terminar:

— Fui vivendo minha vida até que soube que um investigador carioca havia sido transferido do Rio de Janeiro e que passaria a atuar aqui. Eu gostei dessa notícia, pois Duarte sempre foi uma barreira para meu trabalho como repórter. Quando aquele menino inocente foi estrangulado por um homem doentio, e você foi nomeado o responsável pelo caso, fui até a delegacia para conhecê-lo. Você estava em sua sala, e eu entrei, usando um vestido e o crucifixo no pescoço. Quando me deparei com seus olhos, vi tudo o que sempre tinha procurado em outros homens e nunca encontrei: bondade, ternura e o amor que meu padrasto havia dito que eu encontraria. Por você eu jamais senti desprezo, porque, pela primeira vez, eu estava me apaixonando. E se o perdesse, nunca encontraria outro parecido. Meu maior erro, Nicolas, foi não ter contado tudo para você desde o início, mas... nós ainda estávamos no começo da relação, e eu não queria ficar sem você. Só posso lhe pedir perdão por ter escondido tudo isso — ela abriu um sorriso sem humor. — Agora você já sabe qual é meu segredo.

Miah calou-se, sem saber o que viria em seguida. O que ela sempre temera não era a confissão de seu passado para Nicolas, mas a reação que ele teria depois. Tinha certeza de que o marido, por ser um investigador criminalista, não aceitaria bem a história de que ela cometera dois homicídios culposos, sem intenção de matar. Era até possível que Nicolas se enfurecesse a ponto de entregá-la para Otávio, pois ele estava pálido como um cadáver. No entanto, era impossível sondar suas expressões. Não dava para imaginar o que ele estava pensando naquele momento ou o que decidiria.

Não obstante, Miah tinha a impressão de que alguém retirara uma tonelada de seus ombros. Estava a um só tempo aliviada por ter aberto seu coração a ele, contando com o máximo de detalhes tudo o que se lembrava, mas também estava assustada com o que Nicolas faria com ela e com a vida deles como marido e mulher.

— Havia uma caixinha de madeira debaixo de sua cama, que estava trancada com dois cadeados — a voz de Nicolas saiu rouca. Ele permanecia de pé, observando-a. — O que tinha lá dentro?

— Eu paguei minha faculdade e comprei meu apartamento com o dinheiro que Renato afirmou ter confiscado da casa de Ernani. Sei que eu jamais poderia ter feito uso daquele dinheiro, porém Ernani era um monstro. A cena que presenciei me fez lembrar do estupro que marcou minha infância. Os meninos que passaram pelas mãos dele e que sobreviveram ficaram traumatizados para sempre, assim como eu.

Ela secou a testa com a mão, que estava encharcada de suor.

— Eu dobrei as notas cuidadosamente para não fazer volume e, como jamais poderia colocá-las num banco, usei a caixinha para isso. O que não coube lá eu escondi em outro lugar, também em meu apartamento. Quando você me perguntou o que tinha na caixinha, respondi que eram recortes de jornal que falavam da morte de meu padrasto. Quando tive a oportunidade de tirar o dinheiro de lá e transferi-lo para outro local, substituí as notas por contas pagas. Se você encontrasse aquele dinheiro e me cobrasse explicações, eu simplesmente não teria o que responder. No fundo do meu guarda-roupa, em um compartimento que você nunca notou, havia alguns objetos pessoais relacionados ao meu passado. Lá estava meu ursinho dado de presente por minha mãe, um colar, cujo pingente tem meu nome e o de Manoel, e um grande quadro com uma fotografia nossa em preto e branco, tirada dois anos antes de ele falecer. Tudo isso ficou escondido porque, se você me visse na fotografia com meu padrasto, faria perguntas que eu não estava em condições de responder. Você é esperto o suficiente para deduzir que ele era meu padrasto e que, pela forma carinhosa com que estávamos abraçados, ele jamais poderia ter sido o malvado que aleguei ser. Que Manoel possa me perdoar por tantas mentiras!

— Sapatos com fundo falso... — ele olhou para a bota, cujo salto era oco. — Documentos falsificados... estou me sentindo num filme de espionagem — finalmente ele fixou os olhos de Miah, que estavam avermelhados, embora ela não estivesse mais chorando. — Você sabe que meu lema no trabalho sempre foi fazer justiça. Eu trabalho incansavelmente para localizar os assassinos e prendê-los. E hoje recebo a informação de que minha esposa também é uma criminosa, mesmo que esteja alegando ter agido em legítima defesa. Até que ponto poderei acreditar que isso seja verdade, Miah? Como vou acreditar em uma mulher que viu três homens morrerem diante dela e pelas mãos dela? Uma mulher que vem enganando milhares de pessoas com a imagem da repórter carismática, cujo sobrenome nem é Fiorentino. Alguém que me enganou por tantos meses, fingindo sentir um falso amor, e que nunca confiou o bastante em mim para me contar toda essa sujeira.

Miah empalideceu e tentou se aproximar de Nicolas, que a empurrou com tanta força que a fez desabar sobre a cama. As lágrimas ressurgiram nos olhos dela.

— Não fale assim, meu amor. Não sabe o quanto tem sido difícil guardar esse segredo. Eu sei que errei e posso ser tratada como uma pária para a sociedade, mas não suportaria ser odiada por você. Em nome do nosso amor...

— Não existe amor! — rosnou Nicolas, quase a ponto de chorar. — Não existe Nicolas e Miah! Não tem casamento, porque eu me casei com uma fugitiva da polícia — furioso, ele arrancou a aliança do dedo e a jogou no chão. — Não temos mais vida em comum, porque você deixou corpos para trás e fugiu, mantendo-se em silêncio para não ser descoberta. Acabou, Miah Fiorentino... Antunes ou o que quiser. Esqueça que me conheceu, esqueça que nos casamos, esqueça que me contou sua história. Eu deveria prendê-la, e você sabe bem disso! Ou poderia entrar em contato com Otávio para que ele viesse prendê-la agora mesmo. Contudo, não vou fazer nada disso, porque você deixou de significar qualquer coisa para mim. Otávio que se vire para encontrá-la. A partir de hoje, não quero mais ter notícias suas! E se seu destino for a prisão, será apenas um castigo por tudo o que fez. Agora eu quero que faça suas malas e dê o fora daqui!

Miah usava as mãos para cobrir a boca e, num pranto desesperado, se atirou de joelhos diante de Nicolas, abraçando as pernas do marido.

— Nic, pelo amor de Deus! Não faça isso comigo, por favor. Eu lhe imploro! Me dê apenas uma chance para eu provar que não sou essa criminosa que você imagina que eu sou! Eu só me defendi. Saiba que está tudo apagado...

— É fácil apagar algo da memória quando você foi a responsável direta pela morte de duas pessoas. Agora saia daqui. Já disse que você deixou de existir para mim — ele desvencilhou as pernas dos braços de Miah e apontou para a porta. — Você tem vinte minutos para arrumar tudo e sair. Se ao final desse tempo você ainda estiver aqui, eu mesmo serei obrigado a algemá-la. Saia! — o grito de Nicolas fê-la estremecer.

Lentamente, Miah se levantou, abriu o guarda-roupa e pegou uma grande mala com rodinhas. Sem deixar de chorar e sentindo-se morta por dentro, ela foi jogando suas roupas dentro da mala. Pegou tudo o que considerou necessário, fechou o zíper e foi à sala, onde Nicolas estava estirado no sofá com os olhos vermelhos e lábios contraídos, assistindo às imagens que apareciam na televisão. Ele não olhou para Miah em momento algum.

— Já passa da meia-noite. Eu não sei para onde ir.

— Há vários hotéis na cidade. Se quiser, pode dormir na rua também. Se alguém tentar assaltá-la, você saberá como se defender.

As palavras ditas por Nicolas tiveram o efeito de uma bofetada em Miah. Não havia mais nada a ser dito. Ela baixou o olhar para o chão e viu a aliança do marido caída, no entanto, se recusou a tirar a sua.

— Até logo — ela sussurrou caminhando para a porta e puxando a mala atrás de si. Antes de sair, virou-se para Nicolas. — Agora entende por que eu nunca lhe contei nada sobre isso antes? Porque eu nunca quis que este momento chegasse.

Ele não respondeu e continuou olhando fixamente para a televisão.

— E saiba que eu o amo e que vou amá-lo sempre, mesmo que você me odeie até o dia de minha morte. E espero que isso não demore muito a acontecer. Vou torcer para que a pessoa que colocou a bomba em meu buquê consiga completar o serviço na próxima vez, porque eu simplesmente não vou suportar viver por muito tempo sem você.

— Os vinte minutos estão terminando, Miah — ele resmungou.

Miah secou as últimas lágrimas e abriu a porta. Nicolas nem sequer virou a cabeça para vê-la partir. Só muito tempo depois, Nicolas fechou os olhos e deixou que o pranto banhasse seu rosto.

O espírito do homem que acompanhara a discussão observava-o de um canto. No rosto dele também havia uma expressão muito parecida com a de um pranto iminente e, após ter visto Miah partir, ele apenas sussurrou:

— Deu tudo errado! Deus, como tudo foi dar tão errado?

Capítulo 24

Marian ficara assistindo a uma comédia romântica até mais tarde. Já era meia-noite e meia, ela estava sonolenta e nem sequer tomara banho. Apanhou a toalha e a roupa para dormir, quando ouviu batidas tímidas na porta. Marian ficou assustada. "Quem será a essa hora? E por que estaria batendo em vez de usar a campainha?

Certa de que era Enzo novamente bêbado, Marian foi espiar pelo olho mágico. Se fosse ele, não o deixaria entrar. Estava muito tarde para discussões infrutíferas. Porém, qual não foi seu espanto ao ver Miah chorando. E, quando abriu a porta, o susto foi maior ao notar a mala enorme que ela trazia consigo.

— Miah, o que houve com você? Nicolas está bem?

Ela apenas assentiu com a cabeça sem deixar de chorar. Num impulso, avançou aos braços de Marian e a abraçou com força, como se desejasse manter alguém perto de si. Marian não se moveu, esperando que ela se acalmasse para que pudessem conversar melhor.

— Coloque sua mala aqui dentro, Miah. Tranque a porta e venha até a sala me explicar o que aconteceu.

Miah obedeceu e se sentou com Marian no sofá.

— Acabou tudo. Nicolas já sabe meu segredo e não pôde me perdoar. Ele me odeia — soluçando, ela apontou para a mala. — Fui expulsa do apartamento dele. Nicolas disse que nosso casamento não existia mais e jogou a aliança no chão. Disse que não represento mais nada para ele.

Marian era inteligente o bastante para não fazer perguntas a respeito do passado da cunhada, até que Miah resolvesse confessar. Agora que Nicolas já sabia, qualquer outra pessoa poderia saber também.

— Não vou repetir a mesma história que acabei de contar a ele, porque é muito longa e estou muito cansada. Só posso lhe dizer que eu fui má. Tirei a vida de pessoas inescrupulosas, mas juro que foi para salvar minha própria pele. Fugi da polícia e alterei meu sobrenome. Agora, o investigador que me procurava conseguiu me localizar aqui. Não sei como ele me achou, mas sabe que sou a pessoa que ele procura.

— Miah, fique calma! Não estou entendendo nada do que você está falando. Olhe suas mãos. Elas estão tremendo. Você precisa tomar um banho, descansar e em outra hora conversaremos melhor.

— Desculpe por ter vindo incomodá-la a esta hora, mas eu não tinha para onde ir.

— Este apartamento é seu. Lembra-se disso? Você já me fez um grande favor quando me deixou morar aqui. Você é quem deve ficar aqui. Se quiser, amanhã vejo outro lugar para morar. Por mim está tudo bem — Marian sorriu com sua doçura constante e secou as lágrimas da amiga.

— Você não está entendendo, Marian. Eu tirei a vida de dois homens. Não tem medo de conviver com alguém com um passado tão negro?

Marian soltou uma gargalhada tão gostosa que as lágrimas de Miah subitamente secaram.

— Pois saiba que o que você fez antes não me importa nem um pouco. E se você está arrependida de tudo o que fez é melhor ainda. A Miah que eu conheço atualmente não é uma assassina. É uma mulher boa, divertida e amável. E é essa mulher que vai ficar aqui hoje comigo.

— Marian, você é boa demais, sabia? É um anjo.

— Não sou um anjo, sou realista. Todo mundo tem direito de errar, e não estou aqui para julgá-la. A menos que não queira mais minha amizade, eu pretendo continuar sendo sua amiga. Se Nicolas não conseguiu lidar com sua confissão, isso é um problema dele. Eu penso diferente e quero ajudá-la da forma que puder.

— Eu não sei o que lhe dizer...

— Então, fique calada, vá tomar seu banho e dormir. Amanhã ou qualquer outro dia, conversaremos com calma.

Quando reconheceu a voz de Miah, Érica surgiu correndo e, ao vê-la chorando, pôs-se a miar baixinho. Miah sorriu, abaixou-se e colocou a gata branca no colo.

— Não deixe Érica triste — brincou Marian. — Ela está de licença-maternidade.

Miah correspondeu com um sorriso triste.

— Eu também estava indo tomar um banho, mas é melhor que vá na minha frente — Marian voltou do quarto com uma toalha e um pijama verde-água. — Nós temos quase a mesma silhueta, então meu pijama deve servir em você. Tome um banho quente e relaxante. Se quiser, posso preparar algo para você comer. Que tal uma sopa?

— Não vou permitir que você vá para o fogão neste horário por causa de uma criminosa como eu — balbuciou Miah. — Eu também trouxe minhas roupas, que estão dentro da mala, mas está tudo bagunçado. Minha vida virou de cabeça para baixo em menos de uma hora. Minha discussão com Nicolas foi horrível.

— Lembrar-se com frequência de algo desagradável nos deixa inquietos e abatidos. Sei que é difícil, mas evite ficar pensando no que aconteceu. Reflita sobre como você poderia reverter sua situação com ele em vez de ficar chorando sobre o leite derramado. Vá tomar seu banho e, embora o fogão seja seu, deixe que eu cuido dele. Vou preparar uma sopa deliciosa e quentinha para você dormir como uma criança.

— Marian, você deve ter um terreno imenso no céu aguardando-a após sua morte — Miah sorriu e seguiu devagar até o banheiro.

— Um terreno aqui na Terra já me deixaria satisfeita — brincou Marian a caminho da cozinha.

Ela acendeu as luzes e pegou a panela com o restante da sopa que fora seu jantar. Enquanto esquentava a comida, a campainha tocou novamente.

"Nicolas não resistiu e veio pedir desculpas a Miah. Esses dois sempre foram assim. Depois que brigam, fazem as pazes porque não resistem ao poder do amor", pensou Marian sorrindo.

Mas, para sua surpresa, quem entrou no apartamento foi Lourdes, que trazia duas bolsas de viagem e uma mala, quase do mesmo tamanho da que Miah trouxera. Ela olhou para Marian com evidente irritação.

— Você já estava dormindo?

— Nem pensar. O que houve, mãe?

— Decidi sair do apartamento de Thierry e vir para cá. Ele é um amor de pessoa e nos últimos meses tornou-se um verdadeiro amigo para mim. Porém, ele está muito abalado com a morte de seu funcionário e acho que está precisando de espaço. Já lhe basta o fato de Ariadne e Willian estarem morando com ele. Percebi que estava sobrando e que precisava encontrar outro lugar para ficar, mesmo sob os protestos de Thierry. Só me restou você, Marian, uma vez que Nicolas está amancebado com aquela atrevida esquelética que nunca me respeitou! Você não pode deixar sua mãe sofrendo de solidão.

— E por que a senhora não volta para o Rio de Janeiro? Parece que essa ideia de passar uma temporada aqui não está dando muito certo.

— A-há! — Lourdes lhe apontou um dedo curto e gorducho. — A intenção é me mandar embora da cidade? Pois lhe aviso que não sairei! Tenho tanto direito de estar aqui quanto qualquer um de vocês. Nossa casa ficou fechada lá no Rio e vai permanecer assim, já que não tenho previsão para voltar.

— É quase uma hora da manhã. Isso não são horas de uma senhora respeitável sair do apartamento de um amigo e cruzar toda a cidade para chegar até aqui — retorquiu Marian, nervosa. Era impressionante a capacidade que sua mãe tinha de irritar até mesmo uma estátua de gesso.

— Eu saí bem antes disso. Ocorre que o taxista me levou no bico. Eu dei a ele o endereço daqui e, depois de rodar por tudo quanto era rua a fim de aumentar o valor da corrida, o homem ainda me deixou a dois quarteirões de distância. E eu, pobrezinha, que já não enxergo direito no escuro, não sabia se estava no lugar certo. Nem conheço este bairro. Aí pedi informações a uma bondosa alma que encontrei na rua e fui orientada para chegar aqui. Vim andando, arrastando esta mala e carregando as bolsas. Meus ossos estão rangendo como tábuas velhas. Já não sei... — de repente, ela parou de falar e olhou fixamente para a mala ao lado do sofá e, quando apurou a audição, ouviu um barulho vir do chuveiro. — Marian, quem está tomando banho? Não me diga que trouxe um homem para cá. Ele veio de mala e cuia?

— Não tire conclusões precipitadas, mãe.

— Quem é ele? Só falta ser casado! Você sabe se ele tem filhos e paga a pensão das crianças em dia?

— Dona Lourdes, eu tenho trinta anos e sei muito bem me virar. Não trouxe homem nenhum para cá, e, mesmo que o fizesse, não seria ainda um problema seu — Marian se largou no sofá. — É uma amiga que está aqui.

Lourdes ouviu quando o chuveiro foi desligado.

— Ah, menos mal. Se ela vai ficar aqui, deve lhe pagar um aluguel. Ninguém vive sem dinheiro nos dias de hoje. Aliás, eu a conheço? Ela é uma moça de boa índole?

— A senhora a conhece muito bem — sorriu Marian.

Lourdes ficou curiosa. Não gostava daquela mania que Marian tinha de ser enigmática. Por que não lhe explicava as coisas direito? E não era só porque ela tinha trinta anos que podia fazer o que bem entendesse. Afinal, a função de uma mãe era vigiar seus filhos. Para Lourdes, os olhos das mães eram os olhos de Deus.

Ela estava elaborando as próximas perguntas sobre a misteriosa amiga de Marian, quando viu Miah surgir com os cabelos molhados e esfregando uma toalha no rosto. Ao deparar-se com a sogra, ela apenas fez um cumprimento com a cabeça.

— Tinha que ser a repórter magricela! Posso saber o que a mocinha faz aqui, quando deveria estar fazendo massagem nos pés do marido? Ou será que se esqueceu de que é uma mulher casada e que tem compromissos em casa? Casada com o meu primogênito, aliás!

— Tivemos problemas — tornou Miah, ainda tentando entender o que Lourdes fazia ali. — Vou dormir aqui hoje.

— Vocês brigaram? — os olhos de Lourdes se acenderam como duas lanterninhas. — Eu não ter recebido essa maravilhosa notícia! — olhou para Marian com um sorriso. — O que ela diz é verdade? Eles discutiram a ponto de ela vir dormir aqui? Estão prontos para se divorciarem?

— O que houve entre eles não lhe diz respeito, mãe — interveio Marian. — Eles são casados e nunca pediram sua opinião para nada. Como qualquer outro casal, eles tiveram uma crise, que será superada o quanto antes.

— Uma crise dois dias depois do casamento? Nunca ouvi falar em nada parecido — debochou Lourdes, olhando com ironia para Miah. E, quando percebeu que os olhos dela estavam inchados, ficou ainda mais feliz. — Olha lá! Ela esteve chorando!

— Não ligue para o que ela diz, Miah — Marian foi até a cunhada e beijou o rosto dela carinhosamente. — Agora eu vou tomar um banho — ela olhou abruptamente para a cozinha. — Deus, eu esqueci sua sopa no fogo!

— Eu cuido dela, Marian — Miah abriu um sorriso triste. — Mais uma vez, obrigada por tudo.

— Eu tenho dois colchões que estão na área de serviço. Você fica com o quarto. Eu durmo com minha mãe na sala.

— Nem pensar! Não quero lhe dar mais trabalho. Vou dormir no sofá. É tudo de que eu preciso. Vou ficar chateada se for diferente.

— Tudo bem. Vou tomar uma ducha agora. Só tome cuidado com a língua afiada da dona Lourdes.

— Pode deixar. Eu sei como lidar com ela.

Miah foi à cozinha, desligou o fogo da sopa, mas não se serviu. Voltou para a sala e evitou olhar para Lourdes. Já estava muito tarde, e ela estava sonolenta e abatida. A cada minuto, vinham à sua mente os gritos que ouvira de Nicolas, e ela sentia o coração apertar-se quando se lembrava disso.

— Eu sabia que você e meu filho não teriam um futuro muito longo — Lourdes, que estava sentada em uma cadeira, olhava para Miah, que se deitou no sofá, se cobriu com uma manta fina que tirara de dentro da mala e se enrolou, como se estivesse com frio. — Eu sempre falei isso.

Miah continuou olhando fixamente para a parede.

— Agora Nicolas vai arrumar outra mulher, mais bonita e mais educada do que você. Eles vão começar a namorar e, após o divórcio, eles vão se casar. E torço para dar tudo certo.

Por mais que desejasse não chorar perto de Lourdes, Miah não resistiu. As palavras da sogra eram maldosas, mas não era impossível que se tornassem realidade. Pela forma como fora desprezada por Nicolas, uma reconciliação parecia estar a anos-luz de distância. Ele facilmente encontraria outra mulher para substitui-la. Era bonito e inteligente, disputado por muitas delas. E ela? Como faria? Não pensava em conhecer mais ninguém, porque os homens nunca representaram nada em sua vida. Os únicos dois homens por quem daria tudo era seu padrasto e Nicolas, mas ambos tinham partido de sua vida, e ela ficara só.

— Você não vai retrucar meus comentários? — perguntou Lourdes, sorrindo. Contudo, seu sorriso murchou quando viu que Miah chorava em silêncio. — Não adianta chorar, porque se a briga de vocês foi feia, Nicolas não vai voltar atrás. Eu conheço o filho que tive e criei.

Lourdes aguardou que Miah fosse partir para o contra-ataque, ofendendo-a de volta, mas nada disso aconteceu. Miah continuou chorando e cobriu o rosto com as mãos, sacudindo os ombros num tremor descontrolado.

Quando Marian saiu do banho, deparou-se com a mãe esperando por ela na porta, trazendo no semblante uma expressão de espanto.

— O que aquela criatura tem? Não para de chorar e nem quis brigar comigo. A coisa entre eles foi séria, hein?

— Muito séria. Sei que a senhora não gosta dela, mas, por favor, não a maltrate.

— Pois estou feliz que eles tenham acabado assim! E não gosto dela mesmo — no entanto, por mais que quisesse demonstrar alegria, Marian percebeu que sua mãe estava séria e preocupada. — Vou esquentar a sopa para ela. Não para agradá-la, mas para que durma logo e pare de choramingar.

Miah se recusou a tomar a sopa, quando Lourdes levou para ela. Disse que estava sem apetite.

— Trate de comer — ordenou Lourdes. — Acha que eu ia colocar veneno, é? Seria uma morte muito tranquila para você.

Como Marian também insistiu, Miah se rendeu. Sentou-se e tomou algumas colheradas. A sopa estava apetitosa, e ela acabou tomando tudo. Agradeceu às duas mulheres pela refeição, mas se recusou a sair do sofá. Disse que queria dormir ali.

Miah adormeceu logo em seguida, sem se preocupar em secar o rosto molhado. Lourdes e Marian se recolheram pouco depois. Por enquanto, não havia nada que pudessem fazer.

Assim que Miah cruzou a porta de seu apartamento, Nicolas sentiu vontade de se levantar, correr atrás dela e lhe suplicar que o perdoasse. Porém, algo dentro dele foi mais forte e o manteve imobilizado no sofá. Será que realmente seria capaz de perdoá-la? Será que, se tentassem colocar o casamento de volta nos trilhos, ele poderia aceitar passivamente o passado da esposa, sem que os acontecimentos anteriores surgissem frequentemente em sua cabeça?

Vestido como estava, Nicolas esticou-se na cama. O cheiro de Miah estava nos lençóis e nos travesseiros, e ele percebeu o quanto a cama se tornara imensa e fria sem a presença dela. A chocante revelação que ela lhe fizera retinia em seus ouvidos, como se estivesse escutando tudo outra vez.

Não saberia dizer até que horas permanecera acordado pensando nisso, mas por fim pegou no sono. Também não fazia ideia de quanto tempo se passara até ver outro casal abraçado e deitado no chão. Estavam nus e se amavam na escuridão e no silêncio daquele ambiente impregnado pelo forte odor de mirra.

Nos pulsos dele ainda era possível ver os caminhos vermelhos trilhados pelo sangue, que escorrera quando ele tentara forçar as cordas grossas que o prendiam às argolas de ferro da parede. Fora a líder das feiticeiras quem o prendera. Fora ela quem conseguira capturá-lo e levá-lo para aquele local estranho e repleto de outros bruxos.

Mesmo sem conhecer as reais pretensões de Angelique, Sebastian mal pôde conter o alívio quando ela expulsou todos os magos presentes na sala para ficar a sós com ele. E fora ela quem pessoalmente lhe cortara as cordas e lhe cedera o punhal para que ele libertasse os pés. Por fim, ela pediu que ele se sentasse ao seu lado no chão.

Mesmo desconfiado, Sebastian a obedeceu e, a um convite dela, beijou-a nos lábios. Contrariando tudo o que aprendera até ali, esquecendo-se de todos os conselhos que recebera sobre o perigo de se envolver com uma bruxa, deixando de lado as imagens de seus prováveis castigos se fosse pego beijando uma feiticeira, ele deixou-se conduzir. Sebastian explorava aquela boca como se por meio dela pudesse descobrir todos os enigmas que envolviam aquela mulher. Uma mulher que lhe despertava o ódio e a ira, a tentação e o desejo. Ela lhe provocava o ímpeto de matá-la e o ímpeto de amá-la. Como aquilo era possível?

De repente, um grito lancinante de dor ecoou pela escuridão. A lâmina afiada rasgou a carne à procura do coração que batia dentro do peito. A princípio, Sebastian e Angelique apenas se fitaram nos olhos, cor azul contra cor dourada, procurando ali alguma resposta para o que estava acontecendo.

Quem teria traído quem? Quem teria se aproveitado do momento de paixão para golpear o outro com a lâmina mortal? Quem era o responsável por aquele ataque? De quem era o sangue que começava a escorrer e formar um pequeno lago?

Angelique conseguiu fazer as tochas e as velas se acenderem novamente e, na claridade, compreendeu o que de fato tinha acontecido.

Com certo esforço, Angelique conseguiu empurrar o corpo de Sebastian de cima do seu. O cabo do punhal fora enterrado profundamente nas costas dele. Ela, então, teve a visão de seu tio-avô parado de pé ao seu lado. Sua sombra parecia agigantada na parede e nos lábios ele trazia um sorriso de vitória, enquanto observava Sebastian morrer.

— O que você fez? — perguntou Angelique, colocando-se de pé sem nenhum constrangimento por estar nua diante do velho senhor.

— Acabei com o demônio que vem destruindo nosso povo. O demônio que matou seu avô, queimou viva a sua irmã e que tortura pessoas inocentes em troca dos votos de confiança dos bispos — os olhos de Lair brilharam com a mesma intensidade que as velas nos candelabros.

— Você não tinha esse direito — desesperada, Angelique se curvou diante de Sebastian, que lutava numa lenta agonia para salvar a própria vida. O sangue continuava jorrando do ferimento nas costas.

— O que está me dizendo, Angelique? Por acaso se deixou contaminar pelas impurezas trazidas por esse homem? Onde está seu desejo de vingança? Como ousa trair seu povo por alguém que matou nossos familiares?

Angelique não respondeu, foi até uma das tinas onde um líquido borbulhava, usou as mãos em concha e despejou o bálsamo sobre o ferimento de Sebastian. Ela contraiu o corpo ao ouvir o gemido profundo e cortante que ele emitiu e, sob o olhar reprovador de Lair, fechou os olhos, murmurou algumas palavras num dialeto desconhecido e firmou ambas as mãos no cabo do punhal. Respirando profundamente e ainda com os olhos fechados, Angelique puxou o cabo para trás e sentiu seus tímpanos estremecerem ante o grito de Sebastian.

— Você estava amando esse homem no chão! Pareciam dois animais — continuou Lair. — Isso me causou muito nojo. Saiba que você se tornou uma mulher impura quando tocou os lábios desse demônio com seus lábios.

— Ele não pode morrer assim.

— E por que não? Não foi unicamente por vingança que você o trouxe aqui? Por que pediu que ele fosse atado às cordas, se sua intenção era entregar-se a ele?

— Vou curá-lo — ela estendeu as mãos sobre as costas de Sebastian, que já murmurava palavras desconexas.

— Jamais! — furioso, Lair tentou empurrar Angelique para o lado, mas ela apenas agitou o braço da esquerda para a direita, e seu tio-avô foi arremessado para o outro lado do aposento, onde caiu praticamente desacordado.

— Que você possa me perdoar um dia, tio.

Angelique continuou trabalhando com sua magia e ficou mais calma quando viu que o sangue estava coagulando. A pulsação de Sebastian estava fraca, contudo ele ainda respirava. Ela usou o próprio punhal para cortar tiras das roupas dele e fazer um curativo. As costas de Sebastian estavam vermelhas de sangue, mas ainda havia uma pequena possibilidade de ele sobreviver.

— Tenho que tirá-lo daqui — ela murmurou mais para si mesma do que para Sebastian.

Com rápidos movimentos, Angelique tornou a vestir seu longo traje azul e vestiu as calças em Sebastian. Ele suava e balbuciava como uma pessoa em delírio. Ela, então, correu até uma das tochas e arrancou-a do suporte. Em seguida, caminhou até a grande abertura na parede que lembrava uma imensa janela e olhou para fora. Era noite, e tudo parecia estar tranquilo lá fora. Sabia que precisava dar um jeito de chegar até a carruagem, pois tinha de tirar Sebastian dali e levá-lo para um local seguro. Quando Lair espalhasse a notícia de que ela traíra seu povo, seria considerada tão inimiga quanto o próprio inquisidor.

O coração de Angelique estava apertado pelo que ela vinha fazendo e, quando imaginava que estava deixando para trás tudo o que conhecera até então em nome de um ser diabólico como Sebastian, que ferira e matara incontáveis camponeses, mulheres, idosos e crianças, sentia seu coração sangrar como o ferimento nas costas do inquisidor.

Ela tornou a se curvar diante do ferido, mantendo a tocha erguida para o alto. Do outro lado do salão, Lair continuava caído no chão, retorcido sobre si mesmo.

— Pode me ouvir? — ela sussurrou no ouvido de Sebastian.

— Morrendo... ajude... — a voz dele era quase inaudível.

— Preciso que você também me ajude. Consegui interromper a vazão de seu sangue e amenizar um pouco suas dores, mas preciso que caminhe comigo. Você tem que ser rápido, ou morreremos os dois.

Sem saber de onde tirara novas energias, que, talvez viessem do desejo de viver, Sebastian apoiou um braço sobre os ombros de Angelique, firmou todo o peso do seu corpo sobre o corpo dela e conseguiu se levantar. Contendo os gemidos, Angelique conseguiu caminhar alguns passos na direção da saída. Antes de sair, porém, voltou o rosto para trás e lançou um olhar de compaixão e arrependimento para Lair, mas sentiu estremecer ao notar que ele já estava recobrando os sentidos.

— Mais depressa, Sebastian, mais depressa.

Sebastian quase caiu ao descer um pequeno degrau e por pouco não arrastou Angelique consigo. Mantendo um braço na cintura dele e o outro na tocha, ela olhou ao redor e localizou a carruagem a cerca de cem metros à frente. Por sorte, os dois cavalos negros estavam atrelados a ela. Fora nessa mesma carruagem que ela trouxera Sebastian quando o capturara no castelo em que se escondia. A lua reluzia redonda no céu, clareando a noite com seu brilho prateado.

Angelique ouviu gritos raivosos ecoando da construção de onde acabara de sair. Era a voz de seu tio-avô, que dava ordens para que os dois fossem encontrados. Quando tornou a olhar para o local, Angelique viu seus primos, amigos e conhecidos saírem em seu encalço, portando lanças e espadas nas mãos. Pelo brilho que havia em seus olhares, ela percebeu que se tornara uma inimiga para eles também.

Os homens estavam a apenas cinquenta metros de distância e corriam para alcançá-los. Ela pediu perdão aos espíritos da natureza pelo que teria que fazer, mas acreditava estar agindo corretamente. Todos eles também tinham dons especiais, porém, a maioria só sabia trabalhar com poções e unguentos para a cura. Ninguém tinha poderes tão místicos e perigosos como os dela, e essa fora uma das razões para fazerem dela a líder de seu povo.

Agora, Angelique era tão temida e odiada quanto o próprio Sebastian, e, mesmo na escuridão da noite e à curta distância, ela viu claramente que todos eles traziam um brilho assassino no olhar, brandindo as lanças e as espadas num claro sinal de que só ficariam satisfeitos quando matassem os dois.

Ela parou e deixou que Sebastian escorregasse lentamente para o chão. Antes de fazer o que fez, viu Lair olhando-a da entrada da construção. Havia lágrimas nos olhos dele. Lágrimas pelo que ela fizera e lágrimas por se ver obrigado a odiar a jovem a quem amara como a própria filha.

Angelique soltou a tocha e abriu ambos os braços, mantendo-os esticados. A terra estremecia enquanto ela proferia sua magia:

Nesta bela e mágica noite de luar,
em que deixo meus amigos, meu lar,
uso minha fé e convoco neste momento
o fogo, a água, o ar, a terra, todos os elementos,
para a proteção do que descobri ser o amor,
que queima em meu peito com intenso ardor.
Não há crença, nem magia e nem religião,
que possa ser mais forte que o poder do coração.

Uma parede de fogo em semicírculo ergueu-se do chão como um muro, bloqueando imediatamente a passagem dos agressores. Sem perder tempo, Angelique tornou a erguer Sebastian do chão e a ampará-lo, apoiando-o em seu corpo. Depois, pegou sua tocha e caminhou o mais rápido possível até a carruagem. Fazendo uso de um esforço sobre-humano, ela conseguiu suspender o homem, no mínimo trinta quilos mais pesado que ela, e deitá-lo no banco acolchoado. Ela mesma assumiu as rédeas dos cavalos e pouco depois desapareceu na estrada de terra contornada por árvores grossas e imponentes. E em pouco tempo, até mesmo o som dos cascos dos cavalos deixou de ser ouvido.

Capítulo 25

O dia seguinte amanheceu parcialmente nublado. Mike estava diante do balcão da recepção, insistindo para que Moira lhe pagasse o almoço, quando viu Nicolas entrar.

— Ei, Bartole, bom dia!

— Bom dia! — resmungou Nicolas, sem olhar para eles. Andando rapidamente, ele entrou em sua sala e bateu a porta.

— Arre égua! O que deu nele? — questionou-se Mike.

— Não seria problema seu, certo? — provocou Moira.

— Ele é meu amigo e me preocupo com ele. Não sou como você, que não sorri nem com cócegas na sola do pé — sem perder tempo, Mike foi até a sala de Nicolas e bateu na porta. Ao receber autorização para entrar, perguntou: — Aconteceu alguma coisa, Bartole? O senhor está meio esquisito.

— Eu não me lembro de ter pedido sua ajuda ou solicitado sua presença à minha sala. Saia, por favor — ele mexia em alguns papéis e não ergueu a cabeça para fitar Mike.

— Por que está falando assim comigo? — a mágoa invadiu Mike rapidamente e ele olhou para os dedos de Nicolas. — Fiz alguma coisa errada?

— Estar falando comigo quando desejo ficar sozinho já é um erro incorrigível. Saia, Mike, que coisa! — ao dar a ordem, Nicolas finalmente levantou o olhar.

— Tudo bem, já estou saindo. E saiba que o senhor me ofendeu. Não tenho culpa se perdeu sua aliança de casamento.

Já reparei que não está com ela — como Mike era um policial sensato, que gostava da própria vida, saiu rapidamente da sala de Nicolas e foi falar com Elias. O delegado estava pegando umas folhas que a impressora acabava de liberar e sorriu para ele.

— Doutor Elias, ou o homem acordou com o pé esquerdo ou dormiu com o traseiro descoberto.

— Que modos de falar são esses, Mike?! A quem você está se referindo?

— A um homem ríspido, grosseiro e insensível chamado Nicolas Bartole, que acabou de me enxotar da sala dele sem me explicar o motivo. Não fiz nada de errado, o senhor sabe disso.

— Não sei o que pode ser. Até ontem ele estava muito bem. Vou falar com ele e tentar entender o que ocorre.

Elias estava se levantando, quando o telefone em sua mesa tocou. A voz de Moira informou que se tratava de uma ligação direta da secretária de Alain. Pouco depois, a própria voz do comandante se fez ouvir:

— Bom dia, Elias! Teremos uma reunião em caráter de urgência daqui a vinte minutos aí na delegacia. Outros interessados já foram avisados e estão a caminho. Convoque Bartole também. É imprescindível a presença dele durante nosso diálogo.

— Ele já chegou. Aconteceu alguma coisa?

— Vocês vão ficar sabendo daqui a pouco. Até já.

Elias desligou o telefone e deu de ombros, encarando Mike.

— Algo estranho está acontecendo e creio que Bartole saiba do que se trata. É por isso que ele chegou tão nervoso. Vou até lá para tentar descobrir.

— Depois me conte, doutor Elias. Quero entender por que levei aquela escorraçada.

Alguns minutos depois, Elias entrava na sala de Nicolas. Pela expressão fechada do investigador, ele percebeu que Mike estava correto.

— Bom dia, Bartole!

— Bom dia!

— Pelo jeito, eu sou o único que não está sabendo o que o comandante deseja conosco tão cedo.

— Não sei do que você está falando.

— Como não? Não é por isso que você está com essa expressão pouco amigável?

— Problemas pessoais — e isso foi tudo. — Alain vai fazer uma reunião na parte da manhã?

— Ele acabou de me telefonar, mas não me deu mais informações — Elias se sentou e aproveitou para estudar melhor o rosto de Nicolas. Ele estava com as maçãs do rosto avermelhadas, com escuras olheiras e com a testa enrugada, o que quase sempre representava tensão ou nervosismo. — Quer falar sobre o que aconteceu ou é bastante particular?

— Eu rompi meu casamento — admitiu Nicolas com profundo pesar.

Ele dormira mal durante a noite e, além disso, sonhara novamente com a bruxa e o inquisidor, que iniciaram uma fuga desesperada por suas vidas. Em alguns momentos em que se vira acordado, Nicolas se pegou movimentando o braço para tocar em Miah e, com certo espanto, percebeu que ela não estava lá, o que o fazia se recordar de tudo o que ela lhe contara. Acostumara-se a dormir ao lado dela, sentindo seu perfume e o contato de seu corpo. Talvez tivesse sido exageradamente cruel com ela na noite passada, mas achava que nunca mais conseguiria encará-la como se nada tivesse acontecido.

— Como assim rompeu o casamento? Vocês se casaram no sábado. Só pode estar brincando.

— Miah não era a mulher que eu esperava, Elias.

— Sei. E você só foi descobrir isso depois de juntar seus trapos com os dela? Até parece essas celebridades que casam e se separam numa rapidez espantosa.

— Ela me decepcionou. Nunca esperava essa traição. Não estou falando em adultério. Aconteceu algo muito pior, e eu pedi que ela saísse do meu apartamento.

— O quê? Vocês chegaram a isso? O que ela pode ter feito de tão grave, Bartole? — a curiosidade de Elias precisava ser saciada a qualquer custo. — Vocês dois se adoram! E sempre foi assim desde quando eu os conheci — de repente, a verdade desabou sobre o delegado com a força de um raio. — As pesquisas sobre ela... Só pode ser isso. Você descobriu algum fato obscuro na vida de Miah. Estou certo?

Nicolas olhou para Elias e assentiu com a cabeça. Estava cansado e irritado, mas acima de tudo sentia-se derrotado.

— Não conte nada do que eu disser a ninguém, Elias. Ela me confessou que matou dois homens em legítima defesa. Não sei como Otávio Moraes a descobriu, mas ele veio atrás dela. E o assassino de Escobar e Beatriz também está aqui pelo mesmo motivo. Uma das pessoas que ela... tirou do caminho era um bandido da pior espécie.

Elias ficou quase tão pálido quanto o próprio Nicolas. Aquilo era chocante. Como uma mulher tão meiga e dócil como Miah pôde fazer algo semelhante um dia?

— Eu não podia continuar dividindo a cama com essa mulher, entende? O sobrenome dela nem sequer é Fiorentino. Miah comprou documentos falsos e modificou a cor e o corte dos cabelos. Assim, ela poderia aparecer na televisão com tranquilidade.

— Bartole, sinceramente eu não sei o que dizer. Eu a admirava até então, mas, diante desta revelação, já não sei o que pensar a respeito dela. Por outro lado, se Miah realmente agiu em legítima defesa, sua sentença será diferente — após uma pausa, Elias perguntou: — Qual atitude você vai tomar agora? Vai entregá-la para Otávio?

— Não. Eu também não simpatizei com ele. Se quiser colocar as mãos nela, que tenha um pouco de trabalho.

— E onde ela está agora?

— Se ela não se hospedou em algum hotel, deve ter ido para seu antigo apartamento. Minha irmã deve tê-la acolhido. Miah é esperta o bastante para ocultar seu segredo de Marian. Com certeza, inventou uma boa desculpa justificando nossa discussão.

Bateram levemente na porta, e Moira espreitou.

— O comandante Alain acaba de chegar e já aguarda os senhores na sala de reunião.

— Ele veio acompanhado? — indagou Elias.

— Ele trouxe algumas pessoas. Entre elas está Duarte — Moira contraiu as sobrancelhas e sua expressão ficou mais carrancuda do que nunca. — Trouxe também o major Lucena, a capitã da Polícia Militar do nosso batalhão e um homem que não conheço. Disse que a reunião será aberta a todos nós.

— O que pode ser isso, Bartole?

— Eu posso imaginar, Elias. Outra bomba deve ter explodido — Nicolas se levantou e seguiu com o delegado até a porta. — Sinto que vai sobrar para mim.

Naquele mesmo momento, alguém trazia um divertido e irônico sorriso nos lábios e pensava: "Eu vi tudo. Estava diante do prédio de Nicolas e vi quando ela saiu arrastando uma mala. Miah chorava enquanto caminhava, sinal de que eles brigaram. Até que demorou. O marido dela, como bom investigador, já deve ter reunido pistas que o conduziram ao verdadeiro passado de Miah. Nicolas deve tê-la expulsado de sua vida. As coisas estão saindo exatamente como eu planejei. Agora, sem ele por perto, ela ficará vulnerável e, por mais que queira, não terá forças suficientes para se livrar de mim. Miah ainda vai chorar lágrimas de sangue pelo que fez com Renato e vou estar diante dela nesse momento, humilhando-a e torturando-a até que implore pela morte.

Ela voltou ao seu antigo apartamento. Eu sei de muitas coisas que ela tem por aqui. No entanto, creio que, em sua atual condição e sofrendo com a separação, ela deverá procurar se consolar com alguém. Assim, imagino que alguém esteja morando em seu antigo lar. O que me interessa agora é saber quem a abrigou. Ainda não tive muito tempo para pesquisar todos os amigos que ela fez aqui nesta cidade, mas tenho audácia suficiente para tirar qualquer amigo dessa mulher do meu caminho. Ninguém vai me atrapalhar na vingança pela morte de Renato. Disso, todo mundo pode ter certeza".

A sala de reuniões estava cheia, quando eles entraram com Moira. Ela se posicionou ao lado de Mike e de vários outros policiais. Alain se levantou do sofá e foi cumprimentá-los com ar de amabilidade. Lucena abraçou Nicolas e Elias afetuosamente. A capitã Teresa Rangel era uma mulher mulata, com olhos negros e expressivos. Era alta, forte e troncuda e tratou-os com formalidade e educação.

Nicolas não se surpreendeu ao ver que o homem que Moira dissera não conhecer era Otávio Moraes. Ele estava sentado ao lado de Duarte, que mantinha um sorriso discreto nos lábios finos.

— Creio que devemos dar início à nossa rápida discussão — iniciou Alain, quando todos finalmente se acomodaram. — Todos que me conhecem sabem que sou um homem que não gosta de rodeios, então, irei direto ao ponto — ele cravou o olhar em Nicolas. — Senhor Bartole, recebemos a denúncia de que o senhor abrigou em seu apartamento Miah Antunes, suspeita de ter cometido dois homicídios em outra cidade, alguns anos antes.

O tom azul-escuro dos olhos de Nicolas ganhou matizes negros, quando se desviaram para Otávio e Duarte. Eles sorriam como dois meninos arteiros. Não era preciso perguntar de onde partira a denúncia.

— Comandante, com todo o respeito, eu não abriguei essa mulher. Eu me casei com ela, porque não conhecia sua real identidade. Descobri a verdade sobre ela na noite de ontem e pedi que ela saísse do meu apartamento. Não sei onde está agora.

— Penso que essa não foi uma atitude sensata para um investigador policial — opinou Alain. — Segundo me disseram, o senhor era conivente com a situação. Recebi ainda a informação de que o casamento de vocês foi uma farsa apenas para protegê-la.

Nicolas se controlou para não deixar transparecer a palidez e a raiva.

— Isso é um absurdo, senhor! Eu jamais compactuaria com toda essa sujeira. Sempre gostei de coisas limpas. Confesso que fui ingênuo em não ter buscado informações sobre ela com antecedência — ele olhou para Otávio. — Por que não admite que foi você quem fez essa denúncia?

— Fui eu mesmo, e daí? — sorriu Otávio, satisfeito. — Comandante, em relação às mortes desses dois jovens, ambos baleados com um tiro na cabeça, posso até apontar a autora dos crimes: Miah. A frieza e a falta de escrúpulos continuam em seu sangue.

— Beatriz e Escobar não foram mortos por Miah — retrucou Nicolas. — Beatriz foi morta no sábado, no mesmo dia do nosso casamento. Ela esteve o tempo todo em companhia de minha irmã Marian se preparando para ir à igreja. Podem trazer Marian para depor, se for necessário.

— Bartole está acobertando a criminosa — a voz rascante de Duarte se fez ouvir. — Ninguém está percebendo isso?

— A questão primordial é encontrarmos essa mulher — a capitã falou, e todos os olhares se voltaram para ela. — A partir deste ponto, pensaremos na sanção que aplicaremos no senhor Bartole.

— Sanção? — Nicolas a encarou. — Do que está falando?

— Por mais que tente negar, sua situação está ficando complicada, Bartole — Alain se levantou e começou a caminhar pela sala. — A capitã Rangel tem razão. O que você fez ao acobertar uma assassina, ainda que tenha feito isso em nome do amor, não pode passar em branco.

— Eu já disse ao senhor que não sabia — furioso, Nicolas ficou de pé. — O que os senhores estão sugerindo não faz o menor sentido! Não podem me punir por algo que não fiz.

— Permita-me, comandante — imitando o exemplo dos outros dois, Lucena se ergueu do sofá, aproximou-se de Nicolas e olhou na direção de Alain e da capitã Rangel. — Creio que devemos considerar as palavras de Bartole. O que nos garante que ele não esteja dizendo a verdade? Quando fui informado pelo senhor sobre essa denúncia, fiquei surpreso e chocado e cheguei a pensar que estávamos falando de outra pessoa. Além disso, pelo pouco que conheço de Bartole, posso afirmar com absoluta certeza de que ele jamais faria algo desonesto, ainda que tivesse que defender a pessoa que ama.

— Se fosse assim, ele não teria deixado ela fugir novamente, major — disparou Otávio, irritado. — Nem sempre é possível usar de honestidade.

— O senhor é um exemplo vivo de desonestidade — Elias se voltou para Otávio em defesa de Nicolas. — Por três anos, o senhor tem usado um nome falso e um cargo que não existe para enganar Duarte, assim como nos enganou a princípio. Dessa forma, eu lhe faço uma pergunta: durante suas visitas anuais à nossa cidade, ao longo desses três anos, por que não prendeu a senhora Fiorentino? Ela não se mudou para cá na semana passada. Se sua intenção era prendê-la, não vejo por que esperar tantos anos. A não ser, é claro, que o senhor tenha outros objetivos em relação a ela.

O comentário de Elias teve o efeito desejado, provocando, por breves segundos, um espantoso silêncio sobre a sala. Otávio foi o primeiro a reagir e esfregou as mãos como se quisesse aquecê-las enquanto sorria.

— O senhor, como um delegado, ou é muito ingênuo ou está fazendo papel de ridículo. Nós, investigadores, quando necessitamos chegar ao nosso alvo, usamos qualquer meio possível para isso, desde que esteja dentro da lei. Qual é o problema em usar uma identidade falsa, quando estou a ponto de prender uma foragida? Ela sabe como eu me chamo e, se tivesse notado minha presença, teria fugido novamente, dando um chute no nosso querido Nicolas Bartole.

— De qualquer forma, eu já tomei minha decisão — disse Alain. — Mas, antes de expô-la, eu gostaria que Bartole nos dissesse quais são os possíveis locais em que Miah Antunes pode estar escondida. Se você nos ajudar, não haverá nenhuma sanção.

Nicolas sabia que bastava fornecer o antigo endereço do apartamento de Miah. Se ela não estivesse num hotel, certamente estaria lá. Por outro lado, se desse essa informação, Marian poderia se complicar ou até mesmo ser vista como uma cúmplice.

— Qual seria minha sanção? — ele perguntou.

— Não vai nos dizer, não é mesmo? — a capitã Rangel abriu seu primeiro sorriso, e Nicolas viu que os dentes caninos dela eram grandes e pontudos como os de um vampiro. — Acha que vale a pena manchar sua carreira em nome de uma assassina?

— Senhor Bartole — era Alain novamente —, caso se recuse a colaborar com o trabalho de seu colega Otávio Moraes, mantendo sigilo da localização de sua esposa, além de ser acusado de conivência, será afastado da corporação por tempo indeterminado. A decisão é sua.

— Desculpe, Alain, não vamos chegar aos extremos — Lucena tentava pensar em algo que pudesse ajudar Nicolas a sair daquela confusão. — Espere ao menos que ele termine essa investigação e encontre o assassino dos dois jovens.

— Só pode ter sido Miah! — Duarte se levantou do sofá e, altivo como um galo de briga, ficou diante de Nicolas. — Bartole, admita que sua paixão por essa criminosa é maior do que o medo de perder seu emprego! Confesse que sabe onde ela está, mas que não vai nos dizer porque a ama. Diga para todos nós que sempre soube dos crimes que ela cometeu. Assuma que é um mentiroso tão hipócrita quanto ela.

Nicolas sentiu uma corrente de energia correndo por seu corpo, deslizando por seu braço e terminando em sua mão. Ele fechou o punho e, antes de pensar no que fazia, acertou um murro violento contra o queixo de Duarte, que tropeçou e foi ao chão.

Otávio mostrou que tinha reflexos rápidos, mas que não sabia medir as consequências de seus atos, e partiu para cima de Nicolas, disposto a ajudar Duarte. No entanto, Otávio recebeu um pontapé no estômago e desabou sobre a capitã Rangel.

Formou-se uma confusão, e todos falavam ao mesmo tempo. Otávio se levantou massageando a barriga, com os olhos chispando de ira. Foi necessário que três policiais segurassem Nicolas, a fim de impedir que ele tornasse a agredir Duarte ou o próprio Otávio. A capitã Rangel mostrava-se horrorizada diante da reação de Nicolas e repetia para o comandante expor sua decisão o mais depressa possível. Elias, que nem sequer se dera ao trabalho de se levantar do sofá, mal podia esperar tudo aquilo acabar para parabenizar Nicolas pelo soco que dera em Duarte.

— Bartole, você superou todos os limites! — gritou Alain. Ele estava com o rosto tão vermelho que parecia ter sido agredido também. — O que pretendia ao agredir dois colegas de trabalho em plena delegacia, diante de mim e de outros superiores, como a capitã Rangel, o major Lucena e o próprio delegado Elias?

— Não me arrependo do que fiz — irritado, porém aparentando tranquilidade, Nicolas flexionou os dedos das mãos. — Aliás, fazia tempo que Duarte vinha pedindo por isso.

— Você ainda vai me pagar por isso, seu moleque! — Duarte ameaçava Nicolas do sofá, enquanto um hematoma surgia em seu queixo. Um policial lhe dera uma garrafa com álcool, e ele esfregava o local atingido. — Só conseguiu me derrubar porque me pegou de surpresa.

— Ah, é? — Nicolas cruzou os braços. — Que tal resolvermos isso como homens, lá fora? O mesmo vale para você, Otávio.

— Já basta! — cortou Alain, já explodindo de raiva. — Bartole, sua atitude é infantil e indigna de alguém que vinha fazendo um trabalho tão decente nesta cidade. Dessa forma, vou participar todos os presentes de minha decisão. A partir de hoje, o senhor Nicolas Bartole está afastado desta delegacia e de toda a corporação policial por prazo indeterminado. Em seu posto será inserido o investigador Evaristo Duarte, que dará seguimento às investigações sobre a morte de Beatriz e Escobar. O doutor Elias e sua equipe policial passarão a trabalhar em conjunto com Duarte e com o investigador Otávio Moraes na busca pelo assassino dos dois jovens e pela mulher do senhor Bartole.

— Isso é uma suspensão, senhor? — perguntou Nicolas em voz baixa, não contando com aquilo.

— Não, é um afastamento. Vou pedir que entregue sua credencial e sua arma. O senhor não poderá atuar em nenhuma outra investigação até segunda ordem. De hoje em diante, passa a agir como um civil comum. Fui claro?

Mike e Moira, no fundo da sala, entreolhavam-se com preocupação. Ambos já mentalizavam como seria trabalhar sob as ordens de Duarte. Elias, ainda mais lívido do que Nicolas, perdeu a fala. Detestava Duarte e sabia que não conseguiriam trabalhar em conjunto. Aliás, seria até bom que não desse certo para que Alain percebesse que suas decisões nem sempre eram as mais sábias.

Nicolas percebeu que exagerara, mas agora era tarde demais. Toda a raiva havia passado e agora ele sentia apenas arrependimento por ter se deixado levar pela cólera. Imaginava que, ainda que não tivesse agredido os dois homens, Alain o afastaria da mesma maneira, sob a acusação de ser cúmplice de uma foragida. No fundo, tudo não passava de uma conspiração bem articulada para tirá-lo do cargo.

Como ele achava que as coisas doloridas deveriam terminar o quanto antes, ele sacou o revólver e sua identificação policial, depositando-os ao lado do comandante. Foi a própria capitã Rangel quem recolheu os objetos.

— O senhor verá que é para o seu bem — sorriu a capitã, mostrando seus dentes pontudos.

— Eu sei. Muitos de vocês estão aqui porque desejam apenas o meu bem — com olhos transpassados de amargura,

Nicolas se voltou para o comandante e comentou, quase num murmúrio: — Creio que não tenho mais nada a fazer aqui.

— Peço que passe na sua sala e recolha seus pertences, deixando-a livre para que Duarte possa assumi-la ainda hoje, após o horário do almoço — ordenou Alain.

Nicolas assentiu e se virou para deixar a sala de reuniões. Antes de sair, foi obrigado a ouvir a provocação de Duarte:

— Eu sempre falei que ainda iria recuperar meu lugar. O que é meu ninguém tira, Bartole!

Nicolas até pensou em dizer algo para revidar, mas já não valia mais a pena. Em menos de vinte e quatro horas, perdera as duas coisas mais importantes de sua vida. Miah se fora e ele perdera seu cargo de investigador. Sem a mulher a quem amava e sem a profissão pela qual tanto se dedicara, o que ainda poderia ser motivador em sua vida dali em diante?

Ele colocou tudo o que era seu dentro de uma caixa de papelão e recusou a ajuda de Mike e de Moira. Simplesmente não desejava falar com eles. Não queria mais ouvir a voz de ninguém. Parecia que o mundo tinha conspirado para prejudicá-lo. Ele queria apenas se isolar em um lugar no qual nenhuma pessoa, além dele, tivesse acesso.

Carregando a caixa de papelão, ele foi para o carro e, antes de dar partida, lançou um último olhar para a delegacia. Faltavam poucos dias para o Natal, mas não havia nada mais a ser comemorado.

Capítulo 26

Marian acordou antes de Miah. Lourdes dormira no colchão em seu quarto e sempre acordava tarde. Marian achava que não encontraria a cunhada adormecida no sofá, mas sorriu ao ver uma cena diante de si: Miah, com os olhos fechados, vestida com o pijama verde-água que ela lhe emprestara, e Érica, que também dormia, deitada sobre o braço do estofado. A gata deixara sua cria temporariamente sozinha para se dedicar a cuidar de Miah. Quem poderia dizer que aquela mulher cometera algum crime?

Marian pensou na história que Miah lhe contara atropeladamente, mencionando algo sobre usar um sobrenome falso. Mesmo que aquela história fosse verdade, tudo lhe parecera confuso. Era certo apenas que seu irmão não saberia lidar com algo assim.

De repente, Marian foi sacudida por um pensamento. Se Miah estivesse sendo procurada pela polícia, obviamente iria buscá-la ali. E tanto ela quanto Lourdes até poderiam ser presas por a estarem escondendo no apartamento.

Sabendo que teria que agir rápido, Marian foi até a cunhada e a chamou suavemente, segurando-a pelo braço.

— Miah! Miah, por favor, acorde.

Sonolenta, ela abriu os olhos e sorriu para Marian.

— Bom dia, Miah! Desculpe acordá-la assim, mas é preciso que você vista suas roupas e encontre outro lugar para ficar.

Miah se sentou e arregalou os olhos. Marian continuou:

— Não quero que você saia por causa do que me contou, mas por sua própria segurança. Você me disse que um investigador a tinha localizado, então logo ele virá procurá-la aqui.

— Eu não quero ser presa... — por mais que não quisesse começar aquele dia chorando, Miah não pôde controlar as lágrimas. — Por favor, você é a única que pode me ajudar, Marian. Eu já perdi Nicolas. Não posso perder a liberdade também.

— Sei que, ao ajudá-la, eu estarei driblando a lei, mas acho que a força da amizade sempre fala mais alto. E como seu passado não me importa, eu vou lhe auxiliar em nome da Miah de agora, dessa moça linda que deixou meu irmão de quatro. E olha que Nicolas é jogo duro.

Miah sorriu agradecida, enquanto procurava colocar as roupas na mala que trouxera.

— Sabe, Marian, se um dia você e Enzo se casarem, não sei se estarei por aqui para assistir ao matrimônio.

— E por que não estaria? Por acaso pretende deixar o país?

— Não. Acho que vou encarar a justiça e acertar minhas contas com ela. Se eu for presa, o que deve acontecer muito em breve, não vai ser possível ir ao casório de vocês.

— Se for para idealizar um futuro desagradável, então é melhor que não pense nele. Termine de se trocar. Nós vamos achar outro lugar para você.

— Quem vai querer me dar abrigo, Marian? Se as pessoas souberem o que fiz, me verão como um monstro.

— Eu já soube e para mim você é a mesma de antes. E se Thierry concordou que Willian e Ariadne morassem com ele, pode acolhê-la também. Ele não vai se recusar a recebê-la. Estou certa disso.

Pouco depois, quando chegaram ao apartamento de Thierry e contaram as novidades, ele se atirou no sofá e começou a se abanar com um leque gigantesco. Estava nu por baixo de um robe quase transparente, o que indicava que fora acordado às pressas pelas visitantes, e explicou que Willian e Ariadne estavam dormindo no quarto de hóspedes.

— A qualquer momento, meu coração vai entrar em greve e vou bater asinhas em direção ao céu. Não posso suportar tantos sustos. Mal me recuperei daquela história da bomba no buquê e descubro que mataram meu funcionário. E agora estou ouvindo que Miah e Nicolas, o casal modelo da cidade, não estão mais juntos?

— Ela precisa ficar com você por alguns dias.

— O que aconteceu, afinal? — Thierry perguntou.

— Sou uma fugitiva da polícia! — exclamou Miah.

Ele arregalou os olhos e levou ambas as mãos ao peito, deixando que o leque despencasse no chão.

— Garota, assim você me mata!

— Depois eu lhe explico com mais calma. Agora, preciso que você me deixe ficar aqui por alguns dias, por favor.

— Você vai ficar escondida, correto?

Miah concordou com a cabeça.

— E se a descobrirem escondida aqui, eu posso ser preso junto, correto?

— Não vou deixar que você seja responsabilizado por nada.

— Hum... se pelo menos fosse o próprio Nicolas pedindo abrigo, eu até emprestaria minha cama, mas... Tudo bem, eu deixo! Sempre achei essa coisa de polícia e ladrão muito excitante. Depois quero saber qual é o babado que você esconde, mocinha.

Miah tornou a assentir e agradeceu a Marian e Thierry pela ajuda, pois não se considerava merecedora de tudo aquilo.

Marian voltou para o apartamento, pois pretendia trocar de roupa e justificar sua saída para Lourdes, que àquela altura já deveria estar acordada. Ela notou a presença de um homem diante do portão do edifício, tentando olhar por entre os vãos. Como ainda não conhecia todos os moradores do prédio, pensou que se tratasse de alguém em visita. Era um homem forte e atraente, com menos de cinquenta anos.

— Bom dia! — ela o cumprimentou. — O senhor deseja entrar?

— Bom dia! Estou procurando uma amiga que reside aqui. Ela me deu seu endereço, mas perdi o número do apartamento. Será que a senhorita a conhece?

— Eu sou nova aqui, mas, de repente, posso conhecer — Marian deslizou a mão pelos cabelos lisos e sorriu. — De quem se trata?

— Miah Fiorentino, a jornalista do Canal local. Ela é uma amiga minha de longa data.

O sorriso de Marian esfriou um pouco. Miah lhe falara algo a respeito de um investigador que estaria à sua procura, e nada lhe dava garantias de que aquele homem não era o mesmo que estava no encalço da cunhada.

— Eu a conheço sim, tanto que estou morando no apartamento dela.

Ele apertou uma mão na outra num gesto de contentamento.

— Eu acertei de primeira? Isso é o que eu chamo de sorte! — como Marian continuou parada, ele perguntou: — Será que eu poderia subir? Isto é, se ela estiver em casa. Meu nome é Fernando. Há alguns anos, ela morou em um imóvel meu e desde então somos amigos.

— Olhando melhor para o senhor, tenho a impressão de tê-lo visto na festa de casamento de Miah com meu irmão.

— Sim, eu estava lá. Quer dizer que vocês são cunhadas?

— Somos sim. Cunhadas e amigas. Tamanha é a nossa amizade que Miah cedeu seu apartamento para que eu morasse, já que ela se mudou para o apartamento do meu irmão. Se quiser o endereço dele, eu posso lhe fornecer.

Fernando não escondeu a frustração no olhar.

— Acho que não é necessário. Não quero incomodá-los. O marido dela pode até não gostar.

— Por que o senhor achou que Nicolas não se importaria se Miah o recebesse aqui? Não faria muita diferença, concorda? Já que o senhor sabe que eles se casaram no sábado...

— O que você diz faz sentido. Bem, acho que fiz papel de bobo — ele exibiu um sorriso desconsolado. — De qualquer maneira, foi um prazer falar com a senhorita. A propósito, qual seria seu nome?

— Marian Bartole. Se eu me encontrar com Miah por esses dias, peço que ela entre em contato com o senhor.

— Na verdade, ela me deu alguns telefones. Também já estive na emissora em que ela trabalha, e nós conversamos um pouco. Como eu lhe disse, já faz um tempo que não nos vemos, e eu gostaria de dispor de uma tarde inteira para matarmos a saudade. Receio confessar que só estou retardando minha partida desta cidade, porque estou esperando por essa chance.

A centelha de desconfiança voltou aos olhos de Marian. Sobre o que aquele homem precisava conversar a sós com Miah? E por que Nicolas não poderia estar presente?

— Senhor Fernando, se tem os números dela, não seria mais simples telefonar e combinar tudo direitinho? Assim, o senhor não corre o risco de dar viagem perdida como acabou de fazer.

— Claro. Como eu lhe disse, fiz papel de bobo. Mesmo assim, minha viagem não foi perdida. Eu tive o prazer de conhecer uma moça de sorriso tão belo e atraente.

— Obrigada. Agora, se o senhor me desculpa, eu preciso entrar, pois tenho um compromisso daqui a pouco.

— Sim, sou eu quem lhe deve desculpas por atrasá-la. Só queria fazer uma última pergunta: qual é o número do apartamento de Miah?

Marian mostrou o sorriso que lhe valera um elogio.

— Isso não é tão importante, pois agora quem mora lá sou eu e nós já nos conhecemos. Que o senhor possa ter um excelente dia!

Sem esperar resposta, Marian destrancou o portão e trancou-o por dentro, deixando Fernando plantado na calçada.

Capítulo 27

Ele não se lembrava de ter se sentido tão solitário quanto no instante em que entrou em seu apartamento. Não era um vazio físico. Era algo mais profundo, emotivo e sentimental. Sem Miah e sem seu emprego, a vida de Nicolas não tinha sentido.

Até poderia resolver parte do problema se telefonasse para ela dizendo que a perdoava por seu passado e que recomeçariam passando uma borracha nos acontecimentos anteriores. Porém, não era tão simples assim. Não era apenas uma questão de se esforçar para esquecer. O que o ferira fora o fato de Miah o ter enganado por tanto tempo. Ele confiara tanto nas palavras dela, mas ela jamais confiara nele. O amor que dizia sentir era ilusão, afinal, ela mesma confessara que desprezava os homens. Por que com ele teria sido diferente? Em que Nicolas seria privilegiado por ter despertado o amor em uma pessoa que vivera apenas pelo dinheiro e pelo desejo de vingança?

Nicolas já estava abrindo a gaveta onde costumava guardar sua arma, quando se lembrou de que agora não havia mais nada para guardar. Não era mais o investigador Bartole. Até segunda ordem, se é que isso aconteceria, ele seria apenas mais um Nicolas naquela cidade.

O relógio na parede registrava meio-dia em ponto. Ele deveria estar almoçando no *Caseiros* àquela hora, se fosse um dia comum. Contudo, nada seria como antes.

Ele foi até o bar do apartamento e pegou uma garrafa de uísque. Encheu um copo e ingeriu a bebida sem gelo num único gole. Era forte, mas ainda não era suficiente. Encheu e bebeu um segundo copo e depois houve um terceiro. Quando começou a sentir o efeito do álcool atuando em seu organismo, Nicolas colocou a boca no gargalo da garrafa e tomou o restante do conteúdo.

Estava praticamente tonto, quando se esparramou no sofá e ligou a televisão. Sua visão começou a ficar nublada e ele percebeu que gostava daquela sensação. Sentiu a sala subir e descer, como se estivesse dentro da cabine de um navio cruzando um mar revolto. Nicolas foi percorrendo os canais e só parou quando sintonizou no Canal local, mesmo sabendo que Miah não estaria trabalhando naquele dia.

O repórter murmurava algumas palavras, e, mesmo sem interesse, Nicolas aumentou o volume para ouvi-lo melhor.

— Estamos diante da delegacia, onde participaremos da entrevista coletiva com o comandante Alain Freitas, da Polícia Militar.

As imagens seguintes mostraram o interior da delegacia tão conhecida de Nicolas. Ele viu outros repórteres se espremendo num canto, disputando espaço com os demais. Os operadores de câmeras seguravam seus imensos equipamentos nos ombros, e luzes refletoras ajudavam na iluminação.

Num vislumbre, Nicolas viu Elias e Mike observando a cena de um canto e, em seguida, notou que Alain aparecia na companhia de Duarte. Ele não viu Otávio, a capitã Rangel ou o major Lucena.

Como formigas se juntando em torno do açúcar, os repórteres fervilharam em volta do comandante, e seus microfones quase ocultaram a boca de Alain.

— Eu pedi a presença da mídia — ele começou a dizer —, porque gostaríamos de informar aos moradores de nossa cidade e a todos que tenham interesse no assunto que a investigação dos assassinatos de Beatriz Cardoso e Escobar da Silva, mortos, respectivamente, no último sábado e domingo, será assumida pelo senhor Evaristo Duarte, já conhecido por ter atuado durante mais de trinta anos em nosso município.

A câmera foi direcionada para o rosto opaco de Duarte, que sorria encantado por ser o centro das atenções.

— Continuaremos trabalhando arduamente na captura desse assassino — Alain concluiu.

— Comandante, o senhor poderia nos informar por que o investigador Nicolas Bartole foi substituído? — perguntou uma repórter jovem e bonita.

— O senhor Bartole, por motivos pessoais, foi temporariamente afastado do cargo. Não podemos divulgar a razão de isso ter acontecido, mas esperamos que muito em breve ele possa voltar à ativa.

— Mentiroso! — bradou Nicolas como se pudesse ser ouvido. — Sua intenção era me tirar do cargo. Não me venha com essa de que aguarda meu retorno. Você mal via a hora de dar uma oportunidade para esse paspalho do Duarte!

— O senhor poderia nos dizer em que ponto estão as investigações? — perguntou o repórter do Canal local a Duarte.

— Eu não estou autorizado a dar muitos detalhes, mas posso lhe garantir que dentro dos próximos dias colocarei minhas mãos no criminoso — Duarte passou a mão pelo queixo, onde se destacava o hematoma provocado pelo murro de Nicolas. — Meu estilo de trabalho é diferente dos métodos de Bartole. Sou mais dinâmico e prático. Não quero tecer críticas quanto à forma de trabalho dele, entretanto, quem me conhece sabe que sou famoso por concluir os casos em que atuo em menos de uma semana. O delegado vai me colocar a par de toda a investigação, e eu entrarei em ação.

— Não me faça rir, seu mané!

Mantendo a televisão ligada, Nicolas voltou ao bar e desta vez abriu uma garrafa de vodca. Da mesma forma que fizera com o uísque, tomou praticamente metade da garrafa em dois goles, pouco se importando com o fato de a bebida estar sem gelo.

Nicolas voltou para o sofá e terminou de assistir à entrevista coletiva, ouvindo Duarte contar vantagem. Por fim, desligou a televisão e entornou o copo com vodca garganta abaixo, notando que estava ficando alcoolizado. Aquele, no entanto, era o seu objetivo, pois queria ficar anestesiado para não ser obrigado a enfrentar a realidade.

Miah também estava assistindo à mesma matéria pela televisão, no apartamento de Thierry. Ela tinha comunicado aos seus editores que não se sentira bem naquele dia e que não poderia trabalhar. Fora uma excelente ideia, visto que teria que ir até a delegacia fazer a cobertura da entrevista coletiva. Certamente, ela seria detida lá mesmo.

O que a preocupava era aquela história de que Duarte substituíra Nicolas nas investigações e no próprio cargo. Miah ficou pensando no quanto aquilo deixara seu marido magoado e perguntou-se sobre o que ele estaria fazendo a respeito. Teve vontade de telefonar para a delegacia e falar com Mike ou com Moira, mas não sabia se Otávio tinha deixado uma ordem para localizá-la e prendê-la.

Miah decidiu que tinha de falar com Nicolas. Ele tinha que recebê-la de qualquer forma. Independente da história que contara ao marido, ela pretendia ajudá-lo a superar aquela fase, como tantas vezes já haviam se ajudado em outras situações. Miah queria apenas que Nicolas soubesse que ela continuava sendo a mesma mulher que ele conhecera e com quem se casara.

Ela estava sozinha no apartamento. Willian fora trabalhar num "bico" que ele conseguira, Thierry fora para a *Que Amores de flores*, que era sua segunda casa, e Ariadne saíra para tentar uma nova vaga de emprego.

Miah desejou usar uma peruca, mas não queria mexer nas coisas de Thierry. Então, foi ao quarto que Ariadne dividia com Willian e revistou as roupas dela. Tudo era tão esquisito, brilhante, colorido e perfumado que Miah teve a impressão de que estava entrando no mundo da imaginação, mas acabou encontrando o que buscava. Uma calça colante azul-elétrico, uma blusa verde-limão com barbantes pendurados e sapatos com saltos altíssimos. Entre o estranho vestuário, ela encontrou um óculos de sol com lentes cor-de-rosa e completou o disfarce com um chapéu de abas largas. Miah se contemplou no espelho e sorriu diante do que viu. Estava parecendo uma perua.

Ela evitou tomar um táxi e fez todo o trajeto a pé, mas logo percebeu que fora um erro colocar aqueles sapatos, que, além de apertados, incomodavam seu caminhar. Por outro lado, o importante era chegar até Nicolas e ver o que poderia fazer por ele.

Miah andava de cabeça baixa, evitando encarar as pessoas. Não queria ser reconhecida por ninguém, já que não sabia o quanto Otávio tinha progredido nas buscas para encontrá-la. Provavelmente, Nicolas fora afastado por causa dela e por isso achava que deveria remediar a situação do jeito que pudesse.

Ao dobrar uma esquina, Miah passou na frente de uma cafeteria e caminhou o mais rápido que podia. Ela não olhou para os lados, aproveitando que as abas do chapéu ocultavam parcialmente seu rosto, porém, não conseguiu enganar os olhos experientes de Otávio, que terminava de tomar um lanche. Com ele estavam dois policiais militares. Otávio se oferecera para pagar um lanche aos policiais, pois queria fazer "amizade" com o máximo de pessoas da corporação. Mentalmente ele vinha preparando uma grande força-tarefa para encontrar a foragida e, quando esse momento chegasse, ele precisaria apenas da autorização de Alain e do seu comandante em São José do Rio Preto para realizar a prisão de Miah.

Ao vê-la, Otávio pensou que talvez nada disso seria necessário, já que parecia que Deus lhe estava sorrindo. Sem trabalho algum, ele viu Miah passando com roupas coloridas, óculos escuros e um enorme chapéu e a considerou muito ingênua por ela achar que iria tapeá-lo.

— Vocês não vão acreditar! — disse ele aos policiais. — A mulher que estou procurando acaba de passar por nós.

E olha que eu não acreditava em coincidências até este exato momento.

Ele pagou a conta rapidamente e, ao chegar à calçada, indicou Miah, que já alcançava a esquina seguinte.

— Podemos pará-la? — perguntou um dos policiais.

— Não. Só venham comigo. Eu mesmo quero ter o prazer de segurá-la e prendê-la.

Os três começaram a correr na direção dela. Como se estivesse sendo amparada por forças invisíveis, Miah virou a cabeça para trás e empalideceu ao reconhecer Otávio. Ela quase gritou ao ver que ele vinha correndo acompanhado por dois policiais e não hesitou em abandonar os sapatos ali mesmo na calçada. Descalça, Miah atravessou a rua no meio do tráfego, ignorando as buzinas de advertência e os gritos dos motoristas alterados, chegando rapidamente ao outro lado.

Otávio e os policiais também atravessaram a rua correndo a tempo de ver Miah seguindo na direção da praça. Num impulso, ela se livrou do chapéu e dos óculos, mas não deteve a velocidade. Otávio, no entanto, era mais rápido e reduzia a distância entre eles a cada segundo. Quando estava a menos de trinta metros da repórter, ele sacou uma arma, assustando os transeuntes da praça, e apontou para as costas dela, gritando:

— Parada, sua assassina! Se der mais um passo, eu atiro!

Miah não obedeceu e continuou correndo. As pessoas entraram em pânico e começaram a gritar. Otávio sabia das complicações de usar uma arma de fogo num local público e foi obrigado a abaixar a arma, mas continuou correndo.

— Ei, aquela é Miah Fiorentino! — disse uma mulher.

— Foi chamada de assassina? — comentou um homem.

— Estão tentando matá-la? — questionou uma terceira pessoa.

As três pessoas começaram a falar sobre o que tinham visto e em poucos minutos a notícia correu por toda a praça.

Otávio já estava longe. Os policiais pediam reforços. Ninguém conseguia entender como Miah conseguia correr tão depressa. Era como se não sentisse as asperezas da calçada, que, sob o escaldante sol do meio-dia, deveria estar queimando as solas dos pés da repórter.

Miah estava apavorada e sabia que só estava complicando sua situação fugindo de Otávio, mas não queria se render. Pelo menos ainda não. Quando entrou em uma rua deserta, já praticamente sem saber para onde estava indo, ouviu Otávio ameaçando-a novamente, mas não parou. Achava que ele não teria coragem de atirar nela na rua.

"Deus, por favor, não me abandone agora", ela pedia em pensamento. "Sei que fiz muitas coisas erradas, mas o Senhor conhece meu coração e sabe que estou arrependida. Sabe que nunca faria aquilo novamente e que só escondi a verdade de Nicolas por medo de perdê-lo. Não me deixe ser presa, eu Lhe imploro. Envie Sua proteção até mim".

Os dedos dos pés de Miah entraram numa fenda da calçada, o que a fez desabar no chão. O sangue começou a escorrer pelo local em que ela se ferira, ainda que mal estivesse sentindo a dor. Ao virar o rosto para trás, viu Otávio se aproximando, como se tivesse rodinhas nos pés. Ela se levantou com dificuldade e se apoiou na bicicleta de um adolescente que parara para tentar ajudá-la.

— Moça, você está bem?

— Menino, por tudo o que lhe for sagrado, eu lhe imploro que me empreste sua bicicleta. Aquele homem que vem correndo lá atrás é um tarado que está tentando me estuprar. Veja, ele até tirou meus sapatos. Meu nome é Miah Fiorentino. Procure por mim que eu lhe devolvo a bicicleta. Por favor.

Agindo quase mecanicamente, o menino desceu do assento da bicicleta, e Miah lhe agradeceu com um sorriso, pondo-se a pedalar rapidamente. Quando Otávio parou diante do garoto, sentindo gana de matá-lo. Miah já tinha desaparecido na curva seguinte.

Com os dedos de um dos pés sangrando e ardendo e ambas as solas feridas e doloridas, Miah sabia que obrigatoriamente teria que mudar seu itinerário. Se estava sendo caçada daquela forma, jamais poderia voltar ao apartamento de Nicolas, local que certamente estaria sob vigilância policial. Sabia também que seria arriscado retornar para o apartamento de Thierry, pois era certo que Otávio informara aos outros policiais que roupa ela usava e o fato de estar montada em uma bicicleta. Ela quase chorou de alegria quando viu Elisa e Guilherme passeando de mãos dadas por uma calçada. Cada um deles trazia uma sacola de compras nas mãos e, como sempre, demonstravam a mesma tranquilidade que Miah já conhecia.

Eles olharam com espanto para Miah quando ela deteve a bicicleta diante deles. Estava corada, os cabelos desgrenhados e os olhos arregalados.

— Desculpe aparecer assim, mas preciso da ajuda de vocês — ela olhou por cima do ombro, tentando ver se Otávio estava por perto. — Por favor.

— Miah, por Deus, o que aconteceu? — sem esperar pela resposta, Elisa olhou para os pés feridos da amiga e procurou por outros possíveis ferimentos no corpo dela. — Você foi assaltada? Levaram seus sapatos?

— É mais ou menos isso. Não posso conversar aqui no meio da rua. Eles vão me encontrar.

— Ela deve ter sido atacada por uma quadrilha de assaltantes — sugeriu Guilherme para a esposa.

Mais do que depressa, ele deu sinal para um táxi, e Elisa ajudou Miah a entrar no carro. A bicicleta ficou encostada na lateral de uma loja.

Guilherme deu o endereço da casa que tinham alugado ao taxista e segurou nas mãos trêmulas de Miah, cuja cabeça estava recostada no ombro de Elisa. Os três seguiam juntos no assento traseiro com Miah entre o casal.

— Pode nos explicar o que houve, querida?

Ela ergueu os olhos cansados para Guilherme. Respeitava e admirava os amigos há muito tempo, mas não podia contar-lhes a verdade. Pelo menos, não ainda.

— Eu fui assaltada por três homens. Eles roubaram meus sapatos, meu relógio... eu saí correndo naquela bicicleta que peguei emprestada de um menino. Deus, estou com tanto medo. Achei que eles fossem me machucar.

— Não se preocupe — Elisa afagou os cabelos de Miah com carinho materno. — Vamos fazer uns curativos em seus pés e depois daremos queixa na delegacia.

— Acho melhor não fazer isso — tentando disfarçar o pânico, Miah acrescentou: — É que sou conhecida na cidade. Tenho medo de ficar visada, entendem? Se colocarmos a polícia na história, eu vou sofrer represálias.

— Não podemos deixar os criminosos impunes, Miah — tornou Elisa. — Sei que você está assustada, mas, se não fizermos alguma coisa, outras pessoas podem ser vítimas desses bandidos.

— Eu sei, mas não quero me envolver com a polícia. Briguei com meu marido e não quero vê-lo por enquanto.

— Como assim vocês brigaram? — Guilherme ficou estupefato. — Vocês se casaram há três dias! Estavam tão apaixonados durante a festa.

— Eu ainda estou apaixonada por ele — Miah fechou os olhos e desejou que Guilherme e Elisa fossem os pais que ela tivera. — Nós tivemos uma discussão acalorada, e eu decidi sair do apartamento dele. Será só por alguns dias até termos tempo para esfriar a cabeça.

— Discussões em um casamento são normais — Elisa piscou seus lindos olhos azuis para Guilherme e ajeitou os cabelos brancos e bem penteados. — Guilherme e eu também já tivemos nossos maus momentos, no entanto, temos aprendido com a espiritualidade que a solução para resolver qualquer problema afetivo está dentro de nós mesmos. Às vezes, ficamos chateados um com o outro, mas conhecemos a importância do perdão e dos benefícios que ele nos traz. Então, pedimos desculpas e tudo volta a ficar bem. Não acha que estou ao lado de Guilherme há alguns porque amo sua careca, né?

Todos riram, inclusive o motorista do táxi. Pouco depois, eles pararam diante de uma casinha azul e saltaram, após Guilherme pagar a corrida.

— Nós tínhamos ido fazer nossas últimas compras de Natal — Elisa apontou para as sacolas que traziam. — Inclusive, compramos algo para você e Nicolas, porque esperávamos vocês para o almoço que combinamos. Está lembrada? Agora, com essa informação que você nos deu, confesso que fiquei triste.

— Eu posso lhes garantir que estou ainda mais triste — confessou Miah, enquanto Guilherme destrancava a porta da casinha alugada. — Sinto algo apertando meu coração.

— É a mágoa — Guilherme acendeu as luzes da sala. Era um cômodo bem mobiliado, embora não fosse muito grande. Da sala surgia um corredor que deveria levar para a cozinha ou para o banheiro, e uma escada num canto da parede levava ao pavimento superior. — Quando estamos magoados, nosso coração fica fechado. E quando isso acontece, retemos dentro dele coisas desagradáveis, como a tristeza, a solidão, a incerteza e o sofrimento. Sendo o coração o principal órgão do corpo humano, aquele que bombeia nosso sangue e movimenta nossa vida, ele derrama em nossa corrente sanguínea todos esses sentimentos inferiores, que se espalham por nosso corpo e se alojam em outros órgãos. É assim que surgem as doenças que todos conhecemos, como o câncer, a úlcera, as infecções, as dores...

— Ao contrário do que muita gente acredita — continuou Elisa conduzindo Miah até o sofá —, somos nós os responsáveis pelo surgimento das doenças em nosso corpo. Se nós cuidamos da nossa casa, assim também deveríamos fazer com nosso corpo. Só devemos permitir a entrada daquilo que tem utilidade e devemos jogar o resto fora.

— Vocês estão dizendo que só adoece quem quer? — Miah perguntou e soltou um suspiro de alívio ao se recostar no sofá macio e aconchegante.

— Poderíamos até responder a essa questão com um sim — Guilherme sentou-se ao lado de Miah, enquanto Elisa foi buscar a caixa de primeiros-socorros. — Uma doença significa que algo em nosso corpo não vai bem, concorda?

Miah assentiu, e Guilherme continuou:

— Se a doença nos atingiu é porque estamos com baixa imunidade, com redução de glóbulos brancos etc. Essa seria a explicação científica para a questão. Porém, como poderíamos entender tudo isso do ponto de vista espiritual?

— Se ficamos doentes hoje é porque deixamos alguém adoecer em uma vida passada? — perguntou Miah.

— Isso até pode acontecer, mas nem tudo o que nos acontece na vida atual teve origem em vidas passadas. Nós somos uma constante fonte de troca de energias. Cada vez que interagimos com outra pessoa, enviamos e recebemos essas energias, que nada mais são do que linhas de vibrações e pensamentos. Também recebemos novas energias a partir do que comemos, respiramos, vivenciamos etc. Assim como nos sentimos mal quando ingerimos um alimento estragado, se captarmos energias negativas e nocivas, elas prejudicarão nosso campo psicoastral com reflexos sobre as células materiais. É onde surge o câncer, por exemplo.

— Portanto, querida, nós somos os donos de nossos pensamentos e devemos ter cautela com o que pensamos e desejamos — respondeu Elisa, voltando com os medicamentos e se agachando diante de Miah para tomar-lhe um dos pés com cuidado. — As pessoas que vivem imersas na maldade e ambicionam apenas a desgraça alheia são aquelas que sempre estão doentes. Pode reparar. Já as pessoas com mente forte, que pensam sempre positivamente e confiam na vida e no poder do bem, estão sempre saudáveis.

— Você me perguntou se só adoece quem quer — lembrou Guilherme. — Eu diria diferente: as pessoas ficam doentes porque provocaram aquela situação de alguma forma. Existem exceções, claro. Às vezes, uma doença pode ser simplesmente a ferramenta encontrada pela espiritualidade para proporcionar um desencarne. Não obstante, normalmente elas surgem a partir da mágoa, da infelicidade e da sensação de fracasso. É por isso que não estou gostando de vê-la com essa expressão tão triste. Notei o modo como seu marido a olhava durante a festa. Ele a ama também, e logo vai estar tudo em paz entre vocês.

Miah sorriu e fez uma careta quando o mercúrio penetrou no corte entre os dedos. Elisa havia limpado a sola dos pés dela e agora passava o medicamento. Quando terminou, colocou uma gaze e cobriu a ferida com um esparadrapo.

— Quando você for embora, eu lhe empresto um chinelo — ela prometeu, sorrindo para Miah. — E só faço isso porque você foi a melhor aluna que já tive na vida.

— Obrigada. Vocês dois me tratam tão bem... e me dizem palavras tão bonitas. Entendo agora qual é a fórmula de um casamento feliz e sólido.

— Se realmente houvesse uma fórmula, eu seria a primeira a comprar — brincou Elisa. — Desde que haja amor sincero e sublime, livre de cobranças e interesses, qualquer relacionamento, seja amoroso ou fraternal, sempre terá um porto para se ancorar. E agora creio que a senhora esteja com estômago vazio, portanto vou preparar uma deliciosa carne recheada, que já deixei temperada desde a noite de ontem. Já que seu marido não veio, você terá que comer a parte dele.

Miah sorriu ainda preocupada. Era preciso chegar à questão que queria.

— Sei que é um pedido estranho e desagradável, mas gostaria de saber se posso dormir aqui pelas próximas noites, até o dia em que vocês voltarem para sua casa. Como lhes disse, meu apartamento pode ser conhecido da quadrilha que me assaltou e temo uma possível tocaia.

— Não há problema algum, não é mesmo, Guilherme? — Elisa olhou para o marido, que aprovou o pedido de imediato. — Só acho estranho você não querer denunciá-los. Não podemos ter tanto medo dos criminosos assim, Miah, ou chegará o dia em que não poderemos sair de dentro de casa.

— Eu sei. Não sou uma mulher tão corajosa assim e, além disso, gosto muito da companhia de vocês.

— Então, não teremos problemas. Temos um quarto vago aqui — Elisa mediu o corpo de Miah. — Só não creio que minhas roupas irão lhe servir.

— Estas que estou vestindo são da minha cunhada — Miah riu. — Normalmente não uso roupas tão esquisitas.

— Não se fala mais nisso — Guilherme se levantou do sofá. — Elisa, mostre o quarto a ela enquanto adianto o almoço.

As duas subiram as escadas de braços dados, e Elisa comentou sorrindo:

— Viu o motivo de eu estar com Guilherme há alguns anos? Não resisto aos pratos que ele prepara. Acho que essa é a fórmula secreta de um casamento sólido.

Miah não conteve a gargalhada e percebeu que entre os amigos ficava mais relaxada e distraída de suas preocupações, mas estava consciente de que não poderia se esconder durante a vida inteira, pois, cedo ou tarde, teria de enfrentar seus medos e desafios.

Capítulo 28

Deitado em seu sofá, Nicolas estava mergulhando na quarta garrafa de bebida alcóolica e desejava beber todo o estoque de seu bar. Estava tão decepcionado com a vida e com as pessoas que o álcool em sua corrente sanguínea parecia amenizar seu problema.

Por isso, quando a campainha tocou, ele fingiu-se de surdo. Não estava a fim de falar com ninguém. No entanto, o visitante era insistente e continuou tocando a campainha sem parar. Em seguida, começaram a bater com força.

— Arre égua, Bartole! Não vai abrir não?

Nicolas conteve a impaciência ao reconhecer a voz de Mike. As últimas pessoas que ele gostaria de ver ou ouvir eram aquelas ligadas ao seu trabalho, ou melhor, ao seu ex-trabalho. Provavelmente, Mike viera trazer notícias do que tinha acontecido após sua saída, sendo que ele não tinha o menor interesse em ser informado.

— Bartole, eu sei que está aí dentro. O porteiro me disse que não viu o senhor sair. Dá para abrir essa porta logo, porque eu estou em horário de almoço?

Praguejando, Nicolas se levantou e ficou levemente surpreso quando cambaleou e quase voltou para o sofá. Sua cabeça rodou e ele tropeçou nas próprias pernas. Aos solavancos, Nicolas conseguiu chegar à porta e a abriu para Mike.

O policial ficou aturdido diante do que viu e sentiu. Nicolas estava com os olhos avermelhados como se tivesse chorado e seu hálito indicava que ele estava completamente bêbado. Ele estava sem camisa, e Mike viu que ele derramara um pouco de bebida no tórax.

— Bastou sair da delegacia para virar cachaceiro, foi?

— Dá o fora daqui, Mike! — a voz de Nicolas estava arrastada e pastosa. — Quero ficar em paz.

— Ah, qual é? — Mike passou por ele e quase o derrubou ao entrar no apartamento. — Bartole, você esteve bebendo?

Não era preciso perguntar. Mike viu duas garrafas espalhadas na mesa de centro, uma pela metade no sofá e outra com o gargalo quebrado em cima do tapete.

— O que quer aqui? — Nicolas perguntou, ainda mantendo a porta aberta num claro aviso para Mike se retirar.

— Vim lhe dar meu apoio. Não sabe como fiquei triste. E o pior é ter que aguentar aquele barango do Duarte dando uma de chefão. Acredita que ele passou o maior sabão em dois policiais porque a farda deles estava um pouco amassada?

— Não quero saber de nada. Já falei para você cair fora, Mike — Nicolas apontou para a porta aberta.

— E se eu não for? — sorrindo, Mike tocou no coldre. — E agora sou somente eu que ando armado.

A brincadeira só serviu para deixar Nicolas ainda mais furioso. Ele deu um passo para frente, tropeçou na beirada do tapete e quase desabou no chão.

— Também estou aqui a pedido do doutor Elias.

Mike parou de falar e olhou mais uma vez para Nicolas. Jamais o vira embriagado, muito menos cambaleante. Os olhos azuis-escuros do amigo estavam opacos e suas córneas pareciam tingidas de sangue.

— Ele disse que o senhor deveria procurar a corregedoria e dar queixa do que fizeram. Esse comandante Alain é um inútil, sabia? Queria ver se fosse comigo — Mike bateu no peito, orgulhoso.

Nicolas veio até Mike e o puxou pelo braço.

— Não estou brincando, cara. Vá embora da minha casa, senão vou realmente perder a paciência.

Mike se desvencilhou com força, e Nicolas perdeu o equilíbrio, despencando sobre a mesinha de centro.

— Arre égua! Derrubei o Bartole! Ainda bem que ele não trabalha mais comigo — murmurou Mike, que se adiantou a segurar Nicolas pelas axilas, puxando-o com força para ajudá-lo a se levantar.

— Me solte, seu otário!

— Eu não discuto com bêbados, e você está embriagado até a alma! Isso é uma vergonha para um homem que era a esperança dos moradores da cidade e o terror dos criminosos. É o que eu chamo de decadência, sabia?

— Eu odeio você, seu babaca! — Nicolas piscou os olhos, tentando focalizar o rosto de Mike com sua visão embaçada. — Vou quebrar seu nariz, se não vazar daqui.

Mike hesitou e decidiu que Nicolas estaria mais seguro se permanecesse sentado. Sem dificuldade, ele empurrou o amigo novamente no sofá.

— Se você colocar as mãos em mim outra vez, será um homem morto — ameaçou Nicolas, deitando-se com dificuldade.

O olhar de Mike baixou para o chão da sala e foi atraído por algo dourado que refletiu sua luminosidade. Ele se abaixou e recolheu a aliança de Nicolas, cuja parte interna fora usada para gravar os nomes dele e de Miah e a data do matrimônio.

— Ei, Bartole, deixou sua aliança cair do dedo?

— Jogue isso no lixo! — ele fechou os olhos. — E saia daqui.

— Não é assim que se termina um casamento. E por falar em Miah, eu tenho algo a lhe dizer sobre ela que pode lhe interessar. O doutor Elias disse que eu não deveria falar nada, mas acho certo que o senhor saiba, afinal, é o marido dela.

— Ela morreu pra mim. Não quero ouvir mais nada.

— Aquele investigador topetudo, o tal de Otávio Moraes, abriu um chamado pelo rádio há pouco, pedindo reforços para capturar uma mulher no meio da rua.

— E por que isso iria me interessar?

— Porque a mulher em questão era a Miah.

Nicolas reabriu os olhos e fixou o teto. Mike não viu nenhuma expressão em seu rosto que denunciasse o que ele estava sentindo.

— Já falei que não quero saber.

— Ela fugiu — Mike colocou a aliança sobre a mesinha de centro. — Otávio ficou espumando de raiva. Sabe, Bartole... eu não acredito muito que Miah tenha feito tudo isso que estão falando. E mesmo que ela seja culpada, eu posso dizer que Miah é a assassina mais querida da nossa cidade. E outra: agir em legítima defesa alivia todos os pecados. Nunca vou conseguir olhar para ela e ver uma pessoa maldosa.

— Isso é um problema seu, Mike. Acho que seu horário de almoço já acabou — Nicolas virou o corpo e baixou o braço para pegar a garrafa pela metade. Num gesto rápido, entornou o restante do conteúdo na boca e bebeu o conhaque como se fosse água.

— Tudo bem. Eu vou embora, mas vou contar o que vi aqui ao doutor Elias. E também vou telefonar para seus irmãos. Alguém tem de fazer alguma coisa. O senhor não vai poder ficar aí, deitado como uma foca encalhada, até derreter o próprio fígado — Mike se levantou e deu uma última olhada em Nicolas. — Se precisar de alguém para conversar, é só me chamar.

— Deus me livre ter você como companhia. Não cala a boca por um único instante — Nicolas limpou uma gota do conhaque que escorria por seu queixo. — Se puder, faça-me um grande favor. Finja que nunca me conheceu, ok?

— Sinto muito, não dá. Eu não costumo fingir, quando o Natal está se aproximando — Mike sorriu, acenou para Nicolas, que o fulminou com os olhos, e foi embora apressadamente.

Elias conteve um palavrão enquanto informava Duarte do andamento das investigações, já que a todo o momento era interrompido.

— Elias, você fala muito depressa! Até parece que não deseja me inteirar do meu futuro trabalho.

Eles estavam na sala que pertencera a Nicolas, e Elias sentia vontade de derrubar Duarte daquela cadeira e expulsá-lo da delegacia.

— Desculpe. Acontece que estou acostumado a falar assim com Bartole, e ele sempre me entendeu. A mente dele é bastante rápida.

Duarte ignorou a indireta.

— Bartole não existe mais, e sou eu quem está aqui. Se não chegarmos a um consenso desde agora, vai ficar difícil trabalharmos juntos.

— Isso eu já imaginava.

— Muito bem. Você dizia que Escobar da Silva e Beatriz Cardoso foram mortos à queima-roupa com um único tiro na cabeça e que vocês ainda não conseguiram encontrar nenhuma pista sobre o autor dos disparos — ele coçou o queixo pontudo e cruzou os braços finos. — Ambos foram criados por mães solteiras e eram filhos únicos. Ele morava aqui, e ela veio de Uberlândia para coletar materiais para suas pesquisas. Ela foi morta em um cemitério, e ele próximo a um campinho de futebol numa estrada de terra.

— Sim, é isso mesmo — concordou Elias, cansado.

— Já temos um relatório da médica legista?

— A doutora Ema me telefonou há alguns minutos, pedindo desculpas pelo atraso. Ela continua trabalhando praticamente sem nenhum auxiliar e não conseguiu terminar de redigir nosso relatório. Disse que no mais tardar vai nos encaminhar até amanhã de manhã.

O soco que Duarte deu sobre a mesa fez Elias pular.

— O que aquela incompetente está pensando? Estamos falando de assassinatos. Ela tem que parar tudo o que estiver fazendo e nos dar prioridade! Aposto que Bartole a deixava à vontade, não é mesmo?

— Ela trabalha para a prefeitura e não para a polícia, Duarte. A doutora Ema apenas colabora com o nosso trabalho.

— Então que colabore direito! Vou pessoalmente ao necrotério para lhe dar uma escovada. Ela sempre foi assim. Já a conheço de longa data. É uma desaforada que só pensa nos trigêmeos inúteis que ela teve.

Antes de Elias retrucar, os dois homens ouviram uma batida na porta, e a cabeça de Mike assomou.

— Me dê licença, por favor. Doutor Elias, já estou por aqui. Depois preciso conversar a sós com o senhor.

— Agora que você voltou do almoço? — perguntou Elias olhando para o relógio de pulso. — Está bastante atrasado, não?

— Eu passei um pouquinho do meu horário, porque fui resolver uns probleminhas. Perdoe-me, por favor.

— Tudo bem, Mike. Daqui a pouco estarei em minha sala.

Mike já estava fechando a porta, quando ouviu Duarte gritar:

— Policial, quem lhe deu permissão para abrir a porta de minha sala antes que eu autorizasse sua entrada?

— Ora, Duarte, não vá criar caso por pouca coisa.

— Elias, você me desculpe, mas os policiais desta delegacia pensam que estão na casa deles — os olhos sem vida de Duarte voltaram-se para Mike. — E você, policial, mude sua conduta ao se reportar com um superior, ou darei queixa aos responsáveis.

— Bartole nunca implicou comigo por causa disso — lembrou Mike, ofendido pela bronca injusta.

— Bartole... Bartole. Vocês só sabem falar daquele cara? Esqueçam-se dele, entenderam? O comandante o suspendeu diante de todos nós. Neste ano ele não volta mais! E se voltar, provavelmente, irá para outra delegacia. Agora esta sala é minha! Tenho outros métodos de trabalho e quero que minhas regras sejam obedecidas. Fui claro?

— Você está dando ordens para mim, Duarte? — provocou Elias.

— É melhor que reeduque seus policiais, delegado. Não me custa nada falar com o comandante Alain e relatar todos os problemas que estão acontecendo por aqui. Policiais que chegam atrasados, policiais desobedientes... Isso deve ser revisto, já que você não é um bom gestor!

— Acha que tenho medo de suas fofocas? — Elias o olhou com tanta frieza que Duarte se aquietou. — Nunca tive nenhum problema com qualquer policial que trabalha aqui, desde que vim substituir o outro delegado. Mas pelo jeito, agora que você chegou, vamos transformar esta delegacia em um covil de queixas, fofocas e lamúrias.

— Com quem pensa que está falando, Elias?

— Com quem *você* pensa que está falando, Duarte?! Não sou um dos pobres coitados que você conhece e a quem você acha que pode dar ordens. Infelizmente, vamos trabalhar juntos, mas quero ser respeitado e quero que respeite todos os policiais deste distrito. Se você começar com implicâncias ou acusações infundadas, eu mesmo vou conversar com o comandante e fazê-lo notar que ele trocou um homem competente por outro que já deveria estar aposentado.

Duarte empalideceu de raiva. Elias se levantou e deixou a sala com Mike, sem esperar por resposta.

No caminho para sua própria sala, Mike contou ao delegado que fora visitar Nicolas e como o encontrara.

— Era um verdadeiro pinguço, doutor Elias. Os olhos dele estavam vermelhos como os olhos do demônio e seu bafo fedia à bebida chique. Tinha secado quatro garrafas, e acredito que ele vai continuar bebendo outras. Ficou bravo com minha visita e disse que não quer saber de ninguém o incomodando.

— Nicolas não vai conseguir nada agindo assim. Mais tarde, vou telefonar para ele e, caso se recuse a me atender, vou pessoalmente ao seu apartamento. Nicolas não pode se recusar a abrir a porta para um delegado, não é mesmo?

Mike ia abrir a boca para responder, quando perceberam um burburinho à distância. A princípio, pensaram que fosse um grupo de arruaceiros fazendo gracinhas ao passar pela delegacia, até que os gritos se tornaram mais próximos e mais altos. Moira entrou na sala de Elias após bater e foi avisando:

— Doutor Elias, está ocorrendo uma manifestação aí na frente. Várias pessoas estão expondo seu descontentamento.

— Descontentamento com o quê?

— É melhor o senhor ver pessoalmente.

Elias e Mike seguiram Moira e viram, do lado de fora da delegacia, umas vinte pessoas gritando e gesticulando ao mesmo tempo. O único nome compreensível era Bartole.

— Peço um momento da atenção dos senhores! — Elias deu um passo à frente e encarou atentamente o grupo. — Para quem não me conhece, meu nome é Elias. Sou o delegado. O que está acontecendo aqui?

— Nós assistimos à entrevista que o comandante deu para a televisão há algumas horas — explicou um homem que parecia ser o porta-voz do grupo. — Viemos expressar nossa insatisfação com a decisão que foi tomada por ele, ao substituir um homem tão experiente e capacitado como Bartole por aquele sujeito infeliz que nunca foi de grande ajuda para nossa população.

— Queremos Bartole pela nossa segurança! — gritou uma mulher.

— Pagamos impostos e temos direitos a fazer nossas exigências! — acrescentou um senhor de mais idade. — Eu vi como ele encontrou os assassinos rapidamente nos outros casos em que atuou. Assisto aos noticiários.

— Que balbúrdia é essa aqui? — gritou Duarte, que acabava de chegar. Ele olhou com irritação para a pequena multidão aglomerada à sua frente. — Por que estão fazendo tanto escândalo?

— Porque viemos exigir que você seja retirado! — tornou o porta-voz do grupo. — Queremos Bartole de volta, porque é um homem que respirava seu trabalho. Sou testemunha viva de que ele não se cansa enquanto não localiza o criminoso que está buscando — após uma pausa, ele continuou:

— Sou o pai de Felipe de Lima, o primeiro garoto que foi estrangulado em nossa cidade no mês de junho. Ele era meu único filho e nada vai trazê-lo de volta para mim. Todavia, graças a Bartole, o assassino foi encontrado, julgado e condenado. Isso não me trouxe conforto, mas trouxe justiça.

— E agora dois inocentes perderam a vida! — uma mulher cadeirante saiu de trás de algumas pessoas e se aproximou. — E um deles é meu filho! Sou Elvira, a mãe de Escobar. Vi meu filho ser enterrado e foi algo doloroso e traumatizante. O senhor Nicolas esteve em minha casa e senti que ele tem luz! Senti que dele é emanado um brilho muito raro nas pessoas. Através dos olhos dele vi que ele encontrará a pessoa que cometeu essa atrocidade. E digo que será o senhor Nicolas quem vai localizar o assassino, porque ele vai voltar! E isso vai acontecer nem que tenhamos que promover uma reunião com o prefeito ou com algum órgão competente.

Duarte estava possesso e desejou poder dar um chute na cadeira de Elvira. Quem aquelas pessoas achavam que eram para exigir a volta do carioca maldito?

— Pois saibam que ele não é tão bom quanto vocês estão achando! — informou Duarte, sorrindo friamente. — Creio que todos conhecem a esposa dele, a repórter Miah Fiorentino. O que vocês não sabem é que ela é uma criminosa procurada por todo o estado de São Paulo e que pode ser presa a qualquer momento. Ela...

Uma gargalhada em coro cortou as palavras de Duarte, e todos começaram a olhar para ele como se fosse um louco.

— Doutor Elias — pediu o pai de Felipe —, tire esse insano daí. O velho nem sabe o que está falando. Miah Fiorentino é uma assassina? Só mesmo dando risada. A moça é um modelo de gentileza, educação e bom senso, tudo o que você não tem, Duarte!

— Você está me ofendendo. Sabe o que posso fazer quanto a isso?

— O quê? Me prender por desacato? — o homem avançou dois passos e salientou os bíceps. — Venha resolver isso como um homem! Mas acho que alguém já começou o serviço acertando um direto no seu queixo.

Houve uma nova série de gargalhadas. Os lábios de Duarte começaram a tremer, como se ele estivesse passando muito frio. Percebendo que não teria como retrucar as ofensas, Duarte deu meia-volta e entrou na delegacia.

— Se for possível, doutor Elias, convoque novamente o comandante e deixe que nós falemos com ele. Estamos dispostos a trazer mais pessoas até aqui, se a situação não for resolvida. Não vamos esperar novas mortes, não é verdade?

— Vou passar o recado ao comandante — prometeu Elias, que teve vontade de pedir uma salva de palmas para aquelas pessoas. — Tomara que ele possa acatar este pedido!

— Nós vamos embora agora, mas voltaremos amanhã. Se Bartole não estiver em seu posto, vamos causar confusão — ele se voltou para Mike e sorriu. — Obrigado por ter nos avisado, Michael. Amanhã voltaremos em maior número.

— Somente Mike... — ele sussurrou sem olhar para Elias. — Soa mais americano.

O grupo começou a se dispersar, e Mike abriu um sorriso trêmulo para o delegado. Moira se juntou a eles.

— Pelo jeito, você não visitou apenas Bartole em seu horário de almoço... — comentou Elias. — Fez outros servicinhos particulares também, hein?

— Sim e acho que foi justo. O senhor ficou muito bravo?

— Bravo? — Elias deu uma risada alta. — Você merecia uma promoção depois dessa. Fez sua boa ação do ano e já garantiu meu presente de Natal para você.

— Então, valeu a pena! — sorriu Mike. — Arre égua!

Duarte entrou em contato com Alain, colocando-o a par do protesto realizado por um grupo de pessoas que cobrava o retorno de Nicolas. Logo depois, Elias também falou com o comandante e expôs sua versão dos fatos, dizendo que o grupo voltaria no dia seguinte.

— Não podemos trazer Bartole novamente, enquanto não tivermos uma notícia da esposa dele — a voz de Alain pelo telefone estava severa e seca. — Somente após concluirmos o caso, realizaremos uma nova reunião onde será discutido o futuro dele.

— Com todo o respeito, Alain, vamos arrumar sarna para nos coçar. Eles estão até pensando em acionar o prefeito.

— Lamento, mas não vou reverter minha decisão. Esta é minha última palavra.

Elias lamentou aquela conversa. À noite, ele se reuniu com Mike e com Moira e juntos foram para o apartamento de Nicolas. Ao chegarem lá, perceberam que não foram os únicos a ter aquela ideia. Após se identificarem na guarita da portaria, depararam-se com Thierry, Ariadne, Willian, Marian, Enzo e Lourdes aguardando o elevador. Elias sorriu:

— Nós não marcamos nada, mas decidimos ver como está nosso amigo.

— Eu fiquei louca quando vi a reportagem dizendo que tinham tirado meu bebezinho do cargo — Lourdes encarou Elias furiosamente. — O senhor vai ter que me dizer o nome do infeliz que fez isso! Ele terá que se ver com uma mãe irritada!

— Decisões do alto escalão, dona Lourdes. Hoje, outras pessoas também foram protestar pela volta de Nicolas. Acho que nem ele sabe o quanto é querido por aqui.

— Ninguém nunca protestou por mim — Thierry jogou os cabelos loiros por cima do ombro. — Isso é emocionante!

— Já vou lhe dar um aviso — preveniu Mike, aproveitando o momento para envolver Ariadne em seus braços imensos. — Eu vim ver o Bartole hoje à tarde, e ele estava *bebaço*, caindo pelas tabelas. Tinha bebido quatro garrafas inteiras de conhaque, vodca e outras que não consegui identificar.

O comentário de Mike provocou alvoroço entre os demais, e, quando um dos elevadores chegou, todos tentaram entrar ao mesmo tempo. Após uma breve discussão, dividiram-se em dois grupos e tornaram a se encontrar no corredor, diante da porta de Nicolas. Antes de baterem, Marian comentou:

— Nic nunca ficou alcoolizado a ponto de cair. Se nós não fizermos alguma coisa depressa, a situação pode se agravar — ela bateu na porta e aguardou. Tornou a bater, mas não obteve resposta.

— Ele fez a mesma coisa comigo — lembrou Mike. — Não quer abrir a porta, mas tenho certeza de que ele está aí dentro.

— A menos que ele tenha trocado a fechadura — Marian vasculhou o interior da bolsa —, eu ainda tenho uma cópia da chave. E aqui está ela.

Marian girou a chave na porta e a empurrou levemente. A sala estava às escuras e a árvore de Natal, desligada. Ouviram ruídos na direção do quarto, e o grupo caminhou devagar até lá.

A visão que tiveram era a um só tempo triste e ridícula. Nicolas estava esticado na cama vestindo apenas uma cueca, com os olhos fechados e uma garrafa de licor apoiada sobre o peito. Ele pareceu não notar que a luz do quarto fora acesa e que estava em companhia de outras pessoas.

— Bartole, você está achando essa situação divertida, não é mesmo? — sabendo que o bom humor era o único meio de evitar a consternação em ver Nicolas embriagado, Elias entrou no quarto e parou ao lado da cama dele. — Fica deitado aí, só de cuequinha, enquanto nós somos obrigados a aturar Duarte zurrando em nossos ouvidos a cada cinco minutos.

— O que vocês estão fazendo aqui? — a voz dele estava ainda mais arrastada do que quando Mike o vira à tarde. Ele apertou as vistas para observá-los melhor e conseguiu se sentar com alguma dificuldade. — Não chamei ninguém. Fora! Fora!

— Você deve estar brincando comigo — Thierry deu alguns passos e parou ao lado de Elias. — Acha que vou sair daqui, quando tenho a oportunidade única de vê-lo em trajes menores? Alguém tem um celular com câmera de altíssima resolução? Justo hoje fui esquecer o meu!

— Nicolas nunca fez isso — recordou Lourdes, chocada com o estado de seu filho mais velho. — Sempre criticou o pai, que bebeu até morrer, e repetiu a vida inteira que jamais seguiria o exemplo de Antero. E vocês sabem por que isso está acontecendo? Sabem os riscos que corre quem se envolve com aquela repórter metida, esnobe e magricela?

— Qual é, mãe? — Willian sacudiu a cabeça negativamente. — Todos nós sabemos que ele ficou assim porque brigou com Miah. Se ela estivesse aqui agora, os dois fariam as pazes bem depressa, e tudo voltaria a ficar bem.

— E desde quando você entende de relacionamentos amorosos, Willian? — perguntou Moira, debochada. — A não ser a garota que você estava paquerando no teatro.

— Ah, gata, você sabe que eu errei ao apresentar você como minha amiga, quando na verdade eu quase a amo.

— Quase?! — Moira fez bico e ficou emburrada.

— Não fale na Miah, não! — resmungou Nicolas. — Ela mentiu para mim. Disse que me amava, mas não amava nada! Era tudo mentira.

— Por falar nisso, onde ela está? — quis saber Ariadne. — Eu percebi que ela mexeu nas minhas roupas e levou algumas coisas minhas. Até o horário em que saímos para vir para cá, ela ainda não tinha chegado.

— O porteiro disse que ela não veio almoçar também — lembrou Willian, disfarçadamente tentando segurar a mão de Moira. — Será que ela voltou para o antigo apartamento?

— Não, porque a polícia já teria ido procurá-la lá — comentou Mike, casualmente.

— Polícia? — Lourdes arregalou os olhos. — Ela está envolvida com a polícia? Era só o que faltava.

— Foi mal, gente — Mike deu de ombros. — Achei que todos vocês já estivessem sabendo.

— Pode falar a verdade — Nicolas se apoiou na cabeceira da cama e se levantou. Contudo, a tontura foi mais forte, e ele teve que se sentar outra vez. — Não precisa esconder mais nada, Mike. Alegando legítima defesa, Miah matou dois homens e falsificou os documentos para despistar a polícia. O sobrenome dela é Antunes e não Fiorentino — ele soltou uma gargalhada sem o menor vestígio de humor. — Assustados? Surpresos? Pois é! Eu também fui enganado por ela por todos esses meses.

O silêncio tomou conta dos presentes, e Marian foi a primeira a reagir.

— Não estou querendo defender nenhum ponto de vista, mas penso que nós não devemos condenar as atitudes que Miah possa ter cometido no passado. Ela também me confessou seu segredo. Além disso, ela fez o que fez para salvar a própria vida. Se não tivesse reagido, certamente estaria morta e jamais a teríamos conhecido. A Miah de agora é respeitada e amada. É a mulher que Nicolas ama, mesmo que ele não queira admitir.

— Marian, você já está enchendo o saco!

— Não estou, Nic. Você sabe muito bem disso. Se qualquer um de nós fosse um ser absolutamente perfeito, certamente não estaria aqui. E se estamos aqui é porque ainda temos muito para aprender. Por isso, me questiono por que eu teria que ser tão dura e talvez até cruel com Miah, a ponto de não lhe conceder uma nova chance, se a própria vida nos dá novas oportunidades assim que um novo dia se inicia.

— Ela deveria ter confessado seus crimes à polícia naquela época — resmungou Nicolas, furioso. Nem mesmo o efeito da bebida atenuava sua decepção com a esposa. — Isso é imperdoável!

— Talvez seja imperdoável para a justiça dos homens, mas Deus não julga nem condena. Não estou tentando inocentá-la, Nic. Miah terá que responder por seus atos e talvez tenha que reencarnar muitas vezes para se reequilibrar com ela mesma. No entanto, eu estou falando do hoje, do agora. Ela está desaparecida, sumiu sem deixar rastros. Será que o fato de ela ter tirado a vida de outras pessoas justifica querermos abandoná-la à própria sorte? Vocês já se deram conta que temos um assassino na cidade, que ainda não foi encontrado e que pode estar atrás dela? Já se esqueceram do episódio do buquê? A intenção ali era destruir a festa do casamento. O efeito foi tardio, mas bem-sucedido. O casamento entre Nicolas e Miah foi rompido de qualquer maneira — Marian apontou para o irmão sentado na cama. — E o que temos agora? Nossa amiga sumiu, e Nicolas está enchendo a cara, porque todo alcoólatra procura na bebida um meio de fugir da realidade.

— Não é nada disso — Nicolas tentou se levantar outra vez, e foi ajudado por Elias. — Eu encaro meus problemas.

— Você sempre encarou, até que perdeu o emprego e a esposa. Foram golpes tão fortes que você simplesmente não pôde suportá-los. Nem sempre é possível sair vencedor de uma situação, Nic, mas podemos usar a derrota como exemplo para superarmos os obstáculos seguintes — Marian se aproximou do irmão e segurou as mãos dele. — Deixe que um de nós fique aqui com você esta noite para mantê-lo longe das bebidas. Não vê quantos amigos você tem? — ela apontou ao redor. — Isso é um verdadeiro tesouro. Todos nós, cada um à sua maneira, amamos você e queremos que volte a ser o Nicolas de antes. Comece lutando pelo que é seu. Lute por seu cargo! Elias, Mike e Moira vão lhe dar todo o apoio, não é mesmo?

— Não somente nós, como boa parte da cidade — em breves palavras, Elias contou sobre o grupo de pessoas que foi exigir a presença de Nicolas na delegacia e que nele estava Elvira. — Isso só reforça as palavras da sua irmã, Bartole. Saia do mundo do álcool, que é vazio e triste, e volte para nossa realidade. Quero vê-lo botando banca como sempre fez e dando um bom chute no traseiro de Duarte. Quanto a Miah, vocês se entendem depois, como sempre fizeram. Isso só vai acontecer quando algemarmos esse criminoso desgraçado.

— Nicolas, sei que o conheço há pouco tempo — disse Enzo, sorrindo. Ele fora até o apartamento do cunhado a convite de Marian, que o tratara amavelmente. Para ela, aparentemente, era como se o episódio da véspera nunca tivesse existido. — Aprendi a admirar sua personalidade desde a primeira vez em que fomos apresentados e notei que você é um homem severo e perfeccionista quando o assunto é seu trabalho, mas seu lado humano mostra que tem um coração do tamanho de nossa cidade. E digo por experiência própria que a bebida é apenas uma rota de fuga, para não enfrentarmos nossos problemas. Ademais, ela nos leva a agir de forma grosseira e perigosa, algo que jamais faríamos em sã consciência — ele olhou de soslaio para Marian, que retribuiu com um sorriso, como que a dizer que estava tudo bem.

— O doutor Enzo tem razão, mano — interveio Willian. — Confesso que até fiquei triste em ver sua transformação de um dia para o outro. Ontem, eu o vi sorrindo, beijando e alegrando crianças carentes vestido de Papai Noel e hoje o vejo seminu, afogando as mágoas na bebida. Não dê esse exemplo ao seu irmão mais novo.

— O quê? — gritou Mike levando a mão em concha ao ouvido. — Eu ouvi direito? Bartole se vestiu de Papai Noel?

— Isso deve ter sido cômico — concordou Elias.

— Vocês estão quase convencendo Nicolas a quebrar as garrafas restantes de bebidas alcóolicas que ele deve ter por aqui — Thierry apontou na direção da sala. — Ele vai se recuperar e vai se vestir, portanto, me emprestem logo um celular com uma câmera bem potente! Ainda dá tempo de tirar uma única fotinha.

— Isso tudo que disseram é papo para boi dormir — Nicolas tornou a se deitar e fez um gesto vago com a mão. — E agora quero ficar sozinho. Quero todos fora daqui. E não quero ninguém me fazendo companhia, ok?

Algo nos gestos e no modo como Nicolas falava fez Marian se recordar da visita de Enzo e dos espíritos negativos que acompanhavam seu namorado. Era deplorável e dolorido ver uma pessoa querida se autodestruir daquela forma.

— Nic, eu acho que é um direito seu escolher o que quer fazer — considerou Marian bastante preocupada. — Você está usando seu livre-arbítrio. Se sua vontade é essa, não vamos insistir. Vamos deixá-lo aqui para que pense no que está fazendo e reflita mais uma vez se tem agido da melhor forma. E caso haja uma terceira vítima, pense no que poderia ter feito por ela enquanto abria outra garrafa de uísque. Boa noite!

Como se fosse a líder do grupo, Marian deu as costas e saiu. Pouco a pouco, os demais foram se despedindo, lançando olhares de pena e comiseração para Nicolas. Ele aguardou ainda por alguns instantes até ter certeza de que estava sozinho outra vez.

Nicolas levantou-se da cama mais uma vez e caminhou com passos vacilantes e incertos até o bar da sala. Olhou para as garrafas vazias que abandonara ao longo da casa e percebeu que seu estômago ardia e que sua cabeça latejava. Os olhos de Nicolas queimavam, e uma sensação de mal-estar acometia todo o seu corpo.

Ainda restavam mais duas garrafas de vodca e uma de rum. Ele pegou as três e as deixou em cima da mesa. Voltou ao quarto, vestiu uma bermuda e seguiu para a porta de saída do apartamento. Apanhou as três garrafas e atirou-as no latão de lixo do corredor. Recolheu as garrafas quebradas e vazias e deu a elas o mesmo destino das anteriores.

Quando voltou para o apartamento, seguiu direto para o chuveiro. Tomou um banho longo, sob os jatos da água morna e relaxante. Ao sair, sentiu-se bem melhor, embora ainda estivesse embriagado.

Não estava com fome, mas se obrigou a comer alguma coisa. Na cozinha, ele fritou alguns *steaks* de frango, fez um pouco de arroz e feijão e bateu um bom pedaço de melancia no liquidificador para preparar seu suco predileto.

As palavras de Marian não lhe saíam da cabeça. "Todos nós, cada um à sua maneira, amamos você e queremos que volte a ser o Nicolas de antes. Comece lutando pelo que é seu". Será que realmente valia a pena lutar pelo que lhe tinham tirado? E o mais importante: depois do que soubera sobre Miah, ainda teria algum sentido lutar para salvar seu casamento?

Elias dissera que algumas pessoas tinham exigido sua volta. Seria mesmo verdade ou o delegado apenas dissera isso para agradá-lo e motivá-lo a se reerguer? E Duarte? Conseguira o que queria, que era seu cargo de volta. Seria justo deixar que ele ainda risse por trás de suas costas?

Como se não bastasse, ele prometera fazer justiça para Elvira. Era certo que agora seu poder de ação estava muito limitado, mas ainda era possível fazer alguma coisa. Continuava sem a menor pista da identidade do criminoso. Marian também dissera outra coisa com muita sabedoria. Outras pessoas poderiam morrer se ele continuasse de braços cruzados, bebendo uma garrafa atrás da outra. Outras mães iriam chorar a morte de seus únicos filhos. Elvira confiara nele. Elsa, a mãe de Beatriz, embora Nicolas não a tivesse conhecido pessoalmente, também esperava justiça pela filha. E fora isso que ele prometera a si mesmo quando pegou sua credencial pela primeira vez. A mesma credencial que Alain lhe tomara pela manhã e a mesma que ele estava decidido a recuperar.

Nicolas estava tão distraído que mal percebeu que a água do arroz já secara e que os *steaks* estavam quase tostando no óleo. Ele, então, serviu-se e começou a comer devagar notando o quanto estava faminto. Não sabia como, mas ainda faria Alain sentir orgulho dele e lhe pedir perdão pela injustiça que cometera.

Pensava também que, cedo ou tarde, teria que se reencontrar com Miah. Aquela história de ela ter desaparecido era inquietante. Por um momento, Nicolas quase entrou em pânico ao pensar que ela deixara a cidade, como já fizera outras vezes. Afinal, se ela ainda estivesse por perto, teria entrado em contato com qualquer um dos amigos.

Ele estremeceu pensando no pior. “E se... Não! Ela certamente saberia como se defender. Já fez isso anteriormente. Não iria se deixar ser capturada sem revidar de alguma maneira”.

Quando terminou a modesta refeição, Nicolas notou que necessitava de uma boa noite de sono para recuperar as energias. E quando amanhecesse, ele voltaria a ser o Nicolas Bartole que todos conheciam.

Capítulo 29

Na casa de Elisa e Guilherme, Miah pensava em Nicolas, sentada sozinha na cozinha. Sentia tanto a falta dele que quase sufocava. Estava decidida a se entregar para Otávio, se isso lhe garantisse o perdão de Nicolas. Não se importaria em passar trinta anos na cadeia, se tivesse a certeza de que ele ainda a amava, apesar de tudo o que fizera.

Quando o telefone tocou na sala, ela se assustou com o som estridente do aparelho. Elisa e Guilherme já haviam se recolhido, e ela imaginou que eles fossem atender à ligação pela extensão. Como a chamada continuou insistente, ela mesma atendeu:

— Alô?

— Então é na casa desses velhos que você está se escondendo, sua criminosa? — a voz era metálica e abafada, o que impedia Miah de identificar quem estava lhe telefonando. Graças a um modificador de voz, ela nem sequer podia distinguir se era um homem ou uma mulher que lhe telefonava. — Achou que fugiria de mim?

Miah empalideceu e sentiu o coração disparar dentro do peito. Ela apertou o fone com força.

— Como me encontrou aqui?

— O que diria se soubesse que estou diante da casa neste momento, apontando uma arma para você? Sei que está na cozinha, posso vê-la daqui.

Miah abafou um grito e por instinto virou a cabeça na direção da pequena janela sobre a pia. Os vidros estavam fechados, mas não havia cortinas para dificultar a visão.

Ela bateu o fone no gancho e desligou as luzes. Andou agachada até a sala, mas o telefone voltou a tocar.

— O que você quer comigo? — ela gritou, quase chorando. — Eu nunca fiz nada para você.

— Você matou Renato! Ele era importante para mim.

— Quem é você? Já que é tão corajoso, por que não me diz seu nome?

— Porque muito em breve você vai me conhecer pessoalmente, e aí teremos muito tempo para conversar. Quer um conselho? Saia da casa desse casal de velhos, ou vou tirá-los do caminho também!

— Você não vai fazer isso! Não vai! — ela tornou a bater o telefone e começou a gritar e a chorar. — Socorro! Guilherme, Elisa, por favor, me ajudem!

Instantes depois, os dois, vestindo pijamas, surgiram correndo pelas escadas e encararam Miah assustados e preocupados.

— O que houve, meu bem? — quis saber Elisa correndo até ela. — Você teve um pesadelo?

— Não. Vocês não ouviram o telefone? Era ele! Disse que vai me matar e quer feri-los também. Vocês precisam deixar a cidade o quanto antes!

— Ele quem? — perguntou Guilherme. — O líder da quadrilha que a assaltou?

Miah percebeu que mais uma vez errara por omitir a verdade e tentou contornar:

— Talvez seja ele. Só sei que fui ameaçada. Ele disse que estava diante da janela da cozinha e que via minha silhueta. Disse também que está armado e pretende atirar em mim.

Guilherme olhou na direção da cozinha e seguiu para lá.

— Querido, o que vai fazer? — perguntou Elisa, preocupada.

— Elisa, chame a polícia! Quem sabe ainda possamos pegar esse homem.

— A polícia, não! — Miah sacudiu a cabeça para os lados, o rostinho redondo molhado de lágrimas. — Por favor.

— Miah, você tem medo da polícia? — Elisa estava atônita. — Não entendo como pôde ter se casado com um investigador!

— Acho melhor chamarmos o marido dela — sugeriu Guilherme.

— Eu estou preocupada com vocês. Ele sabe sobre vocês. Disse que pretende tirá-los do caminho por estarem me ajudando. Precisam ir embora assim que amanhecer.

— Por que você nos impediu de dar queixa na delegacia? — Elisa pareceu zangada, mas Miah percebeu que ela também estava amedrontada. — Se tem tanto medo da polícia, permaneça no seu quarto. Vamos chamar alguns policiais e explicar o que está acontecendo. Não vamos tolerar ser ameaçados, sem que possamos fazer nada para nos defender.

Miah ainda tentou discutir, mas o casal a convenceu. Eles pediram que ela permanecesse no quarto e chamaram a polícia. Elisa e Guilherme explicaram o que estava acontecendo a dois policiais, que prometeram fazer uma ronda pela rua.

No piso superior da casa, Miah ousou dar uma espiada pelas cortinas que enfeitavam as janelas. A rua estava escura, mas ela conseguiu notar um orelhão que ficava bem em frente à janela da cozinha. Provavelmente a ligação fora feita dali.

Depois que os policiais partiram, o casal foi ao quarto dizer que tudo estava bem. Quando eles tonaram a se deitar, Miah voltou à janela, pensando que deveria ser corajosa o suficiente para telefonar para Nicolas e lhe contar tudo o que estava acontecendo. Entretanto, ele nem queria ouvir falar no nome dela.

De fato, conforme ela já imaginara, tudo tinha a ver com Renato, o homem com quem ela se deitara por livre e espontânea vontade. Ela não queria matá-lo. Só queria ser deixada em paz e não se tornar um joguete nas mãos dele. Agora, um dos amigos de Renato vinha atrás dela em busca de vingança. Teria que responder por seus crimes, enfrentando a lei e a fúria de um criminoso que surgira para honrar o nome de outro.

Ao olhar novamente para a rua, Miah teve a impressão de ver um homem à distância. Apesar da pouca iluminação, ela quase poderia jurar que aquele era seu amigo Fernando, embora isso fosse quase impossível. O que o dono do imóvel em que ela morara estaria fazendo circulando pela cidade em horas tão tardias?

Cansada e ainda assustada, Miah se deitou, mas só conseguiu pegar no sono quando a madrugada já estava dando espaço para um novo amanhecer.

Nicolas acordou com uma ressaca violenta. Sua boca estava seca, como se ele tivesse caminhado pelo deserto, e sua cabeça quase explodiu de dor quando ele abriu as cortinas e a luz solar invadiu seu quarto. Nicolas tomou outro longo banho e comeu apenas duas bananas para repor suas energias. Vestiu uma camiseta regata preta e uma bermuda jeans. Colocou um boné preto e completou o visual com estilosos óculos de sol.

Ele parecia um adolescente a caminho da academia, quando chegou à rua. Deixara o carro na garagem do edifício, pois desejava fazer o trajeto a pé. Mesmo que não estivesse disposto a perdoar Miah, ele precisava saber onde ela estava.

Automaticamente, havia descartado a hipótese de ela estar hospedada em algum hotel, pois seria facilmente localizada por Otávio. Se não estava com Marian ou com Thierry, só poderia estar na casa de algum amigo. O primeiro nome que lhe veio à mente foi Ed, o operador de câmera que trabalhava com ela. Nicolas não sabia muita coisa sobre ele nem o endereço onde residia, mas tinha decidido procurá-lo no Canal local para obter informações.

Caroline, a recepcionista do estúdio da emissora, descobriu-se secretamente apaixonada por Nicolas pela décima vez, quando ele tirou os óculos escuros e piscou um de seus olhos azuis para ela.

— Tudo bem com você, garota? — ele perguntou e a presenteou com um sorriso que a deixou de pernas bambas.

— Agora ficou melhor — ela corou com o próprio comentário. — Sabe por que Miah não veio trabalhar?

— A qualquer momento, ela poderia solicitar a licença referente ao nosso casamento. Precisa aproveitar um pouco mais a vida como casada. Eu estou aqui porque preciso falar com Ed.

— Ah, claro. Só um momentinho, por gentileza.

A recepcionista interfonou para o ramal de Ed, que pediu para Nicolas subir. Ela retransmitiu o recado, sorrindo como uma boba.

— Ele fica no quinto andar — ela hesitou antes de continuar: — Eu soube que o substituíram do cargo. Eu chamaria isso de uma grande burrada.

Nicolas não deixou transparecer nenhuma emoção em sua expressão.

— Eu também. Obrigado, minha linda.

— Que você possa ter um excelente dia, senhor Nicolas — ela desejou, emocionada com o elogio.

No quinto andar, Nicolas localizou Ed sem dificuldades. Após os cumprimentos, ele recusou o café que o rapaz ofereceu e foi direito ao assunto:

— Ed, não vou entrar em detalhes. Miah e eu nos separamos. Sei que parece estranho, afinal nos casamos no último sábado, mas foi o que aconteceu. Ela não está mais morando comigo. Quero saber se ela está em sua casa ou se você saberia me informar aonde ela possa ter ido.

— Não faço a menor ideia, seu Nicolas. Eu moro sozinho e não me importaria em abrigá-la — e acrescentou rapidamente: — Com todo o respeito, é claro. Já procurou nos hotéis?

— Não vale a pena. De qualquer forma, obrigado pela ajuda, Ed.

— Será que ela não foi para a casa daqueles amigos que estavam na festa? — Ed sugeriu, quando Nicolas já estava saindo de sua sala. — Ela os apresentou para todo mundo.

Um casal de meia-idade e um homem chamado Fernando. Ele esteve aqui conversando com ela. Vi os dois tomando café na lanchonete lá debaixo.

A primeira centelha de suspeita surgiu nos olhos de Nicolas e refulgiu. Como por encanto, a dor de cabeça passou, deixando sua mente trabalhar. Ele tentava juntar algumas peças a partir daquela informação.

— Miah fez algum comentário com você sobre o assunto que eles conversaram?

Ed sacudiu a cabeça sem hesitação.

— Não, não. Eu também não perguntei, pois seria falta de respeito. Ela e eu somos colegas e amigos, mas não tenho essa intimidade toda para fazer perguntas de cunho pessoal. Tudo o que sei é que ela parecia feliz e que ria das coisas que ele lhe dizia.

As recordações de Nicolas se deslocaram para sua festa de casamento. Lembrou-se do homem alto, forte e bem-apessoado que Miah lhe apresentara como Fernando, o proprietário de um imóvel que ela alugara durante um período enquanto ela cursava jornalismo na faculdade. Ela não lhe dissera muitas coisas sobre esse amigo, e Nicolas também não se interessara em perguntar. Não fazia a menor ideia de onde Fernando estaria residindo.

Na mesma festa havia outros dois desconhecidos: Elisa e Guilherme. Esses foram extremamente amáveis e solícitos com Nicolas e Miah e chegaram a convidá-los para um almoço na residência que tinham alugado. Eram espíritas e falavam com calma e sabedoria. Elisa fora a professora de Miah na universidade. Seriam as pessoas perfeitas para dar abrigo a alguém em desespero. Nicolas lembrou que o casal lhe dera seus telefones, embora ele não fizesse a menor ideia de onde guardara o papel.

Coincidentemente (apesar de Nicolas jamais acreditar em coincidências), os três amigos de Miah eram as únicas pessoas ligadas ao passado dela, ainda que fosse um passado mais recente. E coincidentemente os três estavam presentes na festa em que o buquê explodiu.

Miah parecia confiar neles, principalmente em Guilherme e Elisa. O próprio Nicolas sentira que eles emanavam confiança. Por outro lado, ele também sabia o quanto um assassino gosta de acompanhar de perto o resultado de seus atos. Assim, a possibilidade de a pessoa que inserira a bomba dentro do buquê estar na festa era grande. Era preciso conferir pessoalmente o quanto Miah ficaria machucada, caso o artefato tivesse sido detonado em suas mãos.

— Está tudo bem, senhor Nicolas? — Ed o olhava com curiosidade. — Parece que ficou pensativo.

— É verdade. Você me disse algumas coisas em que pensar. De qualquer forma, eu lhe agradeço a ajuda. E caso veja aquele homem que esteve com Miah nas proximidades do Canal local, entre imediatamente em contato comigo.

— Com certeza. Vou ficar de olho.

Nicolas agradeceu e deixou a sala.

Depois de deixar a sede do Canal local, a próxima parada de Nicolas foi o salão onde acontecera sua festa de casamento. O homem que lhe alugara o imóvel tinha viajado no dia anterior, e a gerente foi designada para atendê-lo. Nicolas olhou à sua volta e notou que, apesar de ainda notar vestígios escuros no exato local em que as flores incandescentes caíram, um excelente trabalho de limpeza fora feito no piso.

A mulher que surgira para atender Nicolas tinha a expressão de quem não gostava de ser contrariada. Era alta e gorda e tinha o rosto mais redondo que ele já vira. A pele era branca como leite e seus lábios estavam pintados de escarlate. Os olhos eram escuros e miúdos.

— Pois não? — a pergunta soou semelhante ao rosnado de um cão raivoso. — Sou Azaleia. Em que posso ajudá-lo?

A mulher, que certamente não tinha nem um terço da delicadeza da flor que carregava no nome, não indicou uma cadeira para Nicolas se sentar e pareceu ansiosa para vê-lo longe dali.

— Meu nome é Nicolas. Minha esposa e eu alugamos este salão para nossa festa de casamento no último sábado.

— Sim, eu soube. Houve uma explosão durante a festa.

— É verdade. É justamente por conta dessa explosão que preciso de sua ajuda.

— Não sei como posso ajudá-lo. Desculpe, mas não vamos pagar nenhum tipo de indenização pelo incidente.

— Não estou atrás de dinheiro, porque sei que vocês não tiveram culpa nisso. Só preciso falar com a pessoa que estava na entrada da festa, recebendo os convidados e conferindo os convites. Sabe me dizer quem era?

Azaleia pensou um pouco, e sua testa se enrugou como um tecido amarrotado.

— Posso conseguir essa informação somente na semana que vem. Estamos muito atarefados, pois teremos um grande evento aqui na próxima sexta. Se puder esperar até lá, verei o que posso fazer para ajudá-lo.

Nicolas começou a se irritar com a ignorância da mulher e lamentou a ausência de sua credencial. Se estivesse ali como um investigador, aquela conversa seria bem diferente.

— Infelizmente, não posso esperar tanto tempo. Preciso dessa informação agora, se for possível. Creio que não custa nada à senhora apurar o que estou lhe pedindo.

Ela estreitou os olhos miúdos de tal forma que eles quase desapareceram na face redonda.

— Já reconheci o senhor. Era o investigador de nossa cidade. Vi a reportagem ontem. Foi demitido, não? Ou eu deveria dizer suspenso? — ela deu de ombros. — Mesmo não sendo mais uma autoridade, o senhor está se comportando como tal. Já disse que estamos atarefados e não vamos poder atendê-lo nesta semana. Se não puder esperar, vá atrás de seus direitos.

Nicolas sentiu vontade de dar uma bofetada na enorme cara de Azaleia, mas conteve-se.

— Devido à sua colaboração, só posso lhe dizer que acabou de perder um cliente.

— Um cliente que traz até um esquadrão antibombas para nosso salão não fará muita falta. Passar bem — ela girou o corpo gordo e se afastou a passos largos.

Nicolas permaneceu parado por mais alguns segundos no mesmo lugar. Deveria ter ido até lá vestido com um traje mais formal para impor um pouco mais de respeito, mas achava que nada deixaria Azaleia mais prestativa.

Capítulo 30

De volta à calçada, Nicolas achou que deveria tentar outros caminhos. Se estivesse na delegacia, pediria a Moira para entrar em contato com as imobiliárias da cidade e tentar descobrir algumas informações sobre Fernando, Elisa e Guilherme. Sabia que se pedisse para ela efetuar as buscas, Moira o faria com prazer e ainda teria a cobertura de Elias. Por outro lado, Nicolas sabia que isso poderia render a ela problemas com Duarte e ele não desejava prejudicar os colegas.

De repente, teve outra ideia. Atravessou a rua, cruzou a praça principal e olhou para a entrada colorida da floricultura *Que Amores de flores.* Havia algo em que ele ainda não pensara. Até poderia ser perda de tempo, mas tinha que tentar descobrir alguma coisa, já que agora estava agindo por conta própria.

Thierry estava atendendo a um casal e à sua filha, que estavam finalizando a compra de um belíssimo arranjo de rosas colombianas em um cesto de vime enfeitado. A família passou por Nicolas com a cesta na mão, e Thierry o viu, o que o fez abrir um sorriso radiante e generoso.

— O que faz o bêbado em minha humilde casa de flores?

— Preciso que vá comigo até os fundos da loja.

O sorriso de Thierry se ampliou.

— Se você queria algo assim, tão íntimo, poderia ter marcado num local mais discreto, não?

Nicolas soltou uma risada, e Thierry saiu de trás do balcão. O florista vestia-se todo de roxo e seus sapatos igualmente roxos formavam um bico em caracol, lembrando os calçados de um bobo da corte. O chapéu lilás tinha o formato de uma estrela e uma lâmpada de pisca-pisca estava acesa no topo.

— Estou seriamente desconfiado de que seus clientes vêm à sua loja mais interessados em observar seu visual caprichado do que para comprar flores. E eu não vim aqui para fazer nada "tão íntimo" com você. Preciso saber se Escobar guardava algum pertence aqui.

— Tudo bem. Ontem, eu o vi em trajes menores e, valha-me Deus, ganhei a semana! Em vez de carneirinhos, contei minúsculos Nicolas pulando a cerca antes que eu pegasse no sono — Thierry ajeitou o chapéu sobre a cabeça. — Estou muito feliz em ver que você não está chapado hoje. Ontem, estava tonto e frágil, parecendo o Super-Homem em contato com a criptonita. Acho que nossa visita não foi em vão. Pena que ninguém me emprestou um celular com câmera, pois eu não estava com o meu.

— E o que você queria fotografar em meu quarto?

— Nem lhe conto! — Thierry deu de ombros. — Bem, vamos aproveitar que o movimento está tranquilo agora. Venha comigo — ele fez um gesto na direção de um corredor estreito. — Zilá ainda não se recuperou da gripe, e eu estou correndo para todos os lados como uma formiguinha. Assim, não tenho tempo para pensar na tragédia que aconteceu àquele menino. Estou transtornado até agora. Isso sem falar do buquê de Miah, que foi pelos ares. Tinha preparado aquelas flores com tanto carinho...

Eles seguiram por um corredor tão perfumado que Nicolas se sentiu incomodado. As imensas samambaias penduradas em vasos ornamentais davam-lhe a impressão de estar cruzando um trecho da selva amazônica.

Thierry caminhou até parar diante de vários armários e apontou para um deles. Eles ouviram à distância o som de sirenes passando em alta velocidade.

— Ele guardava os pertences aí dentro. Não tive tempo de abrir esse armário depois da morte do garoto e, para falar a verdade, até fiquei com medo de fazer isso.

— Você deveria ter me chamado para abrir, não? Tem a chave?

— A chave ficou com ele. Eu tenho uma cópia. Vou buscar.

Enquanto aguardava, Nicolas brincou com as pétalas de um buquê de margaridas. Thierry voltou com uma chave antiga nas mãos e entregou-a para Nicolas.

— Você já recuperou seu cargo? — perguntou Thierry.

— Por enquanto, só estou ensaiando meu retorno.

Nicolas abriu a porta do armário, mas para sua decepção havia apenas uma caixa de bombons dentro do móvel. Ele pegou a caixa, que já fora aberta, e conferiu seu conteúdo. De alguma forma, já esperava encontrar cédulas dobradas e presas por uma tira de elástico. Em uma breve contagem, ele descobriu que havia dois mil e quinhentos reais ali.

— De quem é esse dinheiro? — os olhos verdes de Thierry ficaram arregalados.

— Escobar deve ter sido pago por alguém que queria ter acesso ao buquê de Miah. Se eu conheço esse tipo de negociação, provavelmente lhe prometeram pagar a segunda parte do serviço depois que tudo estivesse feito. Escobar, encantado com a ideia de ganhar um extra para ajudar a mãe, deve ter aceitado a proposta. Mas, em vez de receber o restante do dinheiro, foi assassinado para não representar nenhuma ameaça.

— E o que você vai fazer com a grana?

— Não é um dinheiro limpo, mas acho que vai ajudar dona Elvira. Afinal, essa era a intenção de Escobar.

— E se tiver as impressões digitais do criminoso aí? — tornou Thierry. — Acho difícil, porque dinheiro é como eu: todo mundo pega!

— Exatamente. Além disso, a perícia demoraria a trazer os resultados, e eu estou sem tempo — Nicolas guardou o dinheiro em um dos bolsos da bermuda. Mais uma vez, eles ouviram o ruído irritante de sirenes. — Você me ajudou mais do que eu esperava, Thierry.

— Se você quiser, posso lhe oferecer outros tipos de ajuda também.

Thierry sorriu do próprio comentário, e seu celular tocou. Ao atender, ampliou o sorriso e fez um gesto para Nicolas.

— Sim, Marian, minha querida, sou eu mesmo. E a oitava maravilha do mundo está aqui comigo. Pode adivinhar quem é? — Thierry riu ao ouvir a resposta. — Como você descobriu? Olha, isso não importa. O quê? Nada de embriagado! Ele está tão sóbrio como um bebê. Sua conversa com ele ontem à noite surtiu efeito, hein? — o florista ouviu mais algumas palavras e riu outra vez. — Por outro lado, ainda não tive notícia nenhuma da minha amada Miah. A cada vez que penso nisso, meu coração derrete um pouco como as geleiras do Ártico.

Nicolas sorria ouvindo aquela conversa. Thierry continuou:

— Claro! Se ela aparecer por aqui, você será a primeira a saber. Agora preciso dar atenção ao investigador mais sóbrio desta cidade.

Ele desligou e sorriu.

— Posso ajudá-lo em mais alguma coisa?

— Não, obrigado. Tenho outras coisas a fazer. E mais uma vez lhe agradeço pela grande ajuda que me deu.

Nicolas saiu da floricultura e mal deu um passo na calçada, duas viaturas policiais passaram zunindo pela rua. As sirenes faziam os veículos abrirem caminho para liberar a passagem das viaturas, que costuravam o trânsito.

Ele virou a cabeça e notou que todas elas estavam parando diante da entrada de um banco. Uma ambulância acabava de sair de lá com as sirenes ligadas, e Nicolas viu vários policiais com armas em punho posicionados nas laterais do estabelecimento.

Nicolas caminhou depressa até lá. Pela ação que estava acontecendo, ele imaginou que aquela agência bancária estava sendo assaltada e que provavelmente havia reféns.

A saída de uma ambulância indicava também que alguém fora ferido.

Nicolas procurou Elias entre os policiais e viu o delegado passando algumas ordens pelo rádio. Uma nova viatura encostou na agência bancária e dela saltou Duarte, que trocou algumas palavras rápidas com Elias e balançou a cabeça negativamente.

Como a curiosidade era mais forte do que o bom senso, Nicolas foi ao encontro de Elias. Duarte fez um esgar de espanto ao vê-lo e enfiou as mãos nos bolsos da calça.

— Bartole, o que está fazendo aqui? Não vê que os civis devem se manter afastados?

— Não acha que vim até aqui para lhe dar um abraço fraternal, certo? — retrucou Nicolas, irritado. Ele voltou-se para Elias com uma indagação muda no olhar.

— Um único homem foi corajoso o suficiente para assaltar sozinho essa agência bancária — explicou Elias. — Ele está armado e, segundo as testemunhas, carrega também uma granada no bolso. O homem liberou todos os funcionários e os clientes. Infelizmente, o major Lucena estava em nossa equipe e tentou negociar com o bandido, mas foi baleado de raspão na cabeça.

Nicolas empalideceu.

— Meu Deus! Ele está bem?

— Acredito que sim. Torço para que ele se recupere depressa. Saiu daqui inconsciente, mas vivo, o que é um bom sinal. Doutor Enzo já está a postos no hospital à espera dele.

— E mesmo assistindo a um policial levar um tiro, vocês não pensaram em invadir a agência?

— Como eu lhe disse, o criminoso liberou todo mundo, mas reteve consigo uma pessoa. E acho que toda essa operação girou em torno da pessoa que ele está fazendo de refém.

Nicolas olhou por cima do ombro, tentando espreitar por trás da porta giratória, mas não conseguiu ver nada.

— E vocês já identificaram o refém?

— Já — Elias assentiu, pálido e aflito. — É Alain Freitas, nosso comandante.

Desta vez, Nicolas tomou um susto ainda maior. Entre os policiais que apontavam armas na direção da entrada do banco, ele viu Mike e Moira.

— O assaltante pediu ao último refém que ele liberou que nos trouxesse o número de seu telefone celular. Ele estava em contato comigo há pouco — Elias apontou para o aparelho em sua mão. — Ele disse que não queria ter atirado em Lucena, mas se viu ameaçado e por isso o fez. O homem afirmou que não vai permitir que atrapalhem seus planos e contou que vai matar o comandante e se suicidar em seguida.

— Não creio que ele terá tanta frieza — comentou Duarte.

— Como não, se ele poderia ter matado Lucena? — rebateu Nicolas. — Nós nem sequer sabemos qual é o quadro de saúde atual do nosso colega — e virou-se para Elias. — Vocês têm ideia de quem seja o assaltante?

— Sim. Já conseguimos informações com a operadora do celular. Ele se chama Luciano Sardinha e tem trinta e oito anos. Antes de vir para cá, Moira fez umas pesquisas sobre ele. O homem tem duas passagens pela polícia, todas por assalto à mão armada. Estava numa penitenciária de São Paulo, mas, assim que sua pena terminou, ele voltou para cá. Pelo jeito, estava interessado em Alain.

— Por que diz isso?

— Porque ele reconheceu Alain, embora ele não estivesse usando farda. Na última ligação, ele me falou que Alain colaborou para colocá-lo na cadeia e que agora iria concretizar sua vingança. Disse que se qualquer um de nós — ele apontou para os policiais — tentar entrar na agência à força e sem a permissão dele, assim como Lucena tentou fazer, ele vai detonar a granada, matando a ele mesmo e ao comandante.

— Você não consegue telefonar de volta? — perguntou Nicolas. — Ou tem que esperar ele entrar em contato?

— Foi o que ele deixou bem claro desde nosso primeiro contato. Esse assalto aconteceu assim que o banco abriu. Já faz quase uma hora que estamos nesta negociação.

— Já confirmaram se realmente é o comandante quem está com ele?

— Sim. Em uma das ligações, ele me deixou falar com Alain. Era a voz do comandante, tenho certeza.

— O que ele quer afinal? Imunidade? Dinheiro?

— Ele deixou claro que pretende apenas matar Alain.

— Eu gostaria de falar com esse cara — tornou Nicolas.

— Bartole, não se intrometa nisso! — Duarte deu um passo à frente e apontou o dedo. — Será que nunca vai entender que não pertence mais ao nosso mundo? Nada disso é assunto seu. E não creio que será de grande ajuda se ficar nos atrapalhando.

— E você, Duarte, o que está fazendo para auxiliar o comandante, além de ficar aqui fora coaxando como um sapo?

— Perdeu o respeito comigo?! — gritou Duarte, vermelho.

— Não perdi, porque eu nunca tive — Nicolas baixou o olhar para o celular na mão de Elias, que começou a tocar. — Permita-me, por favor.

Nicolas pegou o aparelho e o levou ao ouvido. Em seguida, ouviu uma respiração cansada e ofegante, como se a pessoa do outro lado da linha tivesse feito um grande esforço físico.

— Delegado Elias, o momento da morte de Alain se aproxima. Ainda não me decidi se vou usar a granada ou meu revólver calibre 38, o mesmo que usei para atirar no policial que tentou invadir a agência. O que você me sugere?

— Senhor Luciano, aqui é Nicolas Bartole quem está falando. Creio que já tenha ouvido falar de mim.

Houve uma pausa longa, e a voz cansada retornou à linha.

— Claro que já ouvi falar de você. Está na cidade há meses e investiga homicídios. Creio que não trabalhe na área de roubos e sequestros. Se você chegou para tentar negociar a liberação do refém, já lhe aviso que vai perder seu tempo.

— Não sei se o senhor foi informado, mas não sou mais um investigador. Graças a esse senhor que está em suas mãos, perdi meu cargo. Não sabe o quanto isso me deixou abalado.

— Então somos dois desejando a morte dele.

— Na verdade, eu não gostaria que ele morresse, porque aí não teria muito sentido para mim. Outra pessoa ficaria em seu lugar, e eu continuaria a ser um cidadão comum como todos os outros. Ao perder meu cargo, o mundo também perdeu o valor. Se você matar esse cara agora, eu não vou me sentir vingado.

— Eu estou decidido. Vou matá-lo e vou me suicidar em seguida. Eu também não valorizo o mundo, porque o mundo nunca me valorizou.

— Tenho uma proposta a lhe fazer. Permita que eu entre aí apenas para poder contemplar de perto o assassinato de Alain, caso você não use a granada. Como eu lhe disse, não sou mais investigador e não estou armado. Pode me revistar se desejar. Eu quero apenas que me deixe entrar para dizer na cara desse imbecil que ele está morrendo, mas que eu permanecerei vivo. Luciano, você me faria esse grande favor?

Elias estava com os olhos arregalados, sacudindo a cabeça negativamente para Nicolas. Ele apenas piscou um olho, como se quisesse dizer que tudo estava sob controle.

— Muito bem, Nicolas, vou permitir que entre. Se eu notar que tudo isso é uma emboscada, vou jogar tudo para os ares.

— Já lhe disse que pode confiar em minhas palavras. Pode me revistar, quando eu entrar.

A linha ficou muda. Nicolas sabia que Luciano consentira sua entrada na agência bancária. Ignorando os protestos de Elias, Nicolas fez um sinal de positivo para os policiais e passou pela entrada de vidro.

Do lado de dentro, avistou o comandante sentado no chão, ao lado das cordas que organizam as filas. Um homem moreno e barbudo com olhos vidrados e opacos apontava um revólver para a cabeça de Alain. Na outra mão, ele agitava algo preto e pequeno, que Nicolas reconheceu como sendo a granada.

— Luciano, devo lhe dizer que me sinto honrado por confiar em mim — Nicolas ergueu ambos os braços. — Peço-lhe que me reviste, por favor.

— Não será necessário. Confio em suas palavras — Luciano se voltou para Alain, cujo rosto estava tão pálido que o fazia aparentar ter envelhecido anos em apenas uma hora. Era estranho ver o chefão da corporação policial, sempre tão altivo, empertigado e autoritário, sentado no chão, com as pernas cruzadas e as mãos pousadas sobre o colo. De fato, ele não estava fardado, e, se carregava alguma arma, Luciano por certo já a apreendera.

Nicolas abriu um sorriso maldoso na direção de Alain, enquanto se aproximava vagarosamente de Luciano.

— Aí está o senhor, comandante! Tanto fez para me prejudicar, e agora sou eu quem vai rir por último! — Nicolas olhou para Luciano e chegou ainda mais perto dele. — Por que está fazendo isso com esse imprestável?

— Porque ele me colocou na cadeia. Eu fazia uns assaltos aqui, outros acolá, mas nunca matei ninguém. Graças a uma operação que ele organizou, fui preso e condenado a sete anos de prisão. Agora saí e voltei disposto a acabar com a raça dele. Há dois meses estou na cidade, vigiando atentamente todos os passos de Alain. Hoje, eu o vi entrando nesta agência e resolvi agir.

"Um caso típico de vingança originada no passado, muito parecido com o caso de Miah, embora aqui haja um pobre coitado que mal sabe se expressar. Já a pessoa que está atrás dela fez duas vítimas e age como um verdadeiro profissional", meditou Nicolas.

— Luciano, se você não se importar, gostaria que me desse essa granada. Gostaria de ser eu a atirá-la em Alain. Não sabe o que é ver sete anos de lutas, sacrifícios e dedicação serem jogados fora em uma simples reunião baseada nas opiniões de outras pessoas. Ele pôs um fim em minha carreira! — Nicolas tornou a olhar para Alain, que percebeu que Bartole estava sendo sincero sobre aquela questão.

— Mas eu gostaria de explodi-lo também.

— Você detona a granada. Deixe-me carregá-la até o momento que for detoná-la. Só isso.

Luciano pensou por alguns segundos e concordou, decidindo que confiava em Nicolas. O homem entregou a granada a Nicolas, que a prendeu com cuidado no cinto de sua bermuda. Luciano estava tão próximo agora, que num pulo certeiro Nicolas conseguiria lhe arrebatar o revólver e gritar pela entrada dos policiais.

— Polícia! — ele ouviu uma voz masculina gritar de repente. — Abaixe a arma que estamos invadindo.

Nicolas praguejou quando viu Duarte dentro do banco mirando o assaltante. Os olhos de Luciano brilharam de fúria e ele direcionou a arma para a cabeça de Alain, que, por dois breves segundos, teve certeza de que iria morrer.

Numa manobra que somente pessoas treinadas conseguiriam fazer, Nicolas ergueu a perna direita num pontapé veloz e acertou o braço armado de Luciano, desviando a bala destinada a matar o comandante para os vidros dos caixas. O som do tiro sem silenciador ecoou como um disparo de canhão.

Luciano tornou a fazer mira, mas Nicolas o segurou pelo braço armado, afastando-o para o lado. Houve um segundo tiro, que dessa vez acertou a parede. Alain se levantou e correu para auxiliar Nicolas, que tentava deter Luciano, cuja força parecia ter redobrado. Com certo custo, eles tomaram a arma do bandido, e Nicolas lamentou ser obrigado a golpeá-lo com força na testa para deixá-lo inconsciente.

— Pretendia estragar tudo, Duarte? — rosnou Nicolas, furioso. — Por sua culpa, o comandante poderia estar morto.

— A culpa foi sua por ter entrado aqui sem nossa autorização! Já falei que você não trabalha mais em nossa equipe.

— Bartole está certo, Duarte. Mantenha-se calado, por favor — Alain se virou para Nicolas e estendeu-lhe a mão. — Você acabou de salvar minha vida, Bartole, colocando a sua em risco. Não sei o que lhe dizer.

— Não diga nada, por favor. Sou apenas um homem que não tem moral ou dignidade suficientes para ser mantido no cargo, após ter sido acusado de acobertar uma criminosa.

Eu não salvei sua vida, comandante. Apenas impedi que houvesse mais um crime — Nicolas colocou a granada nas mãos de Alain.

— Bartole, eu... — enquanto Alain tentava formular sua próxima frase, Nicolas saiu pela porta.

Capítulo 31

Vinte minutos depois, Nicolas entrava no hospital. Tudo o que pôde apurar foi que Lucena estava passando por uma cirurgia e que seu quadro clínico permanecia estável. Por sorte, a bala passara acima de sua orelha direita e ferira sua cabeça, mas não a ponto de colocar sua vida em risco.

Nicolas não conteve um suspiro de alívio. Pensou em Aracy, a esposa do major, e em Nelly, a jovem cega que era tão amada pelo pai. Nicolas conhecera as duas na festa de aniversário de sua mãe, que ocorrera alguns meses antes. Lucena e Aracy já haviam passado por uma grande perda antes do nascimento da filha com o sequestro do primogênito do casal. Isso acontecera havia cerca de trinta anos, e o casal jamais tivera qualquer notícia sobre o filho. Nunca receberam um pedido de resgate nem qualquer tipo de contato por parte de quem o sequestrou. Para a polícia, o caso caiu no esquecimento, contudo, Aracy e Lucena lembravam-se do primogênito diariamente.

Elias chegou ao hospital logo depois de Nicolas, que o informou sobre o quadro de Lucena. Uma hora depois, Enzo, que estava responsável pelo atendimento médico do major, apareceu para informá-los de que Lucena recebera uma pequena transfusão de sangue e que tudo correra bem, confirmando que Lucena não corria risco de morte. Os dois policiais cumprimentaram Enzo, sem disfarçar a alegria.

— Você é o cara, Enzo! — parabenizou Nicolas. — É por isso que será meu cunhado em breve.

— Isso vai depender de Marian — Enzo riu bem-humorado. — Eu a amo muito, e, se dependesse só de mim, a gente se casaria neste fim de semana.

— Só espero que dentro do buquê de Marian haja apenas flores! — comentou Nicolas, fazendo Elias e Enzo rirem, apesar da seriedade do comentário.

— Agora preciso retornar ao quarto. Lucena não despertou ainda, pois está anestesiado, mas eu quero estar por perto quando ele acordar.

— Faça isso, doutor — concordou Elias. — Se houver qualquer novidade, entre em contato conosco imediatamente.

— Combinado.

Já na rua, diante do hospital, Elias agradeceu a Nicolas pelo ato heroico que salvara a vida do comandante.

— Elias, meu caro, eu fiz o que faria por qualquer outro cidadão. Não enxerguei ali meu superior, mas um pobre coitado temendo por sua vida. E isso é tudo.

Com dois tapinhas amigáveis no ombro do delegado, Nicolas recusou a carona de Elias e seguiu a pé até seu apartamento. Aquela fora uma manhã agitada para alguém que estava praticamente desempregado.

Ao chegar em casa, Nicolas tirou do bolso o dinheiro que Escobar escondera e que pretendia entregar para Elvira assim que pudesse. Ele serviu-se de um copo com suco de melancia, perguntando-se como pudera substituir um refresco maravilhoso como aquele por garrafas de bebidas alcóolicas.

Ele pensava também que os seres humanos ainda não estavam totalmente preparados para compreender certos mecanismos da vida. Em um dia, Alain o humilhara diante de todos, e dessa vez fora Nicolas quem dera as costas para o comandante. O ex-investigador, no entanto, não sentira nenhum prazer ou satisfação por ter agido assim. Tudo o que desejava era que Alain percebesse que a justiça humana, principalmente a justiça dele, era totalmente sujeita a falhas e imperfeições.

Em outro lugar, alguém também refletia:

"Após tantos anos de espera, o momento crucial se aproxima. Em breve, Miah e eu ficaremos cara a cara mais uma vez, e vou expor-lhe todo o sofrimento que me causou desde o dia em que soube que Renato tinha sido morto por ela. Foi a partir desse momento que jurei vingança e não descansei até localizá-la.

Miah é uma tola se pensou que seus documentos falsos e seu novo corte de cabelo poderiam me confundir. Valorizo minha inteligência, assim como valorizava a de Renato. Fui eu quem ensinou a ele a arte do assassinato. Sim, porque saber matar com elegância constitui uma arte.

No dia em que soube que ele tinha conhecido essa mulher, senti que havia perigo. Algo nela nunca me inspirou confiança. Sempre achei que Miah era falsa e misteriosa. Contudo, jamais esperei que ela fosse cometer tamanha traição com Renato.

Idealizei dezenas e dezenas de formas de assassiná-la, sem nunca me decidir por nenhuma. Hoje, enquanto penso novamente no que farei, concluo que a melhor forma seria matá-la aos poucos. Ela perdeu um pouco de vida quando o marido a deixou e vai perder mais um pouco quando perder o emprego. E continuaria morrendo em vida se fosse presa e condenada.

Uma forma bem interessante de vê-la implorar pela própria morte seria mostrar-lhe o corpo morto do marido. Só que isso me daria muito trabalho. Já percebi que o tal Bartole é muito mais perigoso do que imaginava. Se eu tentar um embate contra ele, não teria nenhuma chance. E não arrisquei boa parte de minha vida para perder essa partida no momento final.

O Natal está se aproximando. Acho lamentável imaginar que Miah não estará viva até lá. Vou deixar que ela desfrute de seus últimos dias, para que eu finalmente possa sair das sombras e mostrar a ela quem sou".

Naquele mesmo momento, Miah estava no quarto da residência de Guilherme e Elisa assistindo, horrorizada, à entrevista coletiva que Otávio Moraes concedia à imprensa diante da entrada do fórum municipal:

— Portanto, eu reforço mais uma vez que Lúcio e Renato foram as duas vítimas que sucumbiram pelas mãos violentas da mulher que vocês conhecem como Miah Fiorentino, mas cujo sobrenome verdadeiro é Antunes. Fugitiva da polícia, ela vem sendo procurada há anos por todo o estado de São Paulo. Miah Antunes mudou a cor e o corte dos cabelos com a intenção de nos confundir. Creio que toda a população a conhece e saberia identificá-la nas ruas. Nesse caso, nós devemos ser imediatamente informados. Essas informações também serão retransmitidas por nossa estação de rádio. O marido dela, o senhor Nicolas Bartole, embora também seja um investigador de homicídios, parece estar conivente com a fuga dessa criminosa, tanto que foi afastado do cargo pelo comandante Alain.

Vários repórteres começaram a fazer perguntas ao mesmo tempo, mas Miah já não queria ouvir o que diziam. Enxugando as lágrimas que escorriam por seu rosto, ela desligou a televisão. O cerco estava se fechando em torno dela e, a cada momento, sua liberdade era ainda mais ameaçada.

Otávio não iria descansar enquanto não pusesse as mãos nela. Agora, toda a cidade já estava sabendo do seu segredo, e, por mais que ela fosse benquista pela população, Miah estava consciente de que seria denunciada se fosse localizada.

De um salto, ela se levantou da cama. Não poderia mais ficar ali ou acabaria comprometendo Elisa e Guilherme. Ao passar pela sala, viu os dois sentados diante da televisão, acompanhando a entrevista de Otávio. Ao perceber a presença da repórter, Guilherme virou o rosto para Miah e foi até ela.

— Miah, o que aquele homem está dizendo... — ele estava levemente pálido. — Não pode ser verdade.

— Por que ele a está caluniando dessa forma, minha querida? — Elisa também se aproximou e tocou no rosto de

Miah, como se desejasse lhe enxugar as lágrimas. — Não acreditei em uma só palavra do que ele disse.

— É a verdade — agora já não tinha por que mentir. — É isso o que eu sou: uma criminosa procurada pela polícia. Juro que agi em legítima defesa, Elisa. Os homens que foram citados não eram santos... Eram pessoas sem índole alguma, embora isso não justifique meus atos. Sinto muito por ter mentido para vocês, que foram tão bondosos comigo. Essa é minha realidade, esse é meu passado. Nunca houve assaltantes me perseguindo. Ontem, quando vocês me ajudaram, eu estava fugindo dele — Miah apontou para a imagem de Otávio na televisão. — Só posso lhes pedir que me perdoem, mas eu necessitava muito de uma mão amiga. Agora preciso ir embora, pois vocês também podem ser acusados de estarem sendo coniventes com os crimes, se eu for encontrada aqui. Não quero prejudicá-los.

Elisa e Guilherme permaneceram calados por alguns instantes, assimilando o teor daquelas informações. Elisa foi a primeira a reagir:

— Eles disseram que seu sobrenome verdadeiro é Antunes. Você usa documentos falsos?

— Eu só queria me proteger, Elisa, mas nem sequer mudei meu nome completo. Além disso, cortar e pintar a cor dos cabelos nunca foi crime algum — ela fechou os olhos, que estavam avermelhados e inchados pelo pranto. — Deus, eu só quero que esse pesadelo acabe de uma vez. Sei que sou a única responsável por tudo isso. Apenas estou atraindo o que eu pratiquei, mas Deus conhece meu coração e sabe o quanto estou arrependida. Ainda não estou preparada para me entregar. Sei que isso é errado, mas não quero ir para a prisão. Não quero...

— Você vai ficar aqui conosco — Guilherme a abraçou com carinho e afeto. — Não importa se a guerra está acontecendo lá fora. Aqui dentro, pelo menos até o dia de nossa partida, você estará segura. O que acha, Elisa?

— Eu estou acolhendo aquela jovem que foi minha aluna por dois anos — Elisa também a abraçou, e os três permaneceram unidos, como se fossem uma família. — Aquela moça de sorriso meigo e contagiante. Tudo o que esse homem falou a seu respeito não entra em minha cabeça. É como se nada disso fosse verdade, Miah. Soa até como difamação, entende?

Miah assentiu e se esforçou para sorrir entre as lágrimas. Aqueles eram realmente grandes amigos, além de serem estudiosos da espiritualidade. Ela possuía inimigos que desejavam prejudicá-la e outros que queriam assassiná-la, mas contava com o apoio de pessoas queridas, como Elisa, Guilherme e todos os verdadeiros amigos que ela conquistara desde que chegou à cidade, deixando a balança pendida para o lado do bem.

Era como Marian sempre lhe dizia: a vida possui apenas o lado positivo, ainda que as pessoas insistam em interpretá-la pelo lado mais trágico e cruel, como se fosse a razão de todo o sofrimento humano. As pessoas não compreendem que a vida nada mais é do que uma oportunidade concedida por Deus para que possamos angariar novas conquistas. Ninguém nasceu para sofrer, mas para aprender por meio dos obstáculos e viver da melhor forma possível. Somos nós que nos deixamos levar pelas ilusões e não conseguimos notar que tudo o que nos acontece tem como objetivo nosso crescimento interior. Até mesmo os fatos que julgamos serem negativos, desagradáveis e dolorosos só acontecem para o melhor.

O que tem acontecido cada vez mais frequentemente é que a humanidade perdeu a fé e a confiança na vida. A cada dia, as pessoas se afastam mais dos caminhos do bem e mergulham nas atrações que o materialismo oferece, como se fossem viver apenas uma única vida. Essas pessoas acreditam ainda que a felicidade está concentrada apenas na Terra e fazem vista grossa aos constantes sinais de alerta que a vida lhes apresenta, tentando fazê-las perceber que há muito a ser conquistado e aprendido.

Os seres humanos dizem estar desanimados e que o mundo está "perdido", sem solução, mas isso não é verdade. Se cada pessoa que reclama fizesse algo para reverter a situação, o planeta já teria dado um grande passo na evolução.

Não existe maldade assolando o mundo, pois o mal é apenas uma ilusão. O que sempre vai prevalecer é o bem, independente das transformações pelas quais as sociedades venham a passar. O bem é único e absoluto. Quem decidir mudar as atitudes e seguir pelo caminho da luz com certeza viverá melhor.

Infelizmente, Miah era uma dessas pessoas que estão despreparadas para enxergar as belezas da vida, pois tudo o que é divino é maravilhoso. Atormentada pela própria culpa e pelo remorso, ela acreditava que jamais reencontraria a felicidade, principalmente agora que sua "fama" se espalhara pela cidade.

Guilherme foi tomar um banho, e Elisa pediu que Miah aguardasse no quarto, pois lhe prepararia um lanche. E ainda brincou dizendo que, quando o estômago está cheio, pensamos menos nos problemas. No entanto, quando Elisa foi procurá-la no quarto com a bandeja nas mãos, percebeu, chocada, que Miah fora embora.

Capítulo 32

Em seu apartamento, Nicolas estava distraído refletindo sobre os últimos acontecimentos, quando seu celular tocou. Assim que ele atendeu, ouviu a voz de Elias. Pelo tom, ele parecia bem-humorado.

— Bartole, precisamos de você aqui na delegacia! É urgente.

— O que houve? Por que querem a presença de um simples civil?

— Primeiro, porque temos do lado de fora uma multidão clamando a plenos pulmões por seu retorno. Além disso, temos uma reunião agendada para acontecer em alguns minutos, e você está sendo convocado. Aliás, está sendo intimado a comparecer.

Uma sensação agradável percorreu o corpo de Nicolas, embora ele não quisesse se iludir.

— Muito bem, Elias. Daqui a pouco estarei aí.

Nicolas dirigiu depressa até a delegacia e, à distância, ouviu os gritos de protestos emanados pela turba de pessoas. No grupo, ele reconheceu Elvira sentada em sua cadeira entre a multidão.

— Senhor Nicolas, veio ocupar seu posto novamente? — perguntou o porta-voz do grupo.

Todas as outras pessoas se voltaram para ele. Na porta da delegacia, havia dois policiais militares fazendo a guarda, caso a multidão invadisse o prédio para manifestar-se no interior do local.

— Infelizmente, não. Na verdade, nem sei o que estou fazendo aqui. De qualquer forma, gostaria de lhes agradecer por todo o apoio que estão me dando. Para mim, é muito prazeroso saber que conto com a aprovação dos moradores de nossa cidade e que o trabalho que desempenhei ao longo dos últimos meses foi reconhecido pelos senhores.

— Já que veio até aqui — disse Elvira em voz alta —, entre na delegacia e exija seu cargo de volta. Sua irmã me disse que não podemos perder a fé na vida. Estou aprendendo muito com ela. Meu filho, a pessoa mais importante de minha vida, já não está mais aqui, e só eu posso dizer o quanto isso me fere. Já no seu caso, Nicolas, é apenas um cargo, mas representa sua profissão, aquilo que você sabe fazer de melhor. Expulse o homem que está em seu lugar e mostre a todos que é você quem manda aqui!

Uma salva de palmas seguiu-se às palavras de Elvira, e Nicolas intimamente a agradeceu pela força. Ela lhe disse palavras otimistas, que o deixaram mais encorajado para enfrentar o que o esperava na delegacia. Ele chegou a pensar na hipótese de que Miah fora localizada e detida, mas concluiu que, nesse caso, Elias teria soltado uma deixa para preveni-lo.

Nicolas acenou para as pessoas, passou pela recepção, onde um policial novato substituía Moira, e seguiu diretamente para a sala de reuniões localizada no fundo da delegacia. Ele entrou e encontrou uma cena muito parecida com a do dia anterior. Lá estavam vários policiais de pé e, sentados no sofá em L, estavam Duarte, Lucena, Elias, a capitã Rangel e o comandante Alain. A única pessoa que não estava lá era Otávio Moraes.

— Ainda bem que chegou, Bartole — Alain estendeu a mão para Nicolas e apertou-a com força. — Como você está vendo, foi necessário convocar outra reunião, pois o assunto a ser tratado não pode mais esperar. Não quer se sentar? — ele indicou o sofá.

— Eu estou bem de pé. Qual seria esse assunto tão urgente? E por qual motivo fui convocado, se estou suspenso da corporação sem prazo de retorno?

Alain passou a mão pelo queixo num gesto de nervosismo. Ele tinha a mais alta patente entre todos os policiais e era temido pela maioria, mas às vezes não conseguia esconder que sentia certo constrangimento de Nicolas.

— Essa conversa será do seu interesse, senhor Bartole — garantiu a capitã Rangel. — O senhor, com esse pavio curto, não está nos ajudando.

— Se eu fui chamado aqui para ser ofendido, devo dizer que da minha parte a reunião está cancelada — sem esperar resposta, Nicolas se virou para a porta de saída.

— A capitã não o ofendeu. Foi apenas um comentário, Bartole — Alain se aproximou e o conduziu pelo braço até o centro da sala. — O que quero lhe dizer é muito simples. Em primeiro lugar, gostaria de lhe agradecer mais uma vez pela ação que desempenhou em meu favor há algumas horas. Quando Lucena tentou entrar na agência para negociar com o bandido, recebeu um tiro de raspão na cabeça... e eu tive a certeza de que o próximo seria eu. Graças a Deus, ele passa bem e receberá todos os meus agradecimentos tão logo se recupere. No entanto, confesso-lhe que você foi a última pessoa que eu esperava ver ali. Mesmo não tendo nenhuma obrigação, você colocou a própria vida em risco para me salvar. Jamais vou ter meios para retribuir o que fez por mim.

— Não fiz isso pelo fato de o senhor ser o comandante. Eu faria a mesma coisa para ajudar um mendigo, por exemplo.

— Eu sei disso. Você mostrou um lado corajoso e destemido que eu não conhecia, embora, é claro, já tivesse ouvido diversos comentários sobre seu trabalho. Elias sempre o elogiou, e eu pensava que em grande parte ele o fazia apenas pela amizade que existe entre vocês. Porém, hoje eu notei duas coisas: a primeira é que esses policiais, Elias, o major Lucena e todas aquelas pessoas que estão gritando lá fora não gostam de você simplesmente por gostar. Eles enxergam o brilho de sua luz, a força de sua garra e o desejo de ajudar alguém necessitado. A segunda coisa que notei foi que cometi um grande erro ao julgá-lo mal. Eu jamais poderia ter usado uma questão pessoal entre você e Miah, ou seja, seu casamento, para acusá-lo injustamente. Ainda que você a estivesse defendendo, não valeria a sanção que lhe foi aplicada. Hoje, você me fez ver que nós não somos nada e, ao mesmo tempo, que valemos muito. Talvez eu não estivesse aqui neste momento, portanto, aqui, na frente de todos os presentes, eu gostaria de lhe pedir humildes desculpas pela conduta errônea de minha parte.

Mais uma vez, Nicolas sentiu um frenesi agradável invadir seu corpo ao ouvir as palavras de Alain. Ele nem escondia a emoção que o invadia.

— Eu disse que não tenho meios para lhe pagar por ter salvado minha vida, mas posso fazer algo que talvez o deixe mais feliz — ele olhou para a capitã. — Rangel, por gentileza.

A capitã se levantou do sofá com um grande envelope nas mãos e o depositou nas mãos de Nicolas. Estava pesado e algo duro e sólido jazia no fundo.

Ao romper o lacre, os olhos de Nicolas brilharam emocionados quando ele tocou em sua arma. Dentro do envelope estava também sua credencial de investigador policial.

— Eu vou pedir não apenas em meu nome — continuou Alain —, mas em nome de todos os seus colegas aqui presentes, que aceite reassumir seu lugar — o comandante o abraçou com força e continuou: — Esta delegacia perdeu o brilho sem sua presença.

Nicolas revirou a arma e o distintivo nas mãos, como se estivessem vendo-os pela primeira vez, e sentiu a voz embargar e um nó se formar em sua garganta. Quando tornou a erguer o olhar, teve que fazer um esforço supremo para não chorar.

— Obrigado, comandante. Obrigado a todos vocês que eu tenho não apenas como excelentes colegas de trabalho, mas como grandes amigos. Antes de voltar às investigações, eu lhes garanto que meu retorno vale mais a pena porque conto com vocês ao meu lado.

Elias fez questão de ser o primeiro a aplaudir Nicolas e logo foi seguido pelos demais. No fundo da sala, Mike soltou um assovio agudo, que foi bem aceito por Alain.

Como se tivesse se recuperado de uma letargia hipnótica, Duarte pulou do sofá. Estava terrivelmente pálido, e o sinal roxo em seu queixo, no ponto onde Nicolas o acertara, recomeçou a doer.

— Um momento, comandante. E eu? Não vou sair daqui para devolver o lugar a Bartole! Eu assumi as investigações sobre a morte de Beatriz Cardoso e Escobar da Silva.

— E o que você descobriu até agora? — questionou Alain.

— Por enquanto, nada, mas estou trabalhando insistentemente nisso. Muito em breve, farei um relatório ao senhor e efetuarei a prisão do criminoso.

— Lamento, Duarte, mas minha decisão já foi tomada. Peço-lhe a gentileza de desocupar a sala e retirar seus pertences, para que Bartole possa assumi-la outra vez. Você vai voltar para o 2º DP e ficará à disposição, caso surjam novos episódios em que seja necessária a sua atuação.

— Comandante, com todo o respeito que o senhor merece, acho incorreto trazer Bartole de volta. Ele é um homem violento! Não vê o que ele fez em meu queixo? Faltou pouco para ele deslocar meu maxilar.

— São pontos de vista diferentes, Duarte — Alain deu de ombros e exibiu um dos seus raros sorrisos. — Você vê um homem agressivo, e eu vejo um herói que salvou minha vida. Como ainda sou eu quem toma as decisões aqui, não temos mais motivos para discutir. Nossa reunião está encerrada.

Duarte não se deu por vencido:

— Ele acobertou uma mulher procurada pela polícia! Para onde irá a reputação de nossa força policial?

— Sinto muito, Duarte. Isso não é da sua conta — desfechou Alain. — Todos estão dispensados.

No corredor, Nicolas foi abraçado calorosamente por outros policiais. Quando chegou a vez de Mike cumprimentá-lo, ele fechou os olhos e prendeu a respiração, como quem vai saltar numa piscina olímpica, e conteve os gemidos quando seus ossos rangeram com o abraço apertado.

— Bartole, estou mais do que feliz! — avisou Mike, abrindo um enorme sorriso. — Parece que as coisas estão se encaixando novamente em seus lugares.

— Eu acredito que sim, Mike!

— Parabéns, Bartole! — era Moira, que veio cumprimentá-lo. Sua expressão continuava como sempre, séria e sisuda, mas Nicolas poderia jurar que os olhos dela estavam sorrindo.

— Obrigado, Moira. Alguém poderia avisar às pessoas lá fora que eu estou de volta? Peça que eles voltem para suas casas, pois já reassumi meu cargo.

— Deve estar em puro êxtase, não? — a voz de Duarte era seca, fria e irônica, quando ele olhou para Nicolas. O investigador segurava uma sacola plástica com seus poucos pertences. — Mesmo tendo conseguido essa conquista, nunca poderá ser melhor que eu.

— Duarte, até quando você vai continuar com a mesma conversa cansativa e fazendo comparações entre nós? Quando eu vim do Rio de Janeiro para cá, nunca tive a intenção de tirar o que era seu, pois eu nem sequer sabia de sua existência. Só que os fatos nos levaram a isso, e tudo o que lhe resta a fazer é se conformar e largar o osso. Procure outra ocupação, se a carreira policial lhe traz tantas amarguras.

— Nós sempre vamos nos esbarrar por aí, Bartole. Eu não sei quando nem como, mas tenho a mais absoluta certeza de que um dia você ainda vai me pedir desculpas de joelhos, implorando para que eu lhe dê algumas aulas. E isto — ele tocou o queixo ferido — também vai ter troco. Pode aguardar.

— Ficamos combinados assim — provocou Nicolas. — Assim que eu tiver tempo, vou comprar um caderno e alguns lápis para nossa primeira aula. A ansiedade está me corroendo.

Duarte apertou os lábios, tamanha era a raiva que sentiu ao ouvir os risinhos debochados dos policiais e do próprio Elias. Antes de ir embora, resmungou:

— Vocês se merecem. Formam uma corja de baixo nível, que realmente se merece.

Capítulo 33

A impaciência de Nicolas em recuperar o tempo perdido era tanta que ele mal se sentou em sua sala. O investigador convocou Mike e partiu imediatamente para o salão onde realizara a festa. Queria ter uma nova conversa com Azaleia.

Ela foi chamada e pareceu irritada ao vê-lo com um policial fardado.

— Já lhe disse que não poderemos conseguir a listagem com os nomes dos convidados antes da semana que vem — ela foi logo disparando. — Não adianta tentar me intimidar trazendo a polícia.

— A coisa de que preciso é tão simples que não lhe tomaria nem dez minutos. E então? Vai me ajudar?

— Sua insistência está pondo minha paciência à prova — Azaleia colocou as mãos no local onde um dia existiu uma cintura. — Portanto, senhor Nicolas...

— Nada disso — sorrindo, ele mostrou sua credencial. — Eu sou o investigador Nicolas Bartole. Vim aqui buscar essa listagem e não sairei daqui sem ela.

— Ah, recuperou seu cargo? E acha que este distintivo em suas mãos o torna uma autoridade, a ponto de eu ter de obedecer às suas ordens? Ora, caia na real! O senhor é maluco.

— E a senhora é ainda mais maluca por desejar passar o Natal na cadeia, afinal, está obstruindo uma investigação policial. O que prefere? Colaborar comigo ou acenar para as renas do Papai Noel detrás das grades? Garanto-lhe que não estou com tempo para brincadeiras.

As bochechas gordas e flácidas de Azaleia ficaram descoradas. Nicolas viu quando a papada estremeceu, sinal de que ela engolira em seco.

— Muito bem. Vou ver o que posso fazer.

Nicolas sorriu, imaginando que ela tivesse ido telefonar para se consultar com algum advogado. Em exatos cinco minutos, ela reapareceu trazendo uma pasta de plástico nas mãos, que entregou a ele.

— Aí está a lista de todos os convidados que compareceram à sua festa, além da lista dos ausentes.

— Viu como foi fácil? Nem doeu, não é verdade?

— Não sou obrigada a suportar seu deboche, senhor Bartole. E se isso é tudo de que precisava, me dê licença. Sou uma mulher extremamente ocupada.

Já na rua, Mike olhou para trás e não se conteve:

— O que ela tem de feia tem de chata. Por que as pessoas são intransigentes?

— Porque ser amável e solícito parece dar trabalho.

Eles entraram no carro de Nicolas, que pediu para Mike assumir o volante. Em seguida, o investigador abriu a pasta e segurou a folha de papel com os nomes. Devagar, foi conferindo um a um. Havia tantos nomes que alguns ele não fazia a menor ideia de quem se tratava.

Nicolas tornou a conferir a listagem pela segunda vez, atentando-se a alguns nomes que buscava. Lá estavam Elisa e Guilherme e outros amigos da parte de Miah, a maior parte funcionários do Canal local.

Em nenhum lugar aparecia na lista o nome de Fernando. O proprietário do apartamento em que Miah morara entrara de penetra na festa ou...

— Achou alguma coisa aí, Bartole? — perguntou Mike.

— Parece que descobri algo bem interessante — ele puxou o rádio e entrou em contato com Moira. — Por gentileza, Moira, preciso que faça algumas pesquisas com a máxima urgência. Entre em contato com hotéis, pensionatos, imobiliárias ou administradoras de imóveis da cidade em busca de três nomes que vou lhe passar. Os primeiros são — ele olhou para a lista — Guilherme e Elisa Mendes, embora eu tenha certeza de que eles sejam inocentes... Infelizmente, tudo o que eu sei sobre o segundo nome é que ele se chama Fernando. Não tenho seu sobrenome. Tente conseguir o máximo de informações possíveis sobre essas pessoas, principalmente sobre Fernando.

— Providenciarei isso agora mesmo.

Nicolas agradeceu e desligou. Mike o fitava com curiosidade e interesse.

— Acha que esse Fernando é o assassino?

— Se não for, ele terá de nos provar sua inocência.

Quando Nicolas e Mike estavam chegando mais uma vez à delegacia, o celular do investigador começou a tocar.

— Alô? — Nicolas atendeu.

— Graças a Deus ela deixou seu número verdadeiro.

A princípio, Nicolas não reconheceu o número no visor nem a voz feminina do outro lado da linha.

— Quem está falando?

— Aqui é Elisa. Miah estava conosco até antes de fugir. Antes de ir embora, porém, ela deixou um bilhete sobre a cama com um número de telefone e um endereço, dizendo que você saberia do que se trata.

A informação deixou Nicolas secretamente feliz. Aquilo significava que Miah ainda poderia estar na cidade.

— Dê-me seu endereço, dona Elisa. Vamos conversar pessoalmente — Nicolas memorizou o endereço que ela lhe passou. — Muito obrigado. Daqui a pouco estarei aí.

Ele desligou e virou o rosto para Mike.

— Mudança de rota, Mike. Parece que Miah pediu abrigo a um casal de amigos, porém está desaparecida mais uma vez. Vamos até lá conversar com eles.

Após Nicolas informar o endereço a Mike, o policial dirigiu rapidamente ao destino. Pouco depois, os dois homens paravam diante da casa alugada por Elisa e Guilherme. Ambos esperavam Nicolas com a porta aberta, os rostos exibindo expressões tensas e angustiadas.

— Ainda bem que veio, Nicolas! — Elisa lhe tomou as mãos.

— Não fazemos a menor ideia de onde aquela garota possa ter se metido — acrescentou Guilherme. — Ela disse que não queria nos criar problemas permanecendo escondida em nossa casa. Acho que o medo foi maior, principalmente após as palavras assustadoras daquele homem.

— Que homem? — Nicolas olhava para o casal.

— O senhor não assistiu ao noticiário de hoje?

— Meu dia foi tão corrido que mal tive tempo de tomar um copo com água. O que aconteceu?

— Um investigador chamado Otávio apareceu na TV "fazendo a caveira" da pobrezinha — Guilherme mostrava-se horrorizado. — Disse que ela é autora de dois crimes e que tem sido procurada em todo o estado. Falou ainda que seu verdadeiro sobrenome é Antunes e não Fiorentino. O que mais nos impressionou foi que ela admitiu que ele estava certo. Foi por isso que Miah nos deixou, dizendo que queria nos preservar. Não fazemos a menor ideia de onde ela esteja agora.

— Veja — Elisa estendeu um papel dobrado a Nicolas. — Este é o bilhete que ela deixou sobre a cama.

Nicolas reconheceu a bonita caligrafia de Miah.

Caros Elisa e Guilherme.

Infelizmente, não poderei mais ficar com vocês, pois não quero colocá-los em risco. Sou-lhes muito grata pelo que fizeram por mim. Telefonem para Nicolas (o número está anotado logo abaixo) e peçam que ele vá até o endereço que anotei no rodapé desta folha. Trata-se de um depósito. Eu guardei algumas coisas pessoais no cofre nº 34. Ele sabe do que se trata e quais providências deverá tomar quanto a isso.

Com carinho,
Miah.

No rodapé da folha ela anotara o número do celular de Nicolas e um endereço que Mike, após ler o bilhete, disse saber onde ficava.

— Quando a encontramos, ela estava montada em uma bicicleta com um dos pés sangrando — Elisa cruzou os braços, preocupada e nervosa. — Miah nos disse que estava fugindo de um grupo de assaltantes. É claro que nós acreditamos nessa história e a trouxemos para cá, porque ela disse que temia voltar para seu apartamento, onde poderia ser localizada em caso de uma possível retaliação dos bandidos. E nos disse também que vocês dois tinham brigado. Agora compreendemos o motivo. Jamais imaginamos que ela estivesse fugindo da polícia.

— E apesar do choque — continuou Guilherme —, tudo ia permanecer como estava. Ela ficaria em nossa casa se quisesse. Miah conhece minha esposa há muitos anos. Como não faríamos algo por ela? Elisa tinha ido lhe preparar um lanche e, quando voltou ao quarto, sua esposa já tinha sumido.

— Ela estava só com a roupa do corpo. Nem sei se tinha algum dinheiro. Ela não pode continuar vagando a esmo por aí — Elisa comentou.

— Muito bem, vou atrás do endereço que ela me passou — Nicolas mostrou um sorriso de gratidão. — Se ela entrar em contato com vocês novamente, por favor, digam a ela para me procurar com urgência.

— Com todo esse susto, nem me lembrei de convidá-los para tomarem um suco ou comerem um lanche — Guilherme apontou para o interior da casa. — Não querem entrar?

— O que acha, Bartole? — discretamente as mãos de Mike apoiaram-se em sua própria barriga. — Assim, enquanto comemos, podemos conseguir mais algumas dicas de Miah com esses simpáticos senhores.

— Não temos tempo suficiente para fazer boquinhas, Mike. De qualquer forma, eu lhes agradeço pela ajuda e pelo convite.

— Alguém telefonou para ela ontem à noite — contou Elisa. — Essa pessoa sabia que Miah estava aqui, falou com ela e a ameaçou. Ela nos disse que a pessoa estava apontando uma arma do lado de fora da casa e que iria atirar nela. Ficamos apavorados, e eu mandei que ela e Guilherme se afastassem de todas as janelas. Chamamos a polícia, mas graças a Deus nada aconteceu. Creio que isso também colaborou para que ela não quisesse mais permanecer aqui. Só não entendo como descobriram o número do telefone, que pertence à casa que alugamos.

"Miah está sendo seguida de perto pela pessoa que pôs a bomba em seu buquê. E acredito que essa pessoa também assassinou Escobar e Beatriz", pensou Nicolas. "A vida dela está correndo risco. Um risco muito maior do que eu tinha imaginado".

Nicolas se despediu do casal e voltou com Mike para o carro. Assim que ele girou a chave na ignição, seu rádio emitiu um bip.

— Bartole? É Moira.

— O que você descobriu?

— Primeiramente, devo lhe passar um recado do doutor Elias. O investigador Otávio acabou de telefonar para ele dizendo que está com um mandado de prisão para Miah. Ele vai prendê-la de qualquer forma, e sabemos que ela não poderá fugir a vida inteira.

Era uma informação realista e dolorosa ao mesmo tempo, mas era o resultado das próprias escolhas de Miah.

— Em segundo lugar, fiz as pesquisas que o senhor me pediu. Primeiro, entrei em contato com a imobiliária que alugou a casa para Elisa e Guilherme Mendes. Eles estão limpos. O pessoal da imobiliária fez uma grande busca sobre eles. Os dois costumam viajar nos finais de ano para outras cidades, como fizeram agora. Por serem amigos do passado de Miah até poderiam ser suspeitos, mas, aparentemente, eles estão limpos.

Pelo menos era nisso que Nicolas também acreditava. A imagem do casal de meia-idade tecendo comentários sobre espiritualidade passava muito longe de alguém que atirara em Escobar e correra velozmente por uma estrada de terra.

— Agora vem a parte mais interessante. Falei com todas as administradoras de imóveis de nossa cidade, e, nos últimos sessenta dias, nenhum Fernando alugou um imóvel em qualquer uma delas. Consultei também algumas pensões e o resultado foi o mesmo: nenhum Fernando apareceu por lá recentemente. Como não temos o sobrenome dele, as buscas tiveram que ser encerradas mais depressa. A menos que esse homem esteja passando uns dias na casa de um conhecido, ele está morando na rua, o que certamente é improvável. Sendo assim... — Moira soltou a deixa no ar.

— Ele não tinha sido convidado para nossa festa de casamento, conforme observei na lista de convidados. Quando Miah o viu, ele deve ter inventado alguma desculpa sobre a forma como a localizou aqui e arranjado outro pretexto para passar pelo segurança na entrada do salão.

— Esse Fernando é o assassino que estamos procurando? — perguntou Moira.

— Nossas provas ainda são poucas, apesar de substanciais. A única pessoa que poderia nos dar mais informações sobre ele é a própria Miah, que ninguém sabe por onde anda — Nicolas suspirou, enquanto Mike continuava dirigindo com destreza. — De qualquer forma, ele se tornou nosso principal suspeito. Só não podemos fazer nada ainda, pois ninguém sabe onde achar esse homem.

— Devo fazer novas pesquisas?

— Não vai ajudar muito porque nem sequer sabemos o nome completo dele. Eu estou voltando para a delegacia com Mike. Vou fazer um relatório ao doutor Elias sobre tudo o que descobri. Obrigado, Moira, e até já.

Capítulo 34

Quando chegou à delegacia, Nicolas seguiu diretamente para a sala de Elias e se reuniu com ele a sós. O investigador relatou minuciosamente tudo o que fizera nas últimas horas e finalizou falando sobre a visita à casa de Elisa e Guilherme:

— Fernando sumiu, Miah sumiu, e não fazemos a menor ideia do que Otávio está tramando para conseguir detê-la. E eu preciso ir até o endereço que Miah deixou no bilhete.

— Ela pode estar escondida lá? — perguntou Elias, esfregando as vistas cansadas.

— Não. Esse é o depósito em que ela guardou o que lhe restou do dinheiro que Renato furtara do banqueiro e alguns objetos pessoais que remetem à sua infância. Doarei o dinheiro para uma pessoa que está precisando. É uma quantia de origem suja e que agora servirá para fazer um grande bem.

Elias sorriu sem questionar as intenções de Nicolas. Ele suspirou e baixou o olhar, deixando transparecer mais uma vez aquela sensação de exaustão. Havia dias Nicolas notara que o delegado não parecia estar bem fisicamente e, sempre que tentava tocar no assunto, Elias dava um jeito de se esquivar. Mesmo sabendo que não conseguiria descobrir nada, Nicolas tentou mais uma vez:

— Elias, você pode me mandar às favas pela intromissão, mas, desde um pouco antes do meu casamento, venho percebendo que está triste, quieto, abatido e demonstrando um cansaço inexplicável. Você já procurou um médico? Deveria conversar com Enzo sobre isso.

— Não — um brilho emotivo surgiu nos olhos do delegado. — Vamos esquecer esse assunto, pois me traz recordações infelizes.

— Eu ouvi essas mesmas frases de Miah nos últimos meses e olha só no que deu. Descobri que ela foi uma criminosa, que tirou a vida de uma dúzia de pessoas, usa um nome falso e está foragida da polícia. Por conta disso, fui afastado da corporação e meu casamento foi para o lixo — ele apontou o dedo vazio, sem a aliança. — Portanto, minha cota de segredos se esgotou. É melhor ser sincero comigo, porque tive de aturá-lo em meu apartamento quando eu estava meio aéreo.

— Aéreo é pouco, Bartole. Você estava se tornando um manguaceiro.

— Pode até ser, mas agora estou aqui, com meu cargo e com meu delegado preferido, sem nenhuma gota de álcool no sangue. E você, meu queridão, o que está escondendo de mim? Só espero que não tenha formado uma dupla com Miah no passado — era a primeira vez que Nicolas fazia uma piada sobre o segredo da esposa. Ele não percebeu que aquele era o primeiro sinal de que a raiva que nutria por Miah começava a se esvair.

— Pronto! Você descobriu tudo sobre mim — Elias forçou um sorriso, que não convenceu Nicolas. Em seguida, sua expressão se entristeceu mais uma vez. — Eu não gosto muito do mês de dezembro, em especial das comemorações de fim de ano. Eu nunca comemoro nada.

— Por que essa bronca do Papai Noel, Elias? Diz isso porque não me viu vestido como um!

Elias fitou Nicolas fixamente tentando sorrir, mas seus olhos castanhos revelavam tudo o que ele sentia e ainda não dissera.

— Meu irmão sempre gostou de comemorar o Natal e o Ano Novo. Quando meus pais ainda eram vivos, sempre era

Elvis quem animava todo mundo para fazer algum festejo. Sempre foi assim desde criança. Eu gostava dessa época simplesmente por ver como ele ficava feliz. A alegria de meu irmão era contagiante.

Elias ajeitou alguns papéis sobre sua mesa, embora nada estivesse fora do lugar.

— Depois que meus pais se foram, Elvis e eu continuamos morando juntos. Sou três anos mais velho que ele e às vezes eu lhe dava algumas broncas que os irmãos mais velhos costumam dar nos mais jovens.

— Disso eu entendo bem! — Nicolas baixou o olhar para a mesa e notou que as mãos de Elias estavam levemente trêmulas. — Confesso-lhe que eu era bastante mandão e assustava meus irmãos. Hoje em dia, no entanto, é mais fácil acontecer o contrário.

— Eu estudei Direito e, alguns anos mais tarde, entrei para a polícia. Elvis se formou em engenharia e trabalhava em uma indústria de eletrônicos. Ganhava o triplo do meu salário — admitiu Elias, sorrindo. — Vivíamos bem. De vez em quando, arrumávamos uma namorada, mas nunca ninguém se firmou com nenhuma o bastante para dar em casamento. Fomos vivendo como dois solteirões.

Elias massageou seu grande nariz e tornou a mexer nos papéis da mesa.

— Quando eu tinha mais ou menos sua idade, Elvis adoeceu. Ele estava com trinta anos. Ficou bastante mal ao contrair uma grave pneumonia. Passamos por vários médicos até que ele se curou depois de mais de um mês de tratamento. Foi uma fase horrível. Ele ficou bem, e continuamos tocando nossas vidas. Quando entramos no mês de novembro daquele ano, Elvis tornou a ficar doente. Aparentemente, ele estava com pneumonia novamente, já que apresentava todos os sintomas da doença, como falta de apetite, febre constante, dores pelo corpo e dificuldade respiratória. Mais uma vez, passamos por vários especialistas para termos certeza do diagnóstico, mas, para nosso horror, descobrimos que Elvis estava com tuberculose.

Elias olhou para o teto da sala, como se desejasse encerrar aquele assunto o quanto antes.

— Eu fiquei simplesmente desesperado. Pedi afastamento da delegacia em que trabalhava somente para cuidar dele. Nós, além de irmãos, éramos os melhores amigos um do outro. Trocávamos confidências como duas crianças e conversávamos até altas horas quase todas as noites antes de dormir. Quando passei a ver meu irmão tossindo sem parar, num total estado de prostração, entrei em choque, mesmo não querendo que ele percebesse. Por incrível que possa parecer, no início de dezembro Elvis ainda encontrou forças para enfeitar nossa casa para o Natal. Quando ele terminou toda a decoração, virou-se para mim com um sorriso apagado e disse: *Se eu não estiver aqui no próximo Natal, quero que me prometa que sempre vai enfeitar a casa assim.*

Você vai estar aqui por muitos outros Natais, respondi. Eu não queria que ele continuasse falando como se fosse morrer e chorei na frente de meu irmão pela primeira vez por causa de sua doença.

Ainda assim, quero que me prometa que não vai desanimar. Você sempre foi muito mais preguiçoso do que eu.

— Eu fiz essa promessa ao meu irmão apenas porque não queria que ele continuasse falando sobre aquilo. A cada dia, eu percebia que ele piorava mais e não sabia o que fazer. Os médicos lhe davam medicamentos que não surtiam efeito. Ele tossia a noite inteira e chegou um momento em que começou a cuspir sangue. Eu sentia que minha vida estava indo embora junto com a dele. Eu queria ficar doente no lugar dele, pois achava que Elvis era um ser muito mais brilhante e capacitado do que eu e não merecia estar sofrendo daquela forma. Nada resolveu. Ele simplesmente foi definhando, tossindo mais e conversando menos. Ele gemia sem parar e, sempre que eu questionava sobre as dores, meu irmão mentia dizendo que nunca estivera melhor.

Duas lágrimas escorreram dos olhos de Elias, que tratou de enxugá-las rapidamente, como se sentisse vergonha de chorar na frente de Nicolas.

— No dia 23 de dezembro, Elvis veio com uma história de que desejava antecipar nossa ceia natalina. Pediu que eu comprasse tudo e preparasse a comida. Eu obedeci, e nós ceamos naquela noite um dia antes do Natal. Apesar de eu não estar com a mínima disposição para festas, tive que demonstrar uma alegria que não sentia. Quando terminamos tudo, Elvis surgiu com um pequeno embrulho nas mãos. Eu fiquei sem graça, pois ainda não tinha tido tempo de comprar nada para ele, já que só conseguia pensar em sua doença. Eu agradeci e abri o embrulho. Ele me deu um relógio de pulso — Elias puxou a manga da camisa e mostrou o relógio para Nicolas. — Do lado de dentro da pulseira, ele gravou, em letras bem pequeninas, a seguinte frase: "De um irmão para outro, ambos ligados pelo coração". Eu chorei quando li aquilo, e então ele me abraçou de uma forma como nunca fizera antes. E nós ficamos ali, abraçados por um longo tempo. Depois, ele fez outra coisa que jamais havia feito. Aproximou os lábios do meu ouvido e sussurrou: *Nunca se esqueça do seu mano. Te amo, meu velho*.

— Naquela noite, ele dormiu tão tranquilamente que pensei que fosse o indício de uma possível melhora, pois ele não tossiu uma única vez. Porém, o que tinha acontecido foi muito mais triste — a voz de Elias falhou e ficou embargada. — Elvis simplesmente não acordou na manhã seguinte. Eu chorei por horas, abraçado ao seu corpo sem vida, e tive que retirar forças de algum lugar para providenciar os preparativos para seu enterro em plena véspera de Natal. Eu olhava para os enfeites que ele colocara pela casa e sentia vontade de arrancar tudo aquilo e jogar no lixo, mas sabia que Elvis ficaria triste se eu tomasse aquela atitude. No dia 25, enquanto as famílias estavam se reunindo para o almoço natalino, eu estava enterrando Elvis. Ele era toda a minha família.

Novas lágrimas desceram pelo rosto de Elias e mais uma vez ele as secou depressa.

— A partir daí, eu me desiludi com essa época do ano, porque me traz recordações muito dolorosas. No próximo dia

25, completará quinze anos que ele partiu, mas para mim é como se tudo tivesse acontecido ontem. Meu relógio funciona bem até hoje.

Nicolas sorriu, condoído com a triste história de Elias. Ele nunca poderia supor que o delegado, sempre tão animado, já passara por uma perda tão amarga.

— Não fui fiel ao meu irmão, Bartole, pois nunca mais voltei a enfeitar a casa para o Natal. Cada vez que eu via uma árvore natalina, eu me lembrava dele, do seu sorriso e da sua disposição para organizar tudo. Sem ele, minha motivação foi embora. É por isso que você tem me visto com essa expressão tão cansada e abatida. Para mim, o mês de dezembro, infelizmente, me faz lembrar dos dias em que dava remédios para Elvis e o aguardava nas salas de espera dos hospitais, enquanto ele fazia vários exames.

— Puxa, Elias, sinceramente não sei o que lhe dizer. Marian estaria lhe dizendo belíssimas palavras agora, que certamente poderiam confortá-lo, mas não sou muito bom nisso. Só posso lhe dar meus pêsames atrasado.

— Obrigado. De certa forma, eu precisava mesmo desabafar com alguém. Como você sabe, sou muito reservado em relação a algumas particularidades de minha vida. Você é o primeiro colega de trabalho com quem divido esse fato da minha vida.

— Colega? Achei que fôssemos amigos.

Elias sorriu, esticou a mão sobre a mesa e apertou a de Nicolas com firmeza.

— Se você fosse um pouquinho mais novo, eu o consideraria um filho e não um amigo. E por tudo isso, Bartole, é que eu penso que você precisa perdoar sua esposa. Vocês se amam, e o tempo passa muito depressa para ser desperdiçado. Não guarde mágoas no coração, porque isso não vale a pena. Quando menos esperamos, Deus fecha o livro da vida e aí não há mais tempo. Eu jamais imaginei que meu irmão fosse morrer aos trinta anos de idade, por exemplo. Por isso, converse com Miah e a perdoe. Ninguém sabe por quanto tempo vocês permanecerão juntos, então seja feliz enquanto for possível. Dê valor a ela agora, pois talvez amanhã você ou Miah já não estejam aqui.

Nicolas assentiu, sentindo um calafrio gelado na nuca. Só agora percebia que fora exagerado em sua decisão. Impulsionado pela raiva e pela descoberta do segredo da esposa, ele simplesmente não pensou que ela realmente pudesse estar arrependida de seus atos. Ou que jamais quisesse cometê-los. Afinal, Miah não agira de maneira premeditada, e sim impulsivamente. O ato de se defender é instintivo, próprio de todo ser humano. A mágoa, a revolta, a dor, a raiva e qualquer outro sentimento inferior ficavam apagados diante da luminosidade do amor que eles nutriam. Era evidente que ela o amava, apesar de lhe ter omitido a verdade. Disso ele não tinha a menor dúvida. Agora, tinha que ser rápido para localizá-la e mantê-la a salvo do psicopata que estava atrás dela.

— Acho que essa nossa conversa não foi ao acaso, Elias. Aliás, como diria Marian, na vida não existem acontecimentos casuais. Não existem coincidências, e sim sinais que a vida nos dá para que possamos rever nossas atitudes e procurar uma forma de melhorá-las. Sempre é possível melhorar — Nicolas se levantou, e Elias o imitou. — Vou procurar o tal depósito e ver o que Miah realmente deixou guardado lá.

— Vai levar Mike com você?

— Ele é uma ótima companhia, todavia, acho que essa questão é meio particular e prefiro ir sozinho. Assim que tiver novidades, eu telefono para cá.

— Vamos continuar rastreando Fernando. Se tivermos alguma novidade, eu também lhe aviso.

Nicolas balançou a cabeça afirmativamente e, quando estava saindo da sala, ouviu a voz de Elias.

— Obrigado por ter me ouvido, Bartole.

— Obrigado por ter confiado essa fase de sua vida a mim.

Capítulo 35

Nicolas não teve dificuldade para encontrar o depósito em que Miah guardara os objetos que escondia no guarda-roupa. Tratava-se de um local pequeno, cuja entrada era ocupada por uma mulher que estava sentada a uma mesa. Diversas portas e vários arquivos e cofres se espalhavam por toda a parede. Muitos guardas faziam a ronda para manter a segurança de tudo o que os clientes deixavam lá.

— Creio que minha esposa, Miah Fiorentino, tenha deixado a chave do cofre nº. 34 com a senhora — disse ele para a mulher. — Sou o marido dela e tenho autorização para abri-lo.

— Um momento — ela consultou seu notebook e assentiu. — Sim, ela nos deixou uma autorização para que o conteúdo de seu cofre fosse entregue ao senhor.

— Saberia me dizer quando ela esteve aqui?

— Eu estava em meu horário de almoço e não a vi. Aqui no sistema consta que sua esposa passou por aqui há duas horas.

A mulher se levantou da mesa, abriu uma portinhola na parede após digitar uma sequência de números num painel eletrônico e apanhou um cartão com o número 34.

— Este cartão é a chave eletrônica do cofre — ela se voltou e indicou um corredor comprido. — Fica no final desse corredor. Antes de ir embora, passe novamente aqui.

Nicolas agradeceu à mulher, pegou o cartão e saiu pelo corredor olhando atentamente para todas as portas. Quando finalmente achou a de número 34, ele deslizou o cartão pela ranhura, e uma luz verde substituiu a vermelha, liberando a abertura do cofre.

Dentro do cofre havia apenas uma mala com rodinhas tão grande que comportaria em seu interior um adulto de baixa compleição. Ele segurou-a pela alça e notou que estava pesada. Quando puxou-a para fora, viu um envelope pardo e outro bilhete, semelhante ao que ela deixara para Elisa e Guilherme.

Sei que você dará um bom destino ao dinheiro que está no envelope. Quanto a nós, tudo o que eu posso fazer é lhe pedir desculpas mais uma vez. Não sei o que vai acontecer comigo nas próximas horas, mas quero que saiba que sempre o amarei muito. Você é o amor que meu padrasto me prometeu. Ao seu lado me senti a princesinha que minha mãe desejou que eu fosse. Não sei se serei presa ou assassinada. Nenhuma das duas hipóteses me tranquilizam. Desde já, saiba que não vou embora da cidade. Agora que o conheci, nunca mais vou fugir.

Te amo... sempre.
Miah Fiorentino Bartole.

Nicolas não esperava que aquelas simples palavras fossem deixá-lo tão emocionado. Ele sentia que Miah as escrevera com o coração. Ali, ela deixava claro que não sairia da cidade e que estava totalmente perdida quanto ao seu destino. E fizera questão de assinar a carta com o sobrenome de Nicolas, como se quisesse avisar-lhe que, da parte dela, o casamento entre eles não chegara ao fim.

Ele apanhou o envelope, fechou a porta do cofre usando o cartão mais uma vez e foi arrastando a mala com rodinhas até a mulher sentada à mesa. Quando tudo ficou certo, ele colocou a bagagem no porta-malas do carro e deu partida rumo ao seu apartamento.

Pouco depois, ao entrar na sala do apartamento, a primeira coisa que Nicolas fez foi procurar sua aliança. Com alívio, percebeu que alguém a tirara do chão e a deixara sobre a mesinha de centro. Ele, então, lembrou-se de ter ouvido Mike mencionar algo sobre seu casamento na tarde em que o visitara, quando ele estava muito bêbado ainda. Certamente fora o amigo quem deixara a aliança ali.

Nicolas colocou a aliança de volta no dedo anelar esquerdo e teve a impressão de que algo se encaixara novamente dentro dele. Era como se, aos poucos, tudo estivesse voltando aos trilhos.

Ele arrastou a mala imensa até o sofá e abriu o zíper. Nicolas encontrou um grande urso de pelúcia marrom, mas tão conservado que parecia ter acabado de sair da loja. Dentro de uma caixa de veludo encontrou um colar banhado a ouro. Tratava-se de bijuteria barata, mas seu pingente com formato de coração se abria e dentro dele Nicolas avistou uma fotografia em preto e branco de Miah e Manoel. Logo abaixo havia o nome dos dois gravados com uma bonita caligrafia. Por último, Nicolas encontrou uma moldura onde havia a mesma fotografia do pingente em uma versão ampliada e lembrou-se de Miah lhe ter dito que aquele retrato fora tirado dois anos antes de seu padrasto morrer.

Nicolas começou a imaginar o quanto aquelas peças simples significariam para Miah. Tudo estava muito bem embalado com plástico bolha, sinal de que ela conservava aquelas lembranças com cuidado e carinho. Se analisasse mais detidamente, jurava que poderia enxergar nos olhos da menina da foto uma tristeza profunda, causada pela dolorosa cicatriz deixada pelo violento estupro, que roubara para sempre a pureza daquela jovem.

Por último, restou na mala apenas um envelope pardo, muito recheado. Assim que o abriu, Nicolas contou o dinheiro e constatou que havia ali mais do que ele imaginara. Havia quase oito mil reais no pacote, e Nicolas se perguntou qual teria sido o valor total que Renato subtraíra dos cofres do banqueiro pedófilo. Por certo, mantivera para si uma parcela do dinheiro muito maior do que aquela. Apesar de não ser um dinheiro de origem lícita, continuava tendo valor e poderia ajudar outras pessoas. E Nicolas já sabia para quem deixaria aquela quantia.

Ele pegou uma pasta de couro e colocou o dinheiro dentro dela. Apanhou ainda o dinheiro que Escobar deixara escondido no armário da floricultura e também o enfiou na pasta. Em seguida, deixou os pertences de Miah sobre o sofá e trancou o apartamento. No carro, ele deu partida rumo a um endereço já conhecido. Ao parar diante da residência que parecia com uma casa de bonecas, Nicolas segurou a pasta e desceu. Notou que a guirlanda natalina fora retirada da porta. A moradora daquela casa tivera sua vida violentamente modificada após o assassinato de Escobar. Mais uma vez, as palavras de Elias vieram à sua mente. Era preciso aproveitar a companhia das pessoas enquanto elas permaneciam ao seu lado.

Nicolas bateu na porta e pouco depois ouviu o barulho de rodas deslizando sobre o assoalho. Elvira abriu a porta e forçou um sorriso ao reconhecer o investigador. Ela estava pálida, com olheiras imensas e não se dera ao trabalho de colocar a peruca.

— Boa tarde, senhor Nicolas. Já que veio aqui gostaria de lhe dar os parabéns por ter voltado a assumir seu cargo. Nós — ela se referia à multidão que a acompanhara na manifestação pelo retorno do investigador — já pensávamos em ir à corregedoria requerer sua presença.

— Só posso lhe agradecer pelo apoio, Elvira. Para mim é uma satisfação enorme ver que sou reconhecido por meu trabalho.

— Não somente por seu trabalho, mas por ser o homem que é. Acho que isso já traduz tudo — ela recuou com a cadeira para que Nicolas pudesse entrar na casa. — Desculpe a falta de educação por deixá-lo falando do lado de fora.

Nicolas sorriu e entrou. A casa já não lhe parecia tão arrumada como a encontrara na primeira vez que fora visitá-la. Sabia que era Escobar quem ajudava a mãe nos serviços domésticos e imaginava o quanto seria difícil para Elvira ter de fazer tudo sozinha.

Ele notou vários livros espiritualistas sobre o sofá da sala e apanhou um deles ao acaso. Abriu a primeira página e sorriu ao reconhecer a letra de Marian. Elvira se aproximou, dizendo:

— Sua irmã é uma bênção, senhor Nicolas. Ela me emprestou todos esses livros que falam sobre vida após a morte. Eu não queria ler nada, porque só conseguia chorar a falta que Escobar estava fazendo... até que peguei um desses livros distraidamente, o abri em uma página qualquer e li uma frase: "As pessoas não morrem, apenas fazem uma viagem sem data prevista para retorno". Isso era tudo o que eu precisava ler. Senti uma paz tão grande dentro de mim e me pus a pensar que meu Escobar, tão alegre e cheio de vida, não poderia estar morto para sempre. Quero pensar que ele está viajando, que chegou antes de mim num destino longe daqui e que terá de me aguardar também. Sei que ainda vou chorar por muitas e muitas noites e a cada vez que mexer nas coisas dele ou olhar para uma fotografia. Alimento dentro do meu coração a hipótese de ficarmos juntos novamente. Marian me garantiu que isso é verdade, e eu acredito nela.

— Pois pode acreditar, dona Elvira. Minha irmã prova que o mundo espiritual existe. Eu também já duvidei de tudo isso, mas aconteceram coisas tão estranhas comigo nos últimos tempos que a única explicação possível seria a aceitação da espiritualidade — Nicolas sorriu e abriu a pasta de couro. — Mas... eu vim aqui por outro motivo. Vim lhe trazer um pequeno presente de Escobar — ele entregou a pasta nas mãos de Elvira.

Ela tirou lentamente as cédulas de dentro da pasta e ficou olhando-as por um longo tempo. De repente, ergueu os olhos para Nicolas e sorriu:

— Vocês fizeram uma vaquinha para me ajudar?

— Não. E também não quero que a senhora veja isso como uma ajuda ou esmola. A dona desse dinheiro não vai mais precisar dele e me pediu para dar um destino melhor a ele. Quanto a Escobar, ele havia conseguido levantar dois mil e quinhentos reais para ajudá-la na compra de seus remédios. Creio que ele tenha conseguido alguns empréstimos com os amigos.

Naturalmente, Nicolas não ia dizer que Escobar recebera aquele adiantamento da própria pessoa que o matou. Era melhor que a história soasse confusa do que confidenciasse a verdade, tornando a ferir o coração já destroçado de Elvira.

— No total, há mais de dez mil reais nesse pacote. Espero que a ajude na compra de seus medicamentos. Se sobrar, a senhora pode até contratar alguém para auxiliá-la nos serviços domésticos.

— Eu não sei o que dizer, Nicolas — ela piscou os olhos repetidas vezes. — Escobar pensou em mim até em seu último dia, não foi? Era um menino maravilhoso, não era?

— Sim, eu tenho certeza de que ele era. E ainda é, se nós lembrarmos que ele continua vivendo no mundo astral.

— Seu amigo Mike já fez algumas encomendas dos meus salgados e me indicou também para a mãe dele, que repassou meu telefone para os vizinhos — Elvira abriu um sorriso tímido. — Já estou com quatro encomendas, acredita?

— E com certeza muitas outras virão! — o otimismo de Nicolas fez o sorriso de Elvira se ampliar. — A senhora vai ficar curada desse câncer e todo esse sofrimento se tornará apenas uma lembrança ruim.

— Talvez não seja tão ruim. Escobar não está mais aqui, mas Deus me mandou outros anjos, como você e sua irmã. E só posso lhes agradecer por tudo o que fizeram por mim — ela colocou as mãos sobre o dinheiro. — Embora eu não devesse perguntar, vocês já têm alguma pista da pessoa que matou meu filho?

— Temos algumas hipóteses de quem possa ser, mas ainda não temos certeza. No entanto, dona Elvira, não vou parar enquanto não capturar o assassino. Ele já fez muitas coisas erradas. Chegou o momento de alguém detê-lo, e esse será meu serviço. Pode ter certeza disso.

Elvira assentiu. Assim como confiava nas palavras de Marian, ela também punha fé nas palavras de Nicolas.

Miah sentia que o pé machucado voltara a sangrar, apesar do curativo. Não sabia por quanto tempo continuaria andando a esmo pelas ruas da cidade. Parecia uma indigente, sem documentos, sem dinheiro e calçando apenas os chinelos emprestados de Elisa.

Ela olhava atentamente para os lados, como se esperasse ver Otávio surgir e lhe dar voz de prisão. Estava sendo procurada pela cidade inteira, mas achava estranho que ninguém a tivesse reconhecido até aquele momento. As pessoas não estavam prestando atenção nela talvez porque não achassem que Miah Fiorentino fosse caminhar pela cidade, machucada e malvestida. Ainda assim, Otávio a reconheceria a quilômetros de distância, já que fora capaz de reconhecê-la e localizá-la mesmo com a mudança de cor e corte dos cabelos.

Miah desejava telefonar para Nicolas, mas não tinha coragem. Na realidade, precisava ouvir uma voz amiga, mesmo que não achasse ser merecedora dos amigos que tinha. Ela mentira para todo mundo, fazendo-os pensar que era uma pessoa totalmente confiável. Quanta ilusão!

Ela estava tão distraída que não percebeu que estava sendo seguida. Seguida por uma distância razoavelmente pequena.

A tarde estava morrendo e logo mais anoiteceria. Miah estava faminta e não tinha dinheiro algum no bolso. Quando suas energias se esgotassem, ela se sentaria em algum banco de praça e aguardaria Otávio. No final, ele seria o vencedor, mas ao menos ela lhe dera um pouco de trabalho.

Ao dobrar uma esquina, Miah notou uma espécie de galpão, que parecia estar abandonado. Há cerca de um ano, ela fizera uma reportagem sobre imóveis vazios ou abandonados pelos proprietários, mas não se lembrava de ter mencionado aquele. Era bastante alto e certamente teria um piso superior.

Miah se aproximou e espiou por entre as frestas. Do outro lado estava tudo escuro, e o imenso cadeado no portão indicava que não eram aceitas visitas indesejáveis. Ela teria coragem de ficar escondida durante a noite toda ali dentro, mas alguém poderia vê-la entrar e chamar a polícia da mesma forma.

Quando uma mão pousou em seu ombro, Miah deu um salto, pronta para tentar correr. Ao virar o rosto e reconhecer quem estava ali, ela soltou um suspiro de alívio.

— Que susto você me deu! — Miah baixou o olhar. — O que traz dentro dessa mochila?

— Algumas coisas de que vou precisar. Eu poderia saber para onde você está indo?

— Não sei. Vou andando até ver no que vai dar.

— Isso pode ser arriscado, Miah. Eu tenho um lugar excelente para você ficar escondida sem que ninguém a localize.

— Sério? E onde é?

— Venha comigo. Só não faça muitas perguntas por enquanto.

Acompanhada, Miah seguiu por mais cinco quarteirões, sempre andando devagar e claudicando devido ao ferimento do pé. Ela olhou com curiosidade para o pequeno sobrado que surgiu à sua frente.

— Quem mora aí? — Miah perguntou.

— Entre. Lá dentro eu lhe explico.

Chegaram a uma bonita sala de estar, modesta, porém bem mobiliada. Miah se deixou cair no sofá para descansar os pés e olhou para os lados à procura da cozinha. Estava morta de sede e torcia para encontrar algo para comer, mas sua atenção foi novamente desviada para a mochila.

Miah viu quando a mochila foi aberta rapidamente, e uma arma de cano longo brilhou nas mãos de quem a segurava.

— Isso traz alguma lembrança para você, Miah Antunes?

Miah empalideceu, subitamente compreendendo tudo. Caíra numa armadilha. Estava cara a cara com quem colocara a bomba em seu buquê e matara Escobar e Beatriz. Jamais suspeitaria daquela pessoa, mas agora não havia a menor dúvida.

— Demorei muito tempo para me ver frente a frente com você, mas agora chegou o momento de Renato ser vingado.

Miah descartou de imediato a ideia de gritar para pedir socorro. Rápida e flexível, ela se levantou do sofá e tentou correr como podia até a porta, porém, antes de tocar na maçaneta, sentiu um golpe violento na cabeça e, quando tombou no chão inconsciente, Miah já não sentia mais nada.

Capítulo 36

Quando major Lucena despertou e olhou ao redor, imediatamente vieram-lhe à memória os últimos acontecimentos de que conseguia se lembrar. Com a intenção de tentar convencer o bandido a libertar o comandante Alain, ele tentou entrar no banco, mas seu gesto provavelmente assustou o homem, que estava armado e disparou contra a cabeça do major. Lucena também se lembrava de ter sentido o líquido vermelho, quente e viscoso escorrendo por sua orelha, pouco antes de ele perder os sentidos. E se agora estava num hospital era porque sua hora ainda não havia chegado.

Lucena esboçou um sorriso ao reconhecer Enzo. O médico se livrara da máscara cirúrgica, mas ainda vestia o avental esverdeado e tinha os cabelos cobertos com uma touca da mesma cor. Enzo também sorriu ao ver o major acordado, com ataduras que envolviam toda a sua cabeça.

— E não é que nosso garotão já acordou?

— Acabei de pensar que a morte esbarrou em mim, mas me desprezou totalmente — brincou Lucena. — Acho que ainda não vou desta vez.

— Com certeza, não. Digamos que o criminoso não tinha uma boa mira ou que o senhor foi rápido o bastante para conseguir impedir que a bala penetrasse em uma região mais sensível de sua cabeça. Naturalmente, se isso tivesse acontecido, não estaríamos aqui conversando.

— Sempre ouvi falar muito bem do seu trabalho, doutor Enzo! E agora que salvou minha vida... — os olhos verdes de Lucena ficaram marejados e ele não conseguiu concluir a frase.

— De certa forma, nossa profissão é bem parecida. Nós dois salvamos vidas, embora de maneiras diferentes.

— Sabe se minha esposa já foi avisada?

— Sim. Ela está na sala de espera com sua filha. Vou pedir que uma enfermeira as comunique de que o senhor está acordado e conversando normalmente. Assim que sair da UTI, elas poderão visitá-lo.

Lucena sorriu novamente, incapaz de encontrar palavras para agradecer ao médico. Observando Enzo checar seus batimentos cardíacos por meio de um monitor que ficava ao lado da cama, ele aproveitou para indagar:

— E como vai seu relacionamento com Marian? Desculpe-me se estou invadindo sua privacidade, doutor, mas creio que ninguém poderia arranjar uma esposa melhor, pelo pouco que a conheço. E ter Bartole como cunhado é um privilégio e tanto!

— Isso é verdade. E eu amo Marian. Venho pensando em pedi-la em casamento, contudo, ela é muito independente e não sei se toparia. Talvez ela prefira manter nossa relação como está.

Enzo lembrou-se da discussão que tivera com a namorada quando esteve embriagado e das ofensas que disparara contra ela. Ela o perdoara, mas ele ainda não se perdoara. Marian não merecia aquilo de forma alguma. E depois, qual a possibilidade de que o sonho que tivera com a filha e a esposa falecidas não fosse mesmo real como ela mesma dissera? Marian era uma mulher estudiosa e muito inteligente para perder tempo com bobagens. Quanto do que ela dizia sobre espiritualidade era verídico? Será que seu sonho fora mesmo fruto de sua imaginação saudosa?

— Como o senhor deve saber, Marian é pintora e atualmente está morando sozinha no apartamento que pertencia a Miah. Eu a estou ajudando a pintar as portas e os batentes do local. Ela gosta de tudo limpinho, cheirando a novo. Veja! Esta foi a última foto que tiramos no apartamento.

Enzo aproximou do rosto de Lucena uma foto revelada, em que os dois namorados estavam abraçados, com o rosto e o corpo sujos de tinta. Ele estava sem camisa, e ela estava toda despenteada.

— Ela é dona de uma energia leve e positiva. Qualquer pessoa se sente bem ao lado de Marian — completou Enzo.

Lucena, no entanto, já não estava mais prestando atenção às palavras do médico. Ele olhava fixamente para o retrato e por um instante chegou a pensar que o efeito da anestesia ainda estava toldando seu raciocínio. Mas o que estava vendo ali não podia ser ilusão.

— Doutor Enzo, sei que minha pergunta vai lhe parecer estranha, mas qual é a sua idade?

— Tenho trinta e um, major.

— Você nasceu aqui mesmo, nesta cidade?

— Sim. Minha mãe biológica não tinha condições de me criar e me colocou para adoção em um orfanato. Desde então...

— Não pode ser! — gritou Lucena de repente.

— Do que o senhor está falando?

— Sua idade, seus olhos verdes... — ele apontou para a fotografia com a cabeça. — E essa marca de nascença em seu peito.

— Parece o mapa do Brasil — Enzo riu. — Marian costuma dizer que...

— A menos que o tiro de raspão tenha me deixado completamente louco... você é Apolo, o filho que levaram de mim há muitos anos e que acabou de salvar a vida do próprio pai!

Nicolas retornou ao seu apartamento. A conversa com Elvira tinha sido melhor do que ele poderia imaginar. Sabia que tinha feito uma boa ação ao deixar aquele dinheiro com ela. Com o tempo, Elvira superaria a morte do filho e prosperaria em seus negócios novamente.

Ele sentou-se no sofá e olhou para os pertences de Miah que retirara da mala. Já estava cansado de tentar telefonar para o celular da esposa e de só ouvir a mensagem da caixa postal. Queria apenas ter uma vaga noção de onde Miah pudesse estar naquele momento e o que estaria fazendo. Dentro do seu peito percorria uma sensação ruim, algo parecido com uma angústia que ele não conseguia conter. Era um algo parecido quando pressentia o corpo de uma vítima antes mesmo de vê-la, como acontecera com Beatriz antes de a localizarem no cemitério.

Ele se recostou no sofá apenas para descansar por alguns minutos e, neste intervalo, se pegou orando para que Miah ficasse protegida até que ele pudesse encontrá-la ou prendesse seu perseguidor. Todas as suspeitas continuavam apontando para Fernando, que também tinha desaparecido, e para piorar as buscas de Otávio manteriam Miah afastada das ruas.

Raramente Nicolas dormia durante a tarde, mesmo porque nunca tinha tempo para isso. Ao relaxar o corpo, com as costas apoiadas no encosto macio do estofado, ele sentiu as pestanas ficarem mais pesadas e o sono envolvendo-o aos poucos. Não queria dormir, pois precisava bolar um plano para encontrar Miah. Mesmo assim, o sono foi mais forte que Nicolas e em instantes ele já estava completamente adormecido.

Sebastian acordou sentindo algo frio e grudento em suas costas. Estava deitado de bruços sobre o feno e seu torso estava despido. O local estava escuro. Fachos prateados provenientes do brilho da lua atravessavam as brechas da cobertura de madeira. O silêncio era cortado apenas pelos estrilos ocasionais de alguns grilos ou pelo piar de uma coruja.

Ele tentou se levantar e ficou surpreso por conseguir fazê-lo sem dificuldades. As dores do ferimento em suas costas tinham sido substituídas por um leve incômodo. Ele tocou o emplastro que fora aplicado exatamente onde o punhal letal o perfurara anteriormente. Teria morrido se ela não o tivesse curado. Teria morrido se ela não enfrentasse seu próprio povo para salvá-lo.

Os cabelos negros e escuros de Sebastian caíram em sua face, quando ele ficou de pé. Apertando os olhos, ele pôde notar que estava em uma espécie de cocheira abandonada. Ele, então, apoiou-se em uma coluna tomando cuidado para não esbarrar as costas na parede.

Apurando os ouvidos, Sebastian escutou ruídos de cascos de cavalos se aproximando e rapidamente tentou encontrar a saída. Passou por entre baias vazias até conseguir divisar uma porta com lascas de madeira partidas.

— Aqui! — ele gritou. — Alguém pode me ouvir?

Uma mão delicada, porém forte e firme, fechou-se sobre seus lábios, impedindo-o de pedir auxílio. Mesmo na escuridão, ele sabia que era Angelique, pois sentia sua fragrância sedutora. Ela avançou mais um passo, e os olhos cor de mel da mulher pareceram brilhar entre as trevas.

— Permaneça calado. Se souberem que estamos aqui, seremos mortos.

Devagar, ela afastou a mão da boca de Sebastian, pedindo silêncio.

— Sabe quem está lá fora?

— Eu sempre sei de tudo, Sebastian. Meu tio-avô Lair procurou o Santo Ofício. Escondeu que é feiticeiro e contou aos inquisidores sobre nós. Agora estamos sendo caçados pelos dois lados: pela Igreja e pelo meu povo. E você ainda não está em condições de lutar ao meu lado, além de estar desarmado — ela inclinou a cabeça de lado. — Você lutaria comigo?

— Não sei que poder é esse que você exerce sobre mim — Sebastian tornou a tocar o curativo das costas. — Minha missão era matá-la e queimar seu corpo na fogueira. Era apenas para isso que eu me dedicava. Era em você que eu concentrava minhas buscas. Quando eu a via, algo se agitava aqui — ele pôs a mão sobre o coração. — Quando você me tirou daquelas correntes para me curar, eu compreendi que meu ódio tinha desaparecido.

— Você não odiava meu povo, Sebastian. Você nunca acreditou de verdade que minha gente trabalhava para o demônio. Aí dentro — ela colocou a própria mão sobre a dele, que continuava pousada sobre o coração — você sabia que seu desejo de matar era apenas fruto do que colocaram em sua cabeça. Você acreditou nas palavras daqueles que estão lá fora e, se continuasse por aquele caminho, destruiria sua felicidade.

— Eu não deveria sentir o que sinto por você, Angelique. Quando olho para você, quero apenas beijar seus lábios.

Angelique sorriu. Eles falavam entre sussurros, e ela ergueu a mão de repente, pedindo silêncio. A mulher aproximou os olhos das frestas da porta de madeira e viu um pequeno exército de inquisidores a serviço da Igreja. Havia no mínimo uma dúzia deles, todos montados em seus enormes alazões, agitando as espadas afiadas e mortais, como se quisessem cortar o vento com elas. Nas vestes, havia o mesmo crucifixo entalhado no cabo da espada de Sebastian.

— Eles sabem que estamos por perto — continuou Angelique. — Temos que partir. Eles virão até aqui.

— Onde você deixou a carruagem?

— Perto, mas ela já deve ter sido localizada. Vou abrir a porta, e você terá de correr como nunca correu antes. Pode fazer isso? Acha que está em condições?

— Por você eu farei esse esforço — ele sorriu.

Poucas vezes, eles haviam se encontrado e foram raros os momentos em que Angelique vira um sorriso espontâneo nos lábios de Sebastian. Até então, ele só sorria quando torturava ou matava um inocente. O sorriso de agora vinha de seu coração. Era o primeiro clarão que anunciava que levar pessoas consideradas bruxas à fogueira não era seu verdadeiro desejo. Ele não poderia mais continuar a ser controlado pelos bispos e cardeais. Era tempo de reagir, e ele o faria em nome do amor por Angelique, que fora despertado em si de forma rápida, abrupta e quase violenta.

Sebastian ajudou Angelique a puxar a porta da cocheira para trás. Os inquisidores estavam parados em semicírculo, com seus cavalos voltados para direções contrárias, de maneira que pudessem vigiar todos os lados. Angelique estava ciente de que não poderia correr mais do que eles, que estavam a cavalo, ainda mais amparando um homem ferido pela escuridão da noite.

— Pegue esta adaga — ela depositou a arma nas mãos dele. — É tudo o que eu tenho. Lute como puder. A guerra começa agora.

— Sabe para onde iremos?

— Não, mas vamos encontrar nosso destino.

Angelique terminou de abrir a porta e puxou Sebastian pela mão. Os inquisidores estavam a cerca de duzentos metros de distância deles. Alguém deu um grito de alerta, quando viram os dois saindo da cocheira e contornando-a por trás.

— A bruxa e o traidor! — os gritos ecoaram pelo campo escuro. — Atrás deles! Morte aos dois!

Sebastian ficou surpreso ao notar que estava conseguindo correr velozmente, apesar de ter sido atacado por Lair. Algo milagroso fora usado por Angelique para promover sua rápida recuperação.

Embrenhando-se na floresta fria e úmida, Sebastian e Angelique deslizavam como duas sombras, ouvindo os cascos dos cavalos se aproximando cada vez mais depressa. Os dois saltavam sobre grossas raízes, serpenteavam por entre os troncos das árvores e desviavam das imperfeições e dos barrancos do caminho por onde passavam.

Angelique viu que não poderiam correr por mais cem metros antes de serem alcançados. Ela, então, parou subitamente e se voltou. Dois inquisidores praticamente voavam sobre seus cavalos, com as espadas firmemente empunhadas para frente. A luz da lua refletia em suas lâminas compridas e perigosas.

— O que está fazendo? — gritou Sebastian quando a viu parar. — Vai morrer se ficar parada aí.

Angelique fechou os olhos e murmurou algumas palavras. De repente, os dois cavalos empinaram como se tivessem se assustado com alguma coisa, relincharam agudamente e atiraram seus cavaleiros no chão com um estrondo.

— Outros homens estão vindo lá atrás — Angelique juntou-se a Sebastian e continuou a correr.

— Como você fez isso?

— Um dia você saberá.

Como uma corça à espreita, os olhos de Angelique observavam todas as direções e ela viu quando quatro cavaleiros avançaram com seus cavalos pelas laterais. Três seguiam pela esquerda e dois pela direita. Havia outros cinco homens vindo pelo mesmo caminho em que ela derrubara os dois anteriores.

— Eles estão cercando o caminho — Angelique fez outra pausa e reteve Sebastian pelo braço. Os dois arfavam, e o suor descia em bicas pelo rosto e pelo corpo deles.

— Não podemos lutar contra todos eles. São muitos.

Angelique tornou a fechar os olhos. Precisava se concentrar, apesar do nervosismo e do medo que a acometiam. Jamais sentira tanto medo em sua vida quanto naquela noite.

Com os olhos fechados, ouvindo seu coração bater no mesmo ritmo que o de Sebastian, que estava parado ao seu lado, e sentindo a vibração no chão devido à aproximação dos cavalos, Angelique recitou em voz alta:

Que os espíritos que habitam esta floresta
possam impedir essa perseguição funesta,
enviando sua proteção através do vento
a fim de acabar com este tormento.

Para espanto de Sebastian, as árvores farfalharam e, como se tivessem vida própria, começaram a mover seus galhos, que eram sacudidos pela súbita ventania que começou a soprar. Os cavaleiros, no entanto, não se detiveram e continuaram avançando. Angelique continuou:

Vocês são movidos pelo desejo de vingança e
tiram vidas inocentes em meio à matança,
mas não têm forças para derrotar o amor,
que faz desaparecer toda e qualquer dor.
Quem acredita em Deus não pode matar
e muito menos contra a paz pode atentar.
Assim sendo, eu peço o fim dessa peleja
e que assim se faça e seja.

Angelique reabriu os olhos a tempo de ver mais dois cavaleiros despencarem de seus cavalos. Do lado oposto, ela notou quando os animais relincharam novamente e cavalgaram para o sentido contrário, mesmo contra as ordens dos homens que os montavam. Um imenso tronco despencou do alto sobre mais dois inquisidores, derrubando-os de seus cavalos, e o vento cessou subitamente quando o último homem foi abatido. A floresta, então, retornou à sua habitual tranquilidade.

— Hoje posso dizer que nunca poderia matá-la — Sebastian estava impressionado. — Seu poder vai muito além do que eu pensava. Pode até controlar a floresta?

— Apenas pedi ajuda aos espíritos que vivem aqui. Vamos? Outros homens virão atrás de nós.

Eles continuaram correndo e, mais à frente, viram um pequeno regato de água corrente e límpida, Chegando lá, aproveitaram para saciar a sede que incomodava a garganta. Depois, já abastecidos, eles se prepararam para seguir pela floresta, quando vários homens e mulheres surgiram portando lanças imensas e os cercaram por todos os lados. Estes não usavam vestes da Igreja e sim trajes comuns. Um a um, Angelique foi reconhecendo todos os membros de seu povo, muitos dos quais ela salvara quando estiveram à beira da morte. E agora desejavam matá-la.

Liderando aquele grupo de mais de vinte pessoas, seu tio-avô surgiu. Lair olhava-a com olhos tristes, porém rancorosos. Ele passou o olhar rapidamente por Sebastian e sentiu sua fúria aumentar. Ainda não conseguia entender como Angelique pudera se entregar ao homem que matara sua própria irmã, seu avô e muitas outras pessoas. Ali havia mulheres que haviam perdido seus filhos, muitos deles bebês recém-nascidos, para a espada afiada de Sebastian. Outros viram pais, irmãos e primos sendo decapitados ou golpeados pelas costas, sem que tivessem a menor chance de se defender.

Era devido a esses pensamentos que Lair achava que Angelique merecia a morte tal qual Sebastian. Se ela traíra suas raízes, deveria pagar com a vida. Ele estivera havia pouco tempo numa Igreja, onde fez uma denúncia a um cardeal renomado. Enquanto isso, seu grupo manteve-se escondido na floresta, observando Angelique se livrar dos inquisidores. Eles viram quando ela usou sua magia, que era muito mais forte e devastadora do que a de todos os outros juntos. O grupo, no entanto, não pretendia matá-la com magia, mas com as armas que levavam consigo. Não havia a menor chance de Sebastian e Angelique escaparem.

— Não suporto olhar para seu rosto, Angelique, sem que venha aos meus pensamentos sua imagem beijando esse demônio — a voz de Lair estava tão cortante quanto as espadas que os inquisidores empunhavam. — Jamais conseguirei entender o que se passou por sua cabeça.

— Todos vocês — Angelique olhou com carinho para os demais, muitos dos quais eram seus parentes — estão lutando sem nem saber o motivo pelo qual lutam. Sebastian fez tudo o que fez por ser controlado pela força da Igreja. Vocês são controlados pelas palavras de Lair. Não batalham pelos próprios ideais, porque nenhum de vocês tem um ideal. Travar uma guerra parece ser mais emocionante para vocês do que refletir sobre a existência do amor. Eu demorei muito para descobrir o que é amar. Quando vocês também puderem compreender, verão que eu estou certa.

As lanças permaneciam apontadas para o casal. Sebastian procurava não encarar as pessoas do grupo. Quando as fitavam, todas lhe direcionavam algo tão negativo que fazia seu ferimento nas costas voltar a doer.

— Ora, cale-se, Angelique! — bradou Lair. — Você não sabe o que diz! Sua traição é irremediável. Jamais poderei perdoá-la. Sinto nojo quando vejo que estão lado a lado como amantes.

— É o que somos agora — disse Sebastian em voz baixa. — Somos amantes. Sei que errei e só posso pedir perdão a todos vocês.

— Não blasfeme, demônio! — os olhos de Lair estavam esbugalhados e vermelhos e sua pele estava tão pálida quanto a lua que brilhava no céu escuro. — Sua voz causa dor aos meus ouvidos. E ouvir Angelique protegendo um maldito fere meu coração. O que acha que seus pais diriam se estivessem vivos?

— Eles aceitariam — Angelique deu de ombros. — Foram muito bons para mim.

— Bruxos! — uma voz masculina gritou atrás do grupo, e todos se voltaram para trás, notando que os inquisidores estavam se aproximando novamente, uns correndo a pé e outros montados em seus cavalos. — Vocês estão fazendo um ritual de feitiçaria.

— Parem! — Lair seguiu apressadamente e pôs-se na frente do grupo. — Não seremos atacados, porque temos algo melhor para oferecer a vocês.

— E o que pode nos interessar mais do que matar todos vocês, que compactuam com o diabo? — perguntou o porta-voz dos cavaleiros.

— Eles — Lair recuou e apontou para Sebastian e Angelique, que estavam rodeados pelas pontas letais das lanças. — Proponho-lhes uma troca! A paz e a tranquilidade do meu povo pelo seu traidor e pela bruxa mais procurada pela Igreja. Vocês serão reconhecidos por seus líderes se os levarem vivos à fogueira. Serão aclamados e receberão muitos méritos!

A ganância levou aqueles homens a aceitarem o acordo de imediato. Ninguém precisaria saber que eles tinham encontrado tantos feiticeiros e que os tinham deixado fugir.

Valia muito mais a pena apresentar Angelique e Sebastian, pois uma fortuna estava sendo paga pela cabeça dos dois.

— Aceitamos sua proposta. Podem ir embora.

— Sábia decisão! — Lair olhou para Angelique e tornou a fitar o porta-voz. — Deve ter todo o cuidado com ela. Não viu o que ela fez contra vocês ainda há pouco? Suas mãos jamais devem ser soltas, seus olhos devem ser mantidos vendados o tempo todo e sua boca precisa ser amordaçada. Somente assim ela ficará indefesa.

— Como faremos para levá-los?

Lair apenas fez um gesto discreto para um homem forte e musculoso que estava postado atrás de Sebastian. Ele ergueu sua enorme mão e golpeou Sebastian no alto da cabeça. Houve um estalo de algo se quebrando, quando ele caiu desmaiado entre as folhas secas no chão, enquanto a adaga escapulia de suas mãos.

Angelique apenas baixou o olhar, sentindo vontade de chorar e odiando Lair pelo que ele estava fazendo com ela. Por que simplesmente não podiam deixá-los viver em paz? Por que precisavam odiar e matar?

Ela viu quando o mesmo homem que agredira Sebastian se aproximou dela. Quando ele ergueu a mão para golpeá-la, Angelique esticou a dela para baixo e, como se a palma de sua mão tivesse um imã, a adaga subiu do chão e fechou-se entre seus dedos. Angelique apenas moveu a mão para trás e cravou a lâmina na barriga do homem.

Quando o homem gemeu, todos entenderam o que tinha acontecido. As lâminas avançaram na direção de Angelique, mas ela rolou no chão, passou ao lado de Sebastian e se ergueu mais à frente. Como um aríete, ela usou a cabeça para derrubar o homem que estava diante de si e levantou a perna para chutar a mão armada de uma mulher. Depois, fechou a mão em punho contra o rosto do próprio primo, um adolescente de quinze anos.

No instante seguinte, Angelique corria como uma gazela pela floresta. Tudo acontecera tão rápido que os inquisidores levaram alguns segundos para reagir. Quando notaram o que acontecera, ela já seguia vários metros à frente, os longos e negros cabelos ondulando contra o vento. Todos se puseram em seu encalço, enquanto o grupo de Lair a perseguia por terra. O próprio Lair e mais dois ajudantes ficaram vigiando Sebastian na hipótese de que ele despertasse e reagisse.

Angelique, no entanto, não conseguiu chegar muito longe. Ela chegou a mover o braço para os lados e usou sua magia para derrubar um homem do cavalo, mas os demais conseguiram alcançá-la e juntaram-se em torno dela como insetos. Ela ainda tentou lutar furiosamente, até que um dos cavalos lhe acertou um coice violento na testa, colocando-a definitivamente fora de combate.

Pouco depois, Sebastian despertou, sentindo o cheiro conhecido de lenha, e começou a ouvir os gritos intempestivos da multidão que exigia sua morte. Ele fora amarrado a uma fogueira e seus dedos de repente roçaram em dedos macios e delicados, que pertenciam a alguém que fora preso às suas costas. Ele imaginou que se tratasse de Angelique.

Ela também despertara, mas estava vendada com um lenço apertado firmemente e uma mordaça fora também amarrada à sua boca. Ela não sentia dores pelo corpo, portanto imaginava que não tivesse sido torturada. Sabiam que ela era perigosa e não queriam correr nenhum risco.

O grupo ouviu um homem gritando que mataria a um só tempo uma bruxa amaldiçoada e um homem que abandonara a Igreja para se entregar às forças ocultas. A multidão delirava, ansiosa por ver as chamas corroerem os corpos de Angelique e Sebastian.

Mesmo estando amordaçada, Angelique tentava se concentrar em uma oração, mas não estava conseguindo. De repente, ela sentiu um calor abaixo dos seus pés e viu que haviam ateado fogo à lenha. Os dois iriam morrer em poucos instantes.

Sebastian estava desesperado. Ele fizera muitas pessoas passarem por aquela mesma situação e agora chegara a sua vez. Os padres sempre lhe diziam que a ira de Deus deveria ser temida, então, ele talvez estivesse sendo castigado pelo Pai e pagando na mesma moeda o que fizera a outras pessoas.

Em meio à multidão estava Lair. Ele observava fixamente o triste desenrolar das cenas à sua frente. Estava satisfeito, porém não se sentia feliz. Chegara a amar Angelique, mas, assim como odiava Sebastian com todas as suas forças, agora tudo o que sentia pela sobrinha era desprezo. Se pudesse, ele mesmo teria encostado a primeira tocha nas toras de madeira que agora ardiam.

De repente, o céu explodiu, enquanto grossas nuvens negras se aproximavam velozmente. Em instantes, os pingos começaram a cair e logo uma tempestade se abateu sobre eles com tal impacto que apagou as chamas da fogueira.

— É Angelique que está fazendo isso — murmurou Lair para si mesmo. — Mesmo amarrada, ela ainda está lutando.

— Vamos tentar acender o fogo novamente! — gritou um soldado, tentando se fazer ouvir entre a multidão e o ruído provocado pela chuva. — Uma chuvinha não vai nos impedir de matar esses miseráveis!

O homem acendeu outra tocha, mas o vento a apagou novamente. Ele fez duas novas tentativas, mas a madeira ficou muito molhada e o fogo não pegou.

— Matem a bruxa primeiro! — Lair não aguentou mais e gritou. — Ela está invocando as forças da natureza. Angelique precisa ser morta, ainda que usem uma espada para isso.

Ao reconhecer a voz do tio-avô, a dor oprimiu o coração de Angelique. Ainda que não pudesse vê-lo, ela o ouvia exigindo sua morte. Nada poderia lhe ser mais doloroso.

Angelique encostou a cabeça na madeira e apertou os dedos de Sebastian. Ele apenas conseguiu gritar:

— Meu amor por você é maior que tudo, Angelique! Nunca ficaremos distantes, ainda que sejamos mortos agora. Vamos fazer esse amor viver para sempre!

Angelique tornou a apertar os dedos de Sebastian numa confirmação do que ele dissera. Por meio daquele gesto, ela também lhe dizia que o amava e que, mesmo após a morte, continuariam juntos.

Enquanto a chuva castigava seus corpos, Sebastian, em pânico, sentiu os dedos de Angelique estremecerem e ouviu um gemido profundo que ela soltou quando a lâmina de uma espada penetrou seu coração. A população gritou quando viram o soldado retirar a espada coberta de sangue e a cabeça de Angelique tombar. Ouviram-se, então, gritos de alegria ante a morte da líder dos feiticeiros.

Instantes depois, a chuva cessou, e a madeira molhada foi trocada por lenha seca. O fogo foi ateado novamente. Os gritos horrorosos de Sebastian ao sentir as chamas queimando-o vivo ecoaram por uma imensa distância. Enquanto isso, Lair apenas os fitava sem nenhuma emoção. Angelique já estava morta, e agora Sebastian também se fora. E ele esperava que fosse para sempre.

Capítulo 37

Nicolas se remexeu no sofá, mas não acordou. O suor escorria por seu rosto, como se ele estivesse próximo das chamas que consumiram Sebastian e o corpo sem vida de Angelique.

Ainda em seu sonho, as imagens mudaram subitamente e ele viu-se parado numa espécie de sala de reuniões repleta de cadeiras, onde uma grande mesa ocupava o centro. As únicas pessoas presentes, no entanto, eram ele e uma mulher com cabelos longos, olhar terno e sorriso cativante.

— Olá, Nicolas.

— Nós já nos conhecemos? — ele perguntou.

— Já sim. Por muitos outras encarnações, temos estado juntos. Meu nome é Nádia. Sou sua guia espiritual.

Ele fez que sim com a cabeça, e ela sorriu.

— Estou aqui para lhe dar algumas explicações e um recado ao final de tudo. Será tudo muito rápido, pois você precisa retornar ao seu corpo físico.

— Eu estou mesmo fora do corpo? — ele se apalpou. — Estou sentindo meus músculos bem aqui.

— É o seu perispírito, Nicolas. Ou seja, um corpo idêntico ao seu corpo de carne, porém astral. Há algum tempo você tem sonhado com Angelique e Sebastian, não é mesmo?

— Sim. E nunca entendi muito bem a razão disso tudo. O fato engraçado é que eu comecei a sonhar com eles depois de ser transferido do Rio de Janeiro e chegar a esta cidade. Por que isso aconteceu?

— Você começou a ter essas lembranças, após reencontrar o espírito da mulher que o acompanha por muitas vidas. A mulher que foi capaz de derreter todos os sentimentos negativos que você trazia em seu coração e despertá-lo para o amor.

— Como assim lembranças? Não eram sonhos?

— Nunca foram sonhos, Nicolas, e isso explica a sensação de realidade que você tinha ao acordar de cada um deles. Você apenas se recordava dos principais acontecimentos da época em que viveu como Sebastian.

— Marian sempre sugeriu isso — ele passou a mão pela testa, preocupado. — Então tudo isso foi mesmo verdade? Eu fui aquele homem cruel, que fez tantas coisas erradas?

— Foi. Mas, ainda como Sebastian, você se arrependeu do que tinha feito e pediu perdão a Deus, no instante em que sentiu as chamas consumindo seu corpo.

— E depois?

— Após um longo tempo de recuperação no astral, você e Angelique foram preparados para um novo reencarne. Vocês retornaram na França, durante a época da Revolução Francesa. Nessa encarnação, você se encontrou com muitos desafetos da vida anterior, tanto encarnados quanto desencarnados, e novamente cometeu alguns crimes. Mais uma vez também, quando conheceu a mulher que fora Angelique e que agora era uma profetisa, seu coração se acalmou e você se entregou ao amor. No entanto, vocês caíram outra vez numa emboscada preparada por um homem que a amava e que não aceitara ser abandonado por ela. Esse homem era Lair, o mesmo que fora responsável por sua morte. E assim tem sido ao longo das últimas encarnações, salvo algumas mudanças. Vocês foram aprendendo e evoluindo, mas Lair ainda não conseguiu avançar. Vocês sempre cometiam crimes em nome da justiça e reencontravam desafetos que não podiam perdoá-los. Você e Angelique foram escravos, fidalgos milionários e políticos aqui no Brasil durante a Segunda Guerra

Mundial, em que desencarnaram. Agora, vocês retornaram ao Brasil como Nicolas e Miah.

— Nesta vida eu nunca matei ninguém, a não ser como em legítima defesa no meu trabalho.

— Miah fez o mesmo, Nicolas. Ela agiu para se proteger, exatamente como fazia quando era Angelique. Pare de vê-la como uma assassina, como uma criminosa, pois esses rótulos são injustos para ela. Miah é uma pessoa de bom coração, que jamais arquitetou um plano cruel para matar outra pessoa. Ela sofreu como Angelique e agora sofre como Miah. Essa moça teve uma infância difícil, como ela mesma lhe explicou. Perdoe-a. Deixe seu coração falar mais alto. Nós dois sabemos o quanto você a ama.

Nicolas assentiu com a cabeça. Jamais amaria outra mulher como amava Miah.

— Nunca houve uma encarnação em que vocês tenham conseguido ser felizes até a velhice. Agora como um investigador, você persegue os assassinos, porque deseja impedi-los de fazerem o mesmo que você fazia. Você acredita que sua justiça é uma forma de suprir o que cometeu em vidas passadas.

— E ajuda?

— Você tem ajudado muitas famílias, e isso conta pontos a seu favor. Já progrediu muito vivendo como Nicolas.

— Por que meus sonhos sempre tinham continuação de onde paravam? E por que só aconteciam quando eu dava início a alguma investigação? E por que Miah nunca sonhou com nada, se ela foi Angelique?

Nádia sorriu novamente com as perguntas de Nicolas.

— Como eu lhe disse, Nicolas, eram lembranças. Lembranças que lhe trouxeram apenas os fatos mais importantes dessa época. E para isso acontecer, era preciso que essas recordações tivessem uma coerência para você. Sabe qual é o objetivo disso? Prepará-lo para o momento do perdão. Ajudá-lo a compreender que é preciso perdoar Miah, porque ela também está verdadeiramente arrependida do que fez. Cada vez que você inicia uma investigação, fica motivado a encontrar o assassino e fazer justiça em nome das vítimas. Essa motivação, inconscientemente, levava seu espírito a reviver trechos da outra encarnação, por isso as lembranças apareciam quando você estava com um dos seus casos em aberto, como está acontecendo agora — Nádia fez uma breve pausa. — Foi-lhe permitido ter essas lembranças, porque é você quem precisa perdoá-la, Nicolas. É por isso que Miah jamais sonhou com nada. Agora preciso ajudá-lo a retornar ao seu corpo. Há um assunto muito importante que precisa ser resolvido e que envolve Miah.

— Você sabe quem é a pessoa que está atrás dela, não sabe? E sabe também onde Miah está escondida.

— Sim, eu sei, mas você também descobrirá ainda hoje.

— Você disse que tinha um recado para me dar. Que recado é esse?

— Não permita que as mágoas do passado afetem seu presente e interfiram em seu futuro. Perdoe Miah, porque você a ama intensamente. Resgate a pureza de seu casamento com ela. Vocês ainda terão de passar por muitos obstáculos daqui para frente e irão mergulhar numa nova fase de vida. Uma fase em que Miah terá de se reajustar às leis dos homens e, mais tarde, à sua própria consciência. Vocês contam com todo o nosso apoio aqui no astral e dos amigos que fizeram na Terra e, principalmente, com a ferramenta mais potente que vocês dispõem: o poder do coração.

Nicolas sorriu, olhou em volta na imensa sala e perguntou onde estava. Nádia explicou que estavam num setor da cidade astral em que ela residia.

— Não consigo entender por que Miah não reencarnou com os mesmos poderes de quando foi Angelique. O que aconteceu?

— As encarnações seguintes à sua vida como Angelique não requeriam que ela tivesse o dom de manipular objetos físicos e trabalhar com as forças da natureza. Atualmente, em pleno século 21, ainda existem muitas pessoas que conseguem fazer o que Angelique fazia na época da Inquisição, quando era considerada uma herege.

— Eu tenho uma última pergunta a lhe fazer, Nádia. Miah viu o espírito de um homem em seu apartamento meses atrás. Quem é esse homem? O que ele deseja conosco? Ele é bom ou tem más intenções?

— Você não consegue mesmo imaginar quem ele possa ser? — perguntou Nádia com um lindo sorriso.

Nicolas pensou um pouco e respondeu:

— Seria Lair?

— Exatamente. Ele esteve encarnado com vocês em todas as vivências anteriores e sempre impediu que vocês fossem felizes, conseguindo, de alguma forma, levá-los à morte. E ao final, quando chega novamente ao plano espiritual, ele acaba percebendo que só causou tristeza e infortúnios e pede uma nova chance para fazer tudo diferente em uma nova encarnação. Então, quando Lair retorna ao mundo corpóreo esquecido das promessas feitas, ele começa tudo de novo. Ele não ama Miah e não o odeia realmente. Lair apenas não consegue aceitar vê-los juntos, desde quando vocês dois foram Angelique e Sebastian. Desta vez, ele não reencarnou, mas, ainda que esteja presente como espírito, Lair colaborou de certa forma para o rompimento do casamento de vocês. Sem que soubesse, foi ele quem lhe incitou a raiva por Miah no momento em que tirou a aliança do dedo e ordenou que ela saísse de seu apartamento. Era Lair também quem sugeria mentalmente que você bebesse cada vez mais. Como nunca estamos sozinhos, você conta com todos aqueles maravilhosos amigos que foram visitá-lo e principalmente com a alma evoluída de Marian.

— Onde está Lair agora?

— Está em seu apartamento, olhando para seu corpo adormecido no sofá. Assim que você acordar, vou conversar com ele e tentar convencê-lo a deixar o plano físico. Tentarei fazê-lo compreender que você e Miah são espíritos que sempre permanecerão juntos.

Nádia se levantou e Nicolas a imitou. Ela segurou as mãos dele devagar, pois iria conduzi-lo de volta ao corpo. Antes de partirem, porém, Nicolas se virou para sua guia espiritual com ar de interrogação no semblante.

— Você disse que eu vivi na Revolução Francesa e que fui um escravo, um fidalgo rico e um político brasileiro. Não me diga que vou ter que reviver trechos de cada uma dessas encarnações! Porque se for assim, eu nunca mais vou dormir!

Sem responder, Nádia sorriu e apenas retribuiu com um olhar enigmático.

— Já vi que a senhorita não vai me responder — brincou ele. — Tudo isso que me aconteceu tem um nome? Todas essas descobertas que estou tendo hoje têm um motivo?

— Tudo acontece para o nosso melhor, sempre. Quanto ao que soube hoje, posso apenas lhe dizer que você desvendou um pouquinho dos amores escondidos. E com certeza ainda irá desvendar muitos outros.

Nádia ajudou o espírito de Nicolas a retornar ao corpo e viu quando ele despertou e limpou o suor do rosto com as mãos. O investigador permaneceu sentado por alguns segundos, viu que estava anoitecendo e consultou o relógio. Nicolas levantou-se de um salto, apanhou a mala de Miah e saiu rapidamente a caminho da delegacia.

Nádia se voltou para o homem que fitava o vazio com olhos tristes e modificou seu padrão energético para que pudesse ser vista por ele, que pulou assustado ao reconhecê-la.

— Ainda não desistiu de mim, Nádia?

— E por que eu deveria fazê-lo, Lair? Aliás, para mim é sempre um prazer poder falar com você.

— Está aqui por causa deles, não é?

— Assim como você. E justamente por esse motivo quero levá-lo embora comigo. Você precisa entender que não vai ajudar em nada se continuar desprezando Nicolas e Miah.

— Eu sinto nojo quando os vejo juntos, Nádia, mas agora que eles estão separados não estou feliz como deveria estar. Aliás, acho que nunca fui feliz desde o momento em que os denunciei aos inquisidores, séculos atrás.

— Você ainda tem tempo de correr atrás de sua felicidade, Lair. E essa é uma responsabilidade totalmente sua.

— Eu preciso pedir perdão a eles.

— Faça-o em pensamento. Tenho certeza de que eles receberão suas vibrações positivas. No entanto, o mais importante é perdoar a si mesmo, e sei que você é capaz disso.

— Eles vão ficar juntos desta vez?

— Hum... eu sei a resposta, mas logo, logo, você também vai saber.

Lair sorriu. Talvez Nádia tivesse razão. Ele tinha de perdoar a si mesmo, se quisesse encontrar a felicidade que vinha procurando há séculos.

Instantes depois, envolvidos por uma luz, eles desapareceram.

Capítulo 38

A notícia da descoberta de sua verdadeira origem ainda não fora bem assimilada por Enzo. Quando ele contou o que acontecera a Marian, ela foi se encontrar com ele no hospital. Lucena exigia conversar com Aracy e, quando o encontro foi autorizado por Enzo, a senhora se rendeu às lágrimas. Olhando Enzo atentamente, ela jurou que o médico tinha várias semelhanças físicas com os pais. Emocionada, garantiu:

— Não pode ser um engano. Você é o nosso menino que procuramos incansavelmente por tantos anos, e a vida agora tratou de nos juntar novamente. Se meu marido não tivesse sido ferido em serviço, talvez isso nunca tivesse acontecido.

— Será que você realmente vai ganhar esse abençoado presente, meu amor? — quis saber Marian. — Será que durante todo esse tempo, você viveu próximo a Lucena sem fazer ideia de que ele era seu verdadeiro pai?

— Não sei o que pensar, Marian — lágrimas escorriam dos olhos de Enzo, que pedira à direção um intervalo entre suas funções. Agora, estava com Aracy, Nelly e Marian no refeitório do hospital. — Tudo o que me lembro é de minhas cuidadoras do orfanato dizerem que a mulher que me deixou lá aparentemente sofria de problemas mentais e que nunca mais tiveram notícias dela. Pode ser a mesma pessoa que sequestrou Apolo... — ele fez uma pausa. — Desculpem, mas ainda não consigo absorver a ideia de que esse é meu nome original.

— Você está tão lindo! Tornou-se um médico respeitado na cidade — Aracy dizia, abraçando-o de vez em quando. — Quanto orgulho! Juro que nunca perdi as esperança de reencontrá-lo.

— Tem certeza de que não pode haver nenhum engano? — contestou Enzo.

— Por favor, mostre sua marca de nascença — pediu Aracy.

Rapidamente, Enzo levantou a camiseta, e Aracy levou as mãos à boca. Não havia como estar equivocada. Aquela marca, localizada no peito, era única. E agora podia reparar que via os olhos de Lucena em Enzo.

— É você, meu amor! Sem dúvida, é você.

— Sempre quis conhecer meu irmão mais velho — sorrindo, Nelly esticou as mãos para segurar as de Enzo. — Mesmo sem conseguir vê-lo, tenho certeza de que é você. Acho que meus sentidos são mais apurados do que o de vocês. Meu coração está me dando essa garantia.

— Nunca pensei que teria uma família até conhecer Clarice. Com ela, tive uma filha chamada Aline. Infelizmente, elas me deixaram... — a voz de Enzo ficou embargada, quando ele começou a narrar minuciosamente a tragédia que levou as duas.

Marian colocou uma mão no ombro do namorado, como se quisesse mostrar que estava ao seu lado, dando-lhe apoio. Enzo, por sua vez, concluiu sua narrativa dizendo:

— Acho que Marian sempre teve razão. A vida é mais do que a ciência consegue estudar. Ela tirou de mim minha esposa e minha filha, mas colocou no lugar essa mulher incrível, com quem pretendo me casar um dia.

Ele beijou Marian suavemente nos lábios.

— E hoje descubro que tenho uma família e que meu pai é um homem que sempre admirei na cidade. É alegria demais para um dia só.

— Com o major se recuperando rapidamente, vocês terão muito tempo para colocar as conversas em dia — lembrou Marian animadamente.

— Podemos fazer um exame de DNA para tirarmos a dúvida, mas tenho certeza de que você é o nosso Apolo, Enzo — emocionada, Aracy afagou os cabelos do médico.

— Não sei o porquê de a vida ter separado vocês — refletiu Marian —, mas pelo jeito os planos eram muito melhores. Enzo merece tudo isso, porque é um homem encantador. Clarice e Aline foram muito felizes enquanto estiveram com você, e disso você pode ter certeza, querido.

Enzo assentiu emocionado, enquanto era envolvido num abraço coletivo de Aracy, Nelly e Marian. E assim que Lucena deixasse a UTI, o que deveria acontecer em breve, a família estaria completa.

Enquanto conversavam, nenhum deles percebeu dois vultos luminosos observando-os de um cantinho do refeitório. De mãos dadas com aquela que fora sua mãe, Aline perguntou:

— O papai está muito feliz, não é mesmo?

— Sim, minha querida. Muito feliz — garantiu Clarice, secando discretamente uma lágrima que escorrera por seu rosto. — E ele merece toda essa alegria. Enzo sofreu muito com nossa partida, mas agora a vida dele vai recomeçar, ensinando-lhe que todo o sofrimento sempre resulta em um aprendizado, que, por sua vez, sempre nos concede uma chance de conquistarmos a felicidade e a paz.

Aline concordou com a cabeça. E como por ali estava tudo em harmonia, as duas logo desapareceram.

Nicolas estava a duas quadras da delegacia, quando seu rádio apitou. Ele abriu o chamado e ouviu a voz alvoroçada de Elias:

— Por Deus, Bartole, onde estava?

— Caí no sono, acredita? Até sonhei.

— Pois nós estamos tratando de assuntos mais urgentes que seus sonhos! Consegue adivinhar quem trouxemos até aqui?

— Nós estamos tratando de assuntos mais urgentes que suas adivinhações, Elias — provocou Nicolas, sorrindo. — Pode falar. Quem vocês levaram até aí?

— O amigo de Miah, o tal Fernando.

O bom humor de Nicolas foi desaparecendo lentamente.

— Como vocês conseguiram encontrá-lo?

— Foi quem ele quem veio nos procurar. Fernando nos disse que estava deixando a cidade e que desejava se despedir de Miah, mas não a encontrou em nenhum lugar. Foi então que ele assistiu à entrevista com Otávio, em que ele dizia publicamente que Miah é uma criminosa foragida. E por essa razão, ele veio até aqui para saber até que ponto essa história é verdadeira, imaginando que ela já estivesse presa — após uma pausa, Elias prosseguiu: — Sabe por que nós não encontramos a ficha de locação dele em nenhuma imobiliária? Porque Fernando é seu último nome. Ele se chama Luiz Augusto Fernando, mas todos o conhecem apenas como Fernando. Moira tornou a falar com uma imobiliária e deu sorte na primeira. Ele alugou uma casinha simples e seus documentos estão todos em ordem. Eu até posso estar muito enganado, Bartole, mas acho que ele não é o homem que estamos procurando.

As últimas esperanças de Nicolas foram para o ralo. Se o criminoso não era Fernando, quem poderia ser, então?

Nicolas de repente se lembrou que estivera conversando com Elisa e Guilherme e que eles haviam mencionado que alguém telefonara para a casa deles, ameaçando Miah. Se ela tivera tempo de escrever um bilhete indicando o endereço do depósito onde guardara a mala e o dinheiro, era bem provável que Miah pudesse ter deixado outra pista sobre a identidade do criminoso também. Era até possível que a essa altura ela já soubesse de quem se tratava.

— Elias, eu estava chegando à delegacia, mas tive uma ideia melhor. Vou retornar à casa dos Mendes e vou lhes pedir que me deixem dar uma olhada no quarto em que Miah ficou hospedada. Meus instintos dizem que posso encontrar alguma coisa lá dentro, e você sabe que eu nunca erro.

— Ótimo. Posso liberar Fernando, ou você vai querer fazer algumas perguntas a ele?

— Pode liberá-lo, sim. Parece que Fernando não é o assassino. Sei que estou bem perto de encontrar esse maldito que matou Escobar, Beatriz e que agora deve estar muito perto de colocar as mãos em Miah.

"Se isso já não aconteceu", pensou Nicolas, sentindo uma pontada de pânico no peito.

Depois de terminar de falar com Elias, Nicolas estacionou o carro diante da casa de Elisa e Guilherme e desceu com tanta pressa que acabou esquecendo seu rádio sobre o assento do carona. Ele tocou a campainha com ansiedade e sorriu ao observar a calvície de Guilherme.

— Ora, Nicolas! Entre, por favor — ele abriu porta. — Se veio jantar, chegou no melhor momento! Estou preparando um ensopado de peixe que Elisa e eu adoramos.

— Obrigado pelo convite, mas estou sem apetite, Guilherme. Preciso apenas de uma gentileza do senhor. Gostaria que me mostrasse o quarto em que minha esposa ficou hospedada. Pretendo fazer uma revista no local, na hipótese de que ela tenha deixado alguma dica de onde possa estar.

— Tudo bem. Vamos até lá.

Enquanto subiam as escadas, Nicolas sentiu o apetitoso cheiro de peixe que vinha da cozinha. Um apito ecoou no seu bolso. Ele apanhou o celular, que alertava sobre a baixa carga da bateria.

— Esses aparelhinhos são famosos por nos deixarem na mão nos momentos em que mais precisamos deles — comentou Guilherme, sorridente.

— Pois é. Eu estou com meu rádio aqui — ele tocou o outro bolso e sorriu. — Estava. Ficou no carro.

— Sem problemas — Guilherme abriu a porta do quarto. — Ela ficou aqui.

O aposento era pequeno, limpo e confortável. Havia uma cama, um guarda-roupa pequeno, uma mesinha de cabeceira e uma cômoda com uma televisão pequena sobre ela.

— Espero que não se importe se eu abrir o guarda-roupa do senhor.

— De forma alguma. Coloquei aí apenas nossos livros de estudos. Daqui a pouco Elisa estará por aqui. Ela foi ao mercado, mas já vai chegar para o nosso ensopado — Guilherme voltou para perto da porta. — Por falar em ensopado, eu preciso voltar à cozinha. Fique à vontade e, se precisar de alguma coisa, é só me chamar.

Nicolas agradeceu e começou as buscas pela gaveta da mesinha de cabeceira, mas não encontrou nada de interessante. Olhou embaixo da cama, tirou a colcha e ergueu o colchão. Nada. Ele decidiu levantar a televisão e começou a abrir as gavetas da cômoda. Mas novamente não encontrou nada que lhe despertasse o interesse.

Por fim, Nicolas caminhou até o guarda-roupa de três portas, imaginando que pela primeira vez seus instintos de investigador o traíram. Ele revistou a primeira porta e, ao passar para a segunda, percebeu que estava perdendo tempo ali. Miah poderia estar em apuros naquele momento.

A terceira e última porta do armário, no entanto, estava trancada. Nicolas tentou forçá-la, mas não conseguiu abri-la. Rapidamente, ele desceu até a cozinha, onde Guilherme cantarolava alegremente diante do fogão, enquanto mexia a panela com o ensopado.

— O senhor sabe onde está a chave da última porta daquele guarda-roupa? Eu gostaria de dar uma olhada no que tem ali.

— Foi Elisa quem guardou a chave. Ela me disse que tinha deixado em algum lugar aqui na cozinha — ele indicou um armário de portas brancas. — Por favor, Nicolas, dê uma olhada ali. Veja se encontra alguma coisa.

Nicolas foi até as portas indicadas e começou a procurar a chave. Guilherme observou-o e sorriu.

— As mulheres são complicadas. Elisa é muito organizada e gosta de deixar tudo em seus lugares, mas eu perco tudo.

— É, eu também sou assim — Nicolas também sorriu e abriu outra porta. — Acho que nós, homens, temos certa tendência ao relaxamento.

— Eu deveria estar acostumado com isso. Sempre que Elisa precisa viajar, ela deixa tudo arrumadinho para mim. E quando volta da viagem, me dá a maior bronca se encontrar algo bagunçado.

— Ela viaja muito? — perguntou Nicolas distraidamente.

— Bastante. Como o senhor sabe, ela é professora universitária e vive visitando cidades em busca de materiais relacionados à sua área ou para a pesquisa de sua tese de doutorado. A vida acadêmica exige sacrifícios.

— Eu imagino que sim. Por um lado, é bom o fato de os senhores não terem tido filhos, correto? Facilita nesse momento, não é mesmo?

— Isso é! Mas se nós tivéssemos tido filhos, com certeza eles ficariam comigo, enquanto Elisa viajaria por todas essas cidades.

— Ela também viaja para o exterior?

— Não. Ela só permanece dentro do estado de São Paulo. E sempre me traz várias lembrancinhas por onde passa — Guilherme sorriu e levou a colher até a boca para provar o tempero do ensopado. — Ela já passou por São José do Rio Preto, Penápolis, São Paulo, Salmourão e Araçatuba, que é a cidade onde moramos atualmente e onde fica a universidade em que ela leciona. Elisa visitou outras cidades também, mas não me lembro de todas elas.

Nicolas congelou com a mão na porta de um dos armários, sentindo o sangue se esvair do seu rosto. Seu celular tocou nesse momento, e pelo visor ele viu que a ligação era da delegacia. Quando Nicolas foi atender à ligação, a bateria se esgotou de uma vez, e a tela do aparelho escureceu.

— Sempre que sua esposa vai para todos esses lugares, ela costuma ir sozinha?

— Eu não conseguiria acompanhá-la naqueles estudos tão cansativos, Nicolas.

— Há quanto tempo vocês estão casados? — a mão de Nicolas, por instinto, baixou até o cabo de sua arma, que estava presa no lado interno do cinto de sua calça.

— Há oito anos. Todo mundo pensa que nós somos casados há mais tempo, mas não é verdade. Eu já estava com quase sessenta anos quando conheci essa mulher fantástica, que é a minha esposa — Guilherme virou o rosto para Nicolas, a tempo de vê-lo sair disparado pela porta da cozinha. — Ei, meu amigo, o que deu em você?

Nicolas subiu as escadas pulando os degraus de dois em dois. Quando se viu novamente no quarto em que Miah estivera, sacou a arma e mirou-a na porta trancada do guarda-roupa. Ele apertou o gatilho uma única vez, e lascas de madeira voaram para todos os lados.

— Meu Deus, o que é isso?! — perguntou Guilherme, que viera correndo atrás de Nicolas. Ao ouvir o estouro provocado pelo tiro, ele levou as mãos aos ouvidos. — Por que deu um tiro no guarda-roupa, Nicolas? Vamos ter que pagar o móvel destruído à imobiliária, porque essa casa é alugada e...

Nicolas não estava ouvindo as queixas de Guilherme. Ele passou a arma para a mão esquerda e com a direita vasculhou o interior do móvel. A primeira coisa que viu sobre uma pilha de roupas foi um porta-retratos com a foto de um rapaz bonito e sorridente. Os olhos dele, no entanto, exibiam uma frieza que Nicolas jamais vira em uma pessoa.

— Quem é esse homem? — Nicolas mostrou a foto para Guilherme.

— Eu não sei — ele ficou ainda mais pálido. — Só me explique o que está acontecendo aqui.

Nicolas mais uma vez não respondeu e já foi arrancando a fotografia da moldura para olhar seu verso. Em uma letra bonita estava escrito: “Você ainda será vingado, Renato”.

— Quem é Renato? — Nicolas tornou a perguntar.

— Eu juro que eu não sei, Nicolas! Eu nem sabia que isso estava aí.

Nicolas continuou arrancando as roupas do guarda-roupas até que encontrou um pequeno binóculo e um rifle desmontado. No fundo, havia uma grande quantidade de munição.

Guilherme colocou as mãos próximas aos bolsos da calça, e Nicolas apontou a arma para ele com a velocidade de um raio.

— Permaneça sentado nessa cama e fique com as mãos num local onde eu possa vê-las, Guilherme. Se tentar fazer qualquer bobagem, sua dor de cabeça será maior do que a minha.

— Não entendo o porquê de estar fazendo isso, Nicolas. Elisa e eu não fizemos nada para sua esposa além de conversarmos sobre a vida. Ela estava com o pé ferido, e Elisa fez um curativo nela. Nada mais aconteceu.

— Existe uma arma dentro deste guarda-roupa, Guilherme. Se vocês encontraram Miah com a roupa do corpo quando a acolheram, com certeza não foi ela quem a trouxe para cá.

Nicolas já estava arrependido de não ter levado Mike consigo. Sem perder tempo, ele fez um gesto com a arma para Guilherme se levantar.

— Aonde vamos?

— Você vai ficar sob custódia na delegacia até eu ter certeza de sua inocência — para piorar a situação, o rádio ficara no carro e a bateria do seu celular acabara.

— Posso ao menor desligar o fogo do ensopado?

— Pode, mas já lhe aviso que se tentar ser mais esperto que eu, você ficará bem machucado.

Guilherme, no entanto, não fez nada além de desligar o fogo. Ele olhava para Nicolas com espanto e incompreensão.

Quando chegaram à rua, Nicolas ordenou que Guilherme se sentasse no assento do carona.

— Onde está Elisa?

— Já disse que ela foi ao mercado, Nicolas. Eu sei onde fica. Se quiser, posso ir com você até lá para encontrá-la.

— Veja bem, meu caro Guilherme, eu não nasci ontem! Sendo assim, vou lhe perguntar novamente e não gostaria de ouvir a mesma resposta: onde está sua esposa?

— Não sei o que quer que eu lhe diga, Nicolas! A verdade é essa. Eu sou um homem espiritualizado e procuro fazer o bem às pessoas. Você não pode estar pensando que lido com armas! E Elisa é tão inocente quanto eu. Não fizemos nada!

— Eu não estou pensando em nada, Guilherme. Agora, fique aí sentadinho enquanto eu dou um jeito em sua situação.

Nicolas recuperou seu rádio e entrou em contato com Elias, que parecia estar à beira de um colapso nervoso.

— Bartole, onde você se meteu? Estamos tentando falar com você! Seu celular está desligado.

— A bateria acabou. Eu estou com um suspeito detido aqui em meu carro e preciso que alguém venha imediatamente até aqui para levá-lo à delegacia.

— Moira fez uma descoberta de última hora sobre o casal Mendes. Parece que a esposa dele, Elisa, alugou outro imóvel na cidade, embora o sobrenome usado tenha sido Falcão e não Mendes. Nossa cidade não é tão grande para termos duas mulheres como o mesmo nome, alugando residências no mesmo período.

— E por que não descobrimos isso antes?

— Porque estávamos procurando pelo nome do casal, mas foi Guilherme quem alugou a casa onde estão passando a temporada. Moira achou estranho o fato de ter aparecido uma segunda Elisa em suas pesquisas, quando ela estava tentando descobrir alguma coisa sobre Fernando.

— É lá onde Miah deve estar. Mandem uma viatura para o primeiro endereço dos Mendes imediatamente. Não podemos perder tempo! Está me entendendo, Elias?

Nicolas desligou o rádio e aguardou.

Capítulo 39

Miah abriu os olhos com dificuldade, sentindo a cabeça latejar, como se alguém a martelasse de dentro para fora. Quando recobrou totalmente os sentidos, percebeu que estava sentada em uma cadeira simples de madeira, com os braços firmemente amarrados para trás por cordas grossas e resistentes. Um calombo havia se formado no local onde fora atingida um pouco acima da nuca.

Elisa surgiu em seu campo de visão no instante seguinte. Ela vestia uma roupa colante inteiramente preta, que realçava sua silhueta perfeita, apesar da idade um pouco avançada. A mulher trazia uma das mãos posicionada atrás das costas e soltara os cabelos brancos, que ondulavam sobre seus ombros. Os olhos azuis estavam gelados de desprezo, duros pelo ódio e apertados pela ansiedade da morte de Miah.

— Não entendo, Elisa. Como podia ser você o tempo todo? Há quanto tempo nós nos conhecemos? Por que resolveu fazer isso comigo?

— Eu não pedi para você abrir sua boca, pedi? — ela revelou a mão que mantinha oculta e que carregava uma faca de lâmina longa e afiada, tão grande quanto uma peixeira. — Já ouvi sua voz por tempo mais que suficiente.

— Não consigo acreditar que você seja uma assassina. Elisa, você é uma professora universitária e tem uma carreira renomada em Araçatuba. O que vai fazer da própria vida se me matar?

— Sua tentativa de me convencer está muito fraca, querida — Elisa olhou para a lâmina da faca como se quisesse ver sua própria imagem refletida nela. — O que achou desta casinha? Ela fica quase em frente ao Canal local, você notou isso? Não, não deve ter notado. Era daqui que eu a observava passeando na rua como se não fosse a criminosa que é. Quantas vezes eu não peguei uma das minhas armas de longo alcance e apontei para sua cabeça, ansiando em explodi-la?

Miah sentia que o coração batia em descompasso, enquanto ela tentava, inutilmente, livrar-se das cordas. Enquanto isso, ela imaginava se alguém teria dado falta dela. O que Nicolas estaria pensando naquele momento? Será que ele teria ao menos se preocupado em saber por onde ela andaria? Ou será que a esquecera definitivamente como prometera que faria? Se isso realmente tivesse acontecido, ela estaria completamente perdida.

— Está tão calada, Miah — Elisa sorriu, mas naquele momento sua imagem não mais se parecia com a de uma simpática vovozinha. — O medo nos emudece, não é mesmo? Sinto seu medo daqui. Posso farejá-lo no ar. Não sabe como isso me deixa satisfeita.

— Por que você colocou aquela bomba em meu buquê?

— Ah, um pequeno presentinho de casamento — ela jogou a cabeça para trás e soltou uma gargalhada descontrolada. — Serviu para animar sua festa! Mas é uma pena que algo tenha saído errado. Era para ter explodido no momento em que você fosse cortar o bolo. Eu estava lá e queria ver suas mãos sendo arrancadas de seus braços e seus dedos pulando para o alto como pipocas.

— Talvez você não seja tão esperta como acha que é.

A provocação de Miah foi um ato infeliz. Elisa abriu a mão e acertou uma bofetada violenta no rosto da repórter, fazendo-a quase cair da cadeira.

— Você é realmente uma desgraçada! Lamentavelmente, algo saiu errado com o programador da bomba, porque o buquê explodiu no momento em que você o jogou para cima! Mas não tem problema. Você escapou daquela vez, mas não vai poder escapar agora.

— Onde está Guilherme? Até que ponto ele está envolvido nisso? — Miah tentava enrolar Elisa com a conversa, mas não sabia até quando conseguiria fazer aquilo.

— Guilherme é um completo inocente. Ele foi apenas uma fantasia que eu adquiri para poder me ocultar. Nosso casamento estava dentro dos meus planos para que nenhuma suspeita recaísse sobre mim. Quem desconfiaria de uma simpática senhora de cabelos brancos que pregava boas mensagens sobre espiritualidade?

— Como pôde usar a espiritualidade para mascarar suas maldades? Como pôde brincar com os sentimentos de seu marido apenas para chegar até mim?

— E quem é você para falar de sentimentos, sua vadia? Seu marido a expulsou de casa, porque descobriu que você não passa de uma piranha, que matou alguém que foi muito especial para mim!

Os lábios de Elisa se repuxaram num esgar. Miah tentou forçar novamente as cordas, percebendo que atingira o ponto fraco da sua algoz.

— Você está vingando a morte de alguém? De qual deles? Do Lúcio ou do Renato?

— Eu vou fazer com você o mesmo que fez com Renato!

Miah sentiu um leve calafrio, apesar de manter o controle.

— Renato me chantageou, Elisa. Eu jamais teria me envolvido com aquele pedófilo, se ele não tivesse me pressionado.

— Não precisa me contar essa história. Sei muito bem o que ele fez. Fui eu quem o treinou para ser o que ele era.

Miah encarou Elisa nos olhos.

— O que Renato era seu?

Elisa se aproximou rapidamente e ergueu a faca para o alto. Miah empalideceu, certa de que iria morrer naquele momento. Contudo, a faca foi baixada novamente, enquanto as feições de Elisa ficavam desfiguradas com as memórias amargas do passado.

— Ele era meu filho. Era meu único filho, e você o matou, sua cadela! Tirou de mim o meu bem mais precioso, mas eu também vou lhe tirar muitas coisas, a começar por sua vida. Não faz ideia do que farei com você.

— Você matou dois jovens, Elisa. Escobar e Beatriz. O que eles tinham feito para você?

— Escobar me ajudou a ter acesso à bomba, mas não poderia permanecer vivo depois disso. Além do mais, eu já havia feito uma pesquisa sobre ele e soube que o rapazinho era filho único e morava com a mãe. Se ele morresse, a mãe passaria pelo mesmo sofrimento que eu passei quando soube que Renato se fora. Por que eu tinha que sofrer sozinha? Com Beatriz foi a mesma coisa. Nós tínhamos nos conhecido um dia antes de eu matá-la, e ela me contou que era filha única também. Eu atirei nela e roubei seu carro.

— Você é uma psicopata, Elisa. Tirou a vida de pessoas inocentes e destruiu famílias que nem sequer conhecia. Ninguém tem culpa do que aconteceu com Renato, além de mim. Bastaria ter chegado até mim como fez hoje. Não precisava ter matado ninguém.

— Beatriz e Escobar não foram os únicos. Em todas as cidades por onde passei perseguindo-a, eu descobria jovens que eram filhos únicos e que tinham sido criados apenas pela mãe, como aconteceu comigo e Renato. E eu os matei porque achava certo que as mães deles também tivessem sua carga de sofrimento. Eu não tenho o menor remorso de tudo isso. Eliminá-los, para mim, era como chutar carne estragada — ela sorriu. — Até que foi divertido.

— Você mentiu, matou e omitiu. É uma mulher doente. Já vi a quem a insanidade de Renato puxou.

Miah recebeu um tapa mais forte que o anterior. Desta vez, a mão forte de Elisa cortou o lábio inferior da repórter, que começou a sangrar.

— Eu viajava atrás de você dizendo ao idiota do Guilherme que estava fazendo pesquisas para a universidade. Foi uma sorte incrível quando você retornou à Araçatuba e fixou moradia lá. Nessa época, eu pretendia matá-la, mas, para minha sorte, você se matriculou no curso em que eu dava aulas.

— Você morava em Araçatuba quando conheceu Guilherme? — Miah continuava tentando distrair Elisa, na esperança de que alguém aparecesse para resgatá-la, no entanto, sabia que ninguém apareceria, pois nem sequer tinham ideia de onde ela estava.

— Nós morávamos lá, e eu conseguia monitorá-la à distância. E quando você voltou para tão perto de mim, mal contive minha felicidade. Esperei que você se formasse, assim como esperei que você se casasse. Agora que é uma mulher realizada, o sabor de sua morte será mais apetitoso para mim. E já chega de conversa mole! — ela segurou a faca com firmeza. — Vou cortar um pedaço da sua língua e desfigurar todo o seu lindo rosto. Vou cegá-la e só vou parar quando você me implorar perdão por ter assassinado Renato. Não acha engraçada a ideia de uma assassina dar fim à vida de outra?

Quando dois policiais chegaram para levar Guilherme até a delegacia, Nicolas entrou em seu carro e saiu disparado rumo ao endereço da casa que Elisa tinha alugado. Elias entrou em contato com o investigador e avisou que também estava indo para lá, acompanhado de Mike, Moira e de outros setes policiais, distribuídos em três viaturas. Por sorte, o endereço não ficava longe, e de carro eles chegariam ainda mais depressa.

— Não se esqueça, Elias — lembrou Nicolas —, que a criminosa deve estar com armamentos pesados. Estou dizendo isso porque achei um rifle escondido no guarda-roupa. Ela provavelmente deve estar fazendo Miah de refém.

— Deixe comigo, Bartole. Uma turma da pesada está chegando para livrar Miah desse pesadelo.

Enquanto dirigia furiosamente pelas avenidas, Nicolas pensava em Miah, pedindo mentalmente a Deus que a mantivesse a salvo até que ele pudesse chegar para ajudá-la a escapar de Elisa.

Elisa passou a ponta da faca lentamente pelo rosto de Miah, aproximando-a de seus olhos cor de mel.

— Não sabe quantas vezes desejei arrancar cada pedacinho do seu corpo. Você não está lidando com uma amadora, sabia? Eu fui uma criminosa profissional e criei Renato para ele ocupar meu lugar. Aquela bomba que coloquei em seu buquê foi fabricação minha — Elisa passou a mão pelo próprio corpo, orgulhosa. — E apesar da minha idade, ainda sou muito ágil. Seu marido correu atrás de mim por uma estradinha de terra, mas não conseguiu me pegar. Quando estou em Araçatuba, eu frequento uma academia.

Elisa falava de forma distraída e não notou quando Miah conseguiu arrancar as cordas de um dos pulsos. Ela forçara tanto a pele, que ela rachara e agora sangrava. A repórter tornou a forçar o outro braço, e o sangue que brotava de seu pulso serviu de lubrificante, tornando o trabalho mais fácil. Apesar de ter se desvencilhado das cordas, Miah continuou segurando-as para que Elisa não percebesse que ela estava livre.

— Eu passei a noite em sua casa. Por que você simplesmente não foi até o quarto em que eu estava e me atacou?

— Porque Guilherme iria aparecer e me atrapalhar. E tinha que ser um momento só nosso. Uma conversa entre mulheres, compreende?

— Quando ligaram para sua casa e me ameaçaram...

— Como você é boba — Elisa tornou a brandir a faca, rindo alegremente. — Não notou que era eu quem lhe telefonava? Você não reconheceu minha voz, porque eu usei um aparelhinho que a disfarça. Você é uma otária, Miah!

— Elisa, se me matar agora, Nicolas vai perseguir você até o inferno! E quando a encontrar, vai derrubá-la como se fosse um pino de boliche.

Ela riu agudamente.

— Ele não está nem aí para você, Miah. Eu aposto que neste momento ele está transando com outra mulher. Seu marido não é homem de uma mulher só. Quem sabe se, depois de acabar com você, eu não possa experimentar uma noite de amor com ele?

— Então você é mais louca do que eu pensava.

As sirenes das viaturas ecoaram do lado de fora da casa, e Elisa virou a cabeça. Nesse momento, Miah jogou as cordas no piso e saltou sobre a mulher. O impacto foi tão forte que as duas mulheres foram ao chão. A faca, no entanto, ainda estava nas mãos de Elisa.

— É aqui — gritou Nicolas, quando a viatura parou diante da porta de entrada. Ele pegou um megafone em uma das viaturas. — Elisa, aqui é Nicolas Bartole. Você está cercada. Libere a refém, pois vamos invadir a casa em trinta segundos. Entregue-se, enquanto é tempo.

Eles ouviram o som de algo se quebrando no andar de cima. Nicolas olhou para Elias, que assentiu com a cabeça. O investigador correu até a porta, esticou a perna e golpeou a madeira com um chute violento. A porta se escancarou, e eles entraram.

As unhas bonitas e afiadas de Elisa desceram pela garganta de Miah, cortando-a como faca quente em manteiga, e o sangue brotou de imediato. Em seguida, ela apertou os dedos machucados dos pés de Miah, os mesmos nos quais fizera um curativo, fazendo a repórter soltar um gemido profundo de dor.

As duas mulheres rolaram pelo chão do quarto. Elisa tentou segurar Miah pelos cabelos, mas os fios lisos escaparam-lhe por entre os dedos. A repórter, por fim, conseguiu ficar ajoelhada e concentrou toda a atenção na mão armada de Elisa. E foi nesse momento que ela ouviu a voz de Nicolas ecoando pelo megafone.

Miah sentiu uma onda de energia renovando-a por dentro. Será que ele ainda sentia alguma coisa por ela, ou só estava ali cumprindo seu papel de investigador?

Como uma cobra dando o bote, Elisa moveu a faca para frente rapidamente. Miah não conseguiu se desviar a tempo, e a lâmina arrancou sangue de um dos seus seios por onde a faca passou de raspão. Furiosa, a repórter fechou a mão e acertou um soco fortíssimo no nariz de Elisa. Aproveitando-se que sua algoz gemia de dor, Miah saltou sobre o cabo da faca.

— Vou matar você! — gritou Elisa, cujo sangue jorrava de seu nariz ferido.

— Não vai não! — Miah finalmente arrancou a faca das mãos da mulher. — Você é uma miserável que merece morrer. Nicolas está subindo e vai enfiá-la na cadeia.

— Você também será presa, pois é uma assassina como eu — reagiu Elisa, avançando para um novo ataque.

— Sendo assim, vamos terminar nossa luta em uma cela — Miah agarrou Elisa pelos cabelos brancos e puxou-os com toda força para trás. Em seguida, desferiu uma joelhada na barriga da mulher, que tombou gemendo no chão.

Passos pesados foram ouvidos das escadas. Elisa deu um grito e se levantou no momento em que Nicolas chutava a porta do quarto e entrava no cômodo com a arma em punho. Elisa disparou na direção da janela e mergulhou contra o vidro. Embora estivesse no primeiro andar, quando a cabeça da mulher se chocou contra o piso, ouviram-se o estalo de seu pescoço se quebrando e os retinir dos cacos de vidro da janela.

Miah continuou ajoelhada no chão, incapaz de olhar para Nicolas. A imensa faca estava em sua mão. Seu rosto estava arranhado e havia sangue em seu pescoço, em seus seios, nos lábios, no pé ferido e nos pulsos, que antes estavam atados por cordas.

Elias chegou em seguida. Mike, Moira e os policiais vieram correndo mais atrás. Miah jogou a faca no chão com força e não quis olhar para o marido. Ela só queria que tudo aquilo tivesse fim. Pagara um preço muito alto por ter escondido da polícia o que fizera e agora apenas desejava que tudo aquilo terminasse.

Capítulo 40

Nicolas caminhou devagar até Miah e propositadamente lhe estendeu a mão esquerda para que ela pudesse se levantar. A primeira coisa que a repórter notou foi que ele recolocara a aliança no dedo, e ela sentiu algo ganhar vida dentro do peito.

Miah se ergueu devagar, sentindo todo o corpo arder. Ela fitou os policiais que a olhavam com expressões curiosas. Agora, todos sabiam quem a repórter fora no passado e a observavam tentando descobrir se aquela história sobre ela era verdadeira ou não.

— Eu sei que você está ferida, mas gostaria de lhe falar a sós por alguns instantes. Pode ser? — Nicolas perguntou e olhou para Elias. — Vou procurar um cômodo vago para conversar com ela, tudo bem?

— Sem problemas. Enquanto isso, nós vamos vasculhar a casa e providenciar a remoção do corpo — a notícia da morte de Elisa chegou aos ouvidos de Elias com a mesma rapidez com que ela despencara da janela.

Nicolas conduziu Miah pelo corredor, e ela baixou o olhar diante dos policiais. Ainda não se sentia preparada para encarar as pessoas.

Os policiais descobriram um segundo quarto no final do corredor e seguiram para lá, deixando Miah e Nicolas para trás.

Os dois fecharam a porta do quarto sem trancá-la e sentaram-se juntos na cama de solteiro que havia ali.

Eles ficaram se encarando, cada um estudando o olhar do outro sem saber quem começaria a falar. Por fim, Miah usou o tecido da roupa para limpar o ferimento dos seios.

— Vou providenciar um curativo para isso — ele ergueu a mão, hesitou, mas decidiu tocá-la. Nicolas notou que ela estava fria e que ainda tremia. Os sinais das unhas de Elisa deixaram vincos fundos na garganta de Miah e o canto de seus lábios já estava inchando.

— Não tem problema. Eu posso aguentar. Meu coração está muito mais machucado que isso — ela esboçou um sorriso e deu de ombros.

— Como soube que era ela?

— Eu não soube. Ela me encontrou na rua quando eu estava tentando procurar um lugar para me esconder e me trouxe até aqui. Quando eu entendi o que estava acontecendo, já era tarde demais. Elisa me golpeou na cabeça e me levou para aquele quarto, onde me amarrou na cadeira. Não sei como você a descobriu, mas salvou minha vida.

— Então nós ficamos quites. Eu soube que você já salvou minha vida antes — Nicolas segurou as mãos de Miah com delicadeza. — Acho que agora foi minha vez de retribuir.

— Como assim? Do que você está falando?

— Não tenho tempo para explicar os detalhes. Hoje, eu tive a prova de que fui Sebastian numa encarnação passada e que você foi a bruxa Angelique. Eu acho que de hoje em diante não sonharei mais com eles. Vi como eles terminaram. Não foi um final feliz, mas Angelique lutou para salvar seu grande amor. E por que agora eu não poderia fazer o mesmo?

— Confesso que não estou entendendo muito bem o que você está dizendo. Aliás, eu preferia saber como ficará nossa situação na vida atual. Eu sei que você está aqui apenas desempenhando seu trabalho. Soube que foi afastado do cargo, mas, como você está aqui, acredito que reconsideraram a decisão.

— Essa também é uma longa história que posso lhe contar outro dia. E você está enganada em um ponto. Eu não vim aqui para pegar uma assassina.

— Veio para pegar duas? — Miah sorriu tristemente.

— Não. Vim para buscar a mulher com quem me casei ou, como Mike me disse, vim encontrar a assassina mais querida de nossa cidade.

Miah não sabia se deveria encarar aquela frase como uma ofensa ou um elogio. Nicolas continuou:

— Antes de qualquer coisa, Miah, eu queria lhe pedir desculpas. Fui um grosso, um estúpido ao mandar você sair do nosso apartamento — ele a olhou carinhosamente. — Estou perdoado, meu amor?

As lágrimas escorreram dos olhos de Miah e pingaram em seu busto, misturando-se ao sangue dos ferimentos.

— Você não tem que me pedir perdão por nada, Nicolas. Fui eu quem errou, fui eu quem mentiu. Sua consciência está limpa. Você é muito melhor que eu.

— Eu também tive minha parcela de crimes. A única diferença é que esses crimes não aconteceram nesta encarnação. Sendo assim, em que sou melhor que você? Se nós dois fizemos coisas erradas, por que não podemos dar as mãos e tentar corrigir esses erros... juntos?

— Você vai me dar outra chance? Vai me aceitar, mesmo depois de tudo o que eu fiz como Miah Antunes?

— Não. Eu aceito apenas Miah Fiorentino e não Miah Antunes. Foi para a Miah de agora que eu disse o sim diante do altar, na igreja, e é ela quem eu amo. É por ela que estou aqui. É por ela que quase fiquei louco ante a possibilidade de que tivesse sido assassinada. Foi por ela, principalmente, que bebi até enxergar duas cabeças nas pessoas.

— Como é que é? — Miah riu e, quando Nicolas fez uma careta engraçada, deu uma gargalhada. Era sua primeira risada espontânea sem o peso do seu segredo. Era como ter ganhado a liberdade. E o que tornava tudo ainda mais maravilhoso era saber que o amor deles não morrera.

— Eu fui ao depósito e retirei de lá seu dinheiro e seus pertences, que ficarão seguros comigo até que você possa voltar para casa. Quanto ao dinheiro, eu o doei para uma mulher muito especial, que com certeza fará bom proveito dele.

— Você é maravilhoso demais para mim — ao dizer isso, Miah inclinou a cabeça para o lado, exatamente como Angelique fizera no sonho de Nicolas.

— Não sou. E apesar de tudo o que você fez, não me sinto mais estranho ao pensar que estou casado com uma criminosa, porque, se nos basearmos na perspectiva espiritual, eu também sou um criminoso, não? Eu matei pessoas inocentes com uma espada. Marian diz sempre que temos que superar o que fizemos e acreditar em um futuro mais feliz. E eu acredito nisso, Miah.

— O que realmente o fez mudar de ideia?

— Meu último sonho, a mulher que apareceu nele e algumas palavras que ouvi de Marian e de Elias. Ele me disse que devemos dar valor às pessoas enquanto as temos conosco, pois, se deixarmos para amanhã, pode ser tarde demais.

Nicolas achou que já falara demais e aproximou o rosto do da esposa. Estava tão saudoso dos lábios dela como um homem que acaba de retornar da guerra. Ignorando o ferimento na boca de Miah, ele a beijou com delicadeza, apenas para relembrar a si mesmo que eles ainda permaneciam juntos e firmes em seu amor.

— Eu diria que esta é uma cena muito romântica — soou a voz masculina à entrada do quarto.

Nicolas e Miah viraram-se rapidamente e viram Otávio Moraes sorrindo friamente e segurando uma folha nas mãos. Ao lado dele estava Elias, que o fitava como se desejasse expulsá-lo dali.

— Até que enfim nós ficamos cara a cara, Miah Antunes — Otávio se aproximou e entregou o papel nas mãos de Nicolas. — Aqui está seu mandado de prisão. Não foi difícil de conseguir. Valeu a pena ter visitado esta cidade durante três anos seguidos apenas para ter certeza de que você não iria fugir.

Nicolas sentiu-se gelar. Podia comprovar a veracidade do documento e a realidade que ele trazia. Miah estava presa e seria levada para a cadeia para aguardar seu julgamento.

Otávio sacou um par de algemas.

— Posso?

As lágrimas de Miah subitamente secaram. Achava injusto chorar agora por estar sendo detida por algo que ela mesma provocara. Era uma resposta às suas ações. E, por mais que quisesse, Nicolas estava de mãos atadas. Nada poderia ser feito contra aquilo.

Miah estremeceu quando as algemas foram fechadas em seus pulsos feridos. Nicolas olhou para Otávio.

— Pode ao menos esperar que limpemos o sangue do corpo dela?

— Foi você quem matou aquela mulher que está lá embaixo? — Otávio perguntou a Miah.

— Ela se jogou pela janela — foi Nicolas quem respondeu. — Ainda que não acredite, esta é a verdade.

— Sem problemas. Ela já é a autora de dois crimes. Um a mais não faria diferença. Limpe os ferimentos dela, Bartole.

Mike se adiantou com um pouco de algodão, álcool e alguns antissépticos. Foi o próprio Nicolas quem limpou cuidadosamente cada ferimento da esposa. Quando tudo ficou pronto, ela se levantou e olhou para Otávio.

— Estou pronta — Miah afirmou. — Estou pronta para encarar o que virá pela frente. Ainda que eu seja condenada, meu tesouro mais precioso ninguém poderá tirar de mim — e, ao dizer isso, ela olhou para Nicolas e sorriu.

— Vou me encontrar com você na delegacia — ele prometeu.

Todos desceram até a rua e ignoraram o corpo retorcido no chão, misturado aos cacos de vidro da janela. Observavam Miah atentamente, quando Otávio a colocou dentro de uma viatura. As mãos da repórter pendiam para frente, unidas pelas algemas. Seu rosto estava pálido, mas algo ainda brilhava em seus maravilhosos olhos cor de mel.

E quando Miah tornou a olhar para Nicolas através da janela da viatura, ele soube o significado daquele brilho. Representava esperança, fé, coragem, confiança no futuro e na força do coração.

Capítulo 41

Seis meses depois...

Enquanto a grande porta de madeira da sala do plenário não era aberta, Nicolas olhava para os amigos que foram com ele assistir à última sessão do julgamento de Miah. Já tinham acontecido quatro encontros anteriores como aquele, em que foram ouvidas as testemunhas de defesa e as de acusação, que se tratavam da esposa de Lúcio, de seu filho mais velho e de dois amigos de Renato. O juiz era tão inexpressivo quanto uma pedra, e as sete pessoas que compunham o júri não deixavam transparecer nenhuma emoção em seus rostos.

Miah ainda não fora ouvida na sessão, o que estava previsto para acontecer naquela noite. A advogada da promotoria, que tinha como missão garantir que a ré continuasse presa por mais tempo do que os seis meses em que estivera reclusa em uma penitenciária feminina, e o advogado de defesa contratado por Nicolas eram excelentes profissionais. Ambos eram capazes de convencer qualquer pessoa de que Miah era uma criminosa, que oferecia alto risco à sociedade, ou uma mulher inocente, que lutara para proteger a própria vida e que sonhava em ser absolvida para desfrutar de seus dias ao lado do marido.

— Hoje, esse pesadelo finalmente vai acabar, maninho — prometeu Marian, desprendendo-se do braço de Enzo para cumprimentar Nicolas.

Marian aceitara se casar com o médico, e o matrimônio fora marcado para acontecer dentro de três meses. A vida de Enzo passara por uma grande reviravolta positiva depois que ele descobriu que era filho de Lucena. Ambos tinham um relacionamento muito produtivo e tinham descoberto uma grande afinidade entre eles.

— É o que eu espero. Não tenho tanta certeza de que Miah será inocentada...

— Espere e confie, Nicolas! Nada de pessimismo agora. Teste sua fé, acredite na ajuda dos amigos espirituais e na força de Deus, que tudo pode.

Nicolas fez que sim com a cabeça, desejando estar tão confiante quanto Marian. Ele mudara muito seus conceitos em relação à espiritualidade. De um homem cético surgira outro mais confiante. As provas que ele tivera não deixavam dúvidas de que o mundo invisível era real e, se nós permitíssemos, influenciava o nosso.

Além do Enzo e Marian, ali estavam também Elias, Mike, Moira, Willian, Ariadne, Lourdes, Ed, Lucena, Aracy, Nelly e até mesmo o comandante Alain com a esposa. Outros amigos e colegas de emissora de Miah também compareceram em peso ao julgamento da repórter.

Thierry estava usando um terno marrom e uma camisa branca de linho por baixo. Os sapatos escuros reluziam, e os cabelos loiros do florista estavam penteados para trás, sem que um único fio estivesse fora do lugar. Entretanto, seus olhos esverdeados revelavam todo o terror que estava sentindo.

— Estou me sentindo um palhaço — Thierry declarou, após os cumprimentos. — Vejam essa roupa. É uma verdadeira fantasia. Mal vejo a hora de voltar para meu estilo simples e modesto.

— Normalmente, essas são as roupas usadas pela humanidade, Thierry — provocou Nicolas. — Mas como você sempre foi um homem discretíssimo na maneira de se vestir, posso entender o quanto esteja estranhando usar um terno.

Antes que Thierry pudesse responder ao comentário de Nicolas, alguém avisou que a sala do julgamento seria aberta, liberando o acesso à plateia. Mike segurava as mãos de Ariadne, que estava igualmente assustada por ter de vestir um conjunto social azul. A moça sentia-se uma estranha no ninho.

— Bartole, temos certeza de que Miah vai escapar dessa. Escute o que seu amigo está falando.

— Quero muito confiar nisso, meu velho Michael.

— Pode me chamar de Mike. Soa mais americano...

Rindo, mas sem conter o nervosismo, Nicolas entrou na imensa sala repleta de cadeiras, que estavam dispostas em seis fileiras. Nicolas supôs que houvesse ali cerca de cento e cinquenta lugares e que provavelmente todos seriam ocupados por amigos da ré, por representantes do Ministério Público, por jornalistas e por outras pessoas que pudessem estar interessadas em assistir ao julgamento.

Havia um burburinho crescente de vozes, quando todos se acomodaram. E, conforme Nicolas já tinha previsto, não sobrou nenhum assento livre.

O investigador direcionou o olhar pela sala e avistou o local de onde o juiz presidiria o júri, a cadeira onde a ré se sentaria e os assentos destinados ao advogado de defesa e à promotora. Havia ainda o assento onde as testemunhas se sentariam para serem ouvidas.

Os sussurros cessaram aos poucos quando o juiz entrou na sala do julgamento. Tratava-se de um homem alto e levemente encurvado, de cabelos cheios, crespos e grisalhos, e um rosto fino e encovado. Usava uma toga escura que esvoaçava um pouco à medida que ele caminhava. Quando se voltou para a plateia, Nicolas viu que seus olhos escuros eram frios e duros como aço.

As pessoas que iriam compor o júri também estavam tomando seus lugares. No total, sete pessoas participariam do Conselho de Sentença, sendo três mulheres e cinco homens.

Todos possuíam a expressão fechada e carrancuda, o que dava a impressão de que nenhum deles sorrira nos últimos dez anos. Pareciam ser membros da família de Moira.

E, finalmente, ladeada por dois policiais fardados, a acusada entrou em cena. As conversinhas paralelas desapareceram de vez, e todos os olhares se concentraram na mulher que caminhava até o local que lhe fora reservado. Ela usava um vestido cinza e liso, que ia até os joelhos, e sapatos rasteiros. Os cabelos escuros e despontados estavam presos em uma pequena bolinha atrás da nuca. Ela seguia de cabeça baixa e, quando a luz incidiu melhor em seu rosto, foi possível notar o quanto a ré estava pálida.

Segundos antes de se sentar, ela ergueu o rosto para a plateia e, como se soubesse exatamente o lugar em que Nicolas estaria sentado, voltou o olhar para ele. Havia um sofrimento indescritível estampado em seus olhos cor de mel, que pareciam mortiços e vidrados, como se nem fossem verdadeiros. De onde estava ela olhou para Nicolas por dois ou três segundos antes de virar as costas para ele e sentar-se na cadeira. Foi naqueles brevíssimos segundos que mil palavras foram trocadas entre Nicolas e Miah Fiorentino.

Finalmente, o juiz começou a falar. Após saudar a plateia e fazer alguns comentários de praxe, explicou:

— Estamos reunidos aqui para o último dia do julgamento da ré confessa Miah Antunes, que foi a júri popular, sob a acusação de... — ele relatou os crimes cometidos por Miah, o que deixara Nicolas arrepiado. — Ao final desta sessão, teremos a sentença da ré, que poderá ser declarada culpada ou inocente. Como as testemunhas de acusação e de defesa já foram ouvidas nos dias anteriores, pretendo revelar a sentença da acusada o quanto antes, a não ser que a defesa ou a acusação ainda queira se manifestar. Essa será uma sessão bastante breve.

E era exatamente o que Nicolas e todas as outras pessoas queriam. Bastava de enrolação. Que a verdade fosse dita, não importava o quanto doesse.

— Não tenho nenhuma testemunha a chamar, meritíssimo — disse o advogado que Nicolas contratara.

— Eu também não vou trazer ninguém — adiantou a promotora.

— Muito bem — o juiz pousou o olhar sobre Miah por alguns segundos. — Sendo assim, passo a palavra para a ré, que ainda não teve a oportunidade de se expressar. Depois que ela concluir suas colocações, pedirei aos advogados de defesa e de acusação que explanem seus pontos de vista pela última vez, antes de os jurados se reunirem para dar o veredicto.

Nicolas lançou mais uma vez o olhar pela multidão e dessa vez avistou Otávio sentado ao lado de Duarte. O investigador responsável pela prisão de sua esposa também encarava Nicolas fixamente, com um sorriso de vitória nos lábios. Tinha certeza de que Miah não voltaria às ruas.

"Isso é o que veremos, seu babaca", pensou Nicolas tentando se motivar.

Miah olhou para seu advogado, tentando saber se deveria permanecer sentada ou ficar em pé, mas ele fez um sinal para que ela continuasse na cadeira. Respirando fundo para tomar coragem, ela olhou para o júri por alguns instantes e sentiu-se mais animada a falar. Sabia que a maioria estava a favor dela.

— Como todos já sabem, meu nome de batismo é Miah Antunes, mas, por razões já conhecidas, eu adotei o nome Miah Fiorentino — ela fez uma pausa, contente consigo mesma por estar conseguindo falar sem gaguejar. — Minha mãe morreu quando eu tinha dez anos e meu pai partiu bem antes disso. Desde então, fui criada por meu padrasto. Ele se chamava Manoel e foi um homem maravilhoso, que, apesar das condições modestas em que vivíamos, me dava amor e me fazia acreditar na felicidade.

Como Miah não sabia ao certo para quem deveria olhar, ela manteve sua atenção no rosto do juiz, que a fitava pacientemente.

— Nossa sorte mudou quando ele comprou um bilhete de loteria que estava premiado e ganhamos rios de dinheiro. Era tudo o que precisávamos para arrumar a nossa casinha cheia de goteiras, comprarmos novas roupas e mais opções de comida. Porém, ele conheceu um homem chamado Lúcio, que aplicou um golpe, roubando, assim, todo o nosso dinheiro. Caímos na pobreza novamente, e foi a partir desse dia que senti ódio pela primeira vez. Esse sentimento ganhou ainda mais forças quando esse mesmo golpista retornou à nossa casa e me violentou num dia em que meu padrasto não se encontrava.

Miah se lembrava de como chorara no dia em que revelara seu segredo a Nicolas pela primeira vez. Agora, no entanto, aquela história, apesar de ainda lhe causar dor, não mais a entristecia.

— Então, eu decidi me vingar e, sem que ninguém soubesse, comecei a arquitetar planos. Acabei indo à casa de Lúcio com a intenção de reaver parte do dinheiro que ele subtraíra de Manoel, mas, quando cheguei lá, após alguns instantes de uma conversa nada produtiva, ele mostrou um revólver e me obrigou a fazer coisas terríveis com ele — ela corou e respirou fundo. — Fui novamente violentada e, desta vez, fiquei ainda mais apavorada com a possibilidade de receber um tiro. Quando ele estava me... bem... durante o ato sexual, eu consegui alcançar uma garrafa de vinho e a usei para agredi-lo na cabeça. O golpe o fez perder o equilíbrio, e Lúcio caiu. Infelizmente, na queda, ele bateu com a cabeça no criado-mudo e faleceu ali mesmo. Eu fugi sem prestar queixa à polícia e nunca fui procurada como suspeita. Tempos depois, um homem chamado Renato surgiu em minha vida, tentando me transformar em uma assassina de aluguel. De alguma forma, ele sabia do meu encontro com Lúcio e começou a me chantagear. Ele dizia que eu tinha duas opções: ou atenderia aos seus desejos, ou seria denunciada à polícia. Sem alternativas, fui à casa de um banqueiro pedófilo para lhe roubar uma pequena fortuna, obedecendo às ordens de Renato.

Lá, o banqueiro me perseguiu e caiu das escadas. A polícia considerou a morte acidental e encerrou o caso. Porém, Renato não se contentou, quando eu lhe disse que não queria entrar no mundo do crime. Numa noite, nós nos encontramos, e ele também tentou me machucar. Mais uma vez, eu precisei me defender, e isso resultou na morte dele. No entanto, eu jamais quis matar qualquer uma dessas pessoas.

Havia muito mais na história para ser contado, porém Miah não iria fazê-lo. O juiz desejava que a sessão fosse mais objetiva, portanto, não havia razão para ela detalhar cada acontecimento. Miah, então, resumiu os fatos mais importantes.

Ela tornou a olhar em volta para fixar-se no rosto do magistrado.

— A partir daí todos já sabem. Após a morte do meu padrasto, deixei minha cidade natal, comprei documentos falsos e alterei meu sobrenome para Antunes. Pintei e cortei os cabelos e me instalei na cidade onde vivi por algum tempo até conhecer o homem com quem me casei. Não ligo que me julguem. Aliás, é isso o que está acontecendo agora. A única coisa que não aceito é que julguem nosso amor. Eu o amo profundamente e, ao contrário do que já tentaram dizer, não me envolvi com Nicolas por interesse ou por proteção. Eu correria de qualquer pessoa relacionada à polici... — ela forçou um leve sorriso. — E é por isso que eu espero que todos considerem minhas palavras. Não sou um grande ser humano, mas tento ser. Não tenho a consciência limpa, mas desejo aprender a limpá-la. Nunca fui uma criminosa, acreditem. Sempre fui uma jornalista. E é com minha profissão e ao lado do meu marido que desejo viver. Obrigada.

Nicolas estava verdadeiramente emocionado com aquilo. Ele achou que Miah se defendera perfeitamente, embora nada fosse mudar o julgamento dos jurados. Mesmo assim, ela tentara sua primeira e última cartada.

A defesa e a promotoria "choveram no molhado". Um ressaltou todas as qualidades de Miah, os amigos conquistados e a importância de uma segunda chance na vida dela, e a outra falou sobre os riscos que a sociedade correria se ela ganhasse o direito de voltar às ruas.

Por fim, o juiz tomou a palavra outra vez:

— E assim, ouvindo ambos os lados e após as palavras da acusada, faremos um intervalo de dez minutos para que os jurados se reúnam e entreguem o veredicto, que será lido assim que voltarmos. Até já.

Epílogo

Enquanto as pessoas saíam relutantes, dois espíritos que acompanhavam os acontecimentos sorriram um para o outro. Um deles era Nádia, a guia espiritual de Nicolas, e o outro era Manoel, que fora o padrasto de Miah.

— Até aqui, tudo certo — ela comentou com ele. — Mesmo aqueles com coração mais incrédulo estão fazendo suas orações em favor de Miah. Cedo ou tarde, de uma maneira ou de outra, as pessoas sempre se voltam para a espiritualidade.

— Principalmente quando a vida destrói as ilusões para que todos enxerguem a realidade com os olhos da alma, compreendendo os verdadeiros valores do espírito — complementou Manoel. — Foi lindo o que minha enteada falou a meu respeito. É gratificante saber que somos queridos e amados, mesmo após nossa morte.

— Isso é verdade, meu amigo. Sabemos que Miah é um espírito que vivenciou uma de suas maiores experiências durante o período da Inquisição. Quando foi a bruxa Angelique, ela conheceu e viveu um amor impossível com seu maior inimigo, Sebastian, que foi enviado para matá-la. A vida une as pessoas e destrói as correntes de ódio, substituindo-as por laços de amor.

— Sabemos que Miah nunca mataria alguém intencionalmente. Miah, ou Angelique, aprendeu muito, e o mesmo aconteceu com Sebastian. Ele fora no passado um ser tão cruel e hoje batalha em favor da justiça dos menos favorecidos. A vida é assim! Nós sempre estamos aprendendo e amando.

Os dois sorriram e, como já sabiam qual seria o resultado do veredicto, deram-se as mãos para partir. Por ora, não tinham muito mais a fazer ali.

De volta ao plenário, o juiz finalmente anunciou que estava em posse do veredicto. Marian segurou a mão de Nicolas, e Elias colocou a própria mão sobre o ombro tenso do investigador. Centenas de pares de olhos estavam fixos no magistrado. Miah mantinha as mãos no colo, quase desejando tapar os ouvidos ante o que iria escutar.

Após fazer alguns comentários, o juiz sentenciou:

— Por tudo o que foi considerado neste tribunal, a ré Miah Antunes é...

Miah fechou os olhos, tentando imaginar quantos anos de detenção iria pegar. Esperava que não fossem muitos.

— ...absolvida de todas as acusações.

Ela mal teve tempo de assimilar as últimas palavras, porque a plateia explodiu numa gritaria animada. Tudo o que ela conseguiu fazer foi escorregar da cadeira para o chão e entregar-se ao pranto.

Elias sentiu um nó na garganta, tanto por ouvir que Miah tinha sido inocentada quanto por ver Nicolas chorando pela primeira vez desde que o conhecera. O investigador abraçou Elias e Marian, enquanto todos riam e choravam juntos. Mais atrás, Mike e Ariadne se agarraram num beijo intenso, sendo imitados por Willian e Moira. Com os olhos esbugalhados, Lourdes deixou escapar baixinho:

— E não é que a repórter magricela venceu outra vez?

Otávio não podia acreditar no que tinha acabado de ouvir. A palidez de seu rosto assemelhava-se a de um cadáver. “Essa vagabunda, apesar do que fez, ainda saiu na vantagem?

Todo o trabalho que eu tive e que custou anos da minha vida foi parar no lixo?", perguntava-se.

Odiando tudo e todos, Otávio decidiu adotar a melhor opção. Assim que pudesse, partiria depressa até o estacionamento. Nunca mais queria ouvir falar daquelas pessoas e, se Miah voltasse a matar, ele lavava as mãos. Que todo aquele povo se danasse.

Dentro da sala, o juiz ainda queria finalizar seu discurso. Ele precisou bater seu martelo na mesa para conseguir recuperar o controle. Estava difícil conseguir aquietar aquelas pessoas, que estavam agitadas demais para não se pronunciarem.

— A ré poderá voltar para casa ainda esta noite.

E quando o juiz deu o julgamento por encerrado, praticamente todas as pessoas ali se levantaram para aplaudi-la. Miah, ainda no chão, chorava debruçada sobre a cadeira em que estivera sentada.

Ainda havia lágrimas nos olhos de Nicolas, quando ele começou a receber as congratulações, os cumprimentos e os abraços de amigos e colegas.

— Eu sabia que ela ia voltar para casa! — gritou Thierry, pulando. De repente, ele abriu seu paletó sóbrio para mostrar a roupa cheia de brilhos que trazia por baixo. — E vim pronto para comemorar! Ariadne, Marian, onde estão vocês para me ajudar?

— A vida é perfeita, não é, Bartole? — perguntou Lucena, cuja cabeça só carregava uma pequena cicatriz, que aparentava ser apenas uma falha entre os cabelos. — Assim como fui presenteado meses atrás com a descoberta do meu filho, você terá outra oportunidade de seguir sua vida com Miah. A vida é uma dádiva.

— É, sim. E só tenho a agradecer a Deus.

Finalmente, ela era uma mulher livre. Que força tinha a palavra liberdade. Miah achava que nunca mais fosse ver as ruas e que morreria na cadeia. E mesmo que saísse após uma ou duas décadas, nada mais seria como antes.

Tudo o que Miah tinha como bagagem era uma bolsa com alguns itens de higiene. Finalmente, ela tirara seu costumeiro vestido cinza para colocar uma calça jeans e uma blusa branca, ambas mais largas que seu manequim. As roupas foram fornecidas pelo presídio, e Miah iria se desfazer delas assim que pudesse.

Nicolas a esperava exatamente como a esperara no altar, quando se casaram. Só que desta vez eles não estavam vestidos a caráter, embora os sentimentos que aqueciam seus corações fossem os mesmos de sempre. Sentimentos que cruzaram sucessivas encarnações. Miah ganhara uma nova chance ao lado de Nicolas e, desta vez, tanto ele quanto qualquer outra pessoa poderiam ter certeza de que ela nunca mais decepcionaria ninguém.

— Eles estão esperando você lá fora para fazerem uma festa — brincou Nicolas, assim que a beijou. Foi um beijo curto e rápido, porque ele tinha uma surpresa para a esposa. — Thierry até encheu bexigas, acredita? Todos vão tentar tirá-la de mim, mas pelos próximos dias você é minha.

— E o seu trabalho?

— Pedi vinte dias de férias. Falei com o comandante Alain há pouco. Puxa vida, também sou filho de Deus!

Nicolas a segurou pela mão e carregou a bagagem da esposa. Enquanto seguiam juntos na direção da saída, ele acrescentou:

— Temos uma lua de mel pendente, se esqueceu? Não quero ir para o Nordeste como tínhamos combinado. Como estamos seis meses atrasados, pensei em algo mais exótico. Que tal Caribe?

— Caribe?! — ela repetiu, entusiasmada.

— Não gosta?

— É lindo. Puxa! Eu nem sei o que dizer.

— Basta dizer sim. Por sua causa, eu fiz uma loucura maior que a outra. Até prometi para Érica que iria beijá-la caso você voltasse para casa. Ela vai enlouquecer de felicidade quando olhar para você, e eu vou enlouquecer por ter que encostar minha boca em todo aquele pelo.

— Promessa é dívida! E esse momento será registrado — Miah riu. — Até vou fotografá-lo. Essa era sua surpresa?

— Era, sim. Se não quiser ir ao Caribe, podemos...

— Por mim tudo bem. O bebê também agradece.

— Ficamos combinados assim. Amanhã mesmo, se você quiser, eu reservarei o hotel e as passagens de avião... — ele parou de falar, refletindo. — Bebê?! Que bebê?

— O que eu estou esperando — ela pegou a mão de Nicolas e a encostou em seu ventre. — Nosso filho, que foi concebido em uma de suas visitas íntimas. Não quis contar antes, porque não queria desesperá-lo com o pensamento de que nosso filho fosse nascer dentro de uma cadeia, já que dávamos como certa minha condenação. Só que a vida quis diferente, Nicolas. Aprendi que, quando você quer vencer, a vida abençoa.

Nicolas arregalou os olhos, completamente estupefato. Não sabia o que dizer. Miah, por sua vez, soltou a primeira gargalhada como uma pessoa livre. Novas bênçãos estavam chegando. A primeira era o início de uma família com aquela vida que estava se formando na barriga da repórter. E a outra era a oportunidade de ser feliz ao lado do homem que tanto amava.

E, para Nicolas, que não cabia em si de felicidade, aquele seria um maravilhoso recomeço.

FIM

GRANDES SUCESSOS DE

ZIBIA GASPARETTO

Com 20 milhões de títulos vendidos, a autora tem contribuído para o fortalecimento da literatura espiritualista no mercado editorial e para a popularização da espiritualidade. Conheça os sucessos da escritora.

Romances

pelo espírito Lucius

A força da vida
A verdade de cada um
A vida sabe o que faz
Ela confiou na vida
Entre o amor e a guerra
Esmeralda
Espinhos do tempo
Laços eternos
Nada é por acaso
Ninguém é de ninguém
O advogado de Deus
O amanhã a Deus pertence
O amor venceu
O encontro inesperado
O fio do destino
O poder da escolha
O matuto
O morro das ilusões
Onde está Teresa?
Pelas portas do coração
Quando a vida escolhe
Quando chega a hora
Quando é preciso voltar
Se abrindo pra vida
Sem medo de viver
Só o amor consegue
Somos todos inocentes
Tudo tem seu preço
Tudo valeu a pena
Um amor de verdade
Vencendo o passado

Crônicas

A hora é agora!

Bate-papo com o Além

Contos do dia a dia

Conversando Contigo!

Pare de sofrer

Pedaços do cotidiano

O mundo em que eu vivo

Voltas que a vida dá

Você sempre ganha!

Coletânea

Eu comigo!

Recados de Zibia Gasparetto

Reflexões diárias

Desenvolvimento pessoal

Em busca de respostas

Grandes frases

O poder da vida

Vá em frente!

Fatos e estudos

Eles continuam entre nós vol. 1

Eles continuam entre nós vol. 2

Sucessos
Editora Vida & Consciência

Amadeu Ribeiro

A herança
A visita da verdade
Juntos na eternidade
Laços de amor
Mãe Além da vida
O amor não tem limites
O amor nunca diz adeus
O preço da conquista
Reencontros
Segredos que a vida oculta vol.1
A beleza e seus mistérios vol.2
Amores escondidos vol. 3
Seguindo em frente vol. 4
Doce ilusão vol. 5

Amarilis de Oliveira

Além da razão (pelo espírito Maria Amélia)
Do outro lado da porta (pelo espírito Elizabeth)
Nem tudo que reluz é ouro (pelo espírito Carlos Augusto dos Anjos)
Nunca é pra sempre (pelo espírito Carlos Alberto Guerreiro)

Ana Cristina Vargas
pelos espíritos Layla e José Antônio

A morte é uma farsa
Almas de aço
As aparências enganam
Código vermelho
Em busca de uma nova vida
Em tempos de liberdade
Encontrando a paz
Escravo da ilusão
Ídolos de barro
Intensa como o mar
Loucuras da alma
O bispo
O quarto crescente
Sinfonia da alma

Carlos Torres

A mão amiga
Passageiros da eternidade
Querido Joseph (pelos espírito Jon)
Uma razão para viver

Cristina Cimminiello

A voz do coração (pelo espírito Lauro)
As joias de Rovena (pelo espírito Amira)
O segredo do anjo de pedra (pelo espírito Amadeu)

Eduardo França

A escolha
A força do perdão
Do fundo do coração
Enfim, a felicidade
Um canto de liberdade
Vestindo a verdade
Vidas entrelaçadas

Floriano Serra

A grande mudança
A outra face
Amar é para sempre
A menina do lago
Almas gêmeas
Ninguém tira o que é seu
Nunca é tarde
O mistério do reencontro
Quando menos se espera...

Gilvanize Balbino

De volta pra vida (pelo espírito Saul)
Horizonte das cotovias (pelo espírito Ferdinando)
O homem que viveu demais (pelo espírito Pedro)
O símbolo da vida (pelos espíritos Ferdinando e Bernard)
Salmos de redenção (pelo espírito Ferdinando)

Jeaney Calabria

Uma nova chance (pelo espírito Benedito)

Juliano Fagundes

Nos bastidores da alma (pelo espírito Célia)
O símbolo da felicidade (pelo espírito Aires)

Lucimara Gallicia

pelo espírito Moacyr

Ao encontro do destino
Sem medo do amanhã

Márcio Fiorillo

pelo espírito Madalena

Lições do coração
Nas esquinas da vida

Maurício de Castro

A outra (pelos espíritos Hermes e Saulo)
Caminhos cruzados (pelo espírito Hermes)
O jogo da vida (pelo espírito Saulo)
Sangue do meu sangue (pelo espírito Hermes)

Meire Campezzi Marques

pelo espírito Thomas

A felicidade é uma escolha
Cada um é o que é
Na vida ninguém perde
Os desafios de uma suicida (pelo espírito Ellen)
Uma promessa além da vida

Rose Elizabeth Mello

Como esquecer
Desafiando o destino
Livres para recomeçar
Os amores de uma vida
Verdadeiros Laços

Sâmada Hesse

pelo espírito Margot

Revelando o passado

Sérgio Chimatti

pelo espírito Anele

Lado a lado
Os protegidos
Um amor de quatro patas

Thiago Trindade

pelo espírito Joaquim

As portas do tempo
Com os olhos da alma
Maria do Rosário
Samsara

AMADEU RIBEIRO
A herança
AMADEU RIBEIRO
A herança

AMADEU RIBEIRO

A herança

E se, de repente, sua vida sofresse uma reviravolta e suas certezas não passassem de ilusões?

A obra *A herança* traz a história de Graciela, uma jovem ambiciosa que, após se tornar herdeira de uma grande fortuna, assume os negócios da família. De volta a um mundo que ela sempre desprezou, a moça faz novas amizades, apaixona-se verdadeiramente e enfrenta um inimigo misterioso, mortal e capaz de tudo para alcançar seus objetivos.

Este belo romance o fará refletir sobre as infinitas possibilidades que nos são apresentadas ao longo da vida e compreender que a qualquer momento tudo pode mudar.

AMADEU RIBEIRO
LAÇOS DE AMOR
LAÇOS DE
amor
AMADEU RIBEIRO

O que você seria capaz de fazer para proteger um filho?

A médica Melina sempre foi a menina dos olhos de seu pai, Orlando. Criada em um ambiente de amor e carinho, ela acreditava ter uma vida feliz e estável, mesmo que a rotina exaustiva de sua profissão a deixasse sem tempo para romances, filhos, amizades e, principalmente, para si mesma. No entanto, forças espirituais poderosas e sombrias travavam um intrincado plano de vingança contra a jovem devido a um passado em comum, que resultou em situações inacabadas.

Alheia à presença de amigos astrais, que tudo faziam para ajudá-la a manter uma vida de paz e equilíbrio, Melina deixou-se afundar cada vez mais em um mundo novo, obscuro e perigoso. Quando tudo, no entanto, parecia perdido, Orlando descobriu dentro de si uma força extraordinária, que ele usou como ferramenta para resgatar das trevas a única pessoa que sempre amou.

Neste belo e envolvente romance, que traz preciosos e importantes ensinamentos, você descobrirá como trabalham as forças espirituais superiores e inferiores e que a escolha por uma vida positiva, equilibrada e feliz depende unicamente de cada um de nós.

Um romance emocionante de
AMADEU RIBEIRO
Mãe além da vida
Mãe, além da vida
Um romance emocionante de
AMADEU RIBEIRO

O amor maternal é um dos sentimentos mais poderosos e verdadeiros que existe, por isso, quando aceitou o pedido de casamento de Raul, Linda acreditou em um futuro próspero e feliz, principalmente após o nascimento de seus três filhos, que fez desabrochar em seu íntimo um amor intenso e genuíno por sua criação. Eles formavam uma família aparentemente perfeita até que a ambição, a infidelidade e uma doença mostrassem a verdade que estava mascarada por trás da ilusão.

Muitas vezes, a vida nos leva a vivenciar situações e experiências bem diferentes dos nossos sonhos e objetivos, e Linda, apesar dos difíceis obstáculos que surgem em seu caminho, mantém-se fiel à promessa que fizera a si mesma de amar e cuidar de seus filhos. Uma tragédia familiar, contudo, parece afastá-la definitivamente das crianças, e novos acontecimentos mudam a vida de todos os envolvidos.

Neste emocionante romance repleto de reviravoltas, destinos cruzados e corações entrelaçados, Linda descobrirá que o amor de uma mãe existe além da vida.

VIDA & CONSCIÊNCIA
EDITORA

Rua das Oiticicas, 75 — SP
55 11 2613-4777

contato@vidaeconsciencia.com.br
www.vidaeconsciencia.com.br